新应用·真实战·全案例 信息技术应用新形态立体化丛书

多媒体课件

与微课制作

主编 金建 王国杰

副主编 边琼芳 郭丹丹 王高

人民邮电出版社

北京

图书在版编目（CIP）数据

多媒体课件与微课制作 : 微课版 / 金建, 王国杰主编. -- 北京 : 人民邮电出版社, 2022.9
（新应用·真实战·全案例 : 信息技术应用新形态立体化丛书）
ISBN 978-7-115-59335-1

Ⅰ. ①多… Ⅱ. ①金… ②王… Ⅲ. ①多媒体教学－课件－高等学校－教材 Ⅳ. ①G436

中国版本图书馆CIP数据核字(2022)第087004号

内 容 提 要

本书主要介绍多媒体课件与微课制作的相关内容，主要内容包括认识多媒体课件与微课、多媒体课件素材的准备、PPT 课件的设计与制作、动画课件的设计与制作、微课的录制与剪辑、创新型微课的设计与制作、翻转课堂教学等。本书内容全面、结构清晰，在介绍多媒体课件与微课制作的理论与方法时，辅以大量案例与实训进行实践练习，帮助读者学习、理解多媒体课件与微课的设计方法，并熟练掌握多媒体课件与微课的制作技巧。

本书适合作为各院校教育专业的教材和辅导书，也可作为教育工作者的参考书。

◆ 主　　编　金　建　王国杰
　副 主 编　边琼芳　郭丹丹　王　高
　责任编辑　许金霞
　责任印制　王　郁　陈　犇
◆ 人民邮电出版社出版发行　　北京市丰台区成寿寺路 11 号
　邮编　100164　　电子邮件　315@ptpress.com.cn
　网址　https://www.ptpress.com.cn
　固安县铭成印刷有限公司印刷
◆ 开本：787×1092　1/16
　印张：14.25　　　　2022 年 9 月第 1 版
　字数：391 千字　　　2025 年 7 月河北第 5 次印刷

定价：59.80 元

读者服务热线：(010)81055256　印装质量热线：(010)81055316
反盗版热线：(010)81055315

前言
PREFACE

在“互联网＋”时代潮流的推动下，“互联网＋教育”成为教育信息化改革的趋势，教育方式、教育资源等逐步向数字化、网络化、智能化、移动化的方向发展，多媒体课件、微课、翻转课堂等教学技术和形式逐步在教育领域得到普及和发展。在这种趋势下，各学校纷纷尝试开展信息化教学，通过个性化、多样化、特色化的多媒体与微课教学，不断丰富学生获取知识的方式和途径，让学生可以在课堂中找到新的乐趣，从而让课堂焕发出新的活力。

为了帮助教育工作者系统地学习多媒体课件与微课的设计与制作方法，制作出符合教学需求的课件，本书综合考虑教育工作者在教学设计、拍摄制作、展示互动、即时沟通、教学分析等方面的教学需求，全面介绍多媒体课件与微课制作的相关知识。全书内容围绕教学设计概念、素材准备、课件设计、素材的拍摄和制作等环节展开，结合实训对相关知识进行巩固和应用，力图流程化、立体化、全面化地呈现多媒体课件与微课制作的思路与方法。

■ 本书特点

本书立足于高校教学，在内容安排与写作上具有以下特点。

（1）结构鲜明，专业性强

本书主要基于各高校的信息化教学需求进行编写，每章结构为“理论知识＋课堂案例＋强化实训＋知识拓展＋课后练习”，内容翔实，由浅入深、循序渐进，在理论讲解的过程中融入实例操作，以巩固并应用知识，加强读者的实际操作能力。此外，本书还穿插了“知识补充”和“技巧讲解”等小栏目，以扩展读者的知识面。

（2）讲解全面，实用性强

本书围绕多媒体课件与微课制作的各个环节展开全面介绍，强调实用性及可操作性，对重点概念和操作技巧进行详细讲解。本书语言流畅、内容丰富，将知识应用于实际的教学课件制作场景中，让读者可以在实际的教学课件制作场景中明确学习目的，掌握知识与技能。

（3）案例丰富，实操性强

本书注重理论知识与实践操作的紧密结合，不仅在正文讲解过程中以实例操作的形式直观讲解知识的实际使用方法，还在章末选取具有代表性的教学课件制作案例，以“课堂案例”的形式对该章知识点进行综合应用，实操性非常强。同时，章末的“强化实训”“课后练习”不仅让教学方式更多元化，还给读者提供了更多练习和进步的空间。

■ 本书配套资源

本书配有丰富多样的教学资源，具体内容如下。

视频演示：本书所有的实例操作均提供了演示视频，并以二维码形式提供给读者，读者只需扫描书中的二维码，便可以随时随地观看视频进行学习，提高学习效率。

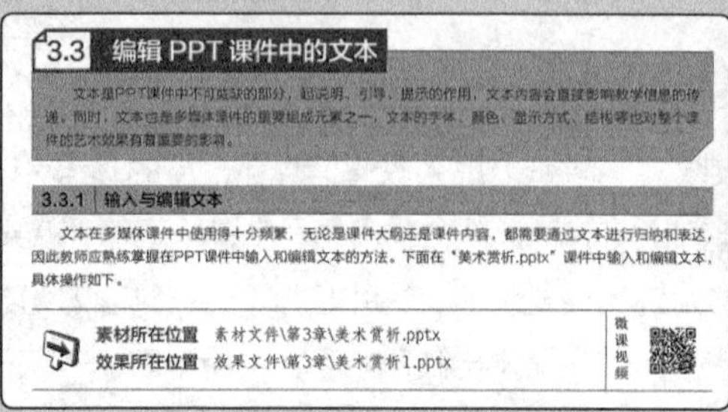
3.3 编辑 PPT 课件中的文本

文本是PPT课件中不可或缺的部分，起说明、引导、提示的作用，文本内容会直接影响教学信息的传递。同时，文本也是多媒体课件的重要组成元素之一，文本的字体、颜色、显示方式、结构等也对整个课件的艺术效果有着重要的影响。

3.3.1 输入与编辑文本

文本在多媒体课件中使用得十分频繁，无论是课件大纲还是课件内容，都需要通过文本进行归纳和表达，因此教师应熟练掌握在PPT课件中输入和编辑文本的方法。下面在“美术赏析.pptx”课件中输入和编辑文本，具体操作如下。

素材所在位置 素材文件\第3章\美术赏析.pptx
效果所在位置 效果文件\第3章\美术赏析1.pptx

微课视频

素材、效果文件：本书提供了所有案例需要的素材、效果文件，读者可以根据书中的案例，利用素材、效果文件进行实践练习，进一步提升自己的教学课件制作能力。

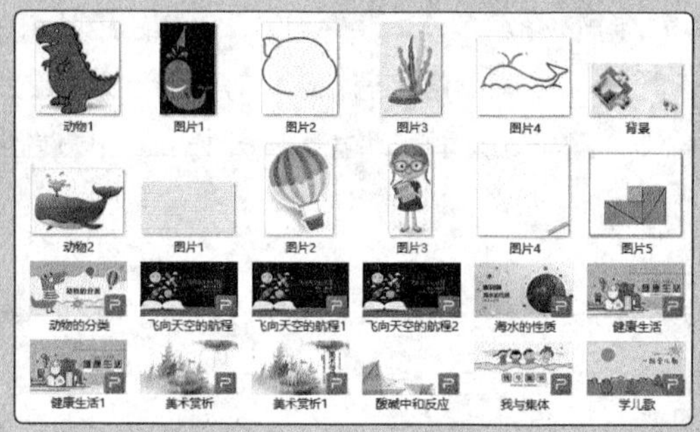

以上配套资源中的素材、效果文件，以及其他相关资料（PPT、教案和教学大纲等），读者可以访问人邮教育社区（www.ryjiaoyu.com），搜索本书名称后进行下载和使用。

编者

2022 年 3 月

前言

CONTENTS 目录

第 1 部分

第 2 部分

第 3 部分

第 4 部分

第1部分

第1章

认识多媒体课件与微课

/ 本章导读

在教学媒体和信息化教学资源形态不断发展和变化的当下，多媒体教学与微课教学已经成为最受欢迎的教育方式之一，在现代教学中占有十分重要的地位。多媒体教学和微课教学是教学媒体信息化发展的必然趋势，也是传统教学改革和教学质量提升的关键，现今多媒体教学和微课教学不仅被广泛应用于社会教学中，还被逐步推进到学校教学中。

/ 技能目标

了解多媒体课件。
了解微课。
掌握微课选题的策划方法。

/ 案例展示

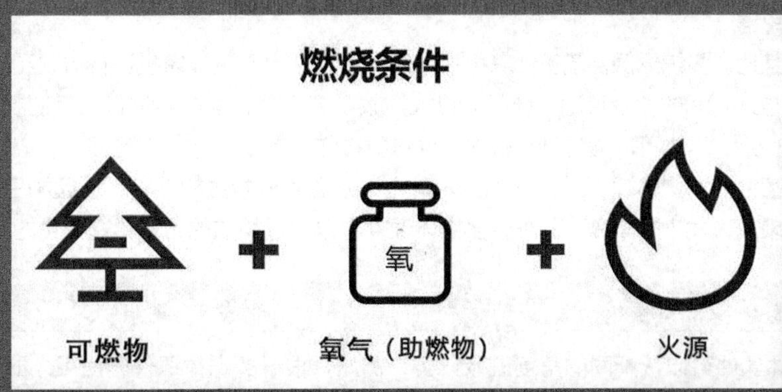

1.1 认识多媒体课件

信息技术的发展不仅改变了人们的生活方式和工作方式，也为教学带来了新的动力。基于计算机信息技术制作而成的多媒体课件逐渐被引入课堂，成为现代教学中教师提高教学质量、深化教学内容的有效工具。

1.1.1 什么是多媒体课件

多媒体课件实际上是用于辅助教师教学的一种工具。教师根据自己的教学需求，使用文本、图形、图像、音频、动画、影像等素材对教学内容进行表现，制作一种与传统教学模式相对的新型课件，该新型课件即多媒体课件。多媒体课件可以是PPT类型的演示类课件，也可以是具备交互性、趣味性等特性的训练/复习类课件。它能够配合教师的讲解进行课堂演示和教学辅助，并能帮助教师完成教学计划，达成教学目标。

多媒体课件主要具备以下特点。

- **辅助性。**在现代课堂教学中，多媒体课件的应用虽然愈加广泛，但其主要作用仍然是辅助教学。例如，利用多媒体课件创设学习情景，调动学生的学习积极性，激发学生的学习兴趣；利用多媒体课件展示抽象概念和动态流程，帮助学生理解教学内容，提高教学效率。因此，从教学意义上来说，传统的教学模式仍然是课堂教学的主体，而多媒体课件可以在传统教学模式下支持、协助教师传递教学内容和教学信息，以弥补传统教学模式的不足。
- **可接受性。**多媒体课件是集图像、文字、声音、影像等媒体对象为一体的课件，生动、直观、形象，且极具趣味性，教师可以多角度、多形式地对晦涩难懂的知识进行讲授，学生则可以充分调动视觉、听觉等进行学习，它能极大地提升学生对教学信息的接受程度。例如，多媒体课件中的图形、图表、图案、标识等可以清晰、醒目地突出重点内容，将复杂的知识简洁化，便于学生快速抓住重点并理解。同时，图像、文字、声音、影像的结合使用还能将教师难以通过语言描述的教学内容直观、生动地展现出来，既可以刺激学生的感官，丰富学生对教学内容的感知，又能有效启发学生进行联想和探索，提升学生的学习兴趣。
- **可视化。**可视化是多媒体课件的主要特点之一，主要表现为知识的可视化、感知的可视化和想象的可视化。知识的可视化是指多媒体课件可以将概念、方法、规律等抽象内容通过可视化的形式展现出来，例如，通过动画或视频展示某个抽象的数学原理。感知的可视化是指多媒体课件可以将学生没有见过或听过的事物通过可视化的形式展示出来，便于学生直接进行观察和认知，例如，通过动画、视频、软件操作等展示血液在血管中的流动情况。想象的可视化是指多媒体课件可以将抽象、深奥的内容通过可视化形式展现出来，从而引发学生的联想，拓宽学生的思维，例如，使用"黑洞"的影像资料激发学生的创新思维。
- **交互性。**多媒体课件基于计算机技术开发，往往也通过计算机进行放映和操作，因此可以实现人与机器、人与人之间的充分互动。教师可以根据教学需求对教学内容进行交互控制，也可利用教学内容与学生进行交互；学生可以通过计算机对课件进行操作，主动参与学习过程。
- **丰富性。**多媒体课件可以从视觉、听觉等方面刺激学生的感官，引起学生的学习兴趣，因此其教学内容的表现形式十分丰富。此外，多媒体课件可以通过简洁的方式传递大量的信息。

1.1.2 多媒体课件的种类

多媒体课件可以从不同的角度进行分类，例如，根据多媒体课件的使用人群和对象进行分类，根据多媒体课件在教学活动中的作用进行分类。

从多媒体课件的设计与制作这个角度来看，多媒体课件的主要作用是传递教学信息，而传递信息的形式又包括直接呈现并传递、对信息进行组织加工后再传递，以及通过提取和应用信息的方式进行传递等。因此基于多媒体课件传递信息的形式，多媒体课件可以分为演示型多媒体课件、知识表征型多媒体课件、训练/复习型多媒体课件。

1. 演示型多媒体课件

演示型多媒体课件是一种十分普遍的课件类型，其主要作用是对教学信息进行高效的传递。在实际的教学活动中，演示型多媒体课件可以用于创设教学情景、展示教学内容，也可以用于提供示例、强调重点与难点等。常见的PPT课件和部分以传递教学内容为主要目的的动画类、视频类课件都可以归到演示型多媒体课件的范畴。图1-1所示为PPT课件，该课件利用图像、文本、音频等素材展示教学内容，可以提高学生的注意力，同时节省教师书写板书的时间。

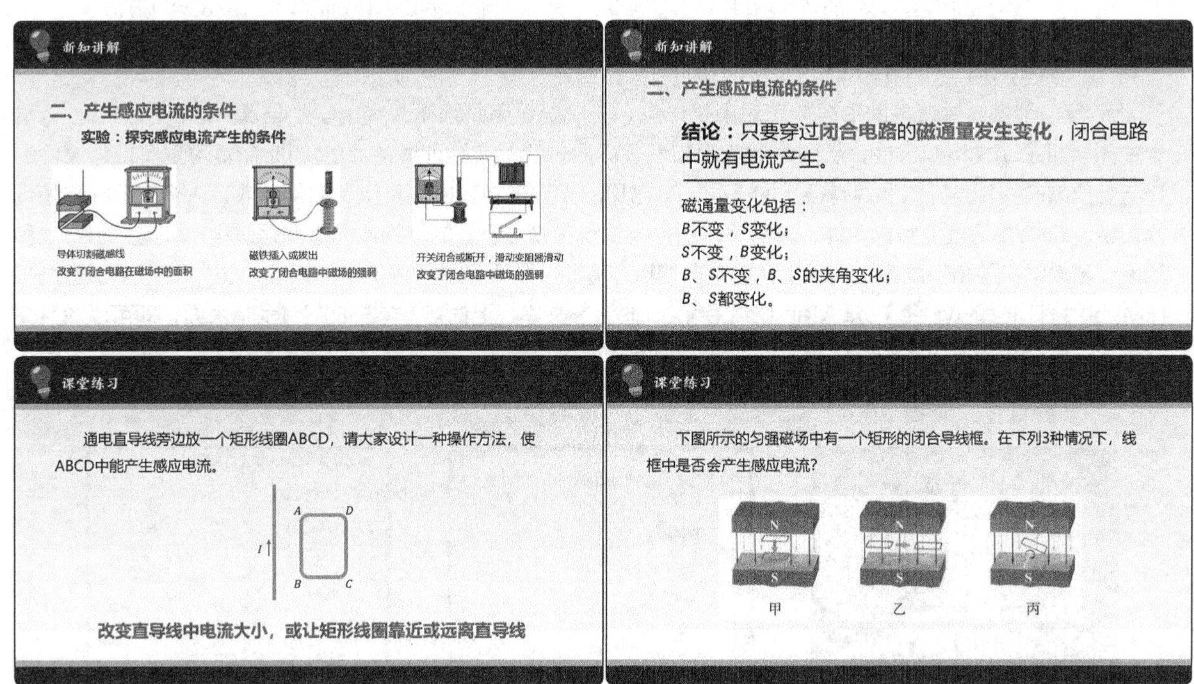

图1-1 演示型多媒体课件

2. 知识表征型多媒体课件

表征即信息在人们脑海中的呈现形式，人们在读取、存储、提取外界信息时，这些外界信息往往会以表征的形式出现在脑海中。由于信息的来源不同，人脑对信息的加工方式也不同，人们的认知结构也就会存在差异。知识表征型多媒体课件就是以表征的形式促进学生认知结构改变的一种课件类型。与演示型多媒体课件直接呈现和传递教学信息不同，知识表征型多媒体课件需对知识进行一定程度的组织和加工，再对其进行呈现和传递。例如，在课件中介绍某一物质的动态变化过程时，可通过流程图对该物质每一阶段的形态进行体现，使学生对该物质形成清晰的认知。教师在制作知识表征型多媒体课件时，可以根据知识的结构类型对教学信息进行处理，运用图示、图表等表征方式对知识与信息进行转化和呈现，帮助学生搭建清晰的认知结构，从而促进学生对教学内容的吸收和学习。表1-1所示为常见的知识结构类型及对应的表征形式，每一种知识结构类型都对应不同的表征形式。

表 1-1　常见的知识结构类型及对应的表征形式

知识结构类型	描述	表征形式	示例
概括	对事物进行叙述，提出观点或描述细节	树形图、思维导图	用简洁的树形图或思维导图描述某一历史事件的产生原因和演变过程
比较	对两个及以上的对象进行多方面的比较	矩阵	用矩阵分析两个工具的优 / 劣势
过程	描述因果关系	流程图	用流程图描述化学实验的各个阶段及各个阶段的现象
分类	对多个对象进行归类和分析	等级分类	描述动植物的分类体系
列举	描述某对象的多个项目	列表	列举某一计划的多个方案及计算方法

3. 训练/复习型多媒体课件

训练/复习型多媒体课件的主要使用对象是学生，其主要作用是强化并突出学生与课件之间的交互性，增强学生的学习主动性和积极性，从而达到应用知识、巩固知识、实践训练的目的。训练/复习型多媒体课件的设计与制作与前两种类型的课件有很大的不同，其常见的表现形式有模拟实验、教学游戏、人机交互练习和测试等。通过训练/复习型多媒体课件，教师可以引导学生自主模拟事物的结构或动态变化过程、参与分组游戏和挑战、参与教学实验和实践等，让学生获得更多的操作体验，从而激发学生的学习兴趣。图1-2所示为通过H5（HTML5，HTML即Hyper Text Markup Language，超文本标记语言。本书的H5指H5页面，即可以放置文本、图片、音频和视频等多种媒体元素的页面）制作的课后小测试和学习调查多媒体课件。通过该课件，学生可以及时完成课后测试，巩固所学知识；教师可以实施课堂教学调查，了解学生的学习情况。

第1部分

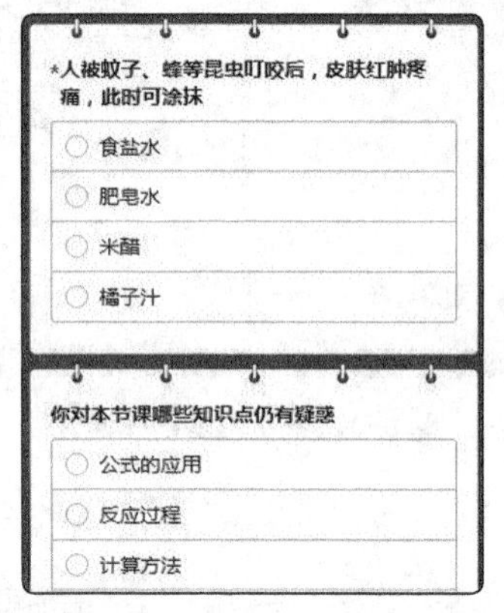

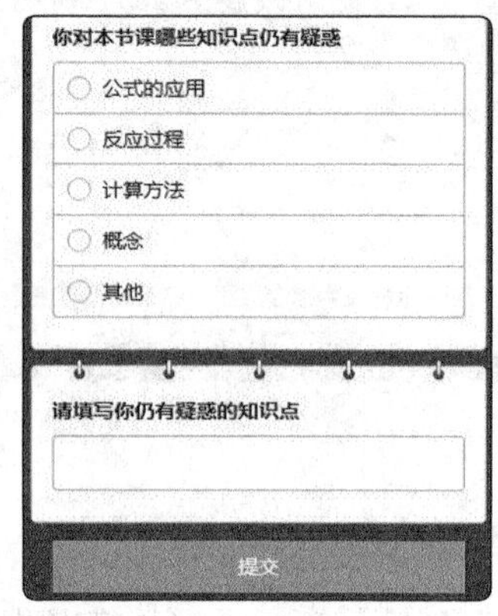

图1-2　课后小测试与学习调查多媒体课件

1.1.3 多媒体课件的设计与交互

不同类型的多媒体课件可采用不同的设计方式。总的来说，在设计演示型多媒体课件和知识表征型多媒体课件时，除了需真实、准确地反映教学内容外，还应该从视觉上给学生带来美的感受，因此要注意课件界面的美观性。而在设计训练/复习型多媒体课件时，不仅需结合知识与视觉效果，还需体现出交互性。

1. 多媒体课件界面设计

多媒体课件界面设计是指对多媒体课件的画面呈现效果进行设计，根据课件播放设备的特点，尽可能有效地使用课件素材展现教学内容，对课件整体的色彩、布局等进行设计。

（1）多媒体课件界面的色彩设计

在多媒体课件界面设计中，色彩的搭配会对课件的整体视觉效果产生直接影响。可以说，色彩使用不当，整个课件的美观性将大大降低。在进行多媒体课件界面的色彩设计时，可以从色彩的选择与搭配两个方面思考。

- **色彩的选择。**色彩有暖色调、冷色调之分。暖色调就是红色、橙色、黄色占主导地位的色调，可以传递温暖、积极、昂扬等情感；冷色调是绿色、蓝色、紫色占主导地位的色调，可以传递理性、冷静、压抑等情感。多媒体课件虽然是一种教学工具，但同样可以利用色彩传达情感，如果想通过课件传递温暖、奋进、关怀等情感，则可以选择暖色调来设计界面；如果想通过课件传递理性、冷静等情感，则可以选择冷色调来设计界面。图1-3所示为使用冷色调设计的多媒体课件界面，其多用于理科类多媒体课件，体现严谨、精确等；图1-4所示为使用暖色调设计的多媒体课件界面，其多用于文科类多媒体课件，具有一定的感性色彩（学科分类与色调选择并不是固定的，教师可以根据课件制作的需求和目的来选择色彩）。

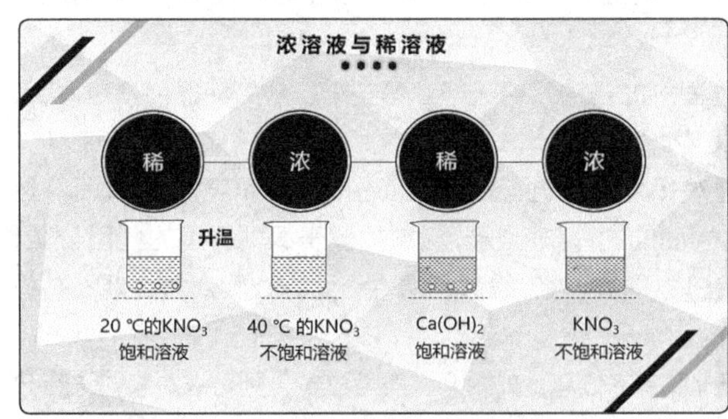

图1-3　冷色调的多媒体课件界面

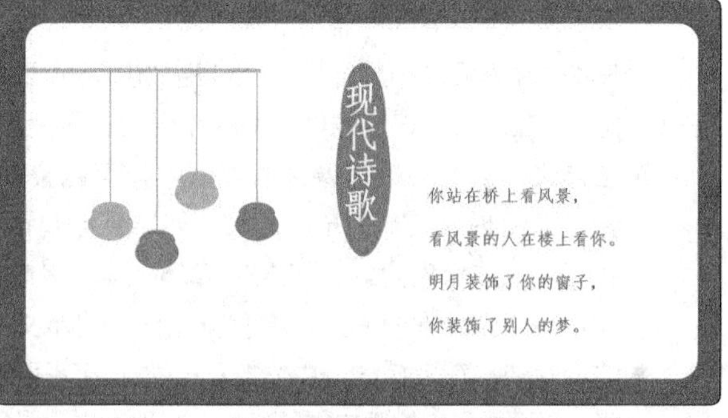

图 1-4　暖色调的多媒体课件界面

- **色彩的搭配。**为了保证课件整体风格协调统一，选择一种色彩后，还需要基于该色彩进行搭配。教师在进行多媒体课件界面的色彩搭配时，可以先基于色彩的情感基调选择一种色彩类型，在该色彩类型中确定课件的主色彩，再根据主色彩选择合适的色彩进行搭配，通常可以使用色相环进行配色。色相环是一种圆环状的色相光谱，它按照颜色顺序对色相（色相是色彩所呈现出来的质的面貌，如红色、橙色、紫色等）进行排列，图1-5所示为12色相环。在色相环中选择主色彩后，再选择主色彩的相邻色、互补色等进行搭配。一般来说，色相环中相对的颜色为互补色，色相环中相隔2～3个位置以内的两种颜色为相邻色。使用不同的色彩搭配方案，多媒体课件界面将具有不同的情感色彩并呈现出不同的视觉效果，图1-6所示分别为相邻色和对比色的搭配效果，前者全部使用蓝色系的相邻色进行搭配，效果偏沉稳、冷静；后者使用紫色、黄色等对比色进行搭配，效果偏活泼、明快。

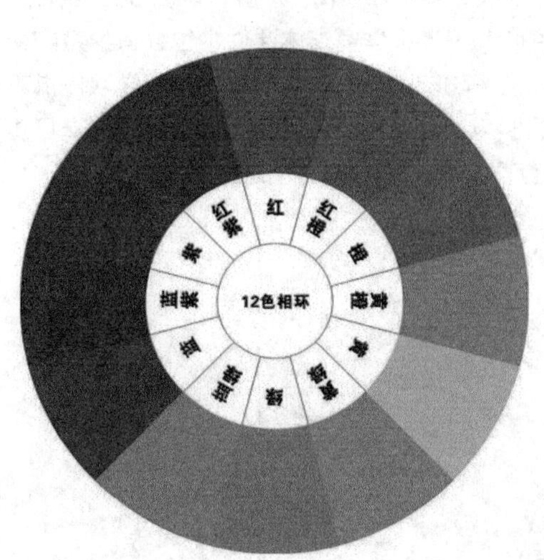

图1-5　12色相环

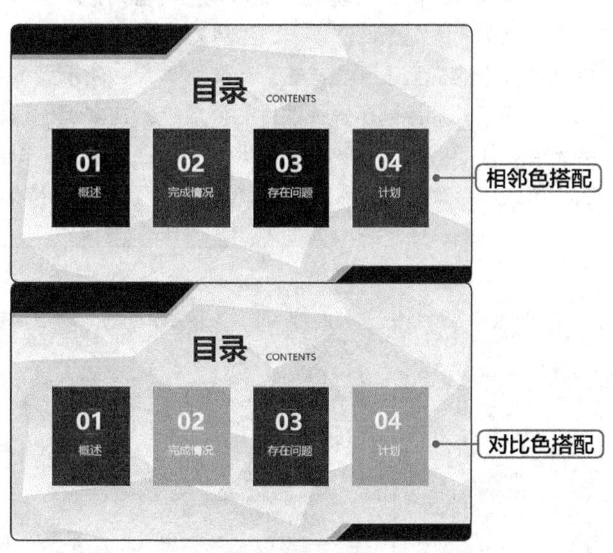

图1-6　颜色搭配示例

技巧讲解

多媒体课件界面设计中的色彩比例

在进行色彩搭配时，为了保证多媒体课件界面整体的美观性，可以按照一定的规则确定界面色彩的主次关系，即主色、辅助色、点缀色及它们的比例。一般来说，主色是多媒体课件界面中面积最大、最受瞩目的色彩，它决定了整个界面的风格，也是需要最先确定的颜色。主色不宜过多，一般控制在 1 ～ 3 种，占总面积的 70%左右。辅助色是用于烘托主色的色彩，占总面积的 25%左右。点缀色是界面中面积最小、比较醒目的一种或多种色彩，主要起突出重点的作用，占总面积的5%左右。

（2）多媒体课件界面的布局

多媒体课件界面的布局即根据课件播放设备对课件界面中的各种素材进行合理安排，从而使各种素材协调、美观、统一。在进行多媒体课件界面的布局时，应注意以下4个方面。

- **主体突出。**在多媒体课件的界面中，可能会同时对多种元素进行布局，而主体则应布局在最醒目的位置。以视频、文本的布局为例，如果视频是课件界面的主体，则视频应该放置于课件界面的醒目位置，甚至可以放大为全屏。如果在某个阶段，文本是主体，则视频应缩放至课件界面的一侧或角落处，并将文本布局到课件界面的正中间，以突出显示文本内容。
- **内容简洁。**在多媒体课件的整个界面中，不适合安排过多的信息。如果素材类型过多，则可以对素材进行分类、分页展示；如果文本量过大，则需对文本进行精简，只保留关键信息，以保证界面内有一定的留白。
- **画面均衡。**画面均衡即画面中各元素的分布均衡、协调，包括各元素的数量、位置、形态、方向、色彩、大小等，注意保证画面中信息密度适中，表现形式直接简洁。静止画面要注意构图和布局形式，运动画面则要保持画面的运动性和连贯性。
- **设计统一。**在多媒体课件的整个界面中，图文等内容应该保持设计风格上的统一，包括版式统一、色彩统一、导航风格统一。版式统一即文本的字号、字体、字距、行距、对齐方式、图片风格、样式、数量、大小等保持相对统一；色彩统一即界面颜色、菜单颜色、标志颜色、按钮颜色等保持统一，也就是在色彩的选择和搭配上保持风格一致；导航风格统一即导航区域中的文本、符号、按钮等视觉元素的大小、位置、排列组合要进行统一规划，其设计既要符合教师或学生的操作习惯，又要在视觉上保持统一。

2. 多媒体课件的交互设计

多媒体课件中的交互功能主要体现在界面导航、互动教学、测试训练等方面，可通过文本、按钮、菜单、对话框、表单、滚动条、选项卡、工具箱等的单击、移动、限时、限次等操作来实现。一般来说，训练/复习型多媒体课件中的交互设计更丰富，功能更强大；演示型多媒体课件和知识表征型多媒体课件中也会有少量的交互功能，便于教师控制多媒体课件的播放等。在多媒体课件中添加交互功能，可以为学生主动参与学习提供较好的条件，从而锻炼学生的自主思考能力和动手能力，丰富学生的学习体验。教师在设计多媒体课件的交互功能时，可以结合教学需求和目的，遵循图1-7所示的多媒体课件交互功能设计流程来进行交互设计。

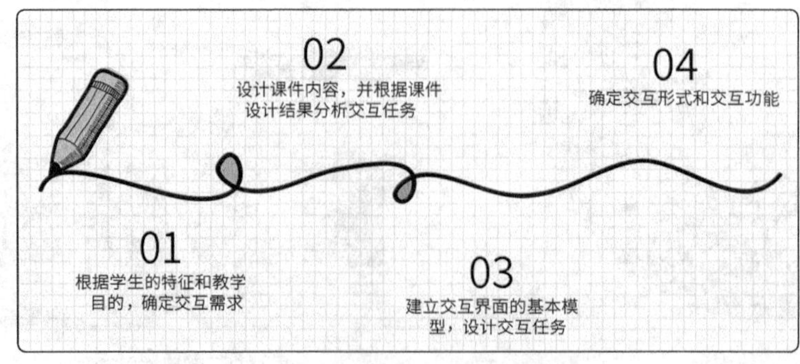

图1-7　多媒体课件交互功能设计流程

技巧讲解

多媒体课件交互功能的设计原则

在设计多媒体课件的交互功能时，教师应遵循合理灵活、响应及时、界面友好等设计原则，以保证多媒体课件的交互功能是可操作的，且十分便捷、安全。

1.2 认识微课

随着教学模式的不断更新和发展，微课作为一种新型的教学形式和高效的教学手段，为课堂教学带来了新的变化。积极开展微课教学，对加强教学资源的利用和开发，以及提高教学资源的使用率和质量水平具有十分重要的意义。

1.2.1 什么是微课

微课是以视频为主要载体、以信息技术为依托的新型教学辅助资源，具有教学时间短、内容精练、资源容量小等特点。微课的时长一般在5～10分钟，其中有明确的教学目标，主要用于阐述某一个具体的知识点，或展示教学内容中的重点、难点和疑点等，并以视频的形式展现。图1-8所示为介绍队列的微课视频的播放界面。

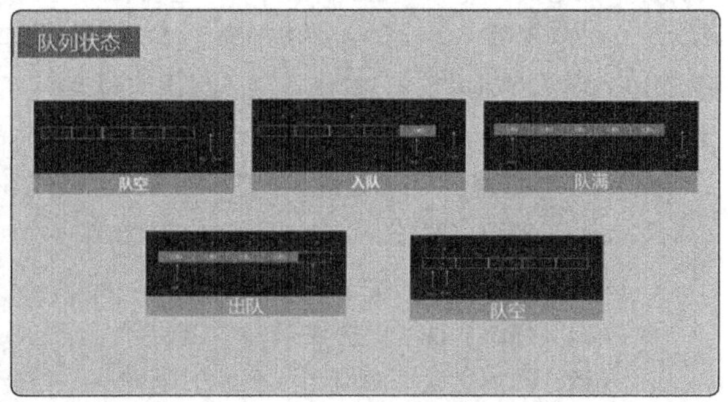

图1-8　微课视频播放界面

微课是帮助学生学习的教学资源，是课堂教学的有效补充形式，其设计与制作应从学生的角度出发，充分体现出以学生为主体的教学原理。微课所讲授的内容具有点状化、碎片化的特点，方便学生随时随地进行个性化深度学习。综上所述，微课具有如下特征。

- **讲授形式多样：** 讲课的教师可以在视频中出镜，也可以只提供声音。
- **具有流媒体播放性：** 微课能够通过视频、动画等基于网络流媒体播放。
- **教学时间较短：** 微课时长一般为5～10分钟。
- **教学内容较少：** 只重点讲解某个学科的主要知识点或技能点。
- **资源容量较小：** 可以在移动设备上学习。
- **教学设计精致：** 精心的信息化教学设计。
- **示范案例经典：** 真实、具体、典型案例化的教学情景。
- **自主学习为主：** 可供学生自主学习，实现一对一学习。
- **制作简单、内容实用：** 制作途径和制作工具多种多样，以实用为宗旨。
- **提供配套资料：** 微课通常会提供相关的练习、评价方法等资料。

1.2.2 微课的构成与分类

微课通常用于给特定人群传递特定知识和内容，可以单独对某个知识点进行阐述，也可以作为教习过程中的练习、测试和反馈。根据不同的教学目的、情景等，微课可以分为不同的类型。

1. 微课的构成

微课是以教学目标为依据，围绕单一、严格定义的知识点展开教学的课程资源，主要包括微课视频、进阶练习和学习任务单3个相互配套的组成部分。

- **微课视频。**微课视频通常用于解释知识点中的重要概念与内容、演示操作方法和知识应用技巧等，如介绍面试的技巧、个人所得税的征收方式、遮罩动画的制作技巧等。
- **进阶练习。**进阶练习与微课视频配套，通常采用在线测试的方法检查学生对微课视频中的教学内容的掌握程度，是一种基于课程标准的查漏补缺的学习过程。
- **学习任务单。**学习任务单强调任务驱动和问题导向，通过学习任务引导学生思考问题，让学生在解决问题的过程中达到学习目的。

2. 微课的分类

微课作为一种灵活实用的教学辅助资源，可应用于翻转课堂、混合学习等多种教学场景，以及课前、课中、课后等多个教学阶段；根据教学形式的不同，教师还可使用不同的方法和设备进行微课制作。基于此，可以将微课分为不同的类型。例如，按照教学方法的不同，微课可分为讲授类微课、讨论类微课、启发类微课、演示类微课、练习类微课、实验类微课、表演类微课、自主学习类微课、合作学习类微课和探究学习类微课等；按照教学环节的不同，微课可分为课前复习类微课、新课导入类微课、知识理解类微课、巩固练习类微课和知识拓展类微课等；按照制作方式的不同，微课可分为PPT类微课、视频类微课、录屏类微课、拍摄类微课、交互类微课等。基于微课设计和制作这个目的，本书按照不同的制作方式来深入讲解微课。

- **PPT类微课。**PPT类微课是指将使用PowerPoint制作的多媒体课件发布成视频、图片等形式，作为微课资源使用。例如，在PowerPoint中制作一个"'的地得'的使用"PPT课件，再将其发布为视频，作为教学资源提供给学生学习。
- **视频类微课。**视频类微课是指通过视频制作软件，对动画、图片、声音等元素进行设计和合成，并生成视频，作为微课资源使用。例如，制作一个用英语对话的视频，帮助学生了解单词和语法在实际对话中的应用。
- **录屏类微课。**录屏类微课是指在计算机、手机等设备上进行相关操作，将操作过程录制下来并制作成视频，作为微课资源使用。例如，录制使用Photoshop处理数码照片的过程，并将其保存为视频，供学生课前或课后学习或演练。
- **拍摄类微课。**拍摄类微课是指教师利用数码相机、手机等拍摄设备将学习内容拍摄成视频，经过后期剪辑制作后，作为微课资源使用。例如，拍摄某个数学公式的演算过程、拍摄剪纸教程等，以供学生学习。
- **交互类微课。**交互类微课可以通过H5等制作，将教学内容制作成H5，学生可以在H5中输入文本、填写表单、选择选项，从而完成测试、反馈、实践练习等交互操作。

1.2.3 微课的制作流程

要想将教学内容制作成微课视频，教师应该先了解制作微课的一般流程。一般来说，微课的制作主要包括制作环境准备、选题设计、整理素材、课件制作、视频制作5个环节，各个环节又包括不同的任务，如图1-9所示。

图1-9 微课的制作流程

1. 制作环境准备

制作环境准备即准备好制作微课所需的硬件和软件。在制作微课前，教师必须先了解相关硬件和软件的用法，以便选择合适的工具来制作微课。

（1）制作微课的常用硬件设备

在设计和开发微课前，教师可以根据微课制作的需求准备好计算机、录像设备，以及其他专业辅助设备等硬件，如方便演示操作的无线鼠标激光笔、录音效果较好的电容式话筒、用于录制屏幕板书的数位板等设备，如图1-10所示。

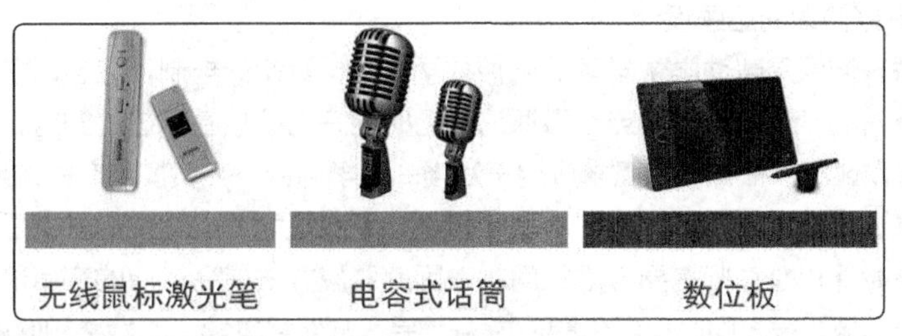

图1-10 制作微课的常用硬件设备

（2）制作微课的常用软件

由于微课多种多样，因此其制作软件也十分丰富，教师可以根据自己的需求选择合适的微课制作软件，表1-2所示为常用的微课制作软件。

表 1-2 常用的微课制作软件

软件类别	软件名称	软件简介
PPT 类微课制作软件	PowerPoint	PowerPoint 是 Microsoft 公司推出的演示文稿制作工具，提供了文本、图片、图表、动画、音频、视频等素材的应用和编辑功能。使用该软件时，教师可以轻松将教学内容制作成可视化的多媒体课件，并将课件直接输出为视频、图片等形式；也可以用手机等设备录制得到 PPT 录屏类微课（PPT 操作 + 录音旁白）
	WPS Office	WPS Office 是由金山软件股份有限公司自主研发的办公软件套装，其中的演示组件可用于制作课件，支持图片、声音、影片、动画等素材的应用和编辑，可将课件输出为 MP4、PDF 等多种格式，其界面友好、功能强大
录屏类微课制作软件	Camtasia Studio	Camtasia Studio 是 TechSmith 公司出品的屏幕录像和编辑软件，该软件提供了强大的屏幕录像、视频编辑、视频菜单制作、视频剧场和视频播放等功能，能够方便地进行录制和配音、剪辑视频和添加转场动画、添加文字说明和水印、制作视频封面和菜单，以及压缩和播放视频等操作
	屏幕录像专家	屏幕录像专家是一款专业的屏幕录像工具，可以轻松地将屏幕上的软件操作过程、网络教学课件、网络电视、网络电影、聊天视频等录制成 Flash 动画、ASF 动画、AVI 动画或者可自动播放的 EXE 动画

续表

软件类别	软件名称	软件简介
交互类微课制作软件	Captivate	Captivate 可以让具有编程知识或多媒体技术的人员快速制作出功能强大、内容实用的仿真、软件演示、基于场景的培训和测验。使用该软件时，只需单击用户界面或应用自动化功能，便可轻松记录屏幕上的操作、添加交互式学习方式、创建具有反馈功能的复杂分支场景
视频类微课编辑软件	Premiere Pro	Premiere Pro 是 Adobe 公司开发的一款视频剪辑软件，具有采集、剪辑、调色、美化音频、添加字幕、输出视频等功能，可以高效、精准地完成视频剪辑与制作，能满足广告、影视、教育等多个行业的视频制作要求
	会声会影	会声会影是非常简单好用的影片剪辑软件，具有图像抓取和编辑功能，能够抓取和转换 MV、DV、V8、TV，实时记录抓取画面，并且能对录制的视频进行编辑，如添加片头、精修视频、剪辑视频、添加转场效果和字幕等。会声会影提供了至少 100 种编辑功能和效果，不仅可以导出多种常用视频格式的文件，还可以直接制作 DVD 和 VCD 光盘，并支持各种编码格式，如音频和视频编码格式

2. 选题设计

微课作为一种辅助教学资源，其内容的质量和有效性直接影响教学应用价值。因此在制作微课时，教师必须明确以下3个问题，做好微课的选题设计。

- **微课针对的对象。**微课是帮助学生学习的一种教学资源，其设计与制作应当以学生为中心，因此教师需要明确微课所针对的学生群体的特点、微课的使用时间等问题。基于这些问题，以学生的思维特点策划微课选题，确保微课能够根据教学需求应用于适当的教学场合，并发挥应有的作用。
- **微课的价值。**微课是倡导学生自主学习的教学资源，而在教学的过程中，学生是否愿意学习微课、愿意花多长时间观看微课也是教师需要考虑的问题。因此要想办法提高微课的实用价值，教师应尽量选择有趣、有用的微课选题，一方面吸引学生的注意力，另一方面解决学生的疑惑和问题。
- **微课的易学性。**在传统教学模式下，教师大都习惯按照教学大纲、知识逻辑或自己的节奏来讲解教学内容，但微课主要是用于帮助学生自学的教学资源，缺乏课堂中直接互动的环节，因此其选题和内容更应该保证学生的易学性。这就要求教师站在便于学生学习的角度来策划微课的选题，选择学生更需要或更想要掌握、了解的内容，并以学生的视角拍摄微课，例如，以第一视角展示实验操作的过程。另外，讲解微课内容时要尽量轻松、亲和，让学生产生“一对一学习”的感觉。

3. 整理素材

在完成教学大纲的设计后，教师应根据教学大纲搜集微课所需的文本、图片、音频、动画、视频等素材，并对素材进行整理和编辑，包括使用Word、WPS Office等文字处理软件设置文本素材的字体、字号和颜色等；使用Photoshop、美图秀秀、光影魔术手等图片处理软件对图片进行裁剪、大小调整、亮度调节与对比度调整等操作；使用Audition、GoldWave等音频处理工具对声音素材进行剪切、去除噪声、添加合成等操作；使用Animata等软件制作动画，或使用GIF录屏工具将影像片段录制成动画，同时对动画素材进行加工，使其符合教学要求；使用Premiere Pro、会声会影等视频编辑软件对视频素材进行编辑，以便在微课中使用等。

4. 课件制作

如果教师是通过PPT、动画制作软件等来制作微课的，则在制作的过程中，需要对微课的界面色彩和布局进行统一设计，以保证微课界面的美观性。此外，在制作微课时，还应对教学内容进行可视化展示，即通过图片、图表、图示、动画等，用简洁、直观的方式呈现复杂的内容，便于学生学习。例如，用图表展示数据，用动画解释流程、原理等。

5. 视频制作

如果教师自行拍摄或录制微课，则需要选择拍摄工具或录制工具拍摄和录制视频，并对视频进行剪辑和后期制作，使视频内容符合微课教学的需要。此外，如果需要为其他类型的微课添加后期效果，或需要在拍摄、录制的视频中添加其他的图片、动画等素材，也需要用视频编辑工具进行编辑和处理。

1.3 微课的选题与教学设计

要想制作出具有教学价值和教育意义的微课，就需要先做好微课选题与教学设计。教师应该了解微课选题的相关知识、微课教学设计逻辑与策略，并策划好微课脚本，掌握微课的信息传达技巧，为微课的后续制作打好基础。

1.3.1 微课的选题

做微课选题实质上就是确定微课的主题，微课主题的选择是微课制作的关键，只有选题优秀，微课才具有更高的教学价值，在教学中才能达到事半功倍的效果。

1. 适合微课的选题

微课虽然在当前教学活动中的应用日益广泛，但并非所有教学内容都适合制作成微课，只有好的选题才能让微课达到理想的效果。总的来说，确定微课主题时要考虑使用价值、传播性和信息量3个方面的因素。

- **使用价值。**微课是一种教学资源，教师在制作微课时往往需要花费一定的时间和精力，如果微课的教学使用价值不高，则不仅很难体现出微课的教学意义，还会造成教师精力的浪费。因此，微课的选题应该具有较高的使用价值。通常来说，教学中的重点、难点、疑点、考点，以及学生在学习过程中容易出错的知识点、学生经常提的问题、教师平时在教学中反复强调和讲解的知识点等，都是教学使用价值较高的选题。例如，英语中的时态、句子成分分析等。
- **传播性。**微课是以视频为主要载体的教学资源，而视频则以连续的画面来呈现和传递信息，因此微课选题应符合视频传播的特征，尽量“动态化”，这样才能最大化地发挥微课的优势和作用。例如，展示某项技能或操作过程，展示某个事物的工作原理和变化过程等的视频。此外，视频主要通过连续的图像和声音来传递信息，如果教学内容（如地形地貌、摄影摄像、广告设计、艺术欣赏、发音训练、乐器弹奏等）需要用大量的图像和声音进行辅助表达，则也可以以微课的形式进行教学。
- **信息量。**据研究发现，若微课时长超过6分钟，学生的学习兴趣就会大大降低，微课受欢迎的程度也会直线下降。从这个方面来看，微课内容必须精简，而为了保证微课的实用性，微课内容又必须完整。因此，微课选题的教学内容应该少且相对独立。教师在选择微课主题时，应尽量选择知识结构不复杂、信息量不多的主题，力求在较短的时间内快速、清楚、完整地介绍知识点，确保学生能够看懂、听懂，例如，标点符号的用法、认识分数、构图技巧等。如果教师要选择信息量大、结构比较复杂的教学主题制作微课，则可以将教学主题分解为多个单独的小主题，再逐一为每个小主题制作微课，使其形成微课系列，从而达到教学目的。

技巧讲解

微课选题技巧

做微课选题的本质是选择适用于制作微课的教学内容，微课选题不是对课本知识或课堂内容的复制，因此微课要想吸引学生的注意力，就应该抓住学生的心理，用学生喜欢的方式呈现微课内容，从而激发学生的学习兴趣，调动学生的学习积极性。例如，介绍斐波那契数列时，可以先导入热门的网络话题，继而介绍大自然中的斐波那契数列现象，在激发学生的兴趣后，再对公式进行推导分析。

2. 微课选题的应用

好的微课选题可以最大化地发挥微课的教学价值，因此在实际的微课选题过程中，教师可以根据自己的选题目的、内容来源、教学目标、教学用途等进一步确定和评价选题，明确选题的价值和作用等。表1-3所示为某微课的选题示例。

表 1-3　微课选题示例

准备项目	内容
选题目的	介绍细菌与真菌
内容来源	生物课本
适用对象	初中学生
教学目标	让学生正确认识细菌与真菌及它们的作用
教学场景	课后
知识类型	理论型（可实践操作型）
制作方式	视频、演示文稿
预计时间	5 分钟

1.3.2 微课的教学设计

微课虽然时长较短，内容不多，但也需要进行良好的教学设计，以保证微课内容井然有序、逻辑清晰，符合学生的思维规律和认知过程，从而真正解决实际教学中的问题，起到解惑、启惑的作用，充分调动学生的学习主动性。

1. 微课逻辑设计

逻辑设计即对教学内容进行萃取、提炼、分类和归纳，用具有逻辑性的结构梳理教学内容，然后确定相关内容在微课中的呈现方式和结构。在微课逻辑设计环节，教师应该明确微课教（学）什么、如何教（学）、如何判断学生的学习成效等问题，保证教学内容的实用性、易学性和趣味性。图1-11所示为常见的微课逻辑结构。

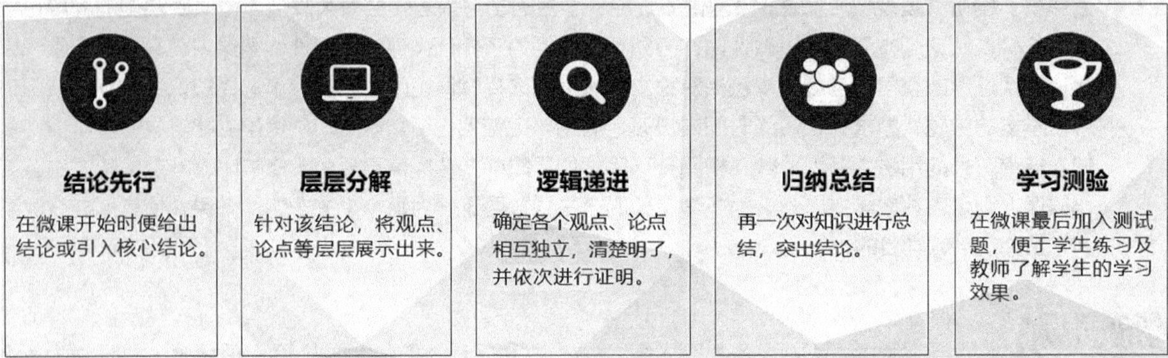

图1-11　常见的微课逻辑结构

2. 微课教学策略

教学策略是教师在确定教学目标后，结合教学任务、学生特点等有针对性地组织教学内容、教学形式、教学方法后形成的有效的教学方案。教师在制作微课时，完成微课逻辑的梳理后，还需要选择有效的教学策略来提升学生的学习兴趣，使微课有趣、有用、有意义。

（1）先行组织者策略

先行组织者策略是奥苏贝尔提出的意义学习理论的一个重要组成部分，先行组织者是指在学习正式开始之前呈现给学生的引导性材料，通过该材料解释、整合当前学习任务。先行组织者一般可以分为比较性组织者和说明性组织者两大类，其中比较性组织者与新的学习任务呈平行并列关系，主要用于帮助学生理解新知识。例如，在讲解雷达的相关知识时，可用回音作为先行组织者。说明性组织者则主要用于概括当前学习内容，例如，在讲解铝、铁时，可用金属作为先行组织者。在使用先行组织者策略时，教师通常可以规划3个主要教学阶段，如表1-4所示，通过这3个阶段对新旧知识进行链接，梳理当前知识与原有知识的关系，促进学生对知识的融会贯通。

表 1-4　先行组织者策略的 3 个教学阶段

准备项目	教学过程	教学活动
第一阶段	呈现先行组织者	通过先行组织者引入课程主题，然后展示例子、阐述概念、提供上下文的联系
第二阶段	呈现当前学习任务和材料	明确知识结构和知识间的逻辑关系，呈现材料，组织讨论、实践等
第三阶段	扩充、完善学生的认知结构，促进学生对知识的融会贯通	提示新、旧知识之间的关联，梳理知识间的关系，促进学生学习和吸收新知识

（2）问题策略

在微课中巧妙提问可以统领、导入学习内容，并有效激发学生的学习兴趣。在提出问题时，应该针对学生的特点提出他们真正感兴趣的问题，例如，如果没有氧气，地球上会发生什么？人为什么需要氧气？氧气从哪里来？通过问题串联起整个教学内容，搭建教学框架，然后通过提问、分析、回答的过程向学生传递知识。注意，在提问时，应该根据学生的特点，提出难度适当的问题，同时可以多角度、巧妙地提问，让问题不枯燥，从而有效激发学生的兴趣。另外，问题之间也可以形成内在的逻辑关系，通过问题串联起所有微课内容，使微课内容完整、有序。

（3）情景、案例、故事策略

在微课中通过创设情景、分析案例、讲故事等方式引入教学内容，也可以有效激发学生的学习兴趣。例如，在讲解一个数学公式时，可以介绍数学家发现这个公式时的有趣故事，将故事与公式巧妙融合，从而提升教学效果。此外，也可以将整体微课教学内容设计成一个完整的情景或故事，通过情景的变化、故事的走向来呈现相关知识。情景、案例、故事策略在微课教学设计中十分常用，教师在运用该策略时，应注意找到教学内容与现实情景、故事情节等的联系，再依次在情景或故事中融入教学内容。

1.3.3 微课脚本的策划

明确微课的选题、逻辑设计、教学策略之后，教师可以根据这些内容策划微课的脚本，将教学内容、教学任务等合理地规划到微课的不同时间段中，为微课的后续制作提供依据。表1-5所示为某微课的脚本，该脚本将微课划分成5个教学环节，各教学环节均包含不同的教学内容。

表 1-5　某微课的脚本

微课结构	教学环节	脚本内容与设计思路
一、片头（5 ~ 10 秒）	呈现微课的基本信息	展示微课主题，提供舒缓的背景音乐，营造轻松愉快的学习气氛
二、导入（10 ~ 20 秒）	揭题，设问题，导入教学内容	讲述一个故事或现象，并引入对应图片或影像资料，将学生带入学习情景中

续表

微课结构	教学环节	脚本内容与设计思路
三、正文讲解	围绕教学目标逐步引导学生，提出问题引发学生思考	根据故事或现象的影像资料、声音、文字、相关图片等提出问题
		介绍生活中常见的细菌与真菌及它们的利用方式
		通过思维导图总结和巩固所学内容
四、小结	扩展练习，回顾教学内容	练习：了解细菌与真菌是如何影响我们的生活的，并尝试动手实践。 思考：发散思维，思考细菌与真菌还有哪些作用
五、练习	课后巩固练习	提出问题，引导学生在课后思考所学内容或动手实践

1.3.4 微课的信息传达

微课教学策略是从课程内容的角度激发学生的学习兴趣的，除此之外，教师也可通过微课的信息传达设计，从视觉、听觉的角度激发学生的学习兴趣。

1. 视觉信息设计

在微课中，视觉信息设计主要包括画面艺术化处理和内容可视化表达两个层面。画面艺术化处理与多媒体课件界面的设计类似，需从颜色搭配、页面布局两个方面对微课画面的视觉效果进行美化。内容可视化表达即将抽象的内容转化为可视的画面，包括抽象概念的可视化，数字、关系的图示化，以及信息呈现的动态化。

- **抽象概念的可视化。**抽象概念的可视化即对抽象概念进行分解，然后为每一个分解后的对象应用形象的图示，便于学生理解和记忆。例如，介绍燃烧条件时，使用树木（可燃物）、一瓶氧气（助燃物）、火（火源）3个图示来表示燃烧条件，让学生通过图示快速对燃烧条件形成认知与记忆，如图1-12所示。
- **数字、关系的图示化。**数字、关系的图示化即通过图示的方式表现数字大小、物体间的关系等。例如，通过倾斜的天平展示两个物体在相同体积下的重量关系，如图1-13所示。

图1-12　抽象概念的可视化

图1-13　数字、关系的图示化

- **信息呈现的动态化。**信息呈现的动态化即通过动态的画面来展现微课内容，微课是以视频为主要载体的教学资源，而视频具有动态性，因此让教学内容以动态化的方式呈现可以最大化地发挥微课的价值。体育运动、乐器演奏、实验操作、手工等课程内容本身就具有动态性，因此可通过拍摄视频的方式直接展示其本身的动态性。工作原理、发展历程、运动路径等课程内容具有“隐形”的动态化特点，可以根据运动的前后关系、主次逻辑、时间顺序等对教学内容进行动态化呈现。如果是理论知识、数学解题思路等没有动态逻辑的课程内容，则可以根据分析问题的思路、认识事物的顺序等对教学内容进行动态化呈现。图1-14所示为人数的动态变化情况，人数变化具有“隐形”的动态化特点，因此可以根据时间顺序展示其动态变化过程。

1954~1960

1961~1976

1977~1984

图1-14　人数的动态变化情况

2. 听觉信息设计

微课中的听觉信息设计主要包括解说词和背景音乐两类，其中，解说词是微课的重要组成部分，主要用于对微课画面进行解释、说明、提示、补充。注意，在解说微课时，教师同样可以采用学生更乐于接受的语气、词语、句子等对微课进行解说，以提高学生对微课的学习兴趣。此外，微课往往还需要使用恰到好处的背景音乐，在选择背景音乐时，必须考虑音乐的内涵，使音乐与微课内容相匹配，这样才能增强微课的感染力。如果教师需在微课中使用多段背景音乐，则应该确定以一段音乐为主，其他音乐为辅，避免背景音乐过于杂乱。

1.4 课堂案例：策划一个微课选题

在传统的课堂教学中，受教学大纲、教学节奏、课时等因素的影响，教师往往难以在课堂中对知识进行详细的拓展，但这些拓展知识对帮助学生全面、深入地理解教学内容、开拓视野、培养学习积极性具有十分重要的意义。在这种情况下，教师就可以运用微课来达到这一目的。本案例将策划“圆周长的计算”微课，运用各种微课策划思路与设计策略，在讲解课程内容的同时介绍我国古代的数学成就，从而有效传递教学信息，培养学生的学习精神和探索精神。

1.4.1 案例目标

“圆周长的计算”微课主要介绍圆周长的计算方式和计算案例。为了引起学生的学习兴趣，体现微课的教学价值和意义，本案例将运用前面所学的知识对“圆周长的计算”微课进行策划，让学生全面、深入地理解相关知识。

1.4.2 制作思路

要完成本案例的制作，需要先分析“圆周长的计算”这一微课选题是否合适，然后做好该微课的教学设计，包括梳理该微课的逻辑结构和选择合适的教学策略，最后策划微课脚本。具体制作思路如图1-15所示。

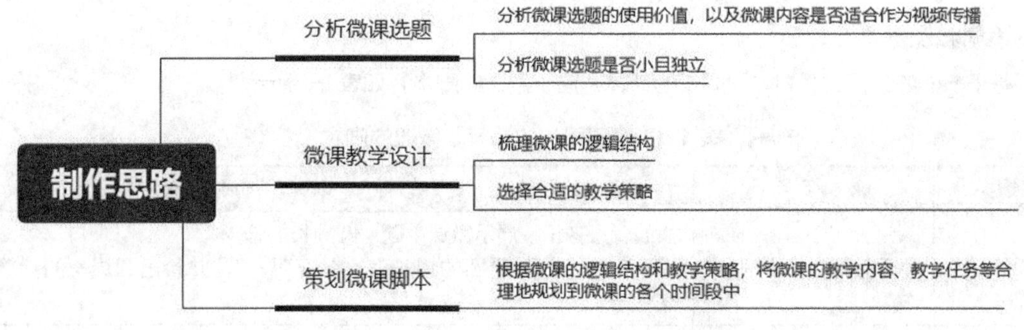

图1-15　制作思路

1.4.3 操作步骤

1. 分析微课选题

根据制作思路，将分别从以下3个方面来分析微课选题。

（1）微课选题的使用价值。“圆周长的计算”这一微课选题是教学内容中的重点、难点，亦是考点，是学生需要熟练掌握的知识，因此可作为微课选题。

（2）微课内容是否适合作为视频传播。“圆周长的计算”这一课程的内容虽然并不具备动态性的特点，但可以通过圆周长的测量、公式的推导、解题思路等让课程内容以动态化的形式呈现，从而符合微课动态化的特点。

（3）微课选题是否小且独立。“圆周长的计算”这一微课选题主要介绍圆周长的计算方法，因而该选题信息量相对较少，且相对独立，教师能够在较短的时间内快速、清楚、完整地讲解课程内容。

2. 微课教学设计

下面分别从微课逻辑结构的梳理、教学策略的选择两个方面进行微课教学设计。

（1）微课逻辑结构的梳理。“圆周长的计算”这一微课可以采用结论先行、层层分解、归纳总结、学习测验的基本结构，如图1-16所示。

第1部分

图1-16 微课的逻辑结构

（2）教学策略的选择。“圆周长的计算”这一微课想通过介绍我国古代对圆周率的研究和应用来说明我国古代的数学成就，培养学生的探索精神，因此可以选择教学策略中的故事策略，分别将西汉末年的刘歆制造“嘉量”、东汉的张衡研究球体积计算、魏晋时期的刘徽提出“割圆术”、南北朝时期的祖冲之首次将圆周率精算到小数点后第七位等故事串联起来，介绍我国关于圆周率的计算历史，然后基于这些故事引出目前圆周率的具体数值。在使用故事策略的过程中，也可以适当结合问题策略进行提问，引起学生的兴趣，提升微课的教学效果。

3. 策划微课脚本

下面基于前面的分析，策划“圆周长的计算”这一微课的脚本，如表1-6所示。

表 1-6 “圆周长的计算”微课的脚本

微课结构	教学环节	脚本内容与设计思路
一、片头（30 秒左右）	呈现微课的基本信息	播放背景音乐，展示微课主题“圆周长的计算” 提出问题“你知道圆的周长怎么计算吗？”，并给出圆周长的计算公式“$C=2\pi r$”

续表

微课结构	教学环节	脚本内容与设计思路
二、导入（2分钟左右）	讲述故事，导入教学内容	简单讲述西汉末年的刘歆制造“嘉量”、东汉的张衡研究球体积计算、魏晋时期的刘徽提出“割圆术”、南北朝时期的祖冲之首次将圆周率精算到小数点后第七位等故事，带领学生深入了解圆周率
三、正文讲解（2分钟左右）	围绕教学目标逐步引导学生，提出问题引发学生思考	提出圆周率的具体数值逐渐精确到 3.141592653……
		怎么应用圆周率？假设要为一面鼓包边，至少需要多长的包边材料
		演示计算过程
四、小结（30秒左右）	回顾与总结教学内容	总结公式及其应用技巧
五、练习（30秒左右）	课后巩固练习	小游戏：用圆规在纸上画一个圆形，将这个圆形剪下来并多次对折，然后将对折后得到的弧线放到直尺上滚动，测量该弧线的长度。将该弧线长度乘以弧线段数，得出圆的周长 思考：圆的周长与直径之间的关系

1.5 强化实训：微课信息传达的设计

从学生的角度来分析，新奇、有趣、轻松的微课往往更受欢迎，这就要求教师摒弃长篇大论，尽量精简、直接地设计微课内容，做好微课的信息传达设计，特别是微课画面的视觉设计。本实训将针对“圆周长的计算”这一微课的部分内容进行动态化的视觉设计，增强微课对学生的吸引力。

【制作效果与思路】

要完成本实训，需要依次对圆周率的历史故事、圆周长公式的应用两个部分的微课内容进行信息传达设计，具体设计思路如下。

（1）该微课的圆周率的历史故事这一部分，可以根据时间顺序体现其动态化的特点。例如，可通过时钟体现时间的变化，然后介绍不同时间段内出现的与圆周率计算有关的人物，如图1-17所示。

图1-17 通过时间顺序体现故事的动态性

（2）由于微课脚本中计划以鼓为例讲解圆周长公式的应用，因此可以在一面鼓上演示圆周长公式的具体应用方式，如图1-18所示。

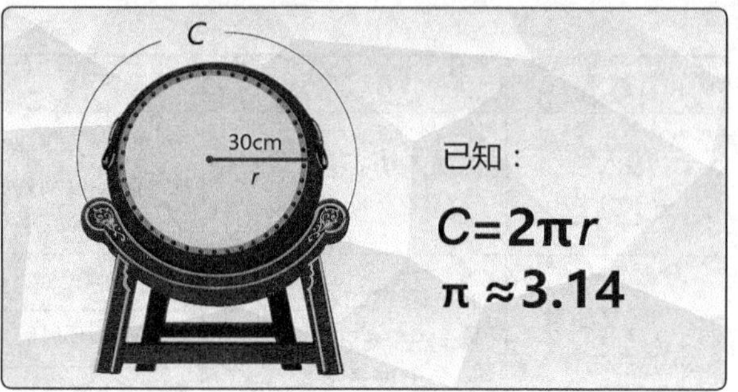

图1-18　在鼓面上进行公式的具体应用

1.6 知识拓展

多媒体课件和微课在教学中的应用充分尊重了学生在学习上的选择自主性和个性化发展,改变了传统的教学模式，在现代教学活动中发挥着十分积极的作用。下面继续介绍一些与多媒体课件的设计和制作相关的知识，以帮助教师进一步提升多媒体课件的制作水平。

1. 多媒体课件中的导航区域设计

导航区域在多媒体课件中十分常见，可方便教师或学生在多媒体课件中灵活跳转到各个页面，更好地利用课件内容。多媒体课件中的导航区域包括导航页、导航条、导航菜单等。在设计多媒体课件中的导航区域时，一般可以遵循图1-19所示的流程。此外，为了保证导航区域的有效性和界面的美观性，在设计导航区域时，应保证导航区域的结构合理、标志简明统一、操作灵活友好、定位准确等。

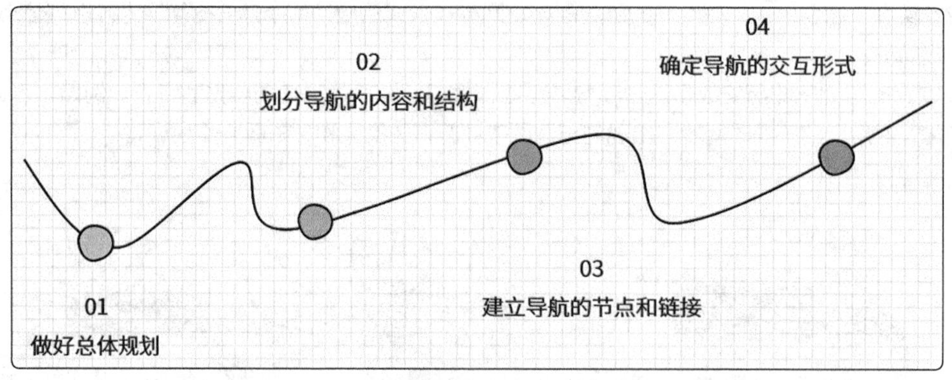

图1-19　多媒体课件中的导航区域设计流程

2. 多媒体课件中的交互设计

如果多媒体课件是自主学习型课件，则为了让学生可以更好地利用课件掌握知识，还可以在课件中设计交互功能，包括对课件内容进行说明的提示性交互和对课件操作进行说明的系统性交互。例如，如果某知识点较难理解或容易让学生产生混淆和迷惑，则可以添加演示视频、问题答疑、问题检索等功能，便于学生及时查看和了解。如果课件的交互功能比较多，内容比较丰富，则可以设计用户手册、个性化帮助等辅助学生快速了解课件，以便学生更有效地操作课件。

3. 多媒体课件中的色彩应用基础

在多媒体课件的设计中，色彩是十分重要的元素，教师可以先了解色彩的基本信息，在此基础上再确定多媒体课件的色彩方案，让课件的色彩搭配更加合理美观。

（1）色彩三要素

色彩是照射到物体上的物理性的光反射到人眼视神经上后产生的一种视觉效应。人对色彩的感觉既由光的物理性质决定，又会受到周围事物的影响。人眼所能感知的所有色彩现象都具有色相、明度和纯度（又称饱和度）3 个重要特性，它们是构成色彩最基本的要素。

- **色相。**色彩由光波的波长决定，而色相就是指不同波长的色彩情况。在各种色彩中，红色是波长最长的色彩，紫色是波长最短的色彩。红色、橙色、黄色、绿色、蓝色、紫色和处在它们之间的红橙色、黄橙色、黄绿色、蓝绿色、蓝紫色、红紫色共计 12 种较鲜明的颜色组成了 12 色相环。教师在设计时直接使用色相环中的色彩搭配即可设计出不同风格的画面效果。
- **明度。**明度是指色彩的明亮程度，即有色物体因反射光量的区别而产生的颜色上的明暗区别。例如，在红色里添加的白色越多，该红色越明亮，添加的黑色越多，该红色越暗。物体色彩的明亮程度会影响人对其轻重的判断，如看到重量相同的物体，黑色或者暗色系的物体会使人感觉偏重，白色或者亮色系的物体则会使人感觉较轻。明度高的色彩会使人联想到蓝天、白云、彩霞、棉花、羊毛和花卉等，从而产生轻柔、飘浮、上升、敏捷、灵活的感觉。因此在设计多媒体课件的界面时，教师可以根据课件的风格选择明度合适的色彩。
- **纯度。**纯度（也叫饱和度）是指色彩的纯净或者鲜艳程度。纯度越高，颜色越鲜艳，视觉冲击力越强。纯度的高低取决于该色中含色成分和消色成分（灰色）的比例。含色成分越多，纯度越高；消色成分越多，纯度越低。高纯度、高明度、高对比度的色彩会使人感觉华丽、辉煌；低纯度、低明度、弱对比度的色彩会使人感觉质朴、古典。在多媒体课件的界面设计中，高纯度的颜色容易让学生产生视觉疲劳，影响学生对教学内容的专注度，低纯度的颜色则可能难以突出重点，因此要注意控制色彩的纯度，以舒适、不刺眼、不突兀为基本原则。

（2）色彩的对比

按照色彩的三要素，可将色彩的对比方式分为色相对比、明度对比、纯度对比 3 种。

- **色相对比。**色相对比是指因色相的差别而形成的对比。当多媒体课件界面中的主色确定后，教师需先考虑其他色相与主色的相关性，再考虑课件的风格，最后选择合适的色彩进行搭配，以增强课件画面的感染力。
- **明度对比。**明度对比是指利用色彩的明暗程度形成的对比。恰当的明度对比可给人以光感、明快感、清晰感。通常情况下，明暗对比较强时，画面清晰、锐利，不容易出现误差；当明度对比较弱时，画面会显得柔和、单薄，主体不够明朗。
- **纯度对比。**纯度对比是指利用纯度的强弱形成的对比。纯度对比较弱的画面视觉效果也较弱，适合长时间观看；纯度对比适中的画面效果较协调、丰富，可以凸显画面的主次；纯度对比较强的画面效果鲜艳明朗、富有生机。

1.7 课后练习

多媒体课件与微课在当前教学活动中的应用愈加频繁，熟练掌握本章知识可以为多媒体课件和微课的制作打好基础，下面通过两个课后练习进一步巩固本章所学内容。

练习 1 为多媒体课件设计一个色彩方案

假设要制作“原子的结构”交互型多媒体课件，现在需要为该课件设计界面，请你为该课件的界面设计一个色彩方案，要求明确主色、辅助色，并简单说明界面背景、菜单、按钮等的色彩。色彩方案参考如图1-20所示。

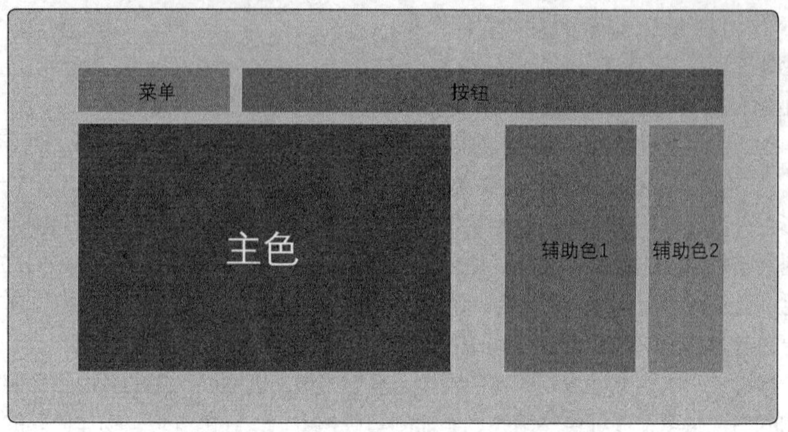

图1-20　为多媒体课件界面设计的色彩方案

练习 2　策划一个课外拓展阅读的微课选题

请你选择一门学科，策划一个帮助学生拓展本学科课外知识的微课选题。例如，策划一个“呼吸运动”的微课选题，帮助学生了解人工呼吸的作用、人工呼吸如何发挥作用及为什么人工呼吸可以发挥作用等，最后形成详细的微课脚本。

第2部分

第 2 章

多媒体课件素材的准备

/ 本章导读

完成课件整体结构和内容的构思与规划后，即可根据这些内容准备相关素材。通常来说，多媒体课件的类型、内容等不同，所需的素材也不同，教师应根据实际需求有针对性地搜集和整理课件素材。

/ 技能目标

掌握文本素材的搜集、处理、设计与应用规范。

掌握图片素材的搜集、拍摄、美化与应用规范。

掌握视频、音频素材的搜集、处理与应用规范。

/ 案例展示

2.1 多媒体课件素材的分类

课件素材是组成多媒体课件的基本元素，也是传递教学信息的主要媒介。多媒体课件是否出彩，其素材往往起着举足轻重的作用，因此在制作多媒体课件前，应该准备和处理好所需素材。

多媒体课件中的素材主要包括文本素材、图片素材、视频素材、音频素材4种类型，每一种类型的素材都具有不同的特点，适用于不同的场合。

- **文本素材。**文本是一种书面语言的表现形式，文本素材可以是一个句子、一个段落或一篇文章。一般来说，文字、字母、数字和符号都可以归类到文本的范畴。文本素材是多媒体课件中最基本的素材，很多PPT课件、动画课件、视频课件等都会使用文本素材。图2-1所示为文本素材在PPT课件和视频课件中的应用。在PPT课件中，文本素材占用的篇幅较多，主要起描述、说明的作用；而在视频课件中，文本素材占用的篇幅较少，主要起辅助说明的作用。

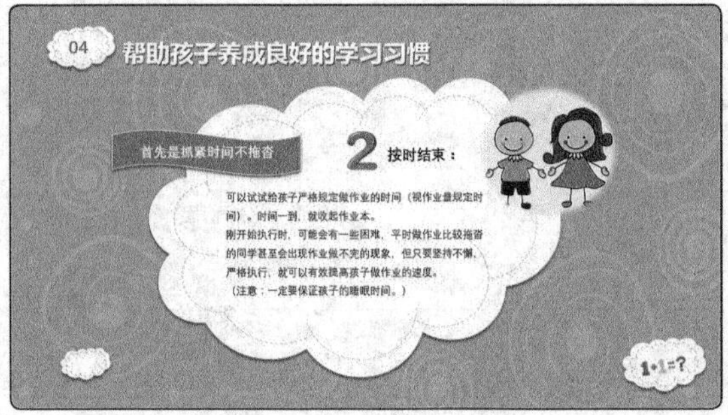

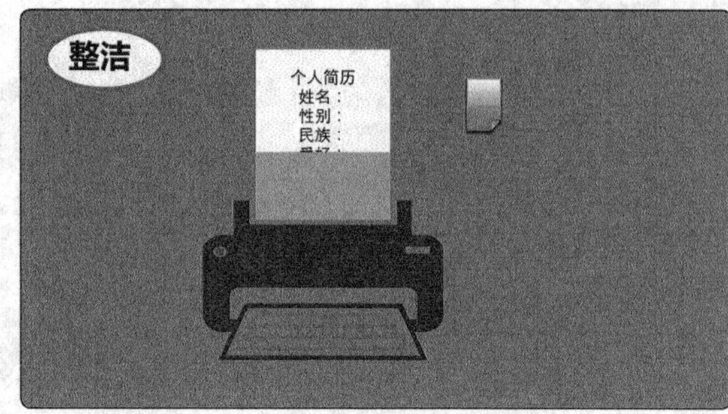

图2-1　文本素材在PPT课件和视频课件中的应用

- **图片素材。**图片是由图形、图像等构成的一种媒体类型，具有生动、形象、直观等特点，可以简单、直接地展示出大量的有效信息，也可以帮助学生快速理解较抽象的概念或现象。图2-2所示为图片素材在PPT课件和微课中的应用。在PPT课件中，图片一方面可作为装饰课件的元素，另一方面也可辅助文本点明课件主题。在微课中，图片可以传达重要的教学信息，让学生通过图片直观地理解和吸收教学内容，同时也可引出微课主题、营造学习氛围等。

图2-2　图片素材在PPT课件和微课中的应用

- **视频素材。**视频以声像复合的方式对事物进行呈现，将若干有联系的图像连续播放即可形成视频。视频在传达信息的过程中往往还伴有解说与背景音乐等，具备表现力强、信息量大、传播高效、画面丰富等特点，因此在教学活动中可以发挥很大的作用，特别是在传递对学生来说相对枯燥且陌生的信息时，视频可以有效吸引学生注意，帮助学生快速理解教学内容。图2-3所示为视频素材在微课中的应用，教师可以通过该视频引起学生对教学内容的兴趣，继而过渡到教学内容。

图2-3　视频素材在微课中的应用

- **音频素材。**音频素材主要包括音乐、语音、音效等类型，素材既可以对多媒体课件中的画面内容进行解释，也可以丰富学生的视听感受，营造课堂氛围。在多媒体课件中，音频素材的应用同样十分广泛，例如，在课件中添加语言解说、背景音乐，为特殊教学内容应用合适的音效等。

知识补充

动画素材的作用

多媒体课件中除了文本、图片、视频和音频等素材外，动画素材的应用也比较广泛。与图片相比，动画可以提供简单的运动景象，并展现事物在时间、位置、方向、速度等方面的变化情况和规律。例如，通过动画展示小球的运动规律，不仅生动有趣，还可以帮助学生快速理解教学信息，激发学生的学习兴趣和积极性。

2.2 文本素材

文本是多媒体课件设计与制作必不可少的元素，为了保证在课件中快捷、有效地使用文本，教师需要提前搜集所需文本，同时对搜集的文本进行处理，然后将其运用到多媒体课件中，提高课件的质量。

2.2.1 文本素材的搜集与处理

教师在制作课件时，主要通过教材获取文本素材；但如果教材中的文本不满足或不符合课件制作的需要，则也可以通过其他渠道搜集文本，例如，通过网络、光学字符识别（Optical Character Recognition，OCR）技术来实现文本素材的搜集。完成文本素材的搜集后，该素材往往无法直接应用于课件中，需要教师进一步对文本素材进行处理。

1. 文本素材的搜集

在互联网时代，信息突破了时间和地域的限制，各大搜索引擎可以随时随地为广大用户提供海量的信息搜索服务。教师也可以通过互联网搜索自己需要的文本素材，并将其保存下来。总的来说，保存互联网中文本素材的方法主要有两种：一种是直接保存，另一种是依靠OCR技术保存。

（1）直接保存

通过百度等搜索引擎搜索文本素材时，如果搜索到的网页中的文本允许用户直接复制，教师可以在选择需要保存的文本素材后，单击鼠标右键，在弹出的快捷菜单中选择“复制”命令，然后打开Word、记事本等应用程序，单击鼠标右键，在弹出的快捷菜单中选择“粘贴”命令，将网页中的文本素材保存至计算机中。

如果网页中的文本不允许用户直接复制，则教师可以在网页的空白位置单击鼠标右键，在弹出的快捷菜单中选择“网页另存为”命令，在打开的对话框中将网页保存。

如果文本素材以DOC、PPT、PDF等格式保存在网页上，教师还可以通过下载的方式将其保存到本地计算机中。

（2）依靠OCR技术保存

OCR技术是指通过扫描等光学输入方式将各类印刷品中的文本转化为图像信息，再利用文本识别技术将图像信息转化为可使用的信息的计算机输入技术。如果教师将需要的文本素材以图片的形式保存，就可以使用OCR技术识别图片中的文本，再将文本素材保存。目前支持OCR技术的软件比较多，如OneNote软件、QQ等。其中QQ的屏幕识图功能可以方便、快速地对文本进行识别，其应用方法为：打开QQ，按【Ctrl+Alt+A】组合键进入截图状态，截取需要识图的区域后，单击截图框下方的“屏幕识图”按钮，即可对截图区域中的文本内容进行识别。

知识补充

直接整理文本素材

如果多媒体课件所需的文本素材较少，则教师可以根据教学大纲直接输入并整理文本素材。例如，直接在Word、PPT中输入和整理出课件所需的文本素材。

2. 文本素材的处理

多媒体课件中的文本往往比较精练、简洁，因此在完成文本素材的搜集后，教师需要对搜集的文本进行处理，提取重要的文本内容，删除冗余的文本内容，厘清文本内部的逻辑与框架，使其与多媒体课件内容匹配。在处理文本素材时，可以使用Word等支持文本输入和文本格式设置的软件。

在Word中处理文本的方法比较简单。在计算机桌面左下角单击“开始”按钮，在打开的菜单中选择“Word”命令，启动Word。启动Word后，将复制的文本素材粘贴到Word中，按【Backspace】键删除多余的空行、文本等，然后在Word操作界面上方的功能区中对文本的字体和段落格式等进行设置。此外，也可选择需要编辑的文本，在其上单击鼠标右键，在弹出的快捷菜单中选择“字体”或“段落”命令，打开“字体”或“段落”对话框，在其中对文本的字体格式和段落格式进行详细设置。图2-4所示为使用Word对文本素材进行调整字号、调整缩进、调整行距、加粗、右对齐、设置编号等操作前后的效果。

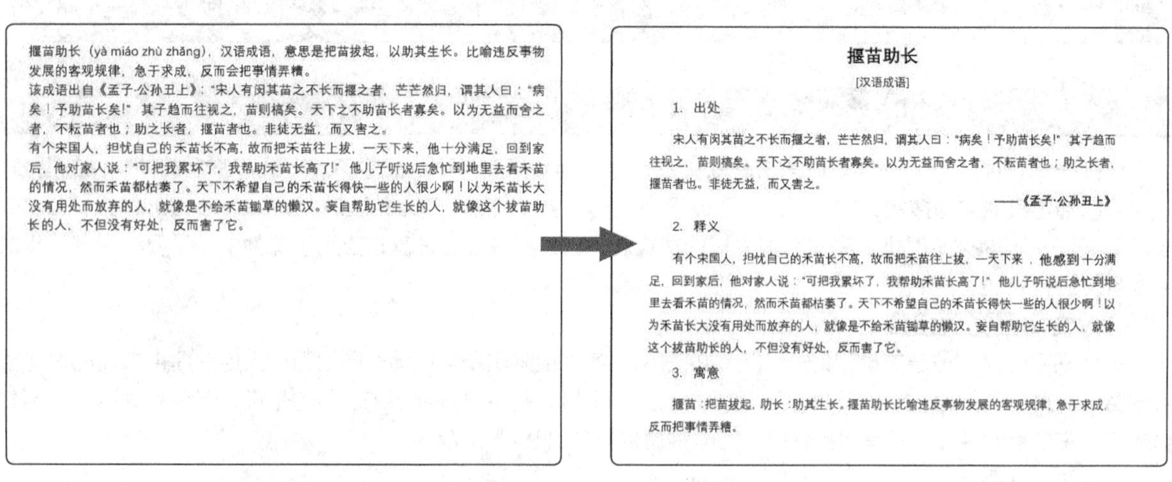

揠苗助长（yà miáo zhù zhǎng），汉语成语，意思是把苗拔起，以助其生长。比喻违反事物发展的客观规律，急于求成，反而会把事情弄糟。
该成语出自《孟子·公孙丑上》：“宋人有闵其苗之不长而揠之者，芒芒然归，谓其人曰：“病矣！予助苗长矣!” 其子趋而往视之，苗则槁矣。天下之不助苗长者寡矣。以为无益而舍之者，不耘苗者也；助之长者，揠苗者也。非徒无益，而又害之。
有个宋国人，担忧自己的禾苗长不高，故而把禾苗往上拔，一天下来，他十分满足，回到家后，他对家人说：“可把我累坏了，我帮助禾苗长高了!” 他儿子听说后急忙到地里去看禾苗的情况，然而禾苗都枯萎了。天下不希望自己的禾苗长得快一些的人很少啊！以为禾苗长大没有用处而放弃的人，就像是不给禾苗锄草的懒汉。妄自帮助它生长的人，就像这个拔苗助长的人，不但没有好处，反而害了它。

揠苗助长

[汉语成语]

1. 出处

宋人有闵其苗之不长而揠之者，芒芒然归，谓其人曰：“病矣！予助苗长矣!” 其子趋而往视之，苗则槁矣。天下之不助苗长者寡矣。以为无益而舍之者，不耘苗者也；助之长者，揠苗者也。非徒无益，而又害之。

——**《孟子·公孙丑上》**

2. 释义

有个宋国人，担忧自己的禾苗长不高，故而把禾苗往上拔，一天下来，他感到十分满足，回到家后，他对家人说：“可把我累坏了，我帮助禾苗长高了!” 他儿子听说后急忙到地里去看禾苗的情况，然而禾苗都枯萎了。天下不希望自己的禾苗长得快一些的人很少啊！以为禾苗长大没有用处而放弃的人，就像是不给禾苗锄草的懒汉。妄自帮助它生长的人，就像这个拔苗助长的人，不但没有好处，反而害了它。

3. 寓意

揠苗：把苗拔起，助长：助其生长。揠苗助长比喻违反事物发展的客观规律，急于求成，反而把事情弄糟。

图2-4 使用Word处理文本素材前后的效果

2.2.2 文本素材的设计与应用规范

在多媒体课件中，文本设计效果会直接影响课件的整体视觉效果。具有可读性、美观性的文本设计可以快速且有效地吸引学生的视线，给学生带来良好的视觉感受。因此教师在制作课件时，需要注重文本的设计与应用规范，掌握文本设计的技巧。

1. 文本类型

多媒体课件中的文本主要可分为标题型文本和说明型文本。标题型文本字数较少，主要展示书名、章节标题、分类标题等，相对来说比较醒目，因此往往具有一定的艺术效果。而说明型文本主要展示具体的教学信息，如概念、方法、理论等内容，以及图形、图标的描述文本。由于说明型文本的主要作用是传递教学信息，因此其字数相对较多、字号较小；在设计时，不过于要求其字体的艺术性，以清晰工整、便于阅读为主。图2-5所示为标题型文本和说明型文本在课件中的实际应用。

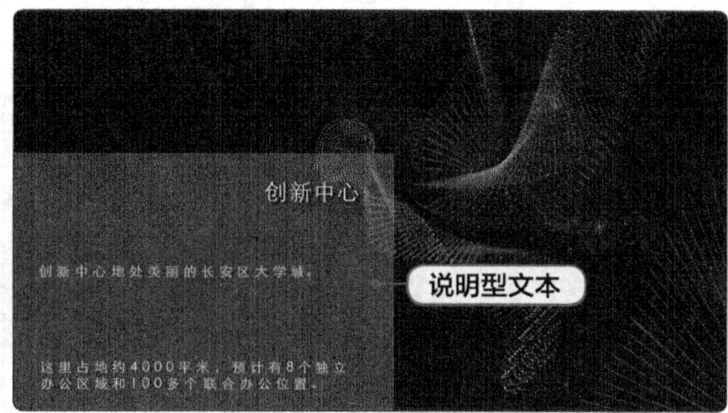

图2-5　标题型文本和说明型文本在课件中的应用

除以上两种主要的文本类型外，在视频类的多媒体课件中，文本还常常以字幕的形式出现在画面的下方，这类文本为字幕式文本；或出现在视频中对应的位置，起标识的作用，这类文本为标识文本。字幕式文本与说明型文本一样，以便于阅读为主；而标识文本则主要对重要内容进行提示，可搭配简单的动画，起到引人注意的效果。

2. 文本字体的选择和搭配

字体是文本的书写形式，不同的字体具有不同的特点，会呈现出不同的视觉效果，同时也适用于不同的场合。在各类多媒体课件中，PPT课件最注重字体的搭配，视频、动画类课件中如果使用了大量说明型文本，则也需注意字体的搭配。微软雅黑（中文字体）、Arial（英文字体）是多媒体课件中最常用的字体类型之一，图2-6所示为在PPT课件中搭配使用微软雅黑和Arial字体的效果。

图2-6　微软雅黑和Arial字体搭配使用的效果

微软雅黑和Arial字体的搭配具有优美、识别性强、显示清晰等特点，十分方便学生阅读，因此适用于大部分多媒体课件类型。教师在设计多媒体课件时，也可以为正文应用微软雅黑字体，为标题应用其他字体。当然，如果教师要设计幼儿类等风格特殊的多媒体课件，则也可以根据教学需求自由选择和组合字体。下面介绍几种实用的文本字体搭配。

（1）方正综艺体简（标题）+微软雅黑（正文）

方正综艺体简的字形饱满，笔画较粗，十分醒目，微软雅黑的字形则纤细大气，二者对比明显，且风格统一，在各种类型的PPT、动画、视频课件中均十分适用。图2-7所示为方正综艺体简和微软雅黑字体在PPT课件中的搭配使用效果。

（2）方正粗倩简体（标题）+微软雅黑（正文）

方正粗倩简体的字形柔和，笔画粗细有致，用作标题时既醒目又温和，与微软雅黑搭配使用的整体视觉效果十分协调自然，适用于教学氛围比较轻松的场合。图2-8所示为方正粗倩简体和微软雅黑字体在PPT课件中的搭配使用效果。

图2-7　方正综艺体简和微软雅黑字体搭配

图2-8　方正粗倩简体和微软雅黑字体搭配

（3）方正粗宋简体（标题）+微软雅黑（正文）

方正粗宋简体的字形威严庄重，往往用于比较正式的教学活动中，或课程内容比较郑重、严谨时。图2-9所示为方正粗宋简体和微软雅黑字体在PPT课件中的搭配使用效果。

（4）方正卡通简体（标题）+微软雅黑（正文）

方正卡通简体的字形圆润，活泼灵动，且笔画粗细一致，具有一定的厚重感，因而既醒目又便于识别，常用于中小学课件中，或个别艺术类课件中。图2-10所示为方正卡通简体和微软雅黑字体在PPT课件中的搭配使用效果。

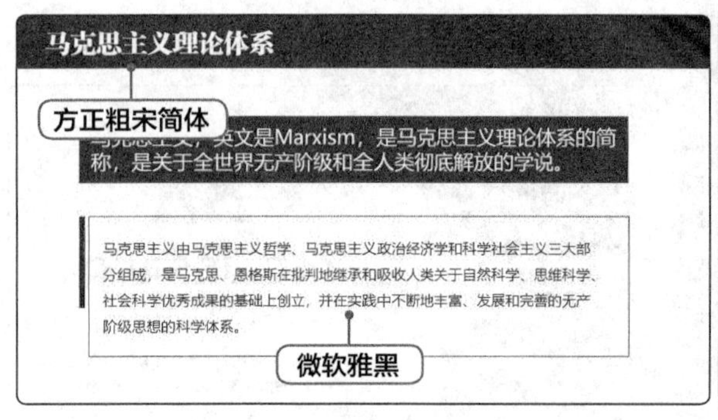

图2-9　方正粗宋简体和微软雅黑字体搭配

图2-10　方正卡通简体和微软雅黑字体搭配

（5）方正胖娃简体（标题）+方正卡通简体（正文）

方正胖娃简体和方正卡通简体都是字形十分圆润可爱的字体，方正胖娃简体的笔画粗而厚重，方正卡通简体的笔画则比较纤细，二者风格相似，对比明显，搭配使用可以让多媒体课件的整体效果更加轻松灵动，一般适用于卡通类、娱乐类多媒体课件。图2-11所示为在动画类课件中搭配使用方正胖娃简体和方正卡通简体字体的效果。

图2-11　方正胖娃简体和方正卡通简体字体搭配

3. 文本字号和样式的设计

在多媒体课件中，文本字体的设计除了字体的选择外，还包括字号设计、字体颜色设计、文本布局设计等。

（1）字号设计

多媒体课件中文本的大小主要由文本字体、文本数量等因素决定。一般来说，标题型文本的字号应大于其他说明型文本的字号，主标题文本的字号应大于副标题文本的字号，且主标题、副标题和正文的字号应形成明显的对比，以体现文本之间的层次。图2-12所示为多媒体课件中的字号对比效果。

此外，在保证字号对比效果的同时，还应适当控制字号的大小，例如，PPT课件中的字号应不小于20号，否则不利于学生阅读；视频、微课类课件中的字号则以阅读舒适为宜，既不能过小，否则难以辨认，又不能过大，避免文本在画面中喧宾夺主。

（2）字体颜色设计

设计字体颜色时主要考虑两方面的因素：一是标题型文本与说明型文本的字体颜色对比，二是文本与多媒体课件背景的颜色对比。

- **标题型文本与说明型文本的字体颜色对比。**一般来说，标题型文本的颜色可与说明型文本颜色保持一致，也可以不一致，但为了使课件的整体颜色搭配协调，建议选择一两种颜色为主色。例如，标题使用与课件主色相匹配的颜色，正文可使用黑色或白色，也可为正文中的关键文本应用与标题一致的颜色。
- **文本与课件背景的颜色对比。**在文本与课件背景的颜色对比上，如果课件背景使用了深色、暗色，则文本应该使用浅色、亮色，以保证文本颜色与背景颜色形成较明显的反差，不影响学生阅读。在文本颜色与背景颜色的搭配中，深色背景+白色文字、白色背景+黑色文字、浅色背景+黑色文字等搭配方案比较常用。图2-13所示为同时应用了浅色背景+黑色文字、深色背景+白色文字两种字体颜色搭配方案的效果。

图2-12　主标题与副标题的字号对比

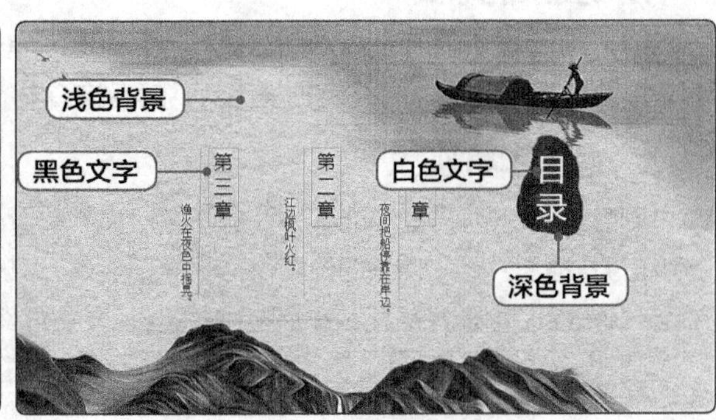

图2-13　文本与课件背景的颜色对比

（3）文本布局设计

文本布局设计即文本的字距、行距等排版样式的设计。

- **字距设计。**在设计标题文本的布局样式时，如果标题文本过少，则可适当增大标题文本的字距，注意字距不宜过大，否则会让标题文本的布局显得松散。在设计说明文本的字距时，不宜让文本字距过小，否则不利于阅读。
- **行距设计。**文本的行距应大于字距，例如，可将行距设置为字高的1/2～2/3，特殊情况下行距也可略大于字高。标题文本与说明文本之间建议保持一行至一行半的距离，使标题文本与说明文本形成明显的区分。
- **文本段落两侧的距离设计。**除了字距和行距之外，说明文本与课件两侧的边框也应该有适当的距离，例如，将两侧的距离设置为字号的1~2倍，同时保证两侧宽度相等。图2-14所示分别为竖排文本和横排文本的字距、行距等距离设置效果，左边图片中行距大于字高，右边图片中行距则略小于字高，标题文本与说明文本之间的距离为一行到一行半，且说明文本与两侧的距离相等，该课件的整体视觉效果较为美观。

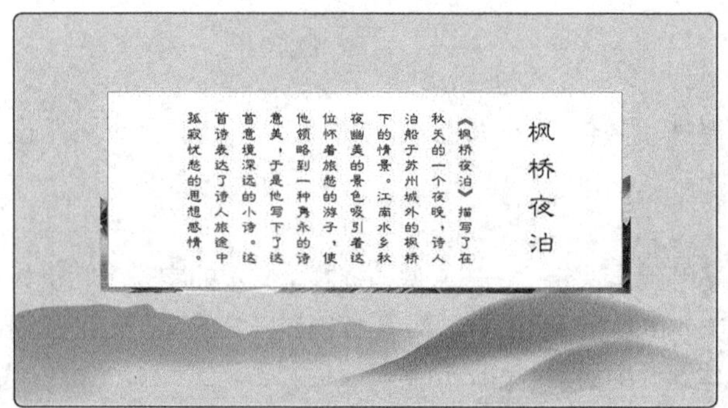

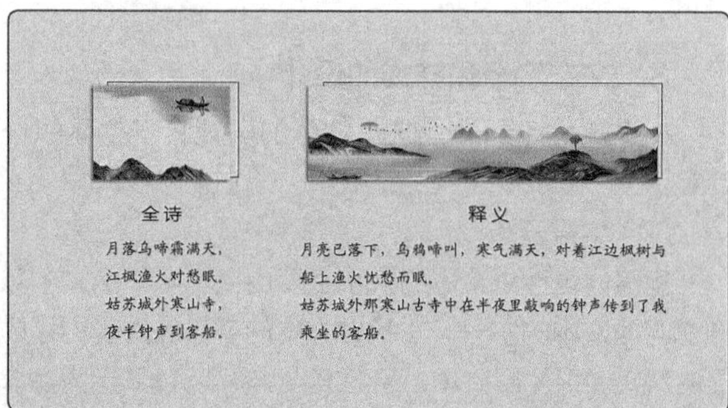

图2-14　文本布局设计效果

第2部分

2.3 图片素材

多媒体课件是一种声像并重的课件，主要利用图片素材对重要的教学信息进行展示或标识。图文并茂地展现教学内容，可以大大提高课件的趣味性和专业性。

2.3.1 图片素材的搜集渠道

图片是学生十分容易接受的一种表现元素，具有直观、生动、形象的特点，可以让课件内容更加简洁、易学，但在课件中使用图片之前，教师要先选择合适的渠道对图片素材进行广泛的搜集。

1. 通过拍摄收集

如今，数码产品已广泛普及，数码相机、高清拍照手机等大众化的数码产品都可以作为收集图片素材的工具，教师可以根据教学需求自行拍摄图片，然后将拍摄的图片直接导入计算机中备用。

2. 通过扫描仪收集

使用扫描仪可将一些非电子格式的图像扫描到计算机中，并将其保存为电子图像格式，以便用于教学课件的制作。扫描图片通常使用的扫描仪为平板扫描仪，其使用方法与复印机相似，将需要扫描的实物图片正面朝下，放在扫描仪的玻璃板上，然后调用扫描仪驱动程序获取图像信息。

3. 通过网络搜集

互联网中有大量的图片素材，教师可以利用搜索引擎搜索需要的图片素材，然后将其下载到本地计算机中。现在，比较主流的搜索引擎都提供了直接搜索图片的服务，以百度搜索引擎为例，搜索“百度图片”进入百度图片搜索页面，在搜索文本框中输入需要搜索的图片的名称，单击 百度一下 按钮，如图2-15所示，打开相关图片的搜索页面。在图片搜索页面单击某张图片，可查阅该图片。在图片上单击鼠标右键，在弹出的快捷菜单中选择“图片另存为”命令，如图2-16所示，打开“另存为”对话框，在该对话框中设置图片的名称、保存位置后，单击 保存(S) 按钮，即可将该图片保存至本地计算机中。

图2-15　搜索图片

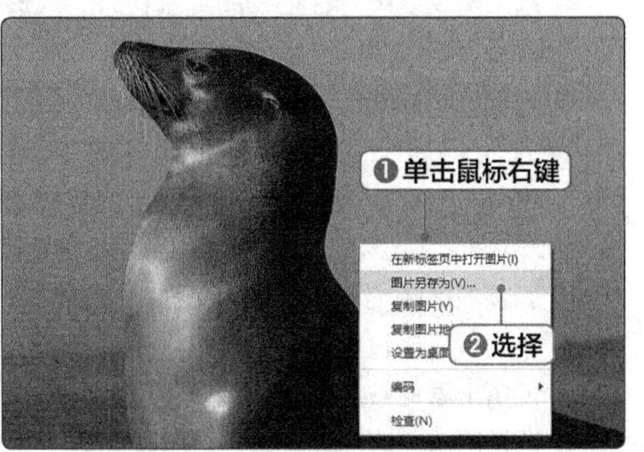

图2-16　保存图片

4. 通过屏幕截图收集

如果教师在使用计算机观看视频或浏览文件时，发现了可以用于制作课件的图片素材，则可以通过屏幕截图的方式将其保存下来。Windows提供了屏幕截图的功能，直接按【Print Screen】键即可截取整个屏幕画面，按【Alt+Print Screen】组合键可以截取活动窗口中的画面。

除此之外，教师也可以用各种截图工具来实现屏幕截图，常见的截图工具有SnagIt、QQ等。SnagIt是一款专业的截图软件，用户可以自定义所截图片的格式和截图的范围，其功能相对来说比较完善。QQ的截图操作更加简单，只需登录QQ，在聊天窗口的工具栏中单击“屏幕截图”按钮或按【Ctrl+Alt+A】组合键，然后拖曳鼠标，框选需要的图片区域，最后单击“完成”按钮，在打开的对话框中设置图片的保存位置、名称和格式即可。

5. 从素材网站中搜集

互联网上有很多专门提供图片素材的网站，这些网站上的图片素材类别多、质量高、尺寸多样，能够很好地满足教师的使用要求。

2.3.2 图片素材的拍摄与处理

如果教师需要搜集学校、生活中的真实素材，则往往需要自行拍摄，而多媒体课件对图片素材的质量要求相对较高，这就对教师拍摄的图片提出了一定的质量要求。一般来说，教师在拍摄图片素材时，需要先选择合适的拍摄器材，然后掌握相关的图片拍摄技巧，并能够对图片进行合理的处理。

1. 拍摄器材的选择

图片素材的拍摄器材主要包括拍摄设备和辅助器材两种。其中拍摄设备主要是指数码相机、无人机、手机等用于拍摄的设备；辅助器材是指三脚架、拍摄稳定器等辅助拍摄的器材。在这些拍摄器材中，手机作为日常生活中十分常见的电子设备，具备十分丰富的拍摄功能，因此使用手机拍摄图片素材不但简单方便、操作智能，而且可以随走随拍，大大方便了教师的取材。

2. 图片的拍摄技巧

教师在拍摄图片素材的过程中，如果想要更好地对拍摄主体的形状、品质、色彩等进行展示，就要掌握一定的拍摄技巧，例如，采取正确的拍摄步骤、选择合理的构图方式等。

（1）拍摄准备

在拍摄图片素材时，教师需要先根据被摄主体的特点和相关要求选择合适的拍摄背景，然后针对拍摄环境的光源特点选择补光方式，再通过合适的拍摄距离、拍摄角度、焦距等多角度地进行拍摄，方便后期挑选出合适的图片素材。

- **选择背景。**教师在拍摄图片素材时，应该根据被摄主体的颜色选择合适的背景，例如，想要突出被摄主体时，可以选择浅色、简单的背景，避免背景喧宾夺主。
- **利用自然光线。**一般来说，教师在拍摄图片素材时主要利用的是自然光线。当自然光线较柔和时，拍摄的图片素材往往能够比较真实地反映被摄主体的细节与色彩。因此，可以选择清晨、傍晚等光线柔和的时间段进行拍摄。当自然光线过亮或过暗时，可以借助简单的外部设备进行减光或补光，以控制光线对图片素材的影响；也可以通过后期处理对图片进行补光、降低曝光度等操作。
- **调整拍摄距离。**教师在拍摄图片素材时，可以先思考自己所需的图片素材的效果，然后选择合适的拍摄距离，再通过全景、远景、中景、近景、特写等拍摄方式调整自己的取景范围，从而从不同视距、不同视角来展现被摄主体。
- **选择拍摄角度。**为了更好地展现被摄主体，教师在拍摄图片素材时，应该选择合适的拍摄角度，如正拍、侧拍、仰拍、俯拍等。
- **调节焦距。**为了保证拍摄的图片素材清晰、真实，教师可以在拍摄前对焦距进行适当调节。手机的变焦和对焦相对来说比较简单，部分智能手机的智能拍摄模式还具备自动对焦和缩放变焦功能。此外，教师也可以手动调节焦距以改变拍摄范围。

（2）常见的构图方式

教师在拍摄图片素材时，对被摄主体进行精心的构图设计，可以增加图片素材的层次感，提升图片素材的美观度。拍摄中常见的构图方式包括曲线构图、中心构图、对角线构图、三角线构图、水平垂直构图、对称构图等。

- **曲线构图。**曲线构图即让被摄主体在画面中呈现出蜿蜒的曲线形状，常用于拍摄弯曲的道路、河流等。图2-17所示为曲线构图的效果。
- **中心构图。**中心构图是十分常见的一种构图方式，即将被摄主体放置于画面中心，在背景十分简约干净或背景过于繁杂无规律时，都可使用该构图方式。图2-18所示为中心构图的效果。另外，近距离使用中心构图方式进行拍摄，可以拍摄出特写的效果。
- **对角线构图。**对角线构图即将被摄主体放置于画面中接近对角线的线条上，或以被摄主体的边缘作为画面中的对角线，如果被摄主体的边缘较清晰、规整，则可使用该构图方式，如图2-19所示。与对角线构图类似的构图方式还有放射式构图，即让被摄主体在画面中呈放射状。

图2-17　曲线构图

图2-18　中心构图

图2-19　对角线构图

- **三角形构图。**在三角形构图中，可以将被摄主体放置于三角形的角点上，也可将被摄主体的边缘作为三角形的边进行构图。三角形构图的应用范围较广，其特点是以三点定位的方式来安排图中的元素，在拍摄山峰、尖顶建筑等具有三角形特点的物体时常用该构图方式，如图2-20所示。
- **水平垂直构图。**水平垂直构图即在拍摄时找到一条水平或垂直的线来分割画面，以达到视觉平衡效果，常用于拍摄海平面、地平线、建筑等，如图2-21所示。
- **对称构图。**对称构图与水平垂直构图的方法类似，两者经常结合使用。在采用对称构图时，需要找到一条水平或垂直的对称线，通过该对称线体现画面中元素的对称性，如图2-22所示，例如，拍摄的倒影就是一种比较典型的对称构图。

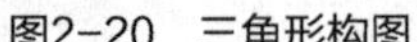

图2-20　三角形构图

图2-21　水平垂直构图

图2-22　对称构图

2.3.3 图片素材的编辑与美化

完成图片素材的搜集和拍摄后，为了使图片素材符合多媒体课件的制作需求，往往还需要对其进行美化。通常来说，使用手机拍摄的图片素材可以直接通过手机自带的图片编辑功能进行美化处理，从网络等渠道搜集的图片素材则可使用专业的图形图像处理软件进行美化处理。

1. 美化手机图片

使用手机完成图片素材的拍摄后，如果图片存在光线太暗、曝光过度、偏色、构图不合理等情况，则可以直接通过手机自带的图片编辑功能对其亮度、对比度、饱和度等进行调整，并调整图片中的光线和颜色等，也可通过裁剪等操作进一步优化构图，还可为图片添加滤镜、水印、涂鸦等效果。下面介绍美化手机图片的方法，具体操作如下。

素材所在位置　素材文件\第2章\甜点.jpg
效果所在位置　效果文件\第2章\甜点.jpg

微课视频

STEP 1 在手机相册中打开需要编辑的图片“甜点.jpg”，在界面下方点击“编辑”选项，进入图片编辑界面。该界面中提供了“修剪”“滤镜”“调节”等功能。使用“修剪”功能可对图片进行裁剪，使用“滤镜”功能可为图片添加“晨光”“黄昏”“光晕”等滤镜，使用“调节”功能可以调整图片的亮度、对比度、饱和度等，如图2-23所示。

图2-23 查看图片编辑功能

STEP 2 由于该图片整体色调偏暗，颜色对比不明显，因此需对其颜色进行调节。这里点击“调节”选项，打开“调节”界面，点击“亮度”选项，向右拖动上方的圆形滑块，提高图片的亮度，如图2-24所示。

图2-24 调节亮度

STEP 3 按照上述方法调整图片的对比度和饱和度，使图片颜色更加饱满，如图2-25所示。

图2-25 调节饱和度

STEP 4 在界面下方点击“滤镜”选项，为图片应用“街头摇滚”滤镜，使图片中的颜色更加鲜亮，如图2-26所示。

图2-26 应用滤镜

STEP 5 在界面下方点击“修剪”选项，进入图片裁剪状态，选择适当的图片裁剪比例，对图片进行裁剪，这里选择“3:4”，如图 2-27 所示。也可拖曳图片四周的裁剪控制点，自由裁剪图片。

图2-27　修剪图片

STEP 6 在界面下方点击“更多”选项，再点击“标注”选项，打开“标注”界面，在其中选择标注样式，并编辑标注文本，如图 2-28 所示。设置完成后，点击“√”按钮保存对标注文本的编辑，返回图片编辑界面，点击“保存”按钮保存图片，完成手机图片的美化操作。

图2-28　添加标注

知识补充

其他处理手机图片的方法

除了手机自带的图片编辑功能之外，教师也可以在手机中安装一些专业的图形图像处理软件，如美图秀秀、天天P图、PS手机版等，通过这些软件快速完成图片的美化处理。

2. 使用美图秀秀编辑图片

在手机中可以对图片素材进行调色、裁剪等基本处理，但如果需要处理比较复杂、精细的图片，如课件背景、课件封面、课件宣传图，则往往需要使用比较专业的图像编辑软件，如Photoshop等，这类软件的操作比较复杂，上手难度较高，对操作者的专业能力有一定的要求。随着数字化的发展，一些功能强大、操作简单的图形图像处理软件也逐渐得到广泛应用，如美图秀秀、光影魔术手等。这类软件功能丰富且实用，十分适合非专业人士使用，教师也可以使用这类图形图像处理软件来快速完成图片素材的处理。下面使用美图秀秀设计并制作一张课件封面图片，具体操作如下。

素材所在位置　素材文件\第2章\课件背景素材\
效果所在位置　效果文件\第2章\课件封面.jpg

微课视频

STEP 1 打开美图秀秀，进入美图秀秀的主界面。该界面中展示了美图秀秀的美化图片、人像美容、抠图等功能，在界面右上角单击 打开 按钮，如图2-29所示。

图2-29 打开美图秀秀

STEP 2 打开“打开图片”对话框，在其中选择“背景.jpg”图片，单击 打开(O) 按钮，如图2-30所示。

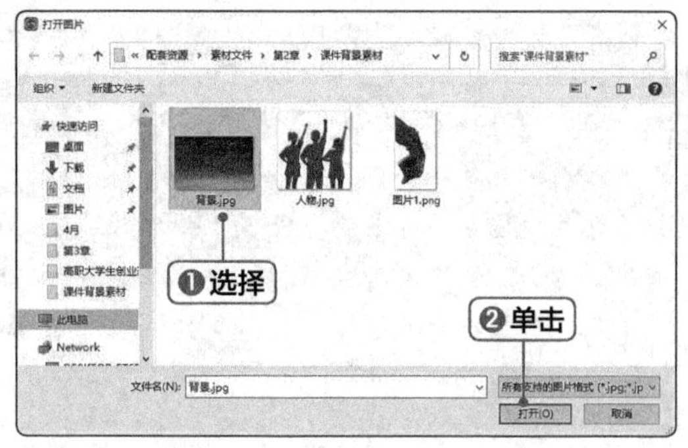

图2-30 选择图片

STEP 3 在美图秀秀中打开该背景图片，在“美化图片”选项卡左侧的“增强”栏中选择“色彩”选项，如图2-31所示。

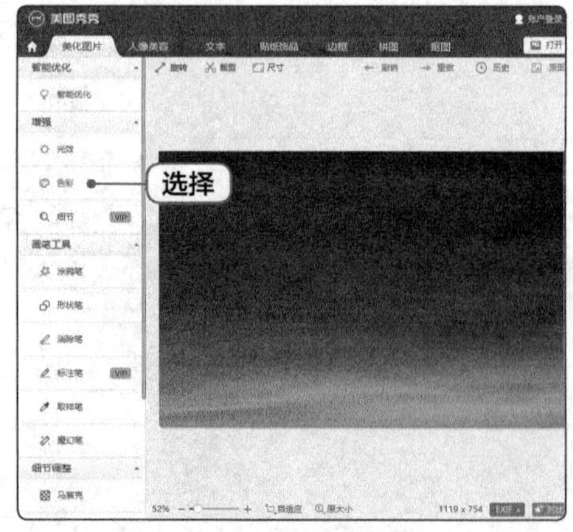

图2-31 打开图片

STEP 4 打开“色彩”窗口，在其中可以对图片的饱和度、色温、色调、高光、阴影等进行调整，由于此处是对背景图片进行调整，因此可以适当降低图片的饱和度，适当调整图片的色调、色温和红色高光，避免背景颜色过于鲜艳，具体参数设置如图2-32所示，设置完成后单击 应用当前效果 按钮，完成对图片颜色的调整。

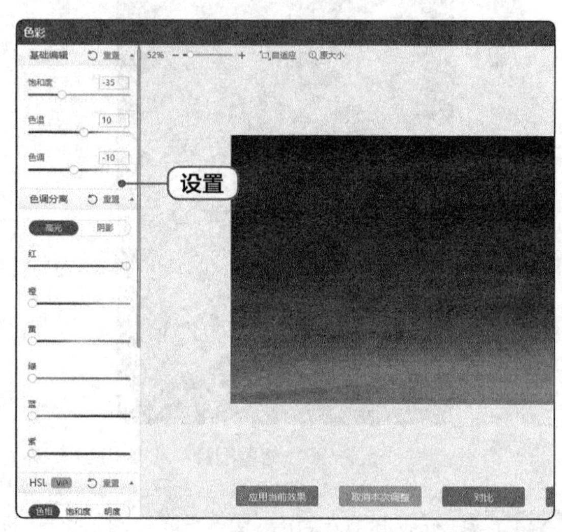

图2-32 调整图片颜色

STEP 5 返回美图秀秀的主界面，在界面上方单击“裁剪”按钮，打开“裁剪”窗口，进入裁剪状态。将鼠标指针移动到图片的边线和四角的控制点上，按住鼠标左键进行拖曳，确定裁剪区域，然后单击 应用当前效果 按钮，完成对图片的裁剪，如图2-33所示。

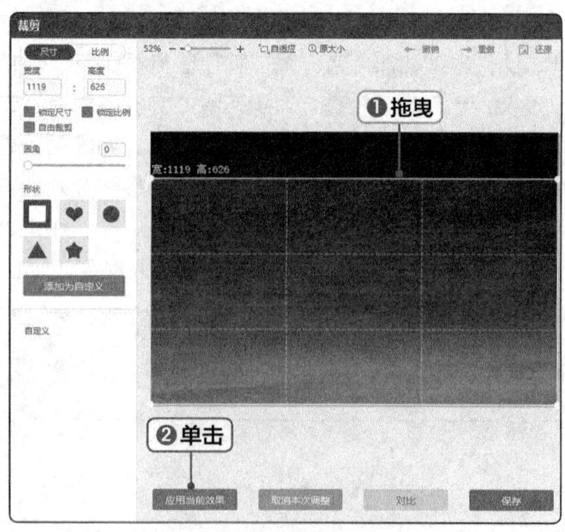

图2-33 裁剪图片

STEP 6 在美图秀秀主界面的右上方单击 保存 按钮，打开“保存”对话框，在其中设置背景图片的保存路径、文件名和格式等，然后单击 保存 按钮，如图 2-34 所示，保存背景图片。

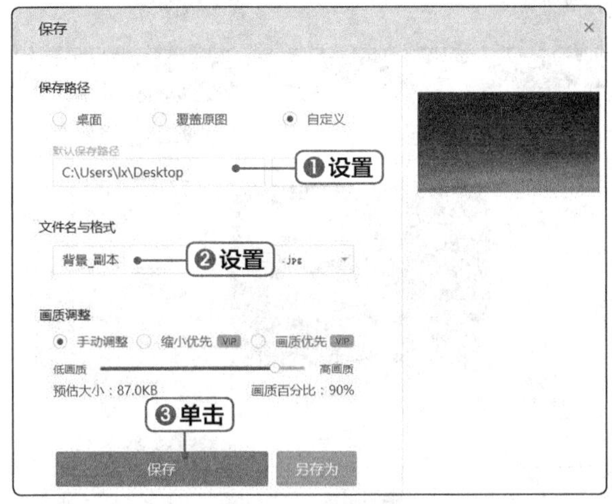

图2-34 保存图片

STEP 7 此时，“保存”对话框中提示用户图片保存成功，单击 打开新图片 按钮，如图 2-35 所示，打开“打开图片”对话框，在其中选择“人物.jpg”图片，单击 打开(O) 按钮，打开该图片。

图2-35 保存背景图片

STEP 8 在美图秀秀主界面上方单击“抠图”选项卡，在左侧选择“自动抠图”选项，打开“抠图”窗口，且鼠标指针变为形状，在图片中拖曳鼠标，选取需要抠取的图片区域，如图 2-36 所示，单独抠取出图片中的人物剪影，单击下方的 保存到前景库 按钮，将抠取的图片保存到前景库中，方便后续使用。单击 换背景 按钮，可以更换图片背景。

图2-36 抠取图片

STEP 9 打开“抠图换背景”窗口和“前景编辑”对话框，在“抠图换背景”窗口左侧的“背景设置”栏中选择“添加背景图”选项，打开“打开图片”对话框，在其中选择“背景 - 副本.jpg”图片，将该图片添加为背景图片，如图 2-37 所示。也可在右侧的“背景素材”栏中单击 导入自定义素材 按钮，将背景图片导入背景素材库中，然后直接在背景素材库中选择该图片，将该图片用作背景图片。

图2-37 添加背景图片

STEP 10 在“前景设置”栏中选择“添加前景图”选项，打开“打开图片”对话框，在其中选择“图片 1.png”图片，将该图片添加为前景图片，如图 2-38 所示。也可在右侧的“前景素材”栏中单击 添加前景图 按钮，将前景图片导入前景素材库中，在前景素材库中选择该图片，将该图片用作前景图片。

图2-38　添加前景图片

STEP 11 选择人物剪影图片，在“前景编辑”对话框中单击按钮，对图片进行翻转，如图 2-39 所示。然后拖曳图片四周的边框或四角的控制点，调整两张图片的大小。将鼠标指针移动到图片上，按住鼠标左键进行拖曳，调整图片位置。单击人物剪影图片，即可将其置于上层。

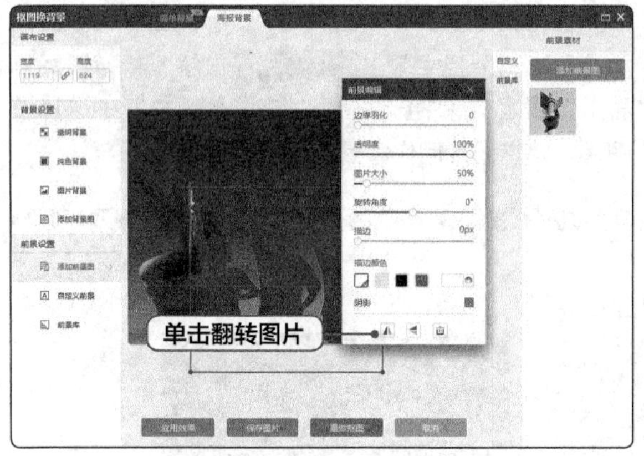

图2-39　编辑图片

STEP 12 编辑完成后，单击下方的 应用效果 按钮，保存对图片的编辑操作，并退出前景、背景编辑状态，返回美图秀秀主界面，查看图片编辑后的效果，如图 2-40 所示。

图2-40　查看图片效果

STEP 13 单击美图秀秀主界面上方的“文字”选项卡，在左侧选择“输入文字”选项，打开“文字编辑”对话框，在上方的文本框中输入需要添加到图片中的文字，在下方对文字的字体、字号、颜色、阴影等样式进行设置，设置完成后单击 确定 按钮，如图 2-41 所示。

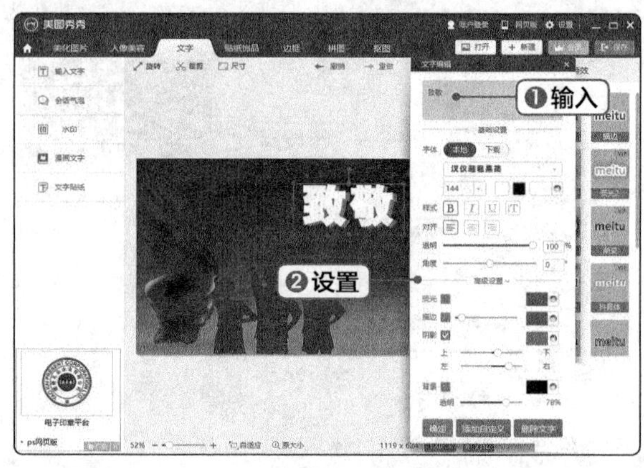

图2-41　添加文字

STEP 14 按照上述方法在图片中插入其他文字，调整文字的样式与排版方式，效果如图 2-42 所示。

图2-42　调整文字后的效果

STEP 15 完成图片的编辑后，单击美图秀秀主界面右上角的 保存 按钮，打开“保存”对话框，在其中设置课件封面图片的名称、保存位置、保存格式等，然后单击 保存 按钮，将图片保存到本地计算机中，完成课件封面图片的制作。

第2部分

知识补充

美图秀秀中的边框效果

在美图秀秀中，除了可以对图片进行调色、抠图、裁剪等，还可以为图片添加边框，进一步对图片进行美化。为图片添加边框的操作比较简单，在美图秀秀主界面上方单击“边框”选项卡，在左侧选择相应的边框样式即可。图2-43所示为图片应用了不同边框的效果，在设计时应根据图片的风格选择合适的边框效果。

图2-43　为图片添加边框

2.3.4 图片素材的应用规范与布局

在课件中使用图片素材可以传递教学信息、营造教学氛围，还可以传达教师想要表现的精神、情感等，合理使用图片素材可以有效促进教学活动的开展，提升教学质量。但要发挥图片素材的这些作用和效果，教师还必须做好图片素材的选择，遵循图片素材的应用要求，灵活布局课件中的图片素材。

1. 图片素材的选择

多媒体课件中使用较多的图片素材主要包括背景装饰图、实物图、示意图等类型，不同类型的图片素材应该使用不同的选择标准。

- **选择背景装饰图。**背景装饰图即用于课件背景或装饰课件的图片。这类图片的选择并没有严格的标准，通常符合课件风格、与课件内容有一定的相关性即可。例如，在制作数学课件时，可以选择线条、形状、数字等类型的装饰图；在制作地理课件时可以选择地球、海洋、植被、岩石等类型的装饰图。
- **选择实物图。**实物图即在介绍某个具体对象时所使用的图片，可以是真实拍摄的图片，也可以是手绘图、3D图等。实物图的选择主要根据教学内容、教学情景而定，且应该选择清晰、细节丰富的图片，从而客观、真实地展示实物的整体外貌、局部特征等。例如，在地理课件中介绍陆地与海洋的分布时，可以选择一张完整、清晰的世界地图。
- **选择示意图。**示意图即在介绍某个相对来说比较抽象的对象时所使用的图片，可通过形象的示意图来展示实物的细节、结构、变化规律、特征等，比较典型的示意图有地球的构造、细胞的结构、小球的运动规律、天气变化等。示意图的选择与实物图类似，主要根据教学内容和教学情景来选择详细或简单的示意图，教师可以通过搜集图片素材的方式来选择合适的示意图，也可自己制作简单的示意图。注意在选择示意图时，必须保证图片清晰、规范，以便于学生认识和理解图中的内容。

2. 图片素材的应用规范

图片素材可以极大地丰富课件的视觉表现力，但前提是图片素材的质量要达到一定的规格，符合课件制作的基本要求。总的来说，在课件中应用图片素材时，主要对图片的分辨率、色彩模式、格式等进行检查。

（1）分辨率

一般来说，图像的分辨率和图像的宽、高共同决定了图像文件的大小及图像质量，固定大小的图像分辨率越高，图像越清晰。在课件制作中，除了背景图片以外，单张图片的大小通常不会超过整个课件画面的1/2，因此，在判断课件中图片的分辨率是否符合要求时，应保证当图片放大至整个课件画面的1/2时（课件全屏播放的分辨率通常为1024像素×768像素、1920像素×1080像素），图片仍然清晰可辨。如果教师是通过手机、相机等设备搜集图片素材，则由于直接拍摄的图像分辨率较高，因此可以使用美图秀秀、光影魔术手、Photoshop等图形图像处理软件对图像分辨率进行调整，调整后再应用到课件中。调整图像分辨率的方法比较简单。以Photoshop为例，在Photoshop中打开图片，选择【图像】/【图像大小】菜单命令，打开“图像大小”对话框，查看和修改图片的分辨率，如图2-44所示。

（2）色彩模式

图像的色彩模式就是计算机记录图像颜色的方式，计算机采用二进制数对图像中像素的颜色信息进行存储。一般来说，采用几位二进制数就构成了几位的位深度图像，位深度越大，能够表示的颜色种类越多。常见的色彩模式有RGB色彩模式、CMYK色彩模式、Lab色彩模式、HSB色彩模式、Grayscale灰度模式、Duotone双色调模式等。在课件中应用图片时，如果需应用彩色图片，则通常选择RGB色彩模式。RGB色彩模式是基于显示设备的表达方式，可提升课件的放映效果。如果需应用黑白图片，则通常选择Grayscale灰度模式，这样可以较大程度地保留图片细节，避免图像模糊失真。调整图片色彩模式的方法为：使用Photoshop打开图片，选择【图像】/【模式】菜单命令，在打开的子菜单中选择相应的色彩模式，如图2-45所示。

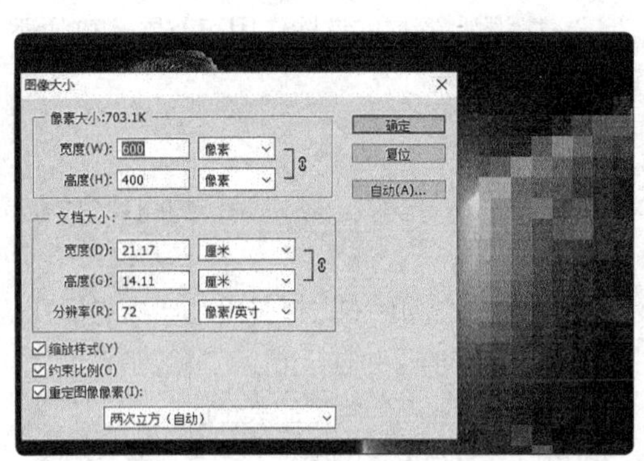

图2-44　查看图片分辨率

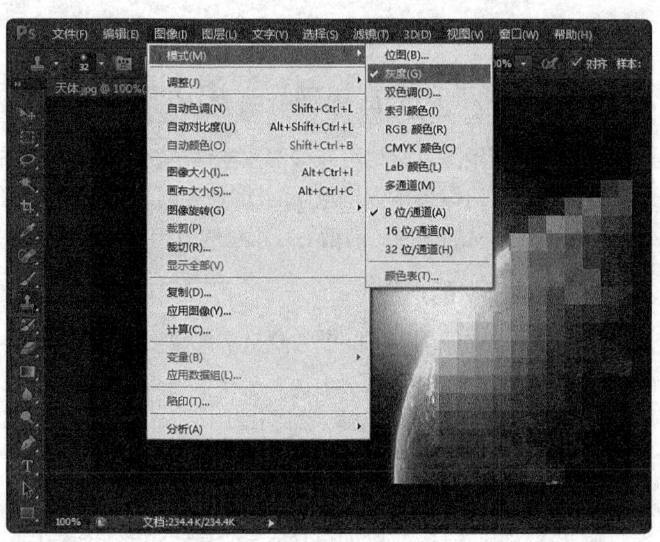

图2-45　调整图片的色彩模式

（3）格式

不同课件制作软件支持的图片格式并不相同。一般来说，大多数课件制作软件都支持JPG、PNG、BMP、TIFF等常见的图片格式。在这些图片格式中，JPG、PNG格式的图片清晰度较高，且数据量也相对较少，因此应用更加广泛。JPG格式的图片一般可应用于PPT课件、动画课件等各类课件中。PNG格式的图片支持透明效果，因此如果对图片的背景进行了透明化处理，则建议将图片保存为PNG格式。如果教师搜集的图片素材因格式不符合要求而无法直接插入课件中使用，则也可以通过图形图像处理软件将图片另存为所需的格式。

3. 图片素材的布局

多媒体课件是具有一定美学要求的课件，因此在多媒体课件中使用图片时，应注意图片的布局，在有效传达教学信息的同时，保证课件画面协调统一、赏心悦目。一般来说，多媒体课件中的图片布局主要分为两种情况：一种是在整个课件画面中应用一张图片，另一种是将图片与文本等其他素材混合排版。

（1）整张图片的布局

在整个课件画面中应用一张图片的情况比较多，例如，在课件首页可以用整张图片当作封面，在课件过渡页可以用整张图片对教学内容进行引导；如果需要在课件中对某个事物、现象等进行详细说明，则也可以在整个课件画面中单独应用整张图片。对课件画面中的单一图片进行布局时，可以将图片铺满整个画面，也可以将图片居中放置，但注意图片不能小于整个画面的1/2。图2-46所示为整张图片在多媒体课件画面中的布局。

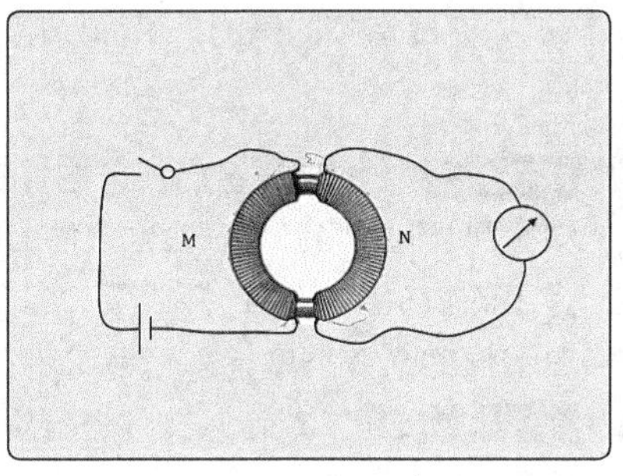

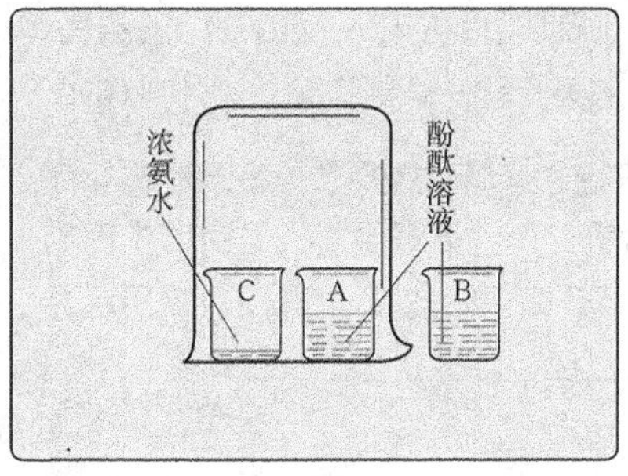

图2-46　整张图片在多媒体课件画面中的布局

（2）文图的混合布局

为了方便教学，很多时候课件画面中不止一张图片，可能还需要用形状、文本等素材对图片进行补充说明，此时就需要对图片进行混合布局。在对图片进行混合布局时，可以根据图片的宽高比例来选择布局方式。例如，当图片为宽幅比例时，文本可排版于图片上方或下方；当图片为竖幅比例或方形时，可采用左右排列的方式。注意，图片与文本在画面中所占面积的比例应根据图片大小或文本多少而定，可以为2:1、1:1等。图2-47所示为在多媒体课件中采用左右布局和上下布局的效果。

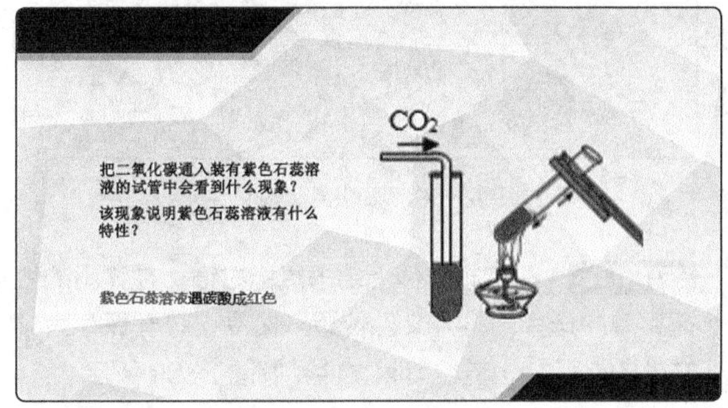

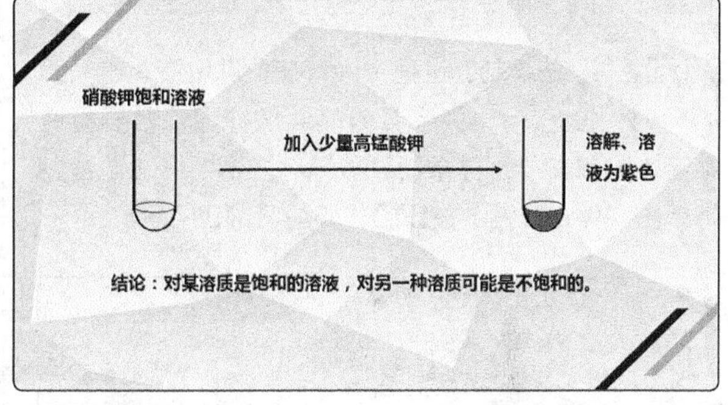

图2-47　图片的混合布局

注意，如果需要对多张图片进行布局，则要注意多张图片在视觉上的平衡性，尽量让图片之间形成对齐或相对对齐的关系，使整个画面整齐有序。例如，两张宽幅比例的图片在课件画面中上下居中对齐，两张竖幅比例或方形的图片在课件画面中左右居中对齐，多张图片在课件画面中以“上2下3”的方式相对居中对齐（上方两张图片，下方3张图片，分别上下居中或左右居中对齐）等。

2.4 音频素材

在多媒体课件中，音频素材的应用非常广泛，音频不仅可以辅助教师传递重要的教学信息，帮助学生快速理解和记忆知识，还可以有效吸引学生的注意，调动学生的听觉，让学生将注意力集中到学习上来，从而激发学生的学习兴趣。

2.4.1 音频素材的搜集渠道

多媒体课件中的音频素材类型多样，例如，讲解知识的音频、课件的背景音乐、用于活跃课堂氛围的音效等，不同的音频素材往往对应不同的搜集渠道。

1. 录制音频

当教师需要在课件中插入讲解知识的音频时，往往需要自行录制讲解音频。如果计算机具备录音功能，则可以直接用Windows 10的语音录音机来完成音频的录制。下面使用Windows 10自带的录音软件录制音频，具体操作如下。

STEP 1 在“开始”菜单中选择“语音录音机”命令，启动语音录音机。在“语音录音机”窗口中单击“录音”按钮即可开始录制音频，如图2-48所示。

图2-48　启动语音录音机

STEP 2 在录制的过程中，可在关键位置单击“添加标记”按钮，为音频素材添加标记。若要暂停录音，则单击“暂停录音”按钮；若要停止录音，则单击“停止录音”按钮，如图2-49所示。

图2-49　录音

STEP 3 结束录音后，可在打开窗口的左侧列表中看到录制的音频，在音频文件上单击鼠标右键，在弹出的快捷菜单中选择“重命名”命令，在打开的提示框的文本框中输入音频文件的名称，然后单击重命名按钮，对音频文件进行重命名，如图2-50所示。

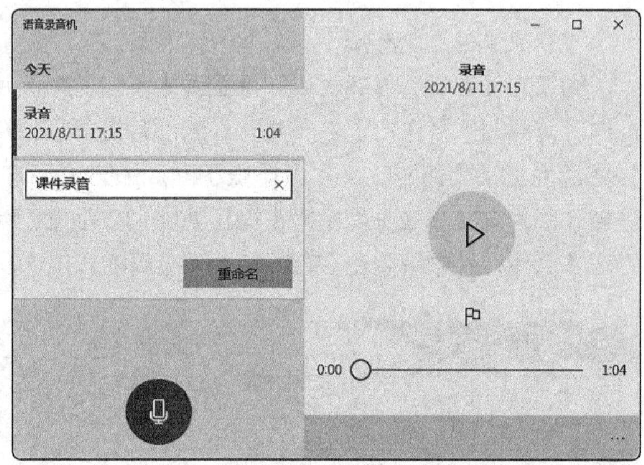

图2-50　重命名音频文件

STEP 4 在音频文件上单击鼠标右键，在弹出的快捷菜单中选择“打开文件位置”命令，打开保存音频文件的文件夹，查看音频文件，如图2-51所示。

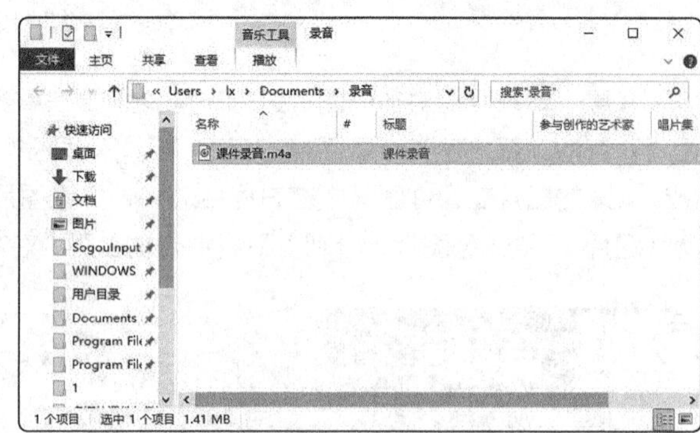

图2-51　查看音频文件

第2部分

知识补充

其他录音工具的使用

除了系统自带的录音工具外，教师也可选择其他录音软件录制音频素材，如GoldWave、Adobe Audition等。此外，也可以使用手机完成音频素材的录制，目前很多智能手机都自带录音功能，且操作简单，便于使用。为了保证录音效果，教师可以选择相对安静的场所，同时使用具备通话功能的耳机完成音频素材的录制。注意在录制音频时，话筒不能距离嘴巴、鼻子太近，避免录入呼吸、气流等杂音。

2. 使用语音朗读器合成音频素材

如果教师不具备自己录制音频素材的条件，则也可以准备好需要录制的内容，借助语音朗读器进行录制。但由于语音朗读器朗读的声音大多不具备平仄起伏和语气变化，且带有十分明显的机器特征，因此不适合录制有大量内容的音频。

使用语音朗读器录制音频素材的方法比较简单：下载一个语音朗读器，将需要录制的内容复制到语音朗读器的文本框中，单击相应的合成按钮，即可完成音频素材的录制。下面以讯飞快读为例讲解使用语音朗读器录制音频素材的方法。先安装讯飞快读软件，或打开讯飞快读在线文字转语音网页，将需要录制的内容复制到“请输入需要转语音的文字”文本框中，在左侧选择朗读员和背景音，然后单击▶按钮，稍等片刻，完成音频的合成，讯飞快读将自动播放合成后的音频，单击“保存为MP3”按钮，如图2-52所示，可保存录制好的音频素材。

图2-52　使用语音朗读器录制音频素材

3. 下载音频素材

如果教师需要在课件中插入背景音乐、特殊音效等，则可以通过网络下载的方式获取音频素材。通过这种方式获取的音频素材，往往音质更好，播放效果更佳。下载音频素材的操作方法也较为简单，只需在计算机中安装相关的音乐播放软件，如QQ音乐等，然后在其中搜索需要的音频素材，在打开的页面中单击“下载”按钮，即可将其下载到本地计算机中，需要注意的是，部分音频素材需付费下载。此外，也可在搜索引擎中搜索音效并下载，例如，在百度搜索引擎中进入提供音效下载服务的网站，在该网站中找到课件所需的音效，单击“下载”按钮进行下载。图2-53所示为某音效网站中可供下载的音效类型。

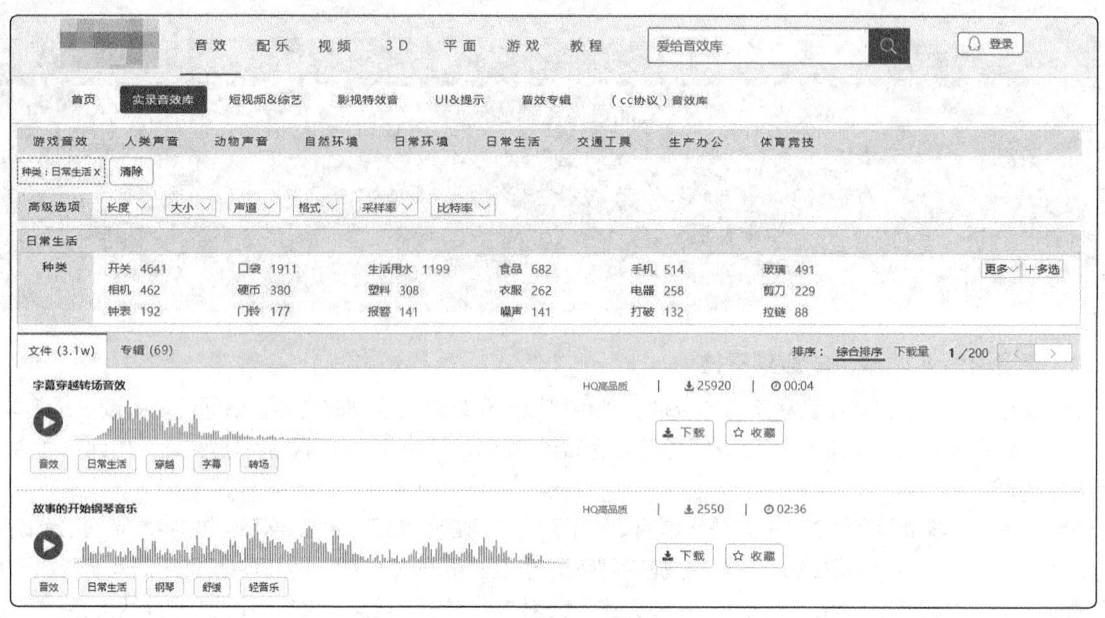

图2-53　下载音效

2.4.2　音频素材的处理

通过直接录制、合成、下载等方式获取的音频素材往往难以完全满足课件制作的需要，此时需要使用专业的音频编辑软件对音频素材进行处理，包括裁剪音频、调整音量、降低噪声、合成音频等。

GoldWave是一款十分常用的音频编辑软件，具有编辑、播放、录制、合成音频等功能，它支持多种格式音频文件的编辑，还具备丰富的音频特效，可以帮助教师快速处理音频素材，提高音质效果。下面以GoldWave为例介绍录制音频、裁剪音频、添加音效、混合音频素材的方法，具体操作如下。

素材所在位置　素材文件\第2章\背景音乐.mp3

效果所在位置　效果文件\第2章\录音.wav、课件声音.mp3

微课视频

STEP 1　安装并启动GoldWave，在GoldWave的操作界面中选择【文件】/【打开】菜单命令，打开“打开声音”对话框，选择“背景音乐.mp3”音频文件，单击 打开(O) 按钮，在GoldWave中打开该音频文件，此时GoldWave的操作界面中显示该音频文件的频谱，如图2-54所示。

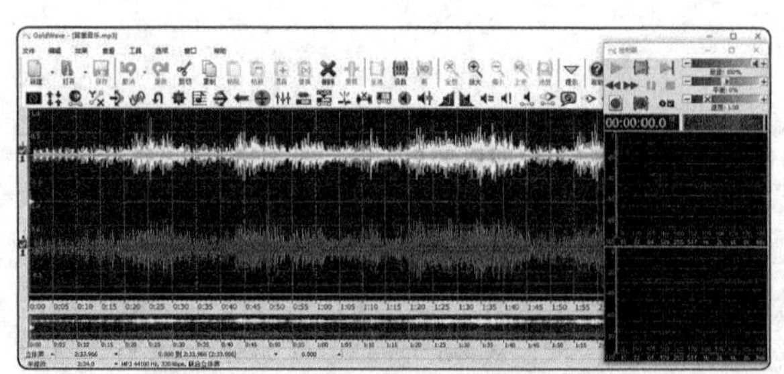

图2-54　在GoldWave中打开音频文件

知识补充

GoldWave的控制器

第一次启动GoldWave时，其操作界面右侧将显示一个控制器面板，关闭该面板后，它将以控制器栏的方式显示在工具栏的下方。选择【工具】/【控制器】菜单命令，可在两者间切换显示。

STEP 2　在操作界面右侧关闭控制器面板，使其变为控制器栏。选择【文件】/【新建】菜单命令，或者单击工具栏中的“新建”按钮，打开“新建声音”对话框，用户在该对话框中可以根据需要自行设置声音的采样速率和初始化长度，这里在“预置”下拉列表中选择“CD音质，5分钟”选项，单击 确定 按钮，如图2-55所示。

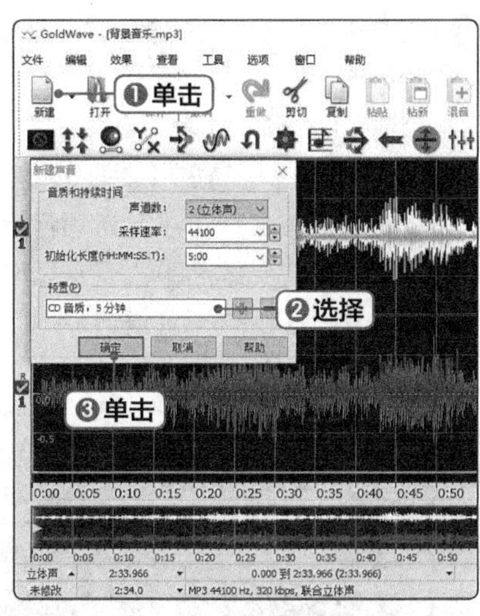

图2-55　新建音频文件

STEP 3　此时，GoldWave 操作界面中生成一个名为“无标题 1”的空白音频文件，确认计算机与话筒成功连接后，单击控制器栏中的“在当前选区内开始录制”按钮，如图 2-56 所示，即可开始录制音频，此时“无标题 1”窗口中显示一些波形，表示正在录制音频。

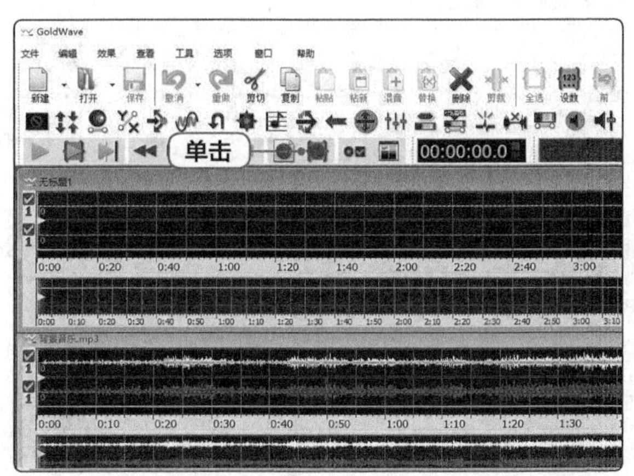

图2-56　录制音频

STEP 4　录制结束后，单击控制器栏中的“停止录制”按钮，然后选择【文件】/【保存】菜单命令或单击工具栏中的“保存”按钮，打开“保存声音为”对话框，在该对话框中设置音频文件的保存位置与名称，在“保存类型”下拉列表中选择“波 (*.wav)”选项，单击 保存(S) 按钮，将录制的音频文件保存为 .wav 格式。

STEP 5　如果录制的音频文件中存在多余、错误的部分，则可将它们裁剪或删除。在 GoldWave 的操作界面中按住鼠标左键进行拖曳，选择需要保留的音频片段，选择的音频片段将显示为蓝底，未选择的部分显示为黑底，如图 2-57 所示。

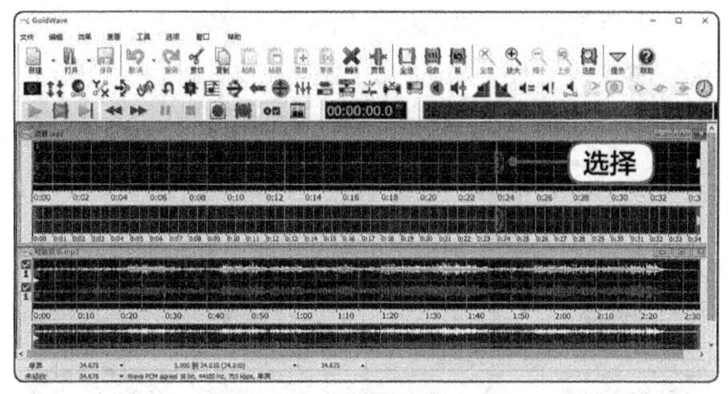

图2-57　选择音频片段

STEP 6　单击控制器栏中的  按钮，播放当前选择的音频片段，试听该音频片段，确认需要保留的音频片段无误后（若选择范围不当，可重新选择），单击工具栏中的“修剪”按钮，将不需要的音频片段删除，只保留选择的音频片段。

知识补充

合并多个音频文件

GoldWave可以同时对多个音频文件进行裁剪，也可将多个音频文件合并，其方法为选择【工具】/【文件合并器】菜单命令，打开“文件合并器”对话框，单击 添加文件... 按钮，打开“添加文件”对话框，按住【Ctrl】键选择需要合并的多个音频文件。单击 添加已打开的 按钮，可添加已经在GoldWave中打开的多个音频文件并进行合并。在合并多个音频文件时，可单击对话框下方的上、下方向键，根据需要调整音频文件的合并顺序。

STEP 7　保持音频片段处于选择状态，选择【效果】/【音量】/【改变音量】菜单命令，打开“更改音量”对话框。在“预置”下拉列表中选择“两倍”选项，增大音频文件的音量。在调整音量时，正数表示增大音量，负数表示减小音量，设置完成后单击对话框右侧的按钮可试听，如图 2-58 所示。

图2-58　增大音量

STEP 8 单击[确定]按钮，关闭“更改音量”对话框。在 GoldWave 操作界面中选择音频文件开始处的一小段音频，然后选择【效果】/【音量】/【淡入】菜单命令，打开“淡入”对话框。在“预置”下拉列表中选择“50% 到完全音量，直线型”选项，为音频文件设置淡入效果，单击右侧的▶按钮可进行试听，如图 2-59 所示。

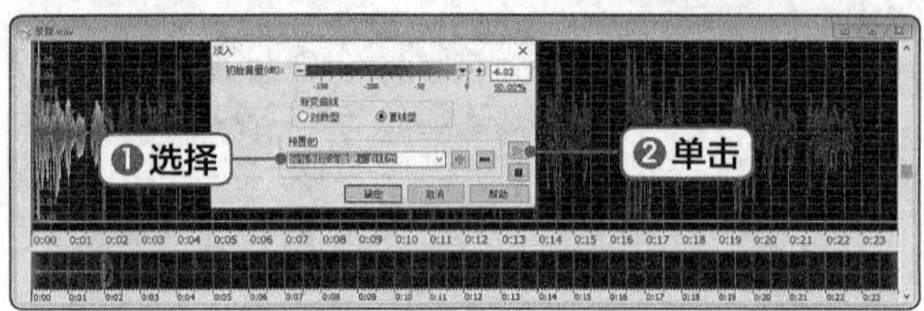

图2-59　设置淡入效果

STEP 9 单击[确定]按钮，选择全部音频，在 GoldWave 操作界面上方的工具栏中单击“降噪”按钮，打开“降噪”对话框，在“预置”下拉列表中选择“初始噪音”选项，降低音频文件的噪声，单击右侧的▶按钮可试听，单击[确定]按钮，如图 2-60 所示。

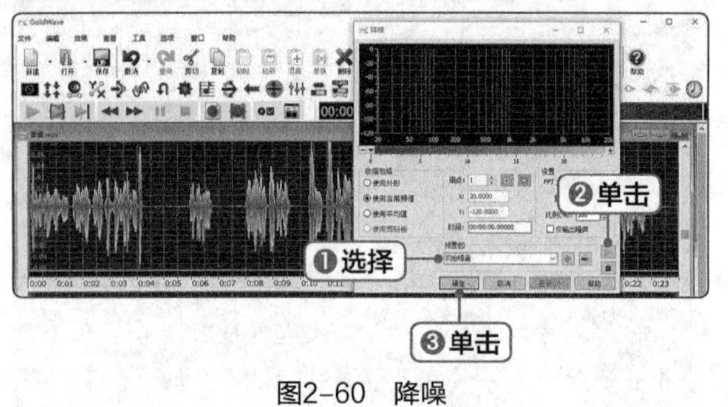

图2-60　降噪

STEP 10 切换到“背景音乐”窗口，按照上述方法依次对背景音乐进行裁剪、调整音量等操作。选择整个背景音乐，选择【编辑】/【复制】菜单命令，再选择整个录音文件，选择【编辑】/【混音】菜单命令，打开“混音”对话框，在其中对混音的起始时间、音量等进行设置，设置完成后单击[确定]按钮，如图 2-61 所示，将背景音乐与录音混合。

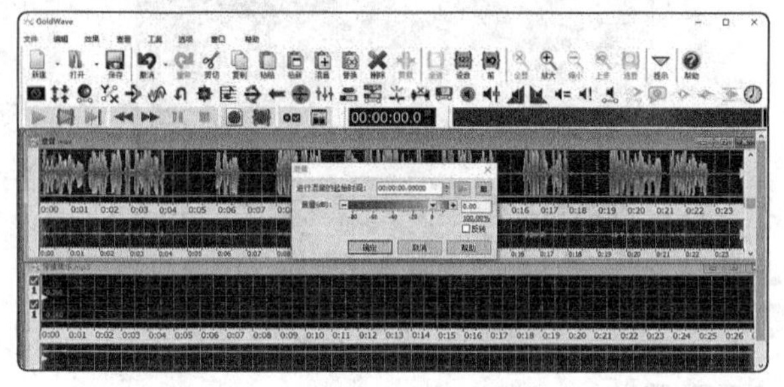

图2-61　混音

STEP 11 切换到“录音”窗口，选择【文件】/【另存为】菜单命令，打开“保存声音为”对话框，在其中设置录音文件的保存位置、保存类型和名称，再单击[保存(S)]按钮，如图 2-62 所示，完成对音频素材的录制和处理等操作。

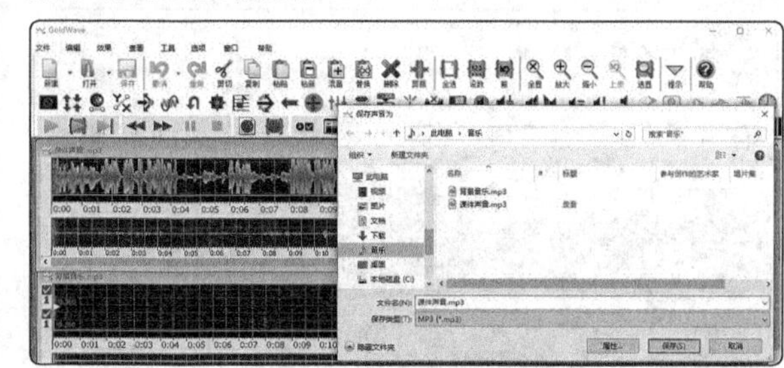

图2-62　保存音频文件

第2部分

2.4.3　音频素材的应用规范

在多媒体课件中，音频素材具有十分独特的表现效果，合理运用音频素材可以有效调动学生的情绪，帮助学生快速建立学习认知。教师在制作多媒体课件时，应根据教学内容和教学场合合理选择音频素材的类型，并遵循一定的应用规范，使音频素材符合多媒体课件制作的要求。

1. 音频素材的选择

多媒体课件中的音频素材一般分为语音、音效、背景音3种类型，图2-63所示为这3种音频素材的常见使用场景，教师可以根据音频素材的具体使用场景，并结合多媒体课件的制作要求，选择合适的音频素材类型。当然，音频素材在多媒体课件中并非必需的，如果课件内容比较完整、全面，就无须额外添加背景音、音效等，避免多余的声音影响学生的注意力。

语音的使用

音效的使用

背景音的使用

为某些学习内容提供语音导航，对动画、视频等画面进行讲解，通过语言描述建立教学情景，进行朗读，演唱等示范，为某课件内容提供语音反馈，概括、总结、归纳教学内容。

为课件中的交互操作添加音效，提高课件内容的趣味性，通过音效营造教学氛围。

营造轻松的学习氛围，控制教学节奏，帮助学生放松情绪，音乐示范，音乐欣赏。

图2-63　音频素材的常见使用场景

2. 应用规范

在多媒体课件的制作中，语音、背景音、音效均适用于不同的教学内容，且具备不同的应用规范。教师可以根据不同音频素材的应用规范来选择和制作音频素材，提高音频素材的质量，使其更有效地达到教学目的。

（1）语音的应用

在多媒体课件中，语音类型的音频素材常用于对课件中的文字、关键内容和关键词等进行解说，或者对操作、交互行为等进行辅助说明。语音型音频素材往往是课件中的主要声音，其作用是传递重要的教学信息，因此在应用语音型音频素材时，需注意其语速、语调、音准等，同时要确保其中的句子简短，便于理解。

- **语速。**多媒体课件中的语音型音频素材应使用适中的语速，如3~4字/秒，这样的语速便于学生辨析和理解课件中的信息。语速过快，部分学生可能难以较全面地接收课件中的信息；语速过慢，则显得拖沓，不利于提高学生的学习兴趣。
- **语调。**语调就是声调的高低变化。在多媒体课件中，语调的变化往往与教学内容、教学画面相适应。例如，操作步骤讲解类语音的语调比较平和，诗歌朗诵类语音的语调则十分饱满。总的来说，语调不宜过于夸张，也不宜过于平缓，适当的平仄起伏不仅有利于引导学生快速抓住其中的关键词句，还有利于吸引学生的注意。
- **音准。**多媒体课件中的音频在通常情况下均应使用标准普通话，以便于学生学习，如确需使用方言，也应结合适当的语速和语调，尽可能保证声音清晰、便于识别。
- **简短。**语音类音频素材在传达信息时与文本不同，如果句子过长，则学生难以在接受声音信息的同时快速对句子结构进行划分，也难以接收更多的知识，因此语音类音频素材应尽量使用简短的、相对口语化的句子。

（2）音效的应用

多媒体课件中的音效型音频素材往往起着辅助教学的作用，例如，配合视频、动画等烘托氛围，突出某个操作或交互行为的重点等，因此音效型音频素材只在有需要的时候使用，且应该精简、音量适中，否则容易对教学内容产生干扰，不利于学生集中注意力。

（3）背景音的应用

多媒体课件中的背景音音频素材常用于课件片头、片尾等位置，也可应用到整个课件中，其作用是为学生营造愉悦的听觉环境。在选择背景音时，教师应先根据课件的特征判断其是否需要使用背景音，如果确需使用背景音，则音乐的音量应低于语音的音量，音乐的风格应与课件的风格一致。如果要在课件的不同位置使用不同的背景音，则还需注意音乐之间的衔接，避免对学生造成听觉干扰，从而影响其对知识的吸收。

技巧讲解

音频素材的综合应用

实际上，是否要在多媒体课件中应用音频素材，主要根据教学内容的表意需求而定，如果在课件中应用不同的音频素材可以提升课件的表现效果，帮助学生理解教学内容，则可以充分发挥不同音频素材的优势，提升课件的质量。当然，在对语音、音效、背景音等音频素材进行综合应用时，应注意不同音频素材之间的协调性，各音频素材的音量、节奏、风格和情绪最好保持一致，使课件中的音频形成一个融洽的整体。

2.5 视频素材

视频集声、光、画为一体，可以给人十分直观的视听体验，在多媒体课件的制作中，教师可以用视频来展示自然风光、人文风俗，也可以用视频演示事物的发展进程、演变规律等，进而丰富教学形式，激发学生的学习兴趣。

2.5.1 视频素材的搜集渠道

视频素材的搜集渠道与图片素材类似，教师主要可以通过自行拍摄和从网上下载的方式获取合适的教学素材。此外，操作类视频素材也可采用录屏软件录制。

1. 自行拍摄

自行拍摄即利用数码相机或手机直接拍摄数字影像，并将其保存为视频格式，最后将其输入计算机中。自行拍摄的视频往往具有文件小、便于存储的特点，使用起来比较方便。教师在手机中安装视频拍摄软件，或直接使用手机的视频拍摄功能，就可以随时随地完成视频素材的拍摄，拍摄完成后，教师也可利用手机上的视频编辑类App对视频素材进行剪辑、调色等后期处理。在拍摄视频素材时，为了保证视频画面的稳定，教师可以适当选择一些辅助拍摄设备，如自拍杆、三脚架、稳定器等。

2. 从网上下载

教师可以通过搜索引擎或专业的视频下载软件搜索所需的视频素材，然后将其下载到本地计算机中。网络中的视频资源格式繁多，且通常文件较大，教师在下载视频时需要分析视频文件的格式和大小是否得到课件制作软件的支持。因此教师可以借助专门的下载工具来下载视频，常用的下载工具有迅雷、BitTorrent、硕鼠等，这些工具的操作方法比较简单，便于教师使用。图2-64所示为使用迅雷下载视频素材的过程，其方法为在迅雷主界面上方的搜索框中输入视频素材的名称并搜索，在打开的界面中选择搜索结果，单击相应的下载链接即可下载。

3. 屏幕录制

如果教师需要通过视频展示完整的软件操作步骤，则往往需要使用录屏软件来录制完整的操作过程，常用的录屏软件有Ocam、迅捷屏幕录像工具等，这些软件的操作都较为简单方便。图2-65所示为迅捷屏幕录像工具的操作界面，在左侧选择“录制”选项，设置模式、声源、画质、格式等录屏参数后，单击“开始录制”按钮即可开始录制视频。录制完成后，单击“结束录制”按钮，在左侧的“视频列表”中可查看录制的视频。此外，如果录制的视频素材较短，则可以使用在线录屏工具，其方法为进入在线录屏工具的网页，根据网页提示进行操作。

需要注意的是，在网络中，并非所有的视频素材都可以下载，对于无法下载的视频素材，可以选择屏幕录制的方式将其录制并保存下来。

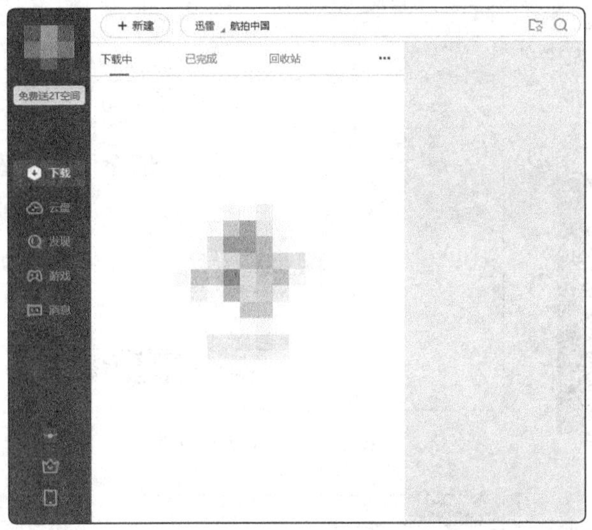

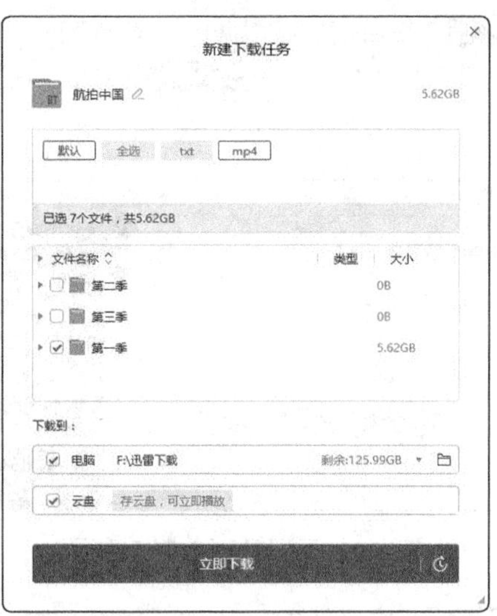

图2-64　使用迅雷下载视频素材的过程

图2-65　迅捷屏幕录像工具的操作界面

技巧讲解

将 PPT 课件输出为视频

PPT课件是现在应用十分广泛的课件，教师在搜集视频素材时，也可以在完成PPT课件的制作后，将其输出为视频格式。

2.5.2 视频素材的格式转换

注意，很多多媒体课件制作工具并不支持所有的视频格式，为了顺利将视频素材导入多媒体课件制作工具中，教师可以将不符合要求的视频格式转换为.wmv、.mp4、.avi等常见的视频格式。视频格式转换软件比较多，如迅捷视频转换器、万兴全能格式转换器、格式工厂、小丸工具箱等。下面使用万兴全能格式转换器中的在线转换功能将.mp4格式的视频转换为.wmv格式的视频，具体操作如下。

STEP 1 在百度搜索引擎中搜索“万兴优转在线端”，进入其网页，单击 选择文件 按钮，如图2-66所示。

图2-66 万兴优转在线端转换页面

STEP 2 打开“打开”对话框，选择需要转换的视频文件，返回视频转换页面，在该页面中选择需要转换的视频格式，并单击 转换 按钮，如图2-67所示，开始上传视频与转换视频格式。

STEP 3 视频转换完成后，单击 下载 按钮，如图2-68所示，在打开的对话框中设置转换格式后的视频的名称、保存位置，将视频保存到计算机中。

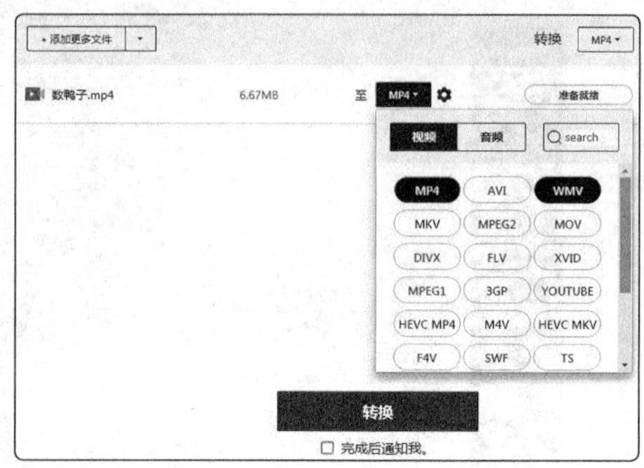

图2-67 选择需转换的视频格式

图2-68 下载转换格式后的视频

2.5.3 视频素材的应用规范

视频具有形象、直接的特点，在多媒体课件的制作中，视频既可作为单独的课件使用，也可插入其他多媒体课件中使用。由此可见，在不同的教学环境中，视频的应用方式各不相同，教师应根据具体的教学需求和教学场景来选择和应用视频。

1. 视频的应用场景

多媒体课件中的视频应用场景主要根据教学内容而定，根据教学进程和教学目的的不同，可以将视频的应用场景归纳为4种情况：当视频用于课前引导、课中讨论、教学演示这3种情况时，视频多作为单个课件素材使用；当视频用于微课时，视频可作为单独的课件在教学活动中使用。

（1）视频用于课前引导

在多媒体教学过程中，教师在正式授课之前，可以通过一段直观的视频对教学内容进行合理引入，快速激发学生对课程内容的兴趣，也为后期课堂氛围的营造做好准备。例如，在讲解餐桌礼仪时，可在课前引用电视剧、电影中的用餐片段。在应用课前引导视频时，应尽量使用短小、形象、具有吸引力的视频，同时注意视频内容与课程内容的相关性，避免视频内容过长，影响教学节奏。

（2）视频用于课中讨论

在多媒体教学的实施过程中，为了巩固课程内容，引导学生思考和讨论重要知识，教师可在课中引入一段合适的视频，将学生置入实际的教学情景，要求学生对视频中的知识点进行思考和讨论。例如，在讲解面试技巧的课程内容时，可以引入一段面试视频，要求学生分析视频中的面试者在面试过程中展现出来的优点和缺点，并提出改进意见。在应用课中视频时，避免使用与教学内容相关性不强的视频，以免干扰学生对教学内容的理解，视频长短可视情况而定。

（3）视频用于教学演示

对于不便于直接用图片、文字等进行描述的教学内容，可直接通过视频对其进行展示，例如，化学物品的实验反应、体育运动中的技术动作、植物在不同生长阶段的形态变化及肉眼难以观测到的动态瞬间等。教学演示视频的内容主要根据具体的教学内容而定，如果教师难以直接在课堂中对某些相对抽象的内容进行示范，就可以通过视频进行演示和说明。

（4）视频作为微课

微课是现在应用比较广的教学形式，与作为课件素材的视频相比，微课视频虽然时长较短，但其教学内容更加全面，且主题突出，可以以形声兼备的方式高效、快捷、形象地传达教学信息；而且学生也可以根据自己的学习计划和目标随时、反复观看教学视频，满足了不同学生在学习时的差异化需求。例如，在翻转课堂教学模式中，教师可要求学生提前观看微课视频，预习相关知识，然后在课堂中进行实践巩固、练习测试、反馈点评等。同时，微课也是一种碎片化特征比较明显的学习形式，因此在将视频素材作为微课使用时，需要注意对视频内容进行选择和梳理，一个微课视频中一般只包含一两个知识点，不必涉及复杂的课程体系。

知识补充

慕课视频

除了微课外，慕课也是一种以完整的视频作为独立课件来传达教学信息的教学形式。慕课是一种大规模的开放在线课堂，学生可以通过互联网观看视频并进行学习。与微课相比，慕课视频中的教学内容更加丰富，其时长也更长，对学生的学习主动性要求更高。

2. 视频的应用要求

与图片一样，在多媒体课件中应用视频时，应保证视频的分辨率、格式和时长等符合课件的基本要求。

- **视频分辨率。**视频分辨率主要根据课件的实际情况而定，如果视频是以小窗口的形式在课件中播放的，则视频的分辨率应不低于640像素×480像素。如果需要全屏播放视频，或需要清晰地展示视频中的图像细节，则视频分辨率应不低于800像素×600像素，也可根据课件的播放设备和播放效果使用1280像素×720像素（16:9宽屏）的高清视频。
- **视频格式。**为保证课件中的视频可以清晰、流畅地播放，教师应尽量选择常见的视频格式，如.mp4、.wmv等。如果要将视频作为单独的课件播放，则也应该将视频保存为各类播放器普遍支持的格式，避免出现视频无法正常播放的情况。
- **视频时长。**在多媒体课件中应用视频时，应注意控制视频的时长。一般来说，视频时长在5分钟以下最为适宜，在较短时间内就可以播完的视频有利于学生保持较高的注意力。如果视频的内容较多、时长较长，则教师可以考虑对视频进行分解，通过多个短视频来吸引学生的注意，以控制教学节奏。

2.6 课堂案例：搜集并处理“传统文化”课件的素材

传统文化是文明演化汇集而成的、反映民族特质和风貌的文化统称，我国古代的哲学思想、文字、语言，礼、乐、射、御、书、数，以及武术、曲艺、节日、服饰、人物等都属于传统文化的范畴，是中华民族智慧的结晶。教师在开展教学活动的过程中，可以在教学内容中融入传统文化元素，鼓励学生认识传统文化，继而在时代特色下进行传统文化的吸收和创新。

2.6.1 案例目标

“传统文化”课件中的素材是一种应用范围较广的素材，其与文化、历史、社会等课件都有一定的联系。因此，在搜集“传统文化”课件的素材时可根据具体的课件内容而定。例如，在制作介绍我国古代建筑的课件时，可以搜集我国历史上著名的建筑图片和资料，分析我国古代建筑的特点、技术和成就等。本案例将基于“清明追思 缅怀英雄”公开课的内容搜集图片、文字、音频等传统文化素材，并制作“清明追思”公开课课件的封面。教师可通过“清明追思”公开课来宣传传统节日，弘扬传统文化，该课件的封面效果如图2-69所示。

图2-69 “清明追思”公开课课件的封面效果

素材所在位置 素材文件\第2章\图片\
效果所在位置 效果文件\第2章\清明追思课件封面.jpg

2.6.2 制作思路

本案例可从搜集与整理文本素材、搜集与编辑图片素材两个方面来完成制作，具体制作思路如图2-70所示。

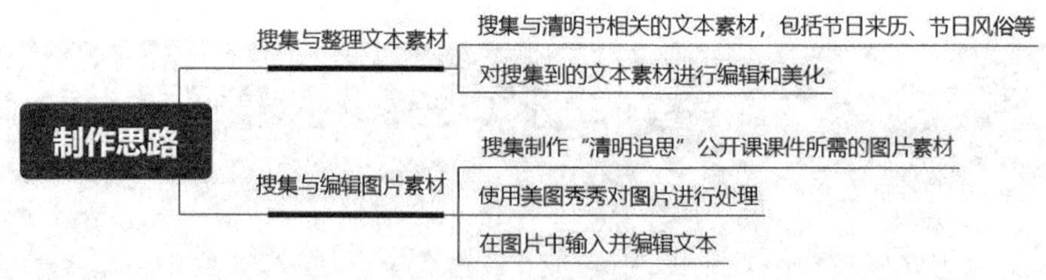

图2-70 制作思路

2.6.3 操作步骤

1. 文本素材的搜集与整理

下面通过百度搜索引擎搜索清明节的来历与风俗等文本素材，并对文本素材进行整理和编辑，使其满足课件制作的需要，具体操作如下。

STEP 1 在百度搜索引擎首页的文本框中输入“清明节的来历”文本并进行搜索，系统将自动检索出相关信息。任意打开一个搜索页面查看搜索结果，并选择搜索结果页面中有价值的文本信息，在其上单击鼠标右键，在弹出的快捷菜单中选择“复制”命令，如图 2-71 所示。

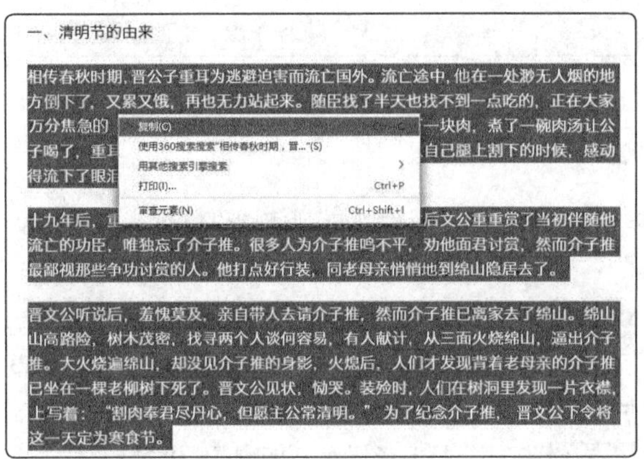

图2-71 复制文本

STEP 2 在计算机中启动 Word，新建一个空白文档，在文档编辑区的空白位置单击鼠标右键，在弹出的快捷菜单中选择“粘贴选项”/“保留源格式”命令，将网页中的文本粘贴到 Word 文档中，如图 2-72 所示。

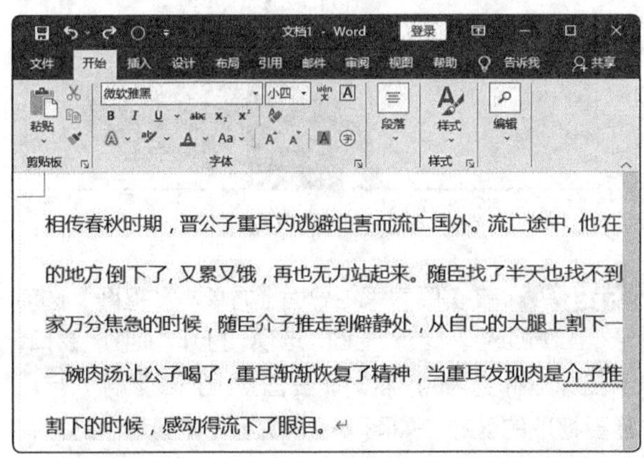

图2-72 将文本粘贴到Word文档中

STEP 3 按照上述方法搜集其他文本素材，并将其粘贴到 Word 文档中。按【Ctrl+A】组合键选择 Word 中的所有文本，在“开始”选项卡的“字体”组中设置文本的字体和字号，如图 2-73 所示。

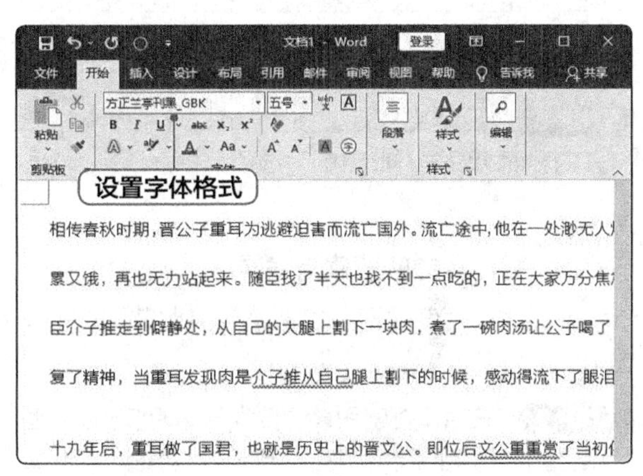

图2-73 设置文本的字体格式

STEP 4 选择所有文本，在其上单击鼠标右键，在弹出的快捷菜单中选择“段落”命令，打开“段落”对话框，在其中设置文本段落的缩进方式为“首行”，行距为“固定值”“20 磅”，如图 2-74 所示。

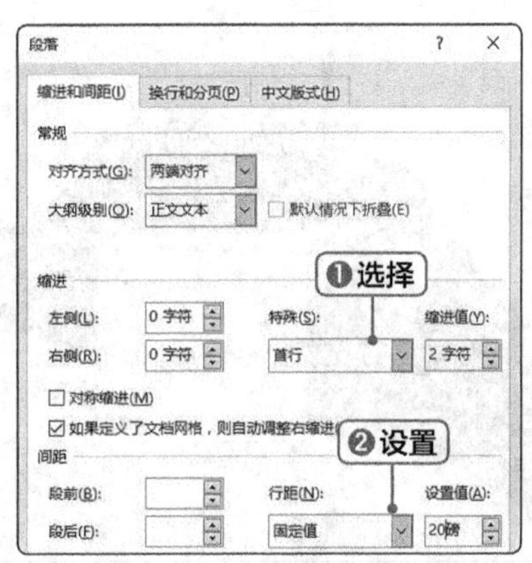

图2-74 设置文本的段落格式

STEP 5 根据文本素材的内容，分别为文本素材添加标题，并设置标题的字体格式，使文本素材的结构更加清晰，如图 2-75 所示。

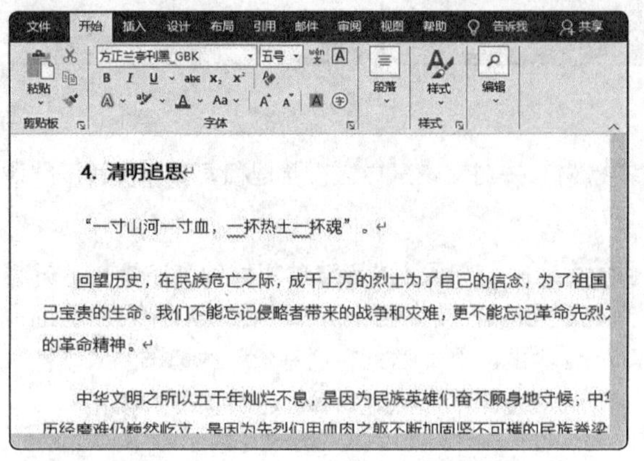

图2-75　根据文本内容添加标题

STEP 6　设置完成后，按【Ctrl+S】组合键，在打开的界面中双击“此电脑”选项，打开“另存为”对话框，在其中设置文档名称为“清明追思文本素材.docx”，单击 保存(S) 按钮，如图2-76所示，完成文本素材的搜集和整理。

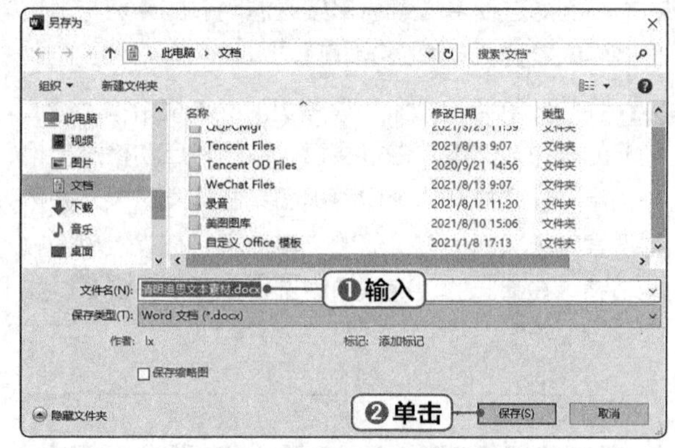

图2-76　保存文本素材

2. 图片素材的搜集与编辑

下面通过百度搜索引擎搜索与清明节相关的图片素材，并使用这些图片素材制作课件封面，具体操作如下。

STEP 1　在百度搜索引擎中搜索与清明节相关的图片素材，例如，可搜索“荷花”“燕子”“垂柳”“印章”等，在搜索结果中选择适合的图片，单击图片可查看其放大后的效果，然后在图片上单击鼠标右键，在弹出的快捷菜单中选择“图片另存为”命令，如图2-77所示。

图2-77　保存图片

STEP 2　打开“另存为”对话框，在其中设置图片素材的保存位置、名称等，按【Enter】键将图片素材保存到本地计算机中。按照该方法下载其他图片素材。

STEP 3　启动美图秀秀，进入美图秀秀的主界面，在该界面右上角单击 打开 按钮，打开“打开图片”对话框，在其中选择“荷花1.jpg”图片，单击 打开(O) 按钮，打开该图片，如图2-78所示。

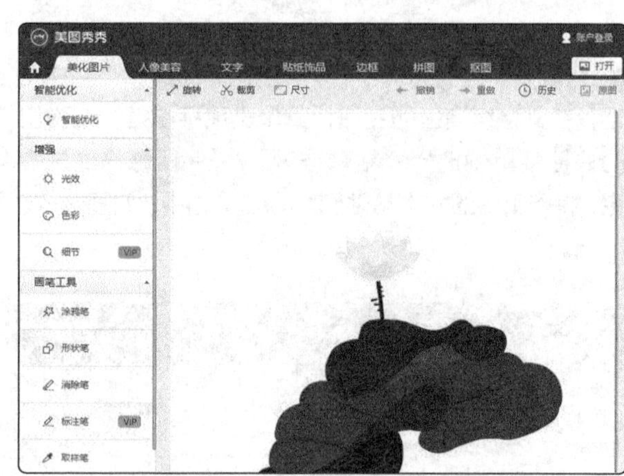

图2-78　打开图片

STEP 4　在美图秀秀主界面上方单击“抠图”选项卡，在左侧选择“自动抠图”选项，打开“抠图”窗口，当鼠标指针变为形状时，在图片上拖曳鼠标，标记需要抠取的区域，如图2-79所示，将图片中的荷花与荷叶等单独抠取出来，如果抠取了多余的图片区域，则单击“删除笔”选项卡，进入删除状态，拖动鼠标取消误抠取的部分。完成图片的抠取后，单击下方的 保存到前景库 按钮，将抠取的图片保存到前景库中。

图2-79　抠取图片

STEP 5　抠取完成后，单击下方的换背景按钮，打开“抠图换背景”窗口和“前景编辑”对话框，在“抠图换背景”窗口左侧的“背景设置”栏中选择“添加背景图”选项，打开“打开图片”对话框，在其中选择“背景.jpg”图片，将该图片设置为背景图片，如图 2-80 所示。

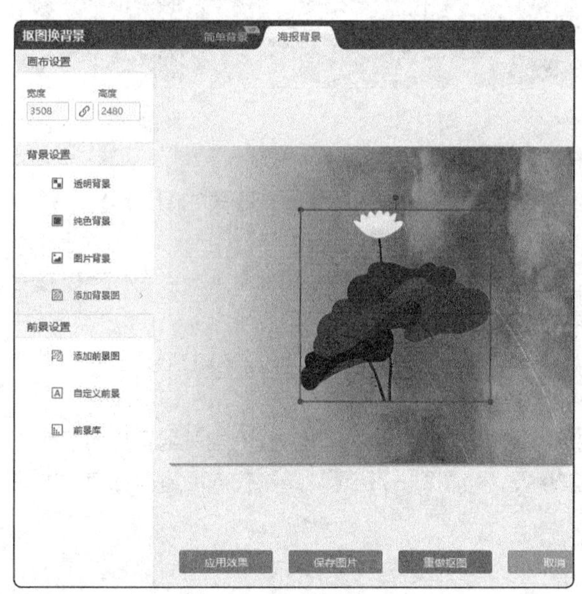

图2-80　换背景

STEP 6　在“前景设置”栏中选择“添加前景图”选项，在右侧的“前景素材”栏中选择“自定义”选项，单击添加前景图按钮，将其他背景透明的图片素材导入前景素材库中，如图 2-81 所示。

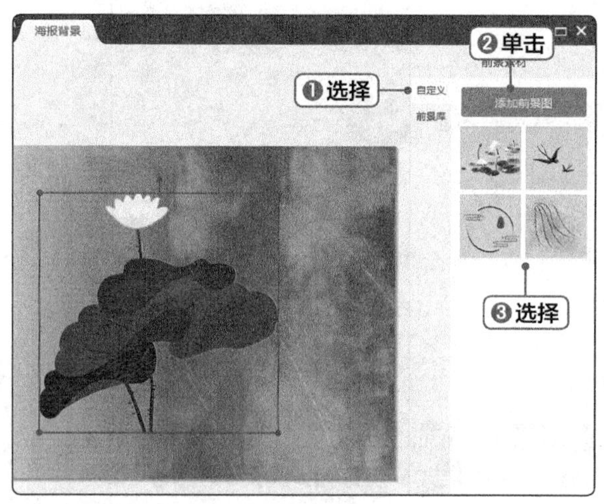

图2-81　添加前景图片

STEP 7　完成所有前景图片的添加后，调整各图片的位置、大小和图片间的层叠关系，然后单击下方的应用效果按钮，保存对图片的编辑操作，效果如图 2-82 所示。

图2-82　调整前景图片

STEP 8　单击美图秀秀主界面上方的“文字”选项卡，在左侧选择“输入文字”选项，打开“文字编辑”对话框，在上方的文本框中输入需要添加到图片中的文字，在下方对文本的字体、字号、样式、字体颜色等进行设置，完成后单击确定按钮，如图 2-83 所示。

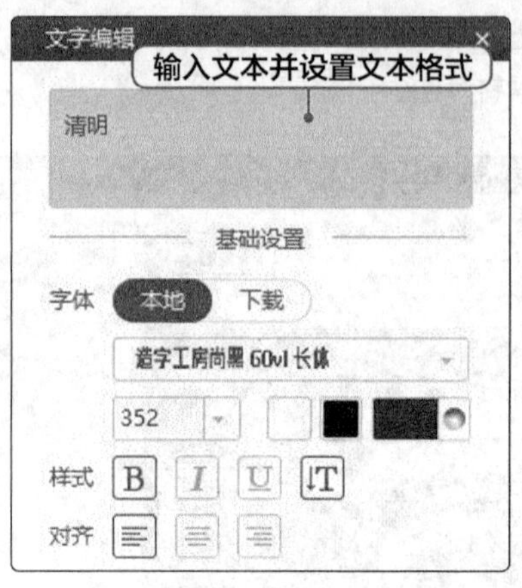

图2-83　添加文字并设置文字样式

STEP 9　按照上述方法在图片中插入其他文字，调整文字的样式、位置和排版方式，效果如图 2-84 所示。单击美图秀秀主界面右上角的 保存 按钮，打开“保存”对话框。将图片名称保存为“清明追思课件封面”，完成操作。

图2-84　查看效果

2.7 强化实训：搜集“艺术赏析”课件的素材

第2部分

美育是现代素质教育中不可或缺的一部分，事实上，我国古代君子六艺中的“乐”就是美育的一种形式。如今，美育不再局限于诗歌、舞蹈、音乐，美的艺术、理想、品格、素养都属于美育的范畴。为了全面培养学生的美学素养，教师可以立足于艺术教育，搜集相关的、有价值、有意义的素材，并将其应用在课件中，从而培养学生发现、认识、创造现实美和艺术美的才能，并进一步促进学生在美育的过程中养成良好的思想品德和高尚情操。本实训将围绕“艺术赏析”课件搜集相关素材，为课件的制作做好素材准备。

【制作效果与思路】

本实训需要通过不同的搜集方法搜集图片、音频、视频等素材，具体思路如下。

（1）在百度图片页面中搜索“我在故宫修文物”“如果国宝会说话”等关键词，搜集相关的图片素材，并将其保存到本地计算机中，如图2-85所示。

（2）下载、安装并启动GoldWave，在GoldWave操作界面中选择【文件】/【新建】菜单命令，新建空白音频文件，录制课件中需要的音频，用于对课件中的相关内容进行讲解。

（3）在GoldWave的编辑窗口中按住鼠标左键进行拖曳，选择需要保留的音频片段，单击工具栏中的“修剪”按钮，删除多余的音频片段，并保存音频片段，如图2-86所示。

（4）使用迅雷等下载工具搜索“我在故宫修文物”“如果国宝会说话”等关键词，找到相关纪录片的下载链接，然后进行下载；或者使用录屏软件录制纪录片中的某些片段，如图2-87所示，录制完成后将其保存在本地计算机中，完成课件素材的搜集。

图2-85　下载图片

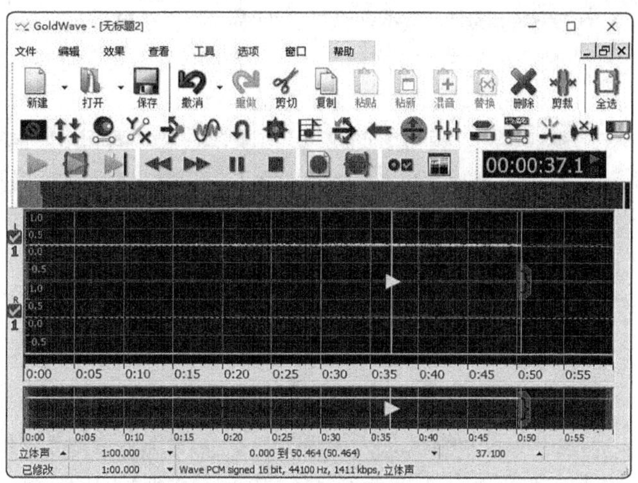

图2-86　编辑音频

图2-87　录制视频

2.8 知识拓展

在多媒体课件的制作中，文本、图片、视频等基本素材的应用效果往往直接决定了整个课件的质量。下面介绍一些在课件中应用文本、视频等素材的技巧和注意事项，帮助教师进一步提升多媒体课件的制作水平。

1. 多媒体课件中的文本使用技巧

在多媒体课件中使用文本时，根据课件的类型，可从文本的位置、文本的层次、文本的可阅读性3个方面编排和设计文本。

- **文本的位置。**文本在课件画面中的位置不同会给人不同的心理感受。一般来说，将文本置于画面中上部时，视觉效果会更加平衡；将文本置于画面下方时，视觉效果会更加稳定。当然，根据画面中图片、形状等其他素材的排版位置，也可将文字置于画面左侧和右侧，总而言之，只要保持整个课件画面在视觉上的平衡和稳定即可。

- **文本的层次。**文本在课件画面中的层次主要体现在标题层次和背景层次两个方面，标题层次即不同级别、不同重要性文本的字体大小、字体颜色不同。背景层次即文本在整个课件画面中所占的比例、文本与课件画面中其他素材的比例关系等。总的来说，为了体现文本在课件画面中的层次性，不同级别文本的字体、字号之间应该形成对比，文本在课件画面中所占的比例应该与图片、图形等其他素材所占的比例保持相对平衡；文本与图片、图形等素材之间尽量不交叉，如有交叉部分，则应注意文本与图片的颜色对比，不能影响图片或文本的可阅读性。
- **文本的可阅读性。**一般来说，课件中不宜出现大段文本，如果文本内容较多，则应该尽量以浅显、精练的文字对其进行归纳，或使用图形、图示、视频等进行直观、形象的描述，再搭配语音解说对教学内容进行说明。

2. 多媒体课件中的视频使用注意事项

视频一方面具有直观、形象的特点，可以有效传达教学信息；但另一方面，视频也可能分散学生的注意力，反而影响教学效果，因此在多媒体课件中使用视频时应注意以下4点。

- 视频必须用于传达重要的教学信息，且不能频繁使用，以免分散学生对教学信息的注意。
- 视频的制作周期长、难度大，如果教师不具备快速拍摄并制作视频的条件，则可以选择其他素材或途径传达教学信息，以免视频的质量不佳，难以达到理想的教学效果。
- 如果教师要使用已有的视频素材，则需对视频素材进行剪辑，只选择需要的部分，并根据教学需求为视频添加关键的说明文本。
- 在多媒体课件中应用视频时，应保证视频的播放、暂停等是可以控制的，以方便教师教学或学生学习。此外，如果视频较长，则可以分段播放。

2.9 课后练习

本章主要介绍了多媒体课件制作前期的素材准备工作，掌握搜集和处理素材的方法，有利于教师设计出符合教学需要、画面精美、效果理想的多媒体课件，并提高自己的多媒体课件制作水平。下面通过两个练习对本章所学的相关知识进行巩固。

练习 1 搜集“细菌与真菌”课件的素材

在制作“细菌与真菌”课件时，需要搜集人类利用细菌和真菌进行生产活动的相关资料，包括图片、视频等，通过形象、直观的媒体素材详细展示细菌和真菌对我们日常生活的影响。在搜集素材时，可以搜集细菌、真菌的一些图片或示意图，以及用酵母菌发酵馒头、面包等的视频。另外，注意通过多个渠道进行搜集。

练习 2 录制并编辑“细菌与真菌”课件的音频素材

本练习要求用Windows 10的语音录音机完成音频的录制，再使用GoldWave对音频文件进行编辑。操作要求如下。

（1）启动Windows 10语音录音机，单击“录音”按钮开始录制音频，录制完成后，将音频保存为“细菌与真菌课件”。

（2）启动GoldWave，打开录制的“细菌与真菌课件”音频文件，通过工具栏中的“修剪”按钮删除多余的音频片段，通过【效果】/【音量】/【改变音量】菜单命令增加音频文件中的声音，通过工具栏中的“降噪”按钮对音频文件进行降噪处理，最后保存处理好的音频文件。

第2部分

第 3 章

PPT 课件的设计与制作

/ 本章导读

PPT 课件是多媒体教学中十分常用的一种课件，也是集文字、图片、动画、音频、视频等素材为一体的综合型课件。PPT 课件可以直观、简洁、形象地展现出教学内容，增强学生对教学内容的印象，提升课堂教学效果。

/ 技能目标

了解 PPT 课件的主要内容及制作流程。

掌握 PPT 课件中各种素材的编辑方法。

掌握 PPT 课件的放映与输出方法。

/ 案例展示

3.1 PPT课件设计与制作概述

随着多媒体教学技术的不断普及和推广，PPT课件已经成为教师开展各种教育教学活动的常见辅助手段。教师可以利用PPT课件中的文字、符号、图片、音频、视频等素材传递教学信息，呈现教学内容，展示教学流程，使抽象的知识具象化，并使课堂氛围更加轻松、活跃。

3.1.1 PPT课件的内容组成

PPT课件是一种逻辑清晰、结构分明的教学课件，可以轻松实现教学信息的高效传达，在教学模式逐渐向媒体化、互动化、智能化发展的趋势下，教师也应该熟练掌握使用PPT课件进行教学这种多媒体教学形式。通常来说，PPT课件的内容主要根据课程内容和教师的教学要求而定，但要想尽可能发挥PPT课件在吸引、引导和互动等方面的价值和作用，就必须灵活运用PPT课件制作技术，有效呈现PPT课件的内容。总的来说，PPT课件主要由教学内容和课件效果两个部分组成。

- **教学内容。**教学内容即教师的授课内容，是PPT课件的核心，其具体内容主要根据课程内容和教学要求而定。例如，图3-1所示为某教师制作的“请假条的写法”课件，该课件的教学内容包括请假缘由、请假条写法、案例分析、练习4个部分。

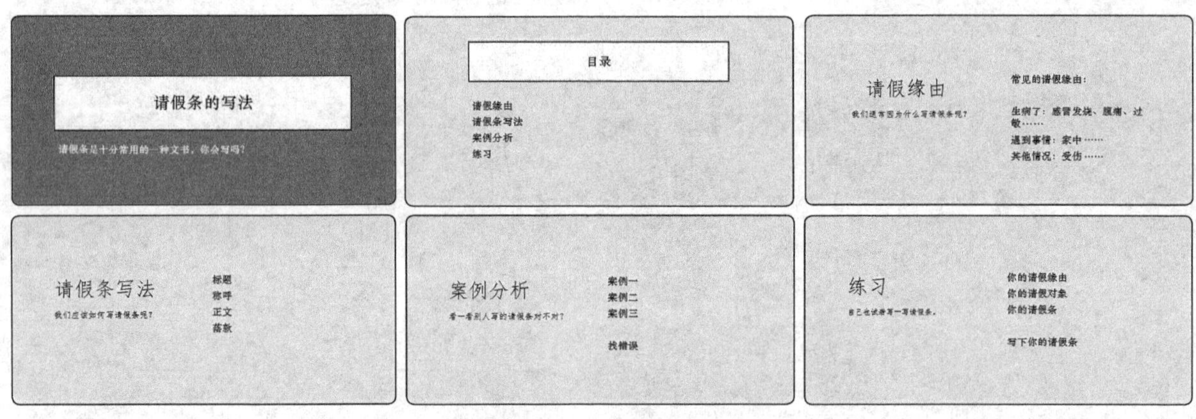

图3-1 “请假条的写法”PPT课件中的教学内容

- **课件效果。**PPT课件作为一种典型的多媒体课件，具有十分鲜明的多媒体特征，它不仅可以添加图文、表格、形状、影音、动画等素材来让知识更加生动、形象，还能通过可视化功能和交互功能实现课堂教学内容、教学方法、教学过程的全面优化，从而达到更好的教学效果。例如，表格、图表等可以让枯燥的数字具有简洁易懂的可视化效果；音频、视频、动画等可以实现课堂上的交互，调动学生的学习积极性；图示可以直观生动地展现不同内容之间的关系与逻辑，便于学生理解和记忆。图3-2所示为对“请假条的写法”课件内容进行设计后的效果，包括对课件背景的设计和对图片的美化，对文本格式与布局的设计，以及对图示的应用等。

知识补充

制作PPT课件的注意事项

教师在制作PPT课件时，不能将教材中的内容直接搬到PPT课件中，要对其进行归纳和提炼。例如，PPT课件中的文字主要起提示的作用，因此文字不必太多，应根据实际情况对文字进行删减，保留关键文字即可。

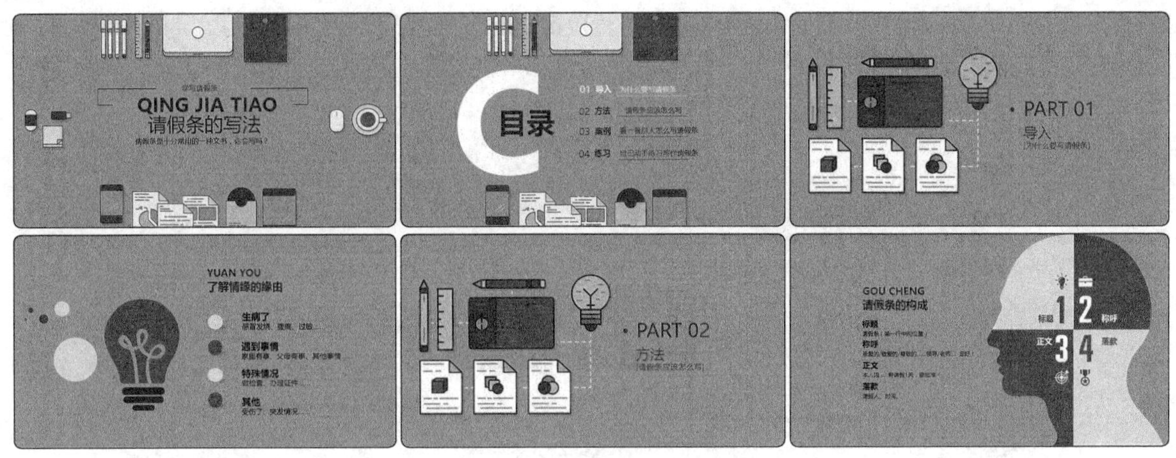

图3-2　课件效果的设计与呈现

3.1.2 PPT 课件的制作流程

一般来说，一个完整的PPT课件主要包括课件封面、课件目录、课件内容、课件封底4个部分，图3-3所示为常见的PPT课件结构。其中，课件封面是PPT课件给人的第一印象，版式新颖、色彩合理的封面可以快速吸引学生的注意，引发学生对课程内容的强烈期待，提升学生对课程内容的兴趣。课件目录则起到展示课程结构的作用，便于学生明确课程的整体流程。课件内容是课件的核心和主体部分，是对教学内容的全面展示。课件封底则代表课程结束。

图3-3　课件基本结构

虽然一个完整的PPT课件需要包含封面、目录、内容、封底4个主要部分，但教师往往并不是按照PPT课件的基本结构来依次制作教学课件的。因为在PPT课件的教学中，教学内容始终是课件的主体，只有逻辑清晰、结构分明的课件才能让学生迅速掌握学习要点。所以教师需要先做好课件内容的规划，然后根据PPT课件的内容框架对课件进行美化与动画设计。

1. 课件内容框架的搭建

PPT课件的内容框架是课件教学内容的核心体现，因此教师在制作PPT课件之前，应该先搭建PPT课件的内容框架，明确课件的教学内容，有针对性地设计课程内容的主次结构，完成教学内容的安排与规划。在搭建课件内容框架时，教师可以灵活使用思维导图对课程内容进行梳理。图3-4所示为使用思维导图梳理的“明月几时有”诗歌鉴赏教学课件的内容框架。梳理完成后，可将思维导图导出为DOCX或PPT格式，再将其导入PowerPoint中，形成课件大纲，如图3-5所示。

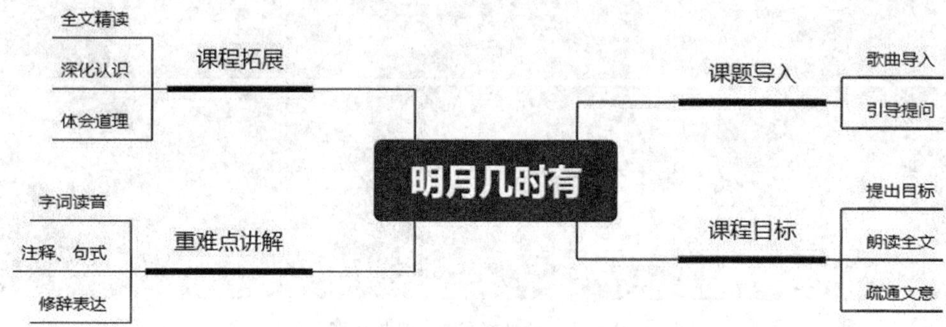

图3-4　用思维导图梳理课件的内容框架

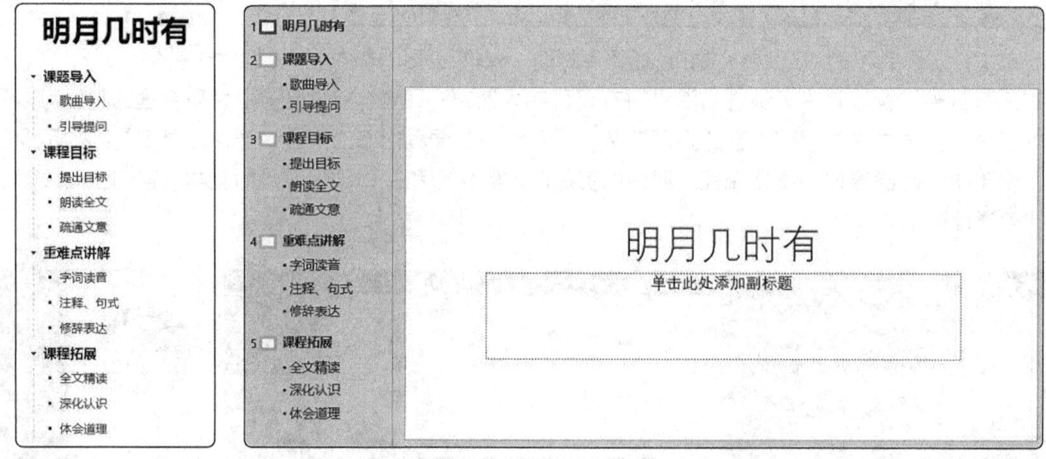

图3-5　将思维导图制作为PPT课件大纲

2. 课件内容的可视化

课件内容的可视化即将课件内容以可视化的形式进行表达，把可视化的图片、图示、图表与具有逻辑性的关键字、词、句等进行搭配，将课程内容简洁、精练、美观地呈现出来。例如，在制作“引导提问”的课件内容时，可以用简练的文字提出问题，再辅以风格适配的图片，提升课件视觉效果；在制作“朗读全文”的课件内容时，可以通过简洁直观的图示说明朗读技巧，并辅以音频进行领读，丰富课件的教学形式，如图3-6所示。

图3-6　课件内容的可视化

3. 课件风格的统一

一般来说，优秀的PPT课件往往能在第一时间吸引学生的注意，这不仅要求课件的教学逻辑符合学生的学习心理，还要求课件的效果能够抓人眼球。因此教师在搭建好课件内容框架且通过可视化的方式呈现课件内容后，还需要对课件的整体风格、排版风格进行统一，提高课件的整体视觉效果和质量。

（1）统一整体风格

整体风格的统一即课件中各元素在整体视觉效果上的统一，简单来说，课件中的图片、背景、字体及其他对象的视觉风格应该与课件的主题和整体风格匹配。例如，如果儿童教学课件的设计风格定位为天真、活泼明朗，则课件中图片、文字和颜色的整体风格也应该与其保持一致，尽量选择圆润、可爱的文字和图片，并采用鲜亮显眼的色彩进行搭配。图3-7所示为适用于古诗词、传统文化等课件的设计风格，课件中的背景，以及荷花、红日、远山等图片具有鲜明的古典韵味，深青色的主色调与整个课件浑然一体，课件整体既具有古诗词的传统美，又具备较好的视觉效果。

图3-7　课件设计风格的统一

（2）统一排版风格

排版风格的统一即课件的文字排版、图文排版、图形排版等风格应保持一致。其中，PPT课件的文字排版可以遵循对齐、对比两个基本原则。对齐即运用各种常见的对齐样式对文字进行排版，图3-8所示为常见的对齐样式。对比则是指字体的对比、字号的对比、颜色的对比等，灵活应用各种对比可以让PPT课件更具韵律感，图3-9所示的课件同时体现了字体、字号与颜色的对比。

此外，在进行文字排版时，还要注意字间距、行间距的统一。例如，在设计PPT课件的某一张幻灯片时，主标题字号为32，副标题字号为24，正文字号为18，正文行距为1.5，整个PPT课件中的文字都应该遵循这个排版标准。

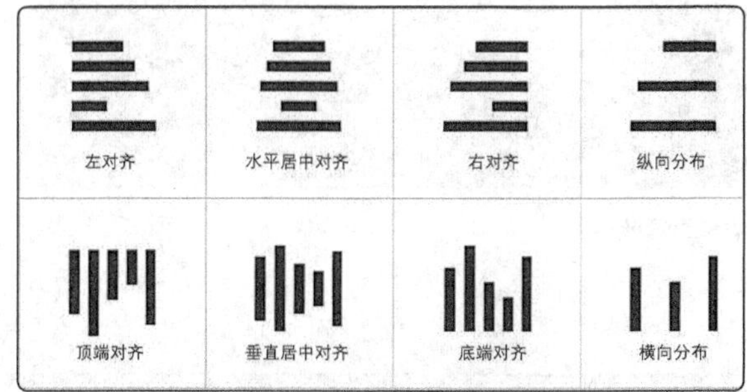

图3-8　课件中的对齐样式

图3-9　课件中的对比

图文排版和图形排版同样可以遵循对齐原则，同时也要注意对称性，让图形、图片与文字形成对称关系，保证课件在视觉上的平衡和稳定。图3-10所示为图片与文字的对称，在图3-11所示的课件中，左侧图片与右侧图示形成了对称关系，同时右侧图示内部的3个图形也形成了明显的对称关系。

图3-10　图片与文字的对称

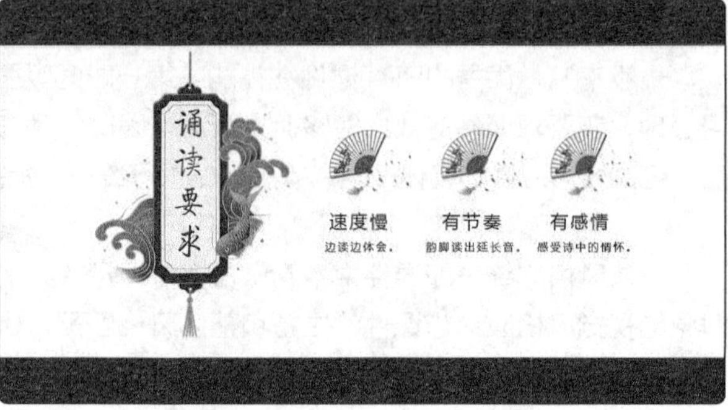

图3-11　图片与图示的对称

知识补充

使用 PPT 模板

为了保持PPT课件风格的统一，教师在制作PPT课件时，可以下载和应用PPT模板。一般来说，PPT模板中各元素的风格，文字的字体、颜色等都基本统一，教师只需要根据自己的教学需要依次填入相关内容，再进行相应的优化即可。此外，也可以通过PPT母版先统一课件的整体风格，确定不同级别文字的字体、字号、颜色等，以及图文的排版样式和课件背景，再返回课件编辑页面输入内容，PPT将自动为其应用母版中设置好的样式。

4. 课件的后期制作

完成PPT课件主要内容的制作后，教师还可以根据需要为PPT课件中的文本、图片、图示等对象添加动画和音效，或者根据教学需求添加背景音乐、音频、视频等。合理运用动画、音效、背景音乐、音频等不仅可以丰富课件的内容和教学形式，还有利于教师控制教学节奏，活跃课堂气氛，提升教学效果。图3-12所示的诗歌课件封面中应用了动画效果，在放映幻灯片时，山峦、明月、云朵、文字、仙鹤等依次出现。其中，云朵和仙鹤的动画效果持续放映，整个课件的动态效果非常形象，可以瞬间将学生引入诗歌所描绘的意境中，吸引学生的注意。

图3-12　诗歌课件的动画效果

3.2 PPT 课件制作基础

PPT课件作为一种集音、画、字为一体的互动性课件，可以极大提升学生的学习兴趣，潜移默化地培养学生的审美能力和创造能力。对于教师来说，制作一个好的PPT课件不仅需要掌握PPT课件的制作流程，还需要掌握PPT课件的制作基础，选择合适的PPT课件制作工具来完成PPT课件的制作。

3.2.1 常用的 PPT 课件制作工具

通常来说，PPT课件主要是指使用PowerPoint 制作的幻灯片课件，Microsoft 公司推出的PowerPoint具有强大的图文、影音编辑功能，是教师制作PPT课件的常用工具之一。除了PowerPoint，教师也可以使用一些插件来提高课件的制作效率。

1. PowerPoint

PowerPoint是Microsoft 公司推出的一款演示文稿制作软件，其应用领域非常广，与Word、Excel并称为Microsoft Office办公套件。PowerPoint具有强大的多媒体编辑功能，例如，通过PowerPoint中的文字、图片、图表、形状、声音、影片等编辑功能，教师可以轻松、便捷地制作课件的基本内容；通过PowerPoint中的动画、音效等功能，教师可以自如地为课件添加特效或动画，提升课件的演示效果。此外，PowerPoint不仅可以把静态文件转换为生动的动态文件，还可以在投影仪、计算机上等设备上进行演示，并应用于不同的教学场景中。

2. WPS演示

WPS演示是WPS Office中的组件之一，它与PowerPoint一样，具有强大的多媒体编辑功能，全面支持PPT图文编辑、动画效果的设计与制作、音频和视频的编辑、演示文稿的放映和输出等功能。WPS演示具有文件小、操作简单等特点，还提供了大量的精美模板、在线图片素材、在线字体等资源，可以有效简化教师制作PPT课件的流程，其云端数据同步功能可以方便教师随时随地编辑PPT课件。此外，教师也可以在移动端的WPS中完成PPT 课件的制作。图3-13所示为WPS演示移动端的模板库及操作界面。

图3-13 WPS演示移动端的模板库及操作界面

3. iSlide

iSlide是一款基于PowerPoint开发的一键优化插件，可以解决教师在制作PPT课件的过程中经常遇到的缺乏素材、效率低下等问题。iSlide提供了多种辅助设计功能，包括字体统一、色彩统一、矩形/环形布局、批量裁剪图片等。此外，iSlide还提供了主题库、色彩库、图示库、智能图表库、图标库、图片库和插图库等资源库。教师在制作PPT课件时，可以通过iSlide的资源库获取各种素材，同时运用iSlide的智能排版功能高效、高质地完成课件的排版设计。图3-14所示为iSlide官方网站的首页，在该网站中可以查看iSlide的功能和操作方法，以及下载iSlide的各个版本。

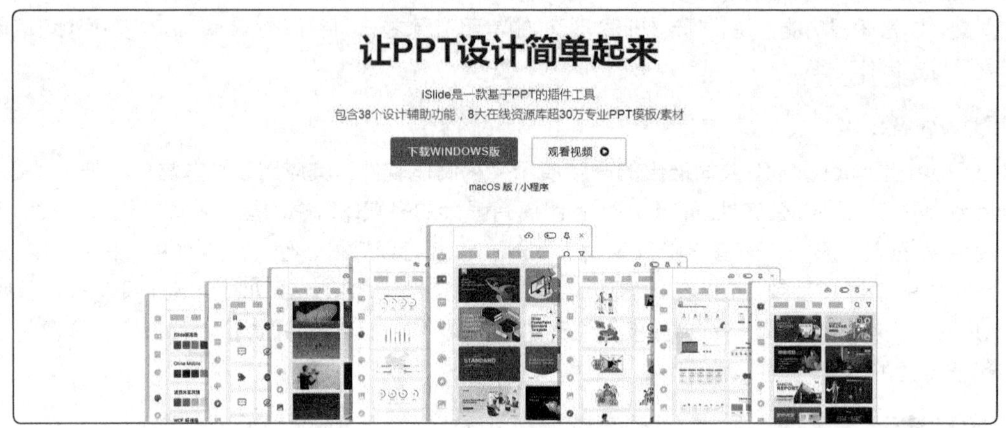

图3-14　iSlide官方网站的首页

4. OneKeyTools

OneKeyTools是一款基于PowerPoint和WPS演示的第三方平面设计辅助插件，其功能涵盖了形状、调色、三维、图片处理、音频、表格、图表等多个方面，不仅可以帮助教师轻松完成复杂的PPT设计，还能有效提升教师制作PPT课件的速度。

3.2.2 PowerPoint 的操作界面

认识PowerPoint的操作界面是制作课件的第一步，可以帮助教师熟练使用PowerPoint的各项功能，快速完成PPT课件的制作。总的来说，PowerPoint的操作界面主要由以下9个部分组成，如图3-15所示。

图3-15　PowerPoint的操作界面

- **标题栏。**标题栏位于PowerPoint操作界面的顶部，包括演示文稿名称、"功能区显示选项"按钮（可显示、隐藏功能选项卡和功能区）和右侧的"窗口控制"按钮组（包含"最小化"按钮、"最大化"按钮□和“关闭”按钮☒，可最大化、最小化和关闭PowerPoint窗口）3个部分。

- **功能选项卡。**PowerPoint默认显示了10个功能选项卡，单击任一选项卡可打开对应的功能区，每个选项卡中分别包含了相应的功能集合。功能选项卡右侧有一个“操作说明搜索”文字链接，单击该文字链接并在激活的文本框中输入搜索关键词，可检索相关操作说明。例如，搜索“插入SmartArt”，可直接打开“选择SmartArt图形”对话框，如图3-16所示。另外，单击右侧的“共享”按钮，将打开“共享”窗格，在其中可直接将当前演示文稿以文件的形式保存到互联网中。
- **快速访问工具栏。**快速访问工具栏中显示了一些常用的工具按钮，默认有“保存”按钮、“撤销键入”按钮、“重复键入”按钮和“从头开始”按钮。单击该工具栏右侧的“自定义快速访问工具栏”按钮，在打开的下拉列表中选择相应选项，可以自定义快速访问工具栏。
- **“文件”菜单。**“文件”菜单主要用于执行与该组件相关的新建、打开、保存、共享等基本命令，选择该菜单中的“选项”命令可打开“PowerPoint 选项”对话框，在其中可对PowerPoint进行常规、显示、校对、自定义功能区等多项设置。

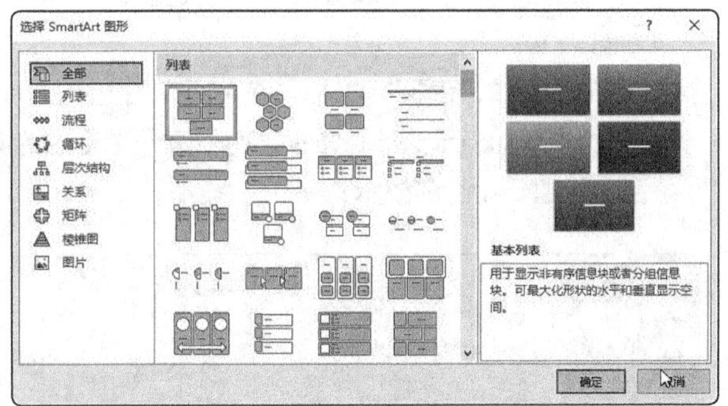

图3-16　搜索功能的应用

- **功能区。**功能区中有许多可自动适应窗口大小的工具组，各工具组中包含相应的按钮或下拉列表框，单击相应按钮或在下拉列表框中选择相应选项，即可执行对应的操作。功能区右侧有一个“折叠功能区”按钮^，单击该按钮可以隐藏功能区，仅显示功能选项卡。要重新显示功能区，可单击任意功能选项卡，再单击右下角的“固定功能区”按钮。
- **幻灯片。**幻灯片是指演示文稿中的单张文稿，一个完整的演示文稿往往由若干张幻灯片组成。
- **“幻灯片”窗格。**“幻灯片”窗格位于PowerPoint操作界面的左侧，主要显示当前演示文稿中所有幻灯片的缩略图。选择某张幻灯片缩略图，可跳转到该幻灯片，同时右侧的幻灯片编辑区中也将显示该幻灯片中的内容。
- **幻灯片编辑区。**幻灯片编辑区用于显示和编辑幻灯片中的对象，在其中可以输入文字、插入图片、设置动画效果等。幻灯片编辑区是编辑幻灯片的主要区域，必须先将文本、图片等对象插入幻灯片编辑区后才可对其进行后续的编辑操作。
- **状态栏。**状态栏位于PowerPoint操作界面的底端，用于显示当前幻灯片的相关信息，它主要由状态提示栏、“备注”按钮≙备注、“批注”按钮批注、视图切换按钮组、显示比例栏、“使幻灯片适应当前窗口”按钮6部分组成。其中，“备注”按钮≙备注和“批注”按钮批注可用于为幻灯片添加备注和批注内容。单击视图切换按钮组中的对应按钮可以切换到相应的视图，包括“普通”视图、“阅读”视图、“幻灯片浏览”视图、“备注页”视图、“幻灯片放映”视图等。在“普通”视图中可以对幻灯片的总体结构进行调整，也可以对单张幻灯片进行编辑。在“幻灯片浏览”视图中，可以浏览演示文稿中所有幻灯片的整体效果，并对幻灯片的顺序进行调整。在“幻灯片放映”视图中，可对演示文稿进行全屏放映。拖动显示比例栏中的比例缩放滑块，可以调节幻灯片的显示比例。单击状态栏最右侧的 按钮，可以使幻灯片的显示比例自动适应当前窗口的大小。

3.2.3 PowerPoint 的基本操作

PowerPoint的基本操作包括对整个演示文稿的操作和对幻灯片的操作两个部分。其中对幻灯片的操作十分常见，因为教师在制作PPT课件的过程中，往往会频繁进行新建幻灯片、选择幻灯片、移动与复制幻灯片等操作，熟练掌握这些操作可以极大提升PPT课件的制作效率。

1. 演示文稿的基本操作

演示文稿即整个PPT文件，教师在制作PPT课件时，需要先新建或打开演示文稿，在PPT课件制作完成后，还需要将其保存等。

（1）新建演示文稿

新建演示文稿的方法主要有以下两种。

- **通过菜单命令新建空白演示文稿。**在PowerPoint操作界面中选择【文件】/【新建】菜单命令，在打开的“新建”界面中选择演示文稿的类型，例如，选择“空白演示文稿”选项，可新建一个空白演示文稿，如图3-17所示。
- **通过快捷菜单新建演示文稿。**在桌面空白处单击鼠标右键，在弹出的快捷菜单中选择“新建”/“Microsoft PowerPoint演示文稿”命令，可新建一个空白的演示文稿。此外，启动PowerPoint后，PowerPoint将自动新建一个空白演示文稿。

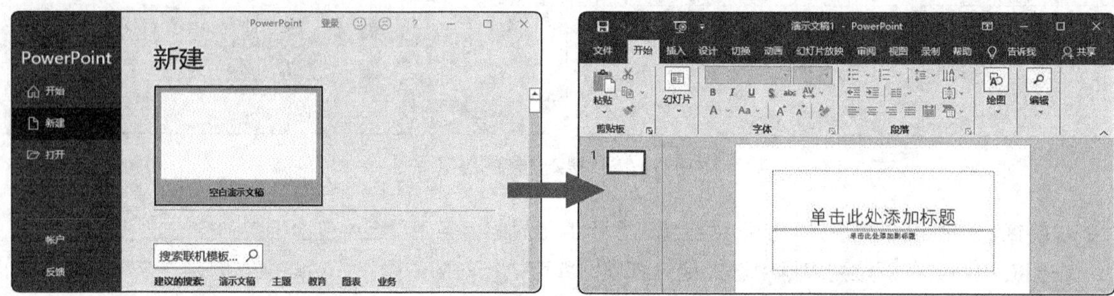

图3-17 新建空白演示文稿

（2）打开演示文稿

打开演示文稿的操作比较简单，直接在演示文稿文件上双击即可。此外，在PowerPoint操作界面中选择【文件】/【打开】菜单命令，在打开的界面中选择“浏览”选项，打开“打开”对话框，在其中选择需要打开的演示文稿文件，单击 打开(O) 按钮，如图3-18所示，也可打开选择的演示文稿。

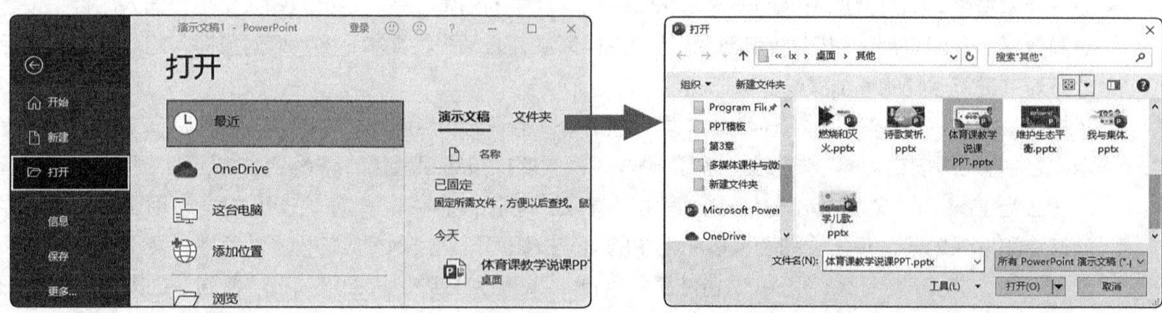

图3-18 打开演示文稿

（3）保存演示文稿

完成演示文稿的制作后，还需保存演示文稿。如果此前已经对演示文稿进行过保存操作，则直接按【Ctrl+S】组合键，或在PowerPoint快速访问工具栏中单击“保存”按钮，完成演示文稿的保存操作。如果此前并未对演示文稿进行过保存操作，则可以在PowerPoint中选择【文件】/【保存】或【文件】/【另存为】菜单命令，在打开的界面中选择演示文稿的保存位置等。例如，双击“这台电脑”图标，打开“另存为”对话框，在其中设置演示文稿的保存位置与名称等，单击 保存(S) 按钮，如图3-19所示，即可将演示文稿保存在计算机中的指定位置。

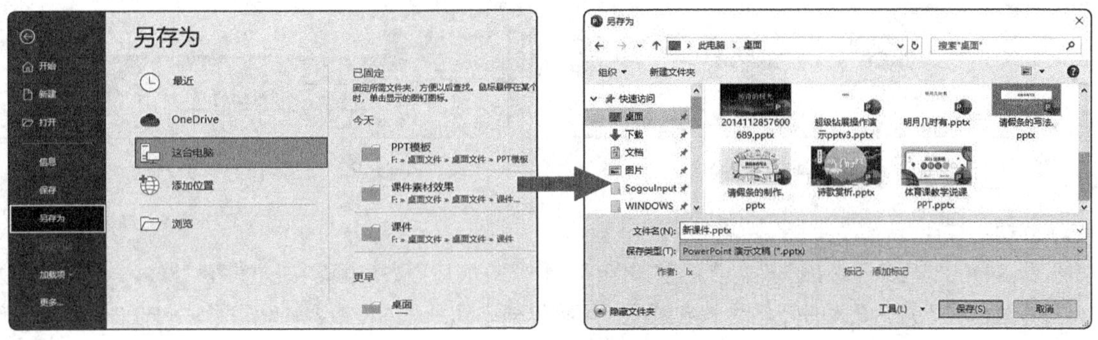

图3-19　保存演示文稿

2. 幻灯片的基本操作

新建空白演示文稿后，演示文稿中默认只有一张幻灯片，因此教师在制作PPT课件时往往还需要手动添加新的幻灯片，并对新幻灯片进行选择、移动、复制等操作。

（1）添加幻灯片

当演示文稿中的幻灯片数量无法满足PPT课件的制作需要时，可以根据需要添加新的幻灯片。在“幻灯片”窗格中选择第1张幻灯片，在“开始”选项卡的“幻灯片”组中单击“新建幻灯片”按钮右侧的下拉按钮，在打开的下拉列表中选择需要添加的幻灯片，例如，选择“标题和内容”幻灯片，可新建一张带有“标题和内容”版式的幻灯片，如图3-20所示。

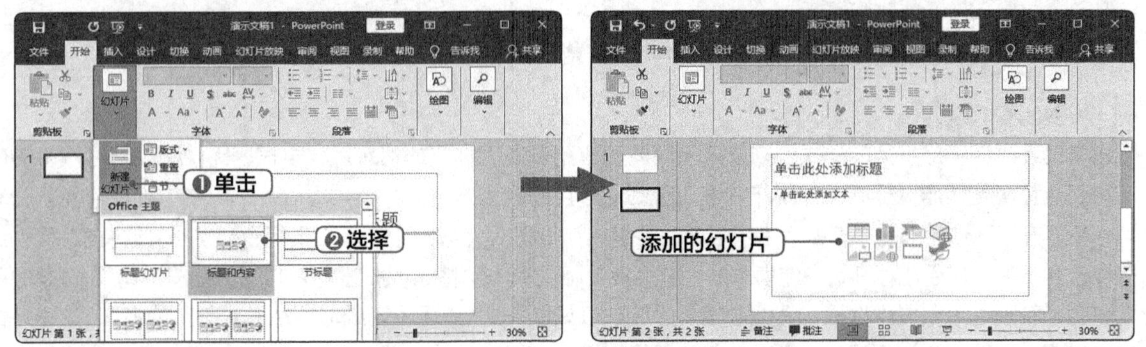

图3-20　添加幻灯片

（2）选择幻灯片

对幻灯片进行各种操作之前都必须先选择幻灯片。选择幻灯片的方法主要有以下4种。

- **选择单张幻灯片。**在“幻灯片”窗格或“幻灯片浏览”视图中单击幻灯片，可选择单张幻灯片。
- **选择连续的幻灯片。**在“幻灯片”窗格或“幻灯片浏览”视图中选择一张幻灯片，按住【Shift】键，再选择另一张幻灯片，可选择这两张幻灯片之间的所有幻灯片，如图3-21所示。
- **选择不连续的幻灯片。**在“幻灯片”窗格或“幻灯片浏览”视图中选择一张幻灯片，按住【Ctrl】键，再依次选择其他幻灯片，可选择任意多张不连续的幻灯片，如图3-22所示。

- **选择所有幻灯片。**在“幻灯片”窗格或“幻灯片浏览”视图中单击任意一张幻灯片，再按【Ctrl+A】组合键，可选择当前演示文稿中的所有幻灯片。

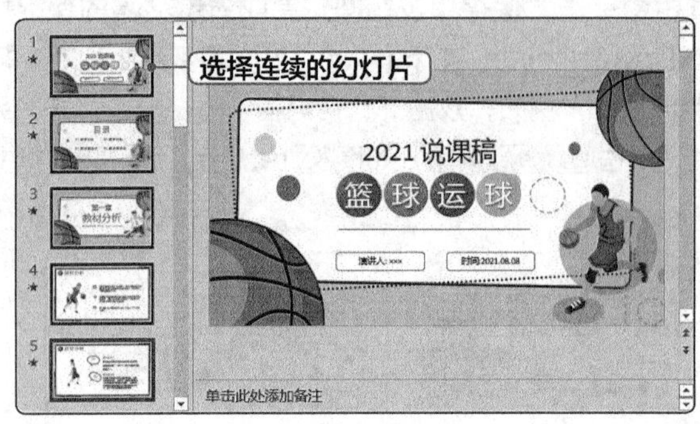

图3-21 选择连续的幻灯片

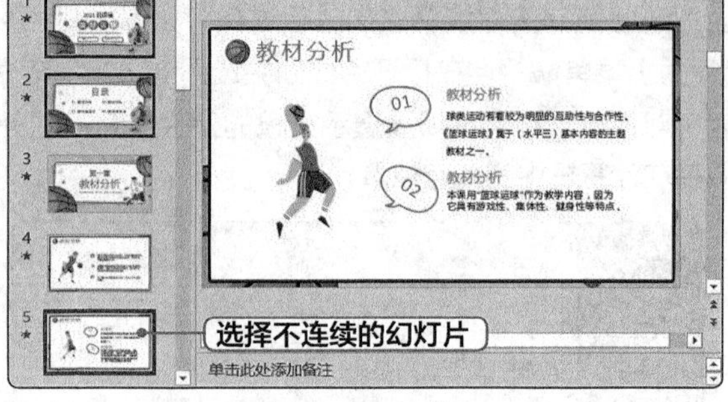

图3-22 选择不连续的幻灯片

（3）移动幻灯片

演示文稿中的幻灯片一般都具有内在的逻辑顺序，教师一般按照教学顺序来制作PPT课件，因此如果发现PPT课件中某一张幻灯片的顺序不符合教学顺序，可将其移动到合适的位置。移动幻灯片的方法为：在“幻灯片”窗格中选择需移动的幻灯片，按住鼠标左键，将其拖曳到目标位置后释放鼠标左键。此外，也可以在“幻灯片”窗格中选择需移动的幻灯片，按【Ctrl+X】组合键剪切幻灯片，然后将鼠标指针移动到目标位置并单击，再按【Ctrl+V】组合键粘贴幻灯片，将幻灯片移动到目标位置，如图3-23所示。

第2部分

图3-23 移动幻灯片

（4）复制幻灯片

如果已经设置了幻灯片的样式，则可直接复制和应用设置了样式的幻灯片，再根据需要更改幻灯片中的内容，从而避免重复操作，提高课件制作效率。复制幻灯片的常用方法为：在“幻灯片”窗格中选择需复制的幻灯片，在“开始”选项卡的“剪贴板”组中单击“复制”按钮（或按【Ctrl+C】组合键），将鼠标指针移动到目标位置并单击，然后在“开始”选项卡的“剪贴板”组中单击“粘贴”按钮下方的下拉按钮，在打开的下拉列表的“粘贴选项”栏中选择“保留源格式”选项，如图3-24所示，完成幻灯片的复制。或者在“幻灯片”窗格中选择已设置样式的幻灯片，在其上单击鼠标右键，在弹出的快捷菜单中选择“复制幻灯片”命令，直接在该幻灯片下方生成一张与其具有相同样式的幻灯片。

知识补充

删除幻灯片

要删除幻灯片，可在“幻灯片”窗格中选择需删除的幻灯片，按【Delete】键，或在“幻灯片”窗格中选择需删除的幻灯片，在其上单击鼠标右键，在弹出的快捷菜单中选择“删除幻灯片”命令。

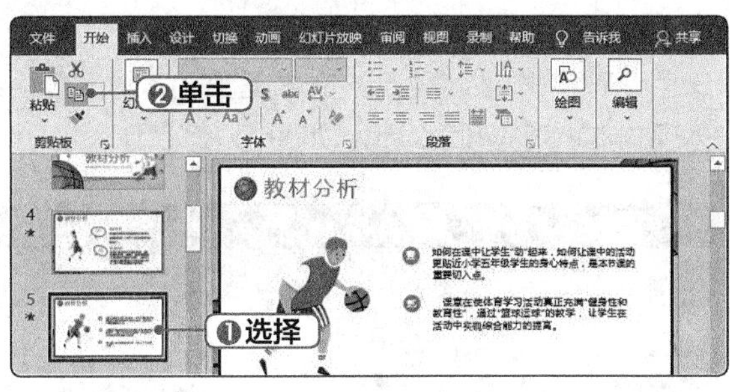

图3-24 复制幻灯片

3.3 编辑 PPT 课件中的文本

文本是PPT课件中不可或缺的部分，起说明、引导、提示的作用，文本内容会直接影响教学信息的传递。同时，文本也是多媒体课件的重要组成元素之一，文本的字体、颜色、显示方式、结构等也对整个课件的艺术效果有着重要的影响。

3.3.1 输入与编辑文本

文本在多媒体课件中使用得十分频繁，无论是课件大纲还是课件内容，都需要通过文本进行归纳和表达，因此教师应熟练掌握在PPT课件中输入和编辑文本的方法。下面在"美术赏析.pptx"课件中输入和编辑文本，具体操作如下。

素材所在位置 素材文件\第3章\美术赏析.pptx

效果所在位置 效果文件\第3章\美术赏析1.pptx

微课视频

STEP 1 打开"美术赏析 .pptx"课件，选择第 1 张幻灯片，在"插入"选项卡的"文本"组中单击"文本框"按钮下方的下拉按钮，在打开的下拉列表中选择"竖排文本框"选项，如图 3-25 所示。

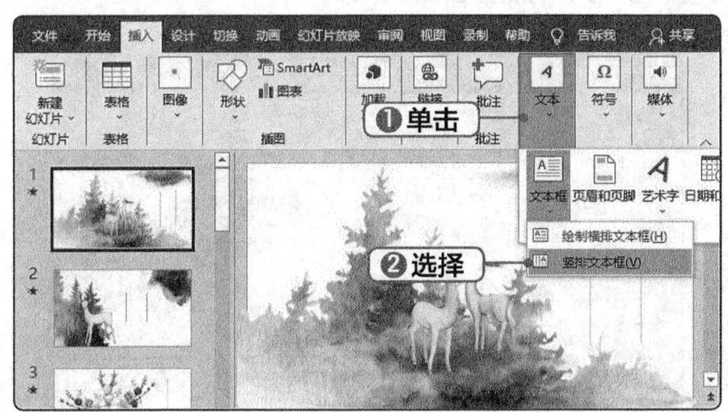

图3-25 选择"竖排文本框"选项

STEP 2 此时，鼠标指针变成⊥形状，在第 1 张幻灯片右上角按住鼠标左键进行拖曳，绘制一个竖排文本框，如图 3-26 所示。

STEP 3 绘制完成后，按照该方法，再绘制两个竖排文本框，用于在课件封面中输入课件的标题和副标题。

图3-26 绘制竖排文本框

STEP 4 选择中间的竖排文本框，在其中输入课件封面中的标题文本“美术与艺术”，如图 3-27 所示。

图3-27　输入课件封面中的标题文本

STEP 5 选择“美术与艺术”文本框，在“开始”选项卡的“字体”组中单击“字体”下拉列表右侧的下拉按钮，在打开的下拉列表中选择“思源黑体”选项。单击“字号”下拉列表右侧的下拉按钮，在打开的下拉列表中选择“66”选项，如图 3-28 所示。

图3-28　设置标题文本的字体与字号

STEP 6 完成标题文本的字体格式设置后，在其他两个文本框中输入图 3-29 所示的文本，作为课件封面中的副标题，并设置字体格式为“思源黑体”“18”。

图3-29　输入课件封面中的副标题文本

STEP 7 选择最右侧的文本，在“开始”选项卡的“字体”组中单击“字体颜色”按钮右侧的下拉按钮，在打开的下拉列表中选择“浅灰色，背景 2，深色 25%”选项，更改该文本框中文本的颜色，以体现文本之间的颜色对比，如图 3-30 所示。

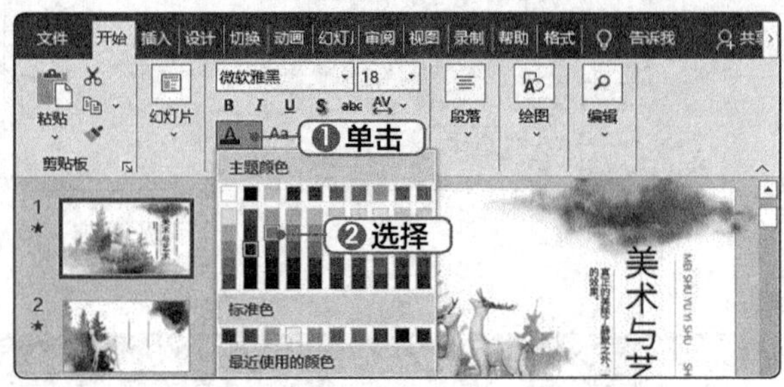

图3-30　设置副标题文本的字体颜色

STEP 8 选择第 2 张幻灯片，在其中绘制 1 个横排文本框和 4 个竖排文本框，并在每个文本框中输入图 3-31 所示的文本，分别设置文本的字体、字号和颜色。

图3-31　输入和设置课件目录页中的文本

STEP 9 选择右上角的横排文本框，在“开始”选项卡的“字体”组中单击“加粗”按钮 **B**，为文本应用加粗效果，如图 3-32 所示。

图3-32　为文本应用加粗效果

第2部分

STEP 10 按照上述方法，在“美术赏析”课件的其他幻灯片中绘制文本框并输入文本，然后设置文本的字体、字号、颜色，如图 3-33 所示。在设置文本格式时，为了提升幻灯片的整体视觉效果，可以按照对齐、对称的原则对文本框进行排版，同时应注意精简文本内容，适当留白。此外，可以为文本设置不同的字号、粗细效果、颜色等，通过对比来体现文本之间的层次。

图3-33　在课件中输入文本后的效果（部分）

技巧讲解

文本框与文本的快速对齐

在对课件中的内容进行排版时，如果需要对文本框（或图片、图形等其他对象）进行对齐操作，则可按住【Shift】键依次选择需对齐的多个文本框，在“格式”选项卡的“排列”组中单击“对齐”按钮，在打开的下拉列表中选择相应的对齐选项。此外，也可在选择文本框后，将鼠标指针移动到文本框的任意边框上，按住鼠标左键进行拖曳，手动调整文本框的位置。除了可以设置文本框的对齐方式外，还可以设置文本的对齐方式，其方法为选择文本，在“开始”选项卡的“段落”组中单击相应的对齐按钮。

3.3.2 美化文本

教师在制作PPT课件时，为了突出PPT课件中的重点内容，可以对PPT课件中的标题和重要字、词、句等文本添加特殊效果，以进一步对课件进行美化。下面在“美术赏析1.pptx”课件中对部分文本进行美化，具体操作如下。

素材所在位置　素材文件\第3章\美术赏析1.pptx
效果所在位置　效果文件\第3章\美术赏析2.pptx

微课视频

STEP 1 打开“美术赏析 1.pptx”课件，选择第 4 张幻灯片，选择“美术”文本，在“格式”选项卡的“艺术字样式”组中单击按钮，在打开的下拉列表中选择“图案填充：白色；深色上对角线；阴影”选项，为“美术”文本应用艺术字效果，如图 3-34 所示。

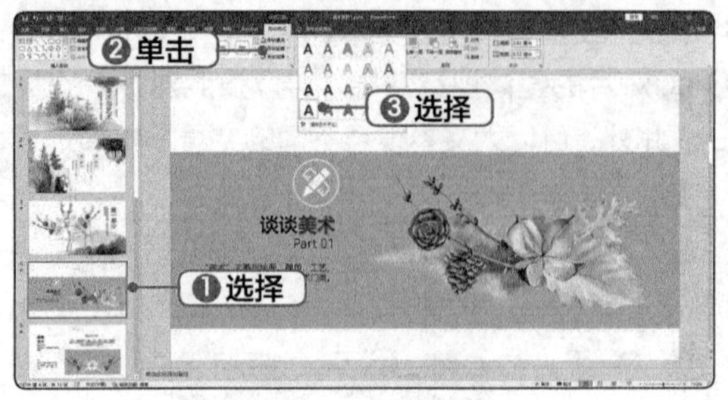

图3-34　为文本应用艺术字效果

STEP 2　保持文本处于选择状态，在“格式”选项卡的“艺术字样式”组中单击 文本效果 按钮，在打开的下拉列表中选择“阴影”/“偏移：上”选项，如图 3-35 所示。

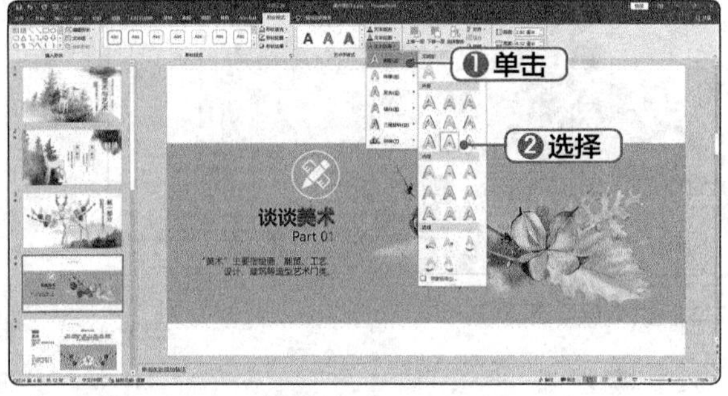

图3-35　为文本添加阴影效果

STEP 3　选择“谈谈美术”文本，在“开始”选项卡的“字体”组中单击右下角的按钮，打开“字体”对话框，单击“字符间距”选项卡，在“间距”下拉列表中选择“加宽”选项，在“度量值”文本框中输入“2”，单击 确定 按钮，加宽文本之间的距离，如图 3-36 所示。

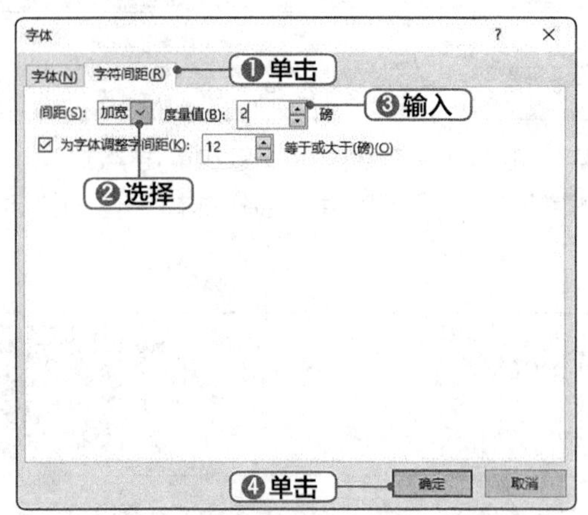

图3-36　设置文本之间的距离

STEP 4　设置完成后返回幻灯片编辑区，查看“谈谈美术”文本美化后的效果，如图 3-37 所示。

图3-37　查看文本美化后的效果

STEP 5　选择第 5 张幻灯片，选择“谈谈艺术”文本，设置其字符间距为“加宽”“2 磅”。选择“艺术”文本，在“格式”选项卡的“艺术字样式”组中单击按钮，在打开的下拉列表中选择“图案填充：灰色，主题色 3，窄横线；内部阴影”选项，为“艺术”文本应用艺术字效果。

STEP 6　保持文本处于选择状态，在“格式”选项卡的“艺术字样式”组中单击 文本效果 按钮，在打开的下拉列表中选择“映像”/“映像选项”选项，如图 3-38 所示。

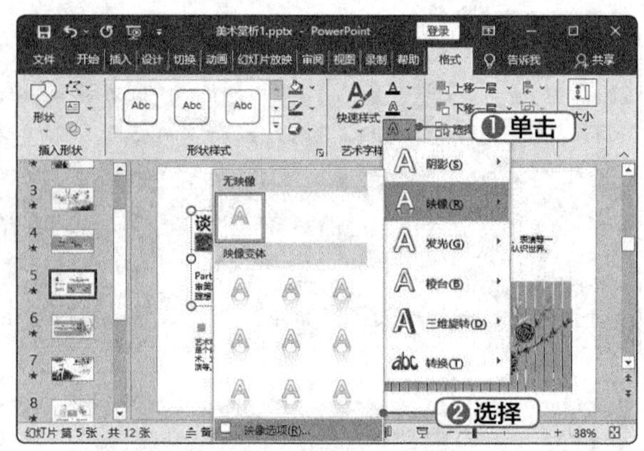

图3-38　设置映像

STEP 7　打开“设置形状格式”窗格，在“文本选项”选项卡中单击“文字效果”按钮，单击“映像”按钮，在“预设”下拉列表中选择“全映像：接触”选项，如图 3-39 所示。

STEP 8　在“设置形状格式”窗格的“映像”栏中设置“透明度”为“80%”，“大小”为“85%”，“模糊”为“5 磅”，“距离”为“6 磅”，如图 3-40 所示。

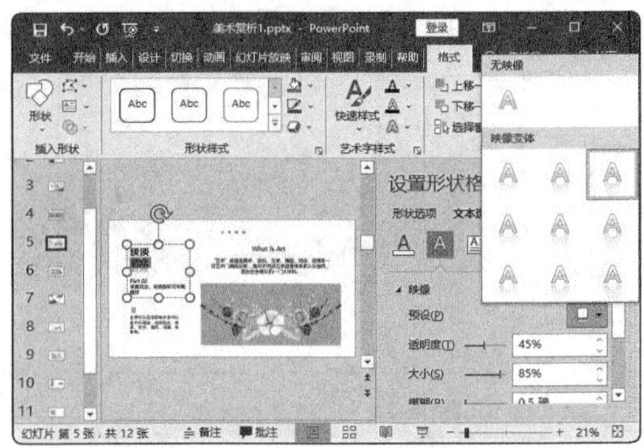

图3-39 为文本应用映像效果

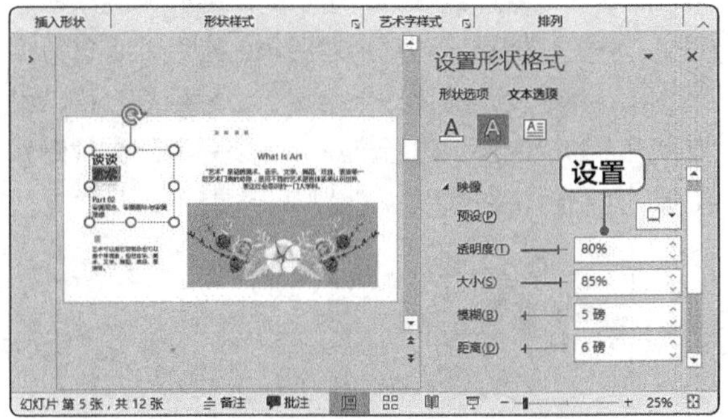

图3-40 调整"映像"的参数

STEP 9 调整完成后，单击"设置形状格式"窗格右上角的"关闭"按钮✕，关闭该窗格。返回幻灯片编辑区，查看文本添加映像后的效果，如图 3-41 所示。

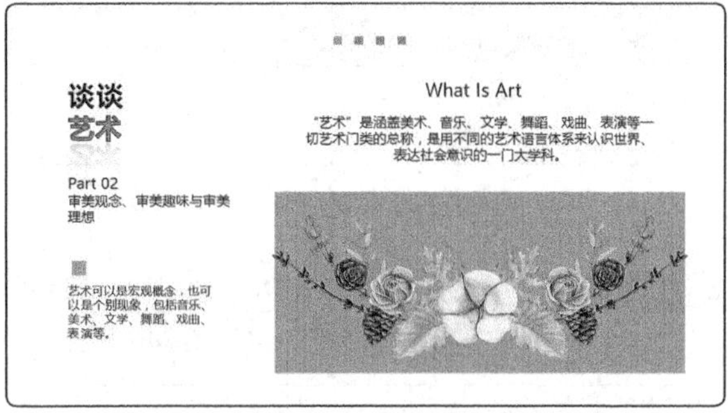

图3-41 查看设置后的效果

STEP 10 按照上述方法，依次对其他文本进行美化，美化完成后，将文件称保存为"美术赏析 2.pptx"。

3.4 编辑 PPT 课件中的图片

图片是课件中的重要组成元素之一，巧妙应用图片不仅可以提升课件的观赏性和趣味性，还可以对课件内容进行辅助说明，让学生产生联想，激发学生的学习兴趣。图片可以作为幻灯片中的插图、装饰元素，也可以作为幻灯片中的背景元素，其在课件中的应用十分广泛。

3.4.1 插入和编辑图片

为了丰富课件内容，提升课件的表现力，同时更好地对文本内容进行辅助说明，可以在幻灯片中插入图片。下面在"动物的分类.pptx"课件中插入背景图片等，具体操作如下。

素材所在位置 素材文件\第3章\动物的分类.pptx、课件图片\
效果所在位置 效果文件\第3章\动物的分类1.pptx

微课视频

STEP 1 打开"动物的分类 .pptx"课件，选择第 5 张幻灯片，在"插入"选项卡的"图像"组中单击"图片"按钮，在打开的下拉列表中选择"此设备"选项，如图 3-42 所示。

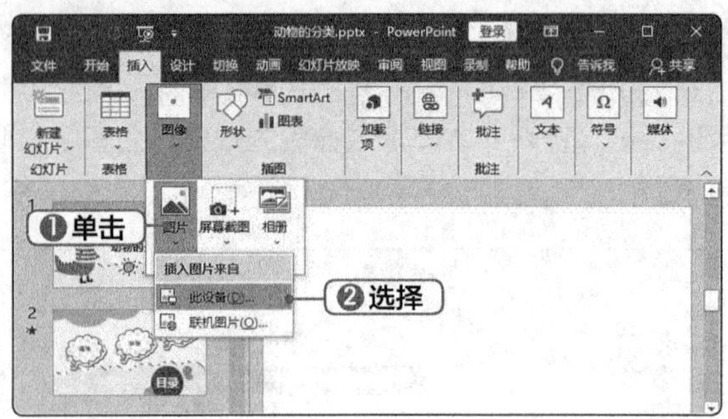

图3-42　插入图片

STEP 2 打开“插入图片”对话框，在其中选择“图片 1.png”，单击[插入(S)]按钮，如图 3-43 所示。

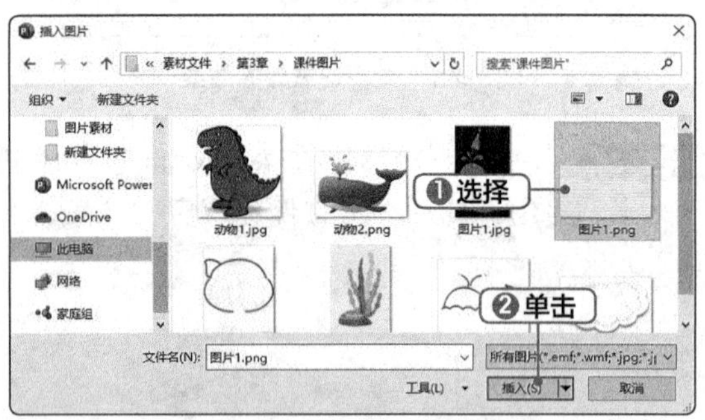

图3-43　选择图片

STEP 3 将图片插入幻灯片中后，将鼠标指针移动到图片四周的任意控制点上，按住鼠标左键进行拖曳，调整图片大小，如图 3-44 所示。

图3-44　调整图片大小

STEP 4 将图片调整至铺满整张幻灯片，作为幻灯片的背景，效果如图 3-45 所示。注意在调整图片大小时，将鼠标指针移动到图片四角的控制点上进行拖曳，可以同时调整图片的长与宽，将鼠标指针移动到图片四边的控制点上进行拖曳，可以只调整图片的长或宽，然后将文件保存为“动物的分类 1.pptx”。

图3-45　查看调整后的效果

第2部分

3.4.2　美化图片

如果插入的图片无法满足课件制作的需要，则可以进一步美化图片，例如，根据需要裁剪图片、调整图片的颜色和对比度、删除图片背景、旋转图片等。下面在“动物的分类1.pptx”课件中对图片进行编辑和美化，具体操作如下。

素材所在位置　素材文件\第3章\动物的分类1.pptx、课件图片\
效果所在位置　效果文件\第3章\动物的分类2.pptx

微课视频

STEP 1 打开“动物的分类 1.pptx”课件，选择第 5 张幻灯片，在其中插入“图片 1.jpg”图片。由于该图片的背景颜色与幻灯片的整体风格不匹配，因此可以删除该图片的背景。选择该图片，在“格式”选项卡的“调整”组中单击“删除背景”按钮，如图 3-46 所示。

STEP 2 此时，图片进入删除背景状态，拖曳图片中的控制点，调整需要删除的背景区域，如图 3-47 所示。

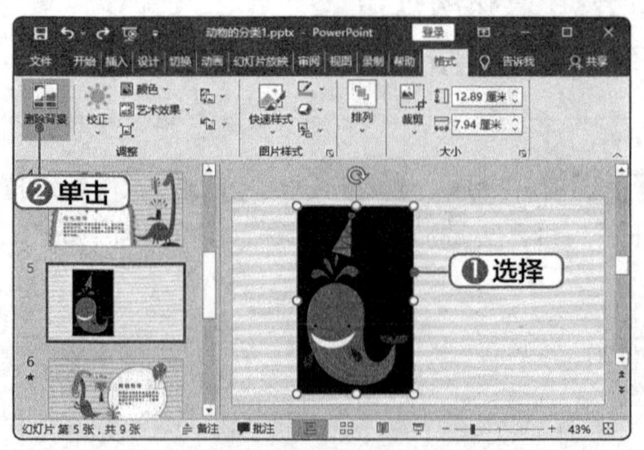

图3-46　插入图片

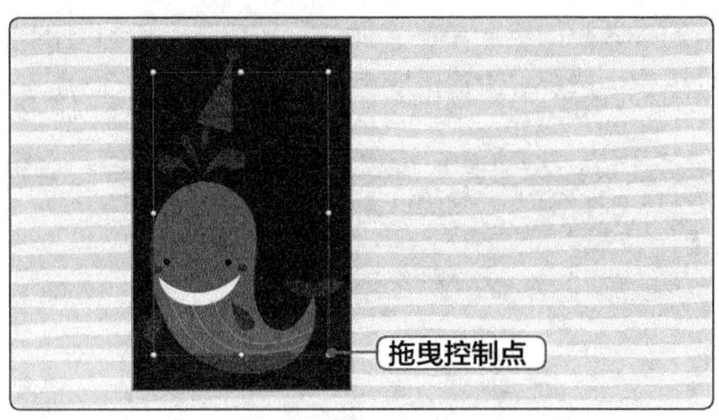

图3-47 调整需删除的背景区域

STEP 3 调整好需删除的背景区域后，PowerPoint 会自动识别需要删除的区域，紫红色区域表示即将删除的图片区域。若 PowerPoint 自动识别的删除区域不正确，则在“背景消除”选项卡的“优化”组中单击“标记要保留的区域”按钮或“标记要删除的区域”按钮，对需保留或删除的区域进行标记，如图 3-48 所示。

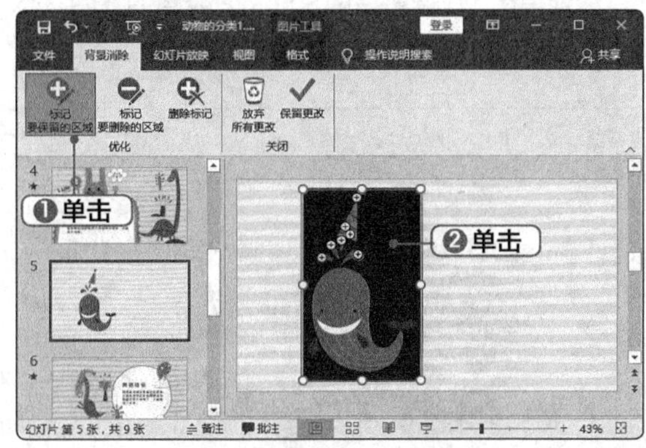

图3-48 标记需保留或删除的区域

STEP 4 标记完成后，确认需删除的区域无误，即可在“背景消除”选项卡的“关闭”组中单击“保留更改”按钮，完成图片背景的删除操作。此时，图片背景变为透明状态，如图 3-49 所示。

图3-49 删除背景后的效果

STEP 5 保持图片处于选择状态，将鼠标指针移动到图片上方的图标上，按住鼠标左键向左拖曳，旋转图片，如图 3-50 所示。

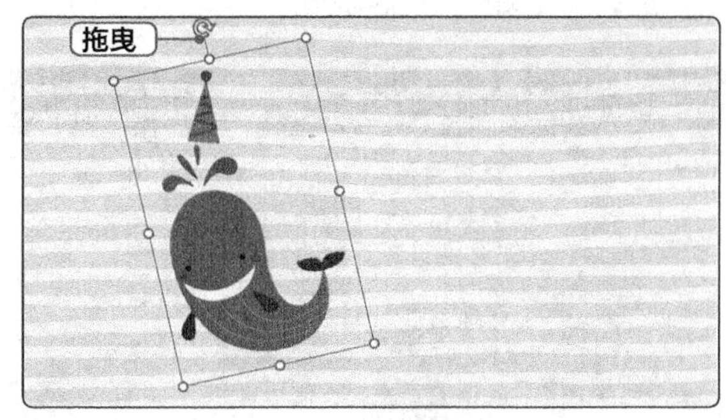

图3-50 旋转图片

STEP 6 在第 5 张幻灯片中插入“图片 2.jpg”图片，在“格式”选项卡的“大小”组中单击“裁剪”按钮，此时，图片进入裁剪状态，将鼠标指针移动到图片四周的裁剪控制点上，按住鼠标左键进行拖曳，裁掉图片四周多余的空白部分，如图 3-51 所示。

图3-51 裁剪图片

STEP 7 删除图片四周的白色背景后，将鼠标指针移动到图片上，按住鼠标左键进行拖曳，移动图片。然后将鼠标指针移动到图片四角的控制点上，拖曳鼠标调整图片大小，调整后的效果如图 3-52 所示。

图3-52 删除部分背景并调整图片的大小和位置

STEP 8 选择右侧的图片，在“格式”选项卡的“排列”组中单击“上移一层”按钮下方的下拉按钮，在打开的下拉列表中选择“置于顶层”选项，将图片置于顶层，如图 3-53 所示。

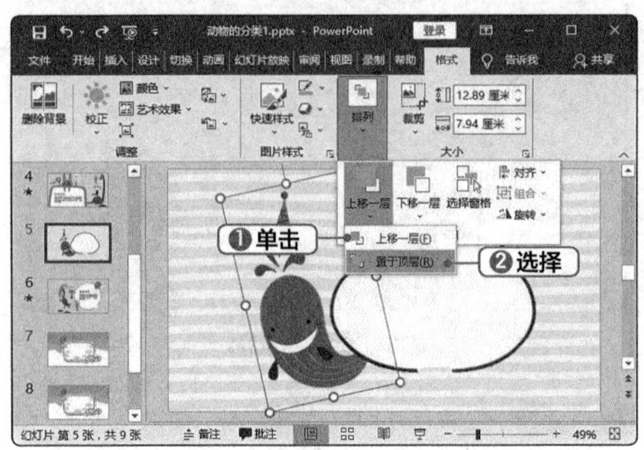

图3-53　调整图片的层叠顺序

STEP 9 在第 5 张幻灯片中绘制两个横排文本框，输入图 3-54 所示的文本，设置文本的字体、字号和颜色。

图3-54　输入和编辑文本

STEP 10 插入“图片 3.jpg”图片，调整图片的大小和位置，调整后的效果如图 3-55 所示。

图3-55　插入和编辑图片

STEP 11 保持图片处于选择状态，在“格式”选项卡的“调整”组中单击“颜色”按钮，在打开的下拉列表中选择“设置透明色”选项，如图 3-56 所示。

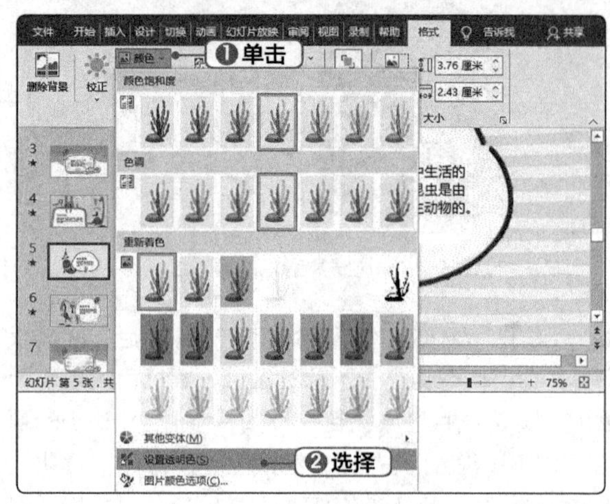

图3-56　设置透明色

STEP 12 此时，鼠标指针变成形状，在插入图片的背景处单击，快速将该图片的背景设置为透明状态，效果如图 3-57 所示。

图3-57　透明的背景效果

STEP 13 按照上述方法插入“图片 4.jpg”“图片 5.png”图片，调整这两张图片的大小和位置，将“图片 4.jpg”的背景设置为透明，效果如图 3-58 所示。

图3-58　添加其他图片

STEP 14 选择该页幻灯片的背景图片，在“格式”选项卡的“调整”组中单击“校正”按钮，在打开的下拉列表中选择“亮度: 0%(正常)对比度: -20%”选项，调整背景图片的亮度和对比度，使其颜色更契合幻灯片的整体风格，如图 3-59 所示。

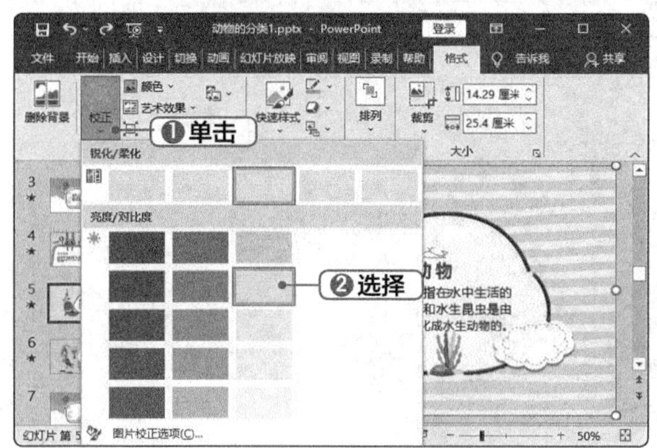

图3-59 校正背景图片的颜色

STEP 15 选择第 7 张幻灯片，插入“动物 2.png”图片，裁剪图片四周多余的空白区域，调整该图片的大小和位置，如图 3-60 所示。

图3-60 插入并编辑图片

STEP 16 在“格式”选项卡的“图片样式”组中单击按钮，在打开的下拉列表中选择“柔化边缘矩形”选项，如图 3-61 所示，对图片的边缘进行柔化，使其与幻灯片的背景图片自然融合。

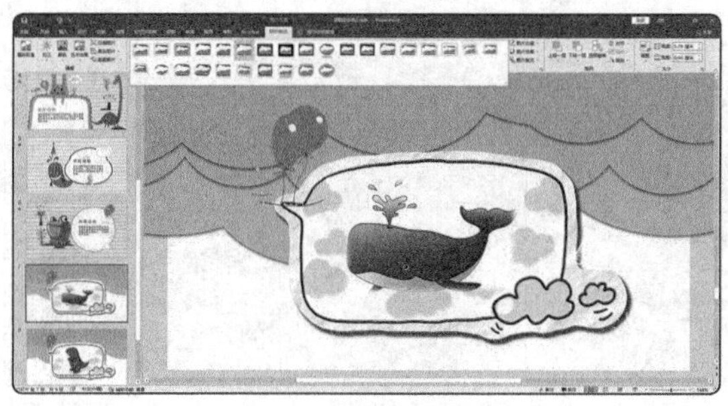

图3-61 柔化图片的边缘

STEP 17 设置完成后，查看图片边缘柔化后的效果，如图 3-62 所示。

图3-62 边缘柔化后的图片

STEP 18 选择第 8 张幻灯片，插入“动物 1.jpg”图片，调整图片的大小和位置，并将该图片的背景设置为透明。选择该图片，在“格式”选项卡的“图片样式”组中单击图片效果按钮，在打开的下拉列表中选择“映像”/“映像选项”选项，打开“设置图片格式”窗格，在“映像”栏中分别设置“透明度”“大小”“模糊”“距离”为“76%”“25%”“1 磅”“4 磅”，如图 3-63 所示。

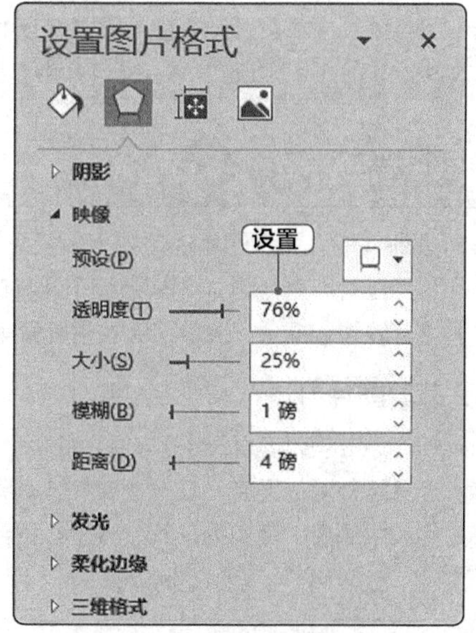

图3-63 设置图片的映像效果

STEP 19 设置完成后，关闭“设置图片格式”窗格，返回幻灯片编辑区查看图片效果，然后将文件保存为“动物的分类 2.pptx”。图 3-64 所示为“动物的分类 2.pptx”课件中的部分幻灯片。

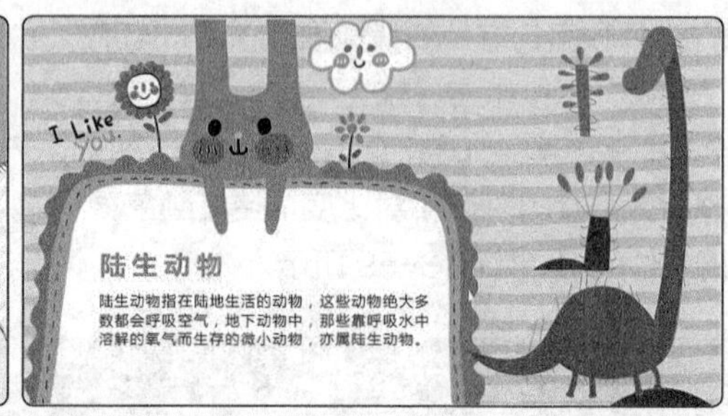

图3-64　课件中的幻灯片（部分）

第2部分

技巧讲解

图片和文本的高级设置

在PowerPoint中，用户可以直接为文本、图片等应用预设效果，例如，为文本应用预设的艺术字样式，为图片应用预设样式等。也可以根据设计需要自定义文本和图片的样式，其方法为：在“图片样式”组中单击右下角的按钮，打开相应的设置窗格，在其中选择相应的效果选项，并调整相关参数，即可完成图片或文本效果的自定义设置。

3.4.3 图片处理技巧

在PPT课件中，图片的表现效果十分强大，教师如果能够根据课件的设计要求，运用一些图片处理技巧灵活处理和应用图片，就可以大大提升整个课件的效果和质量。总的来说，PPT课件中的图片处理技巧主要包括裁剪、调色、效果、抠图、蒙版、合并与拆分等。

1. 裁剪图片

PowerPoint的裁剪功能十分丰富，除了前面介绍的自由裁剪外，还有纵横比裁剪、裁剪为形状等功能，其方法为：选择需裁剪的图片，在“格式”选项卡的“大小”组中单击“裁剪”按钮下方的下拉按钮，在打开的下拉列表中选择“裁剪为形状”或“纵横比”子列表中的相应选项即可。图3-65所示为将图片裁剪为“流程图：文档”形状和“4：5”的效果。

图3-65　形状裁剪和纵横比裁剪效果

一般来说，当图片纵横比不符合课件设计需要、需对图片进行局部放大和需使用图片制作图示时，可对图片进行相应的裁剪。例如，图3-66所示为通过裁剪为形状的方式将图片制作为图示后的效果，图3-67所示为通过裁剪制作图片的局部放大效果。注意，在对图片进行局部放大时，可以先运用自由裁剪的方法将需要局部放大的图片区域单独裁剪出来，再将其裁剪为合适的形状。

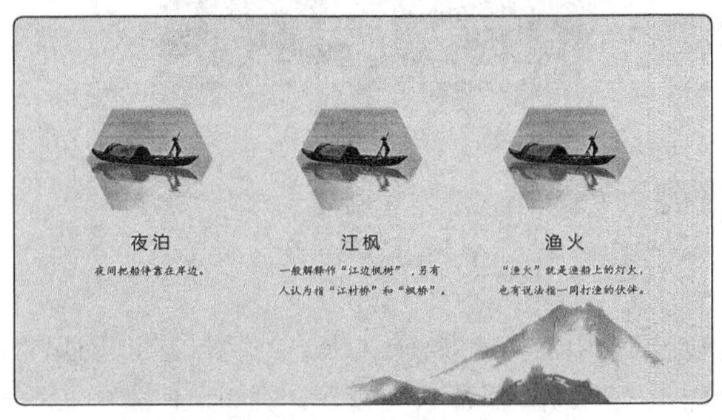

图3-66 通过裁剪为形状的方式制作图示

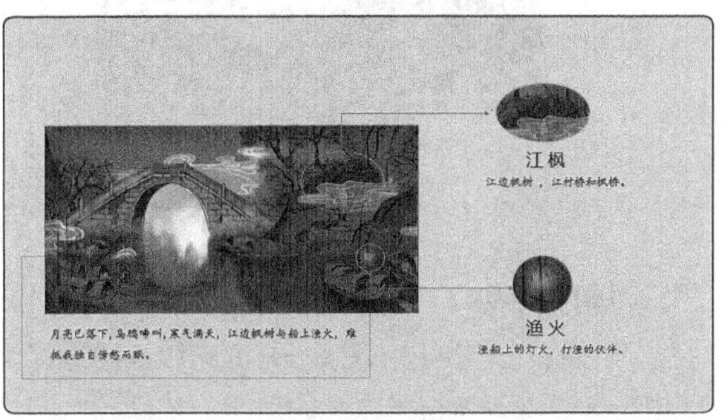

图3-67 通过裁剪局部的方式放大图片

2. 图片的调色

PowerPoint的图片调色包括调整图片的亮度、对比度、整体颜色等，主要是指在“格式”选项卡的“调整”组中进行的相关操作，前面已经进行过详细介绍。当图片色调与PPT课件的整体色调不统一时，课件的整体效果会显得杂乱，此时需要通过图片调色功能来统一课件中图片的色调，以保证图片的风格与课件的整体风格一致，提升课件的整体视觉效果。

3. 图片效果的应用

图片效果的应用主要通过“格式”选项卡的“图片样式”组中的各种功能来实现。其中，“图片边框”可为图片添加各种颜色、线型的边框。“图片效果”主要用于实现图片的特效设计，包括阴影、映像、发光、棱台、三维旋转等。“图片版式”主要用于实现图片的个性化排版，图3-68所示为分别为图片应用图片边框、图片效果和图片版式后的效果。此外，也可以直接在“格式”选项卡的“调整”组中通过“艺术效果”功能为图片设置特殊效果。

图3-68 应用图片边框、图片效果和图片版式后的效果

4. 抠图

PowerPoint中的抠图即删除背景，前面已经进行过详细介绍。其中，“设置为透明色”功能适用于背景颜色与主体物颜色对比较明显的图片。运用该功能进行抠图时，图片边缘往往比较粗糙，此时可打开“设置图片格式”窗格，在其中的“柔化边缘”栏中为图片设置边缘柔化效果。图3-69所示为柔化边缘前后的效果。

如果需要更加精细地抠图，则可以使用“删除背景”功能，使用该功能抠取的图片边缘更加干净、清晰，处理后的图片与幻灯片的整个页面也更加融洽、协调，常用于图片背景颜色与幻灯片颜色不协调、不融洽的情况。

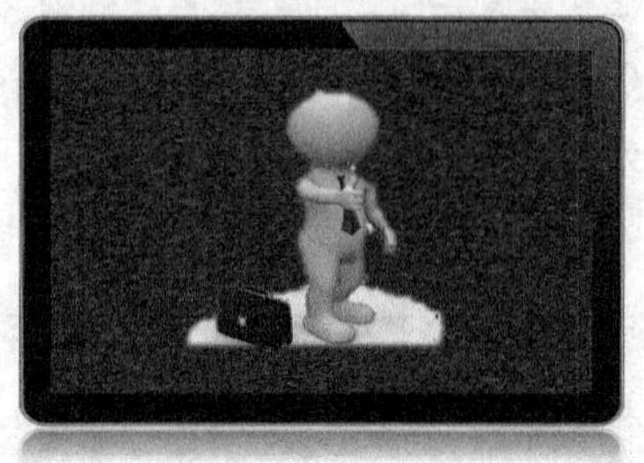

图3-69　柔化边缘前后的效果

5. 图片蒙版

在Photoshop中使用蒙版一方面可以保护选区，避免选区中的内容被编辑和操作，另一方面可通过对蒙版进行编辑来改变整张图片的效果。在PowerPoint中也可以引用蒙版这一概念。例如，在图片上添加一个半透明蒙版，通过该蒙版减弱图片对文字信息的干扰，同时在不更改原图片的基础上改变其显示效果。图3-70所示为在图片上添加半透明蒙版前后的效果。

图3-70　为图片添加半透明蒙版前后的效果

为图片添加蒙版的操作在设计幻灯片的背景图片时比较实用，通常可以与形状编辑、图片填充等功能结合使用。图3-70中的半透明蒙版实际上就是在图片上方绘制了一个形状，并在“设置形状格式”窗格中设置了形状的颜色、边框和透明度。图3-71所示为通过“图片填充”功能实现的图片蒙版效果，具体操作为：插入并选择“笔刷”图片，在“图片格式设置”窗格中单击“填充与线条”按钮，在“填充”栏中选中“图片或纹理填充(P)”单选项，单击“插入(R)...”按钮，在打开的对话框中选择用于填充的图片。

设置图片的填充效果后，可拖动“透明度”右侧的滑块调整图片的透明度。注意，在使用该功能填充图片时，应确保被填充区域为透明色，若不是透明色，则可以运用PowerPoint中的“设置透明色”功能删除需填充的区域，再填充图片。

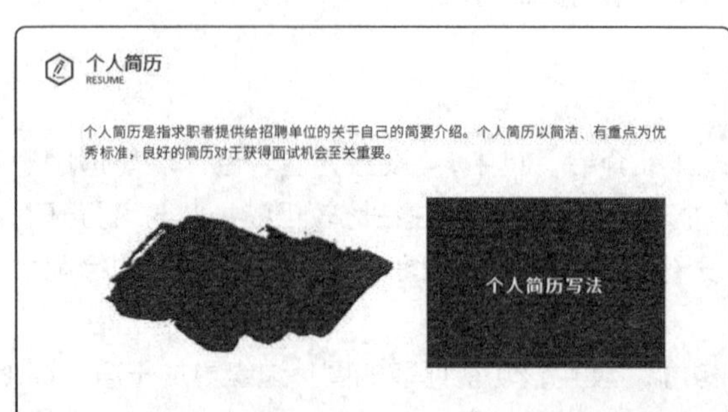

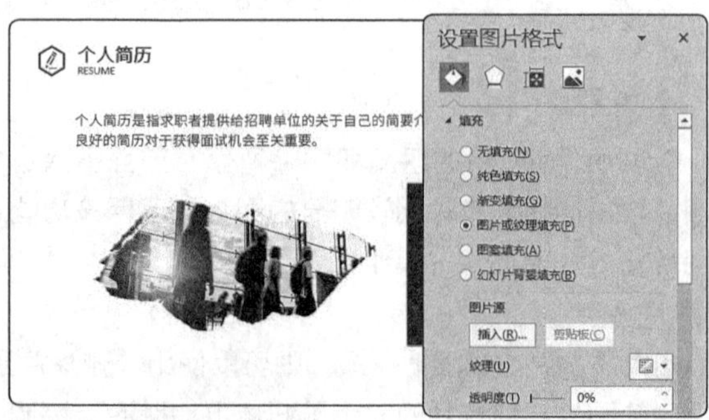

图3-71　通过填充图片实现的图片蒙版效果

技巧讲解

为文本填充图片

与图片一样，PPT中的文本也可以填充，包括颜色填充、图案填充、图片填充等，图3-72所示为将文本填充为图片的效果。其方法为绘制一个文本框，在其中输入多个“_”“-”等简单符号，将它们的大小设置为150磅以上（具体大小根据所需图片的大小而定），然后在“格式”选项卡的“艺术字样式”组中为文本应用合适的“转换”效果，最后对文本进行图片填充即可。

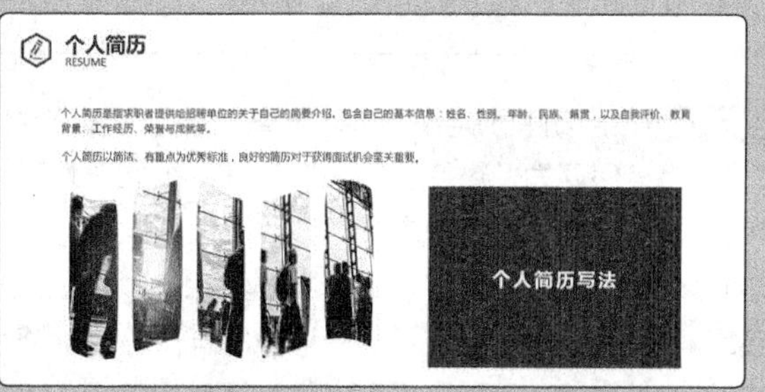

图3-72　通过填充文本实现的图片蒙版效果

6. 图片的合并与拆分

教师通过PowerPoint中的“合并形状”功能可以对图片进行组合和拆分操作，将图片剪切为任意形状。图3-73所示为对图片和形状进行拆分前后的效果，其方法为：在图片上绘制多个矩形，然后选择图片，再按住【Ctrl】键或【Shift】键选择其他所有形状，接着在“绘图工具 格式”选项卡的“插入形状”组中单击“合并形状”按钮，在打开的下拉列表中选择“拆分”选项。注意，将图片合并或拆分为其他任意形状时，与图片进行合并与拆分的形状或形状组合，以及选择图片的先后顺序都会影响图片合并与拆分的最终效果。

图3-73　对图片和形状进行拆分前后的效果

3.5 编辑 PPT 课件中的媒体对象

视觉是人们接受信息的主要渠道，在如今的信息化教学环境中，PPT课件内容的可视化已经成了一种必然趋势。教师在PPT课件中将思维方式、知识等进行可视化呈现，可以有效提升学生的学习兴趣，优化教学过程，深化教学内容。要实现PPT课件内容的可视化，就要掌握形状、SmartArt图形、表格、图表、音频和视频等媒体对象的运用方法。

3.5.1 编辑形状与 SmartArt 图形

形状和SmartArt图形在PPT课件中的应用十分广泛，通常来说，教师可以通过形状制作流程图、结构图等图示，或直接应用SmartArt图形中预设的图示对教学信息进行可视化的呈现和表达。此外，还可以利用形状和SmartArt图形对课件的背景进行设计，甚至可以搭配图片等其他对象来实现更丰富、美观的课件效果。

1. 绘制和编辑形状

PowerPoint提供了多种类型的形状供教师选择，此外，教师也可以根据课件设计的需要手动绘制形状，然后对形状进行编辑和美化。下面在“燃烧和灭火”课件中绘制和编辑形状，具体操作如下。

效果所在位置 效果文件\第3章\燃烧和灭火.pptx

STEP 1 启动 PowerPoint，新建一个空白演示文稿，并将其保存为“燃烧和灭火”。在“视图”选项卡的“母版视图”组中单击“幻灯片母版”按钮，如图 3-74 所示，进入幻灯片母版编辑状态。母版是定义了演示文稿中所有幻灯片中对象的样式或页面格式的幻灯片模板，通过母版可以统一课件中的标志、文本、背景、颜色、动画等对象的样式。这里主要通过幻灯片母版统一制作课件背景。

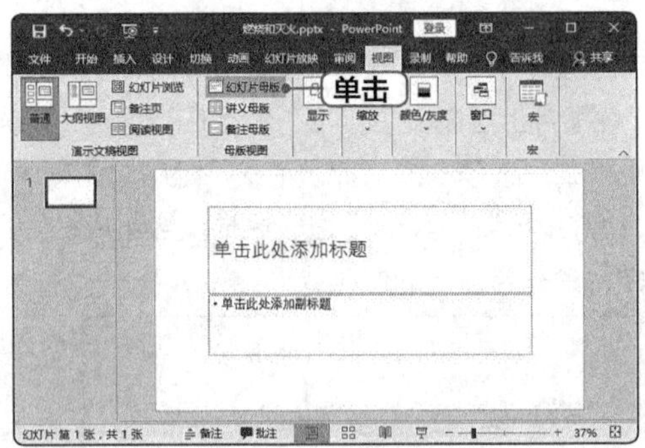

图3-74 进入母版视图

STEP 2 “幻灯片”窗格中的第 1 张幻灯片为内容幻灯片母版，对该母版进行相关设置后，相关设置将同步应用到其下的每一张幻灯片中。此处选择第 2 张标题幻灯片母版，删除其中的文本框，在“插入”选项卡的“插图”组中单击“形状”按钮，在打开的下拉列表中选择“基本形状”/“等腰三角形”选项，如图 3-75 所示。

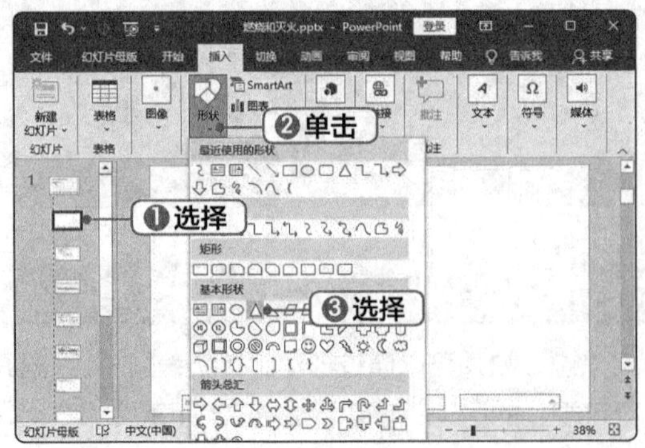

图3-75 选择形状

STEP 3 此时，鼠标指针变为“+”形状，在幻灯片编辑区中按住鼠标左键进行拖曳，绘制一个等腰三角形，如图 3-76 所示。

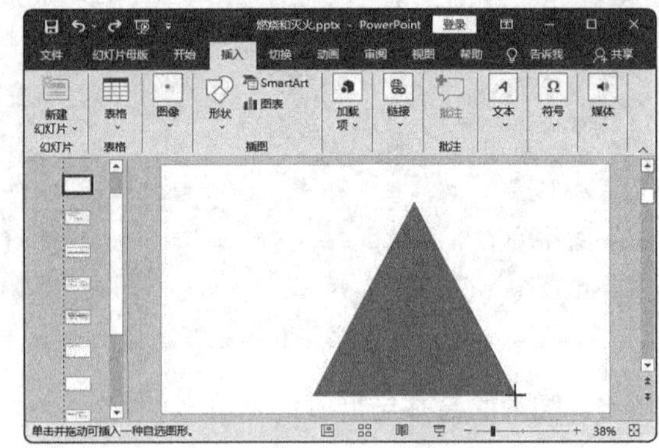

图3-76 绘制三角形

STEP 4 在“格式”选项卡的“排列”组中单击旋转按钮，在打开的下拉列表中选择“向右旋转 90°”选项，如图 3-77 所示。

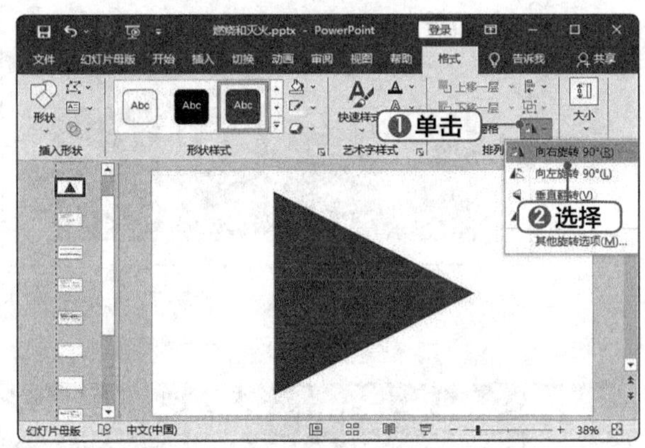

图3-77 旋转三角形

技巧讲解

幻灯片配色技巧

幻灯片背景对配色的要求比较高，若颜色搭配不合理，幻灯片的视觉效果就不佳。因此，如果教师配色经验不足，则可借鉴他人的配色方案，例如，在专业配色网站中寻找适合课件风格的配色方案，将其保存为图片并插入幻灯片中，然后使用“形状填充”中的“取色器”功能吸取配色方案中的颜色，快速应用该颜色。

第2部分

STEP 5 将鼠标指针移动到三角形上，按住鼠标左键将三角形拖曳到幻灯片左侧边框处。在“格式”选项卡的“形状样式”组中单击形状填充按钮右侧的下拉按钮，在打开的下拉列表中选择“其他填充颜色”选项，打开“颜色”对话框，单击“自定义”选项卡，在其中设置颜色参数，设置完成后单击确定按钮，如图 3-78 所示。

图3-78　设置填充颜色

STEP 6 保持三角形处于选择状态，在“格式”选项卡的“形状样式”组中单击形状轮廓按钮右侧的下拉按钮，在打开的下拉列表中选择“无轮廓”选项，去掉三角形的轮廓，如图 3-79 所示。

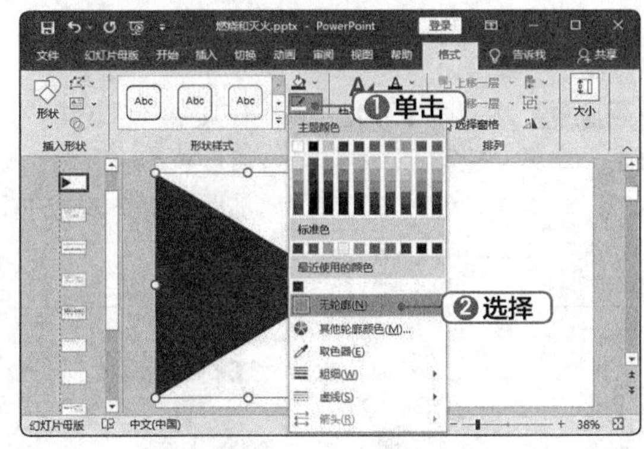

图3-79　去掉形状的轮廓

STEP 7 按照上述方法继续绘制 4 个三角形，分别设置 4 个三角形的颜色为“#DD7979”“#C9C9C9”“#F4B183”“#8FAADC”，去掉 4 个三角形的轮廓，调整它们的位置和大小，效果如图 3-80 所示。

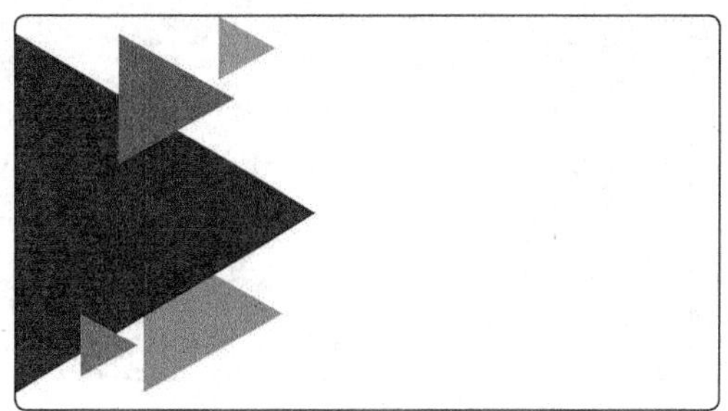

图3-80　绘制其他三角形

STEP 8 在幻灯片右下角绘制 3 个三角形，将这 3 个三角形同时选择，在“格式”选项卡的“形状样式”组中单击形状填充按钮右侧的下拉按钮，在打开的下拉列表中选择“无填充”选项，如图 3-81 所示，将这 3 个三角形的填充颜色去掉。

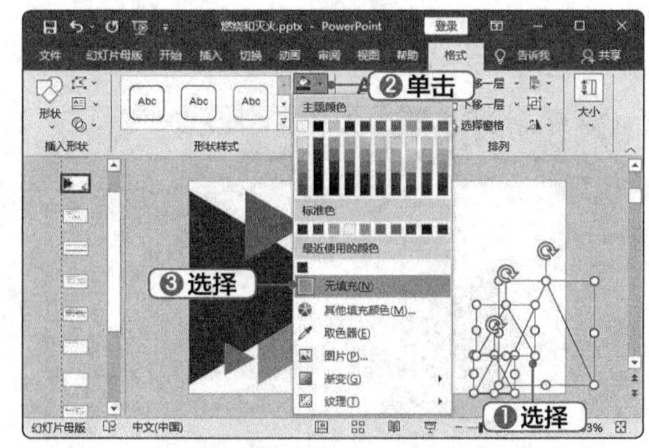

图3-81　去掉填充颜色

STEP 9 参考左侧三角形的填充颜色设置右侧三角形的边框颜色，保持整个幻灯片中形状颜色的统一，效果如图 3-82 所示。

图3-82　绘制右下角的三角形

STEP 10 在“幻灯片”窗格中选择第 3 张幻灯片，删除其中的文本框，继续在该幻灯片中绘制和设置三角形，效果如图 3-83 所示。

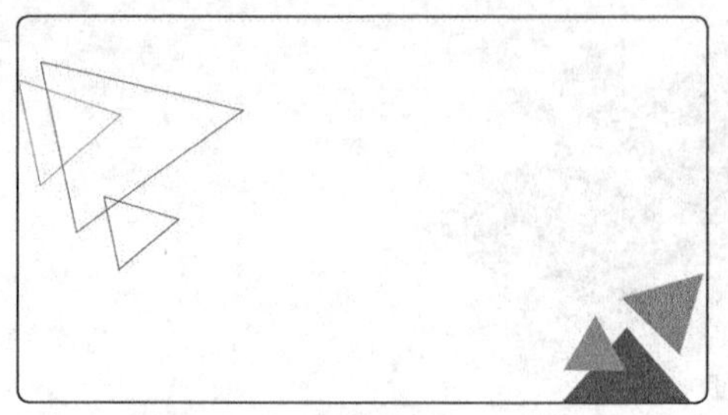

图3-83　绘制第3张幻灯片中的三角形

STEP 11　在“幻灯片”窗格中选择第 2 张幻灯片，在幻灯片编辑区中按住鼠标左键进行拖曳，框选该幻灯片中的所有形状，按【Ctrl+C】组合键复制这些形状。选择第 4 张幻灯片，删除其中的文本框，按【Ctrl+V】组合键粘贴所有形状。保持形状处于选择状态，在“格式”选项卡的“排列”组中单击组合按钮，在打开的下拉列表中选择“组合”选项，如图 3-84 所示，将所有形状组合为一个整体。

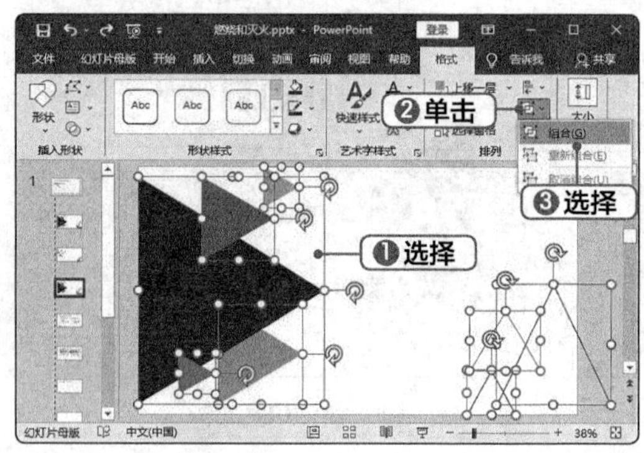

图3-84　组合多个形状

STEP 12　选择组合形状，在“格式”选项卡的“排列”组中单击旋转按钮，在打开的下拉列表中选择“水平翻转”选项，旋转组合形状，然后调整其位置，效果如图 3-85 所示。

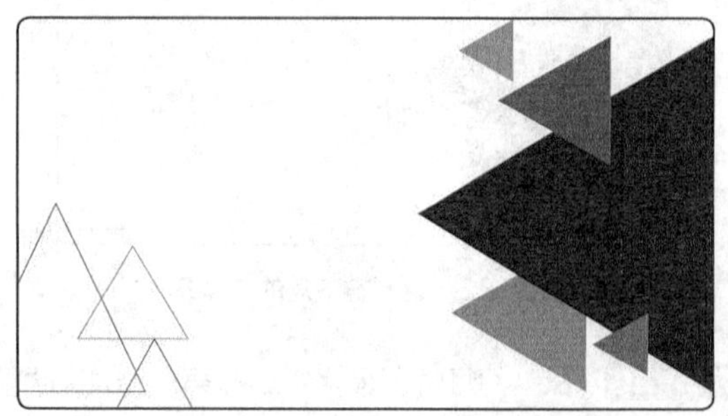

图3-85　水平翻转组合形状并调整其位置

STEP 13　选择第 5 张幻灯片，在左上角和右下角绘制和编辑形状。绘制完成后，在“幻灯片母版”选项卡的“关闭”组中单击“关闭母版视图”按钮，退出母版视图。返回“普通”视图，“幻灯片”窗格中的幻灯片已经自动应用了母版中的标题幻灯片样式，在该幻灯片中输入文本，如图 3-86 所示。

图3-86　在标题幻灯片中输入文本

STEP 14　在“幻灯片”窗格中选择第 1 张幻灯片，按【Enter】键快速新建一张标题和内容幻灯片，如图 3-87 所示。

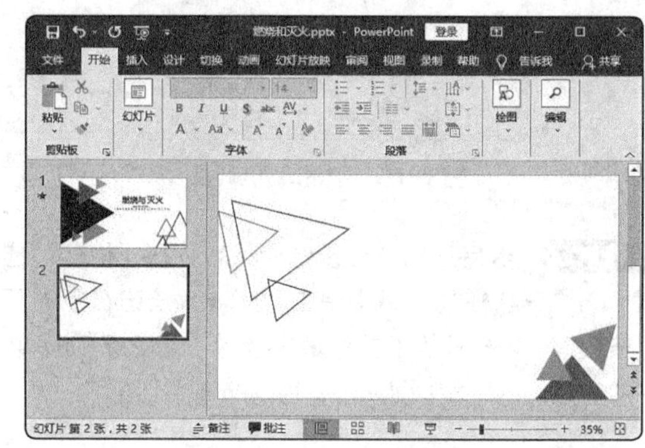

图3-87　新建一张幻灯片

STEP 15　选择第 2 张幻灯片，在其中绘制 3 个“流程图：离页连接符”形状，并设置形状的轮廓为“无轮廓”，填充颜色为“黑色”，然后绘制文本框并输入文本，效果如图 3-88 所示。

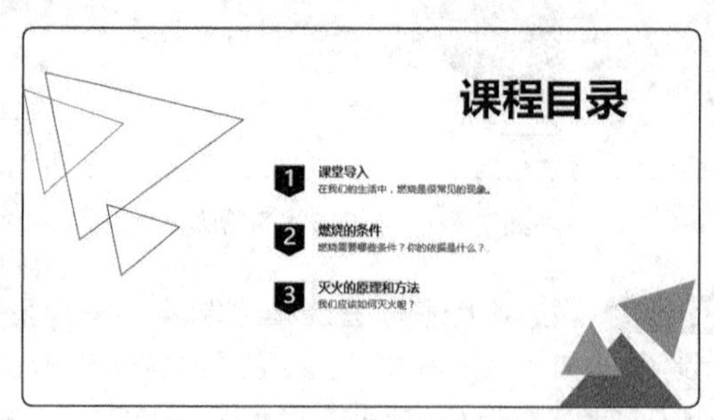

图3-88　在幻灯片中插入形状并输入文本

第2部分

STEP 16 选择第 2 张幻灯片，在“开始”选项卡的“幻灯片”组中单击“新建幻灯片”按钮右侧的下拉按钮，在打开的下拉列表中选择“节标题”选项，如图 3-89 所示，新建一张节标题幻灯片。

图3-89 新建一张幻灯片

STEP 17 在第 3 张幻灯片中输入文本，并设置文本格式。按【Enter】键快速新建第 4 张幻灯片，在其中输入文字，并对文本格式进行设置，效果如图 3-90 所示。

图3-90 编辑幻灯片

STEP 18 新建第 5 张幻灯片，在其中绘制圆形，并设置其格式，然后输入文本，效果如图 3-91 所示。绘制圆形时，按住【Shift】键进行绘制，否则将绘制出椭圆形。

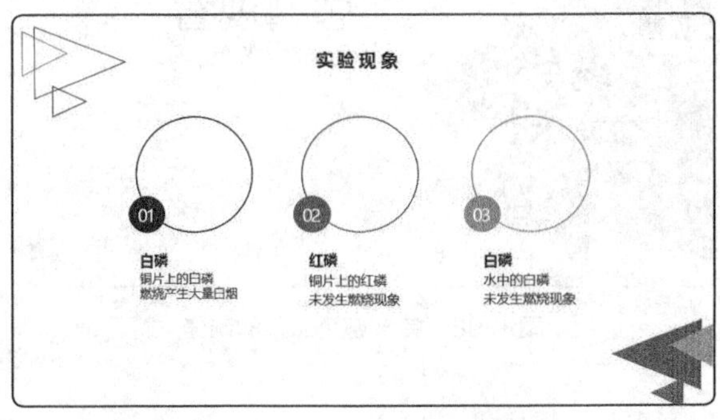

图3-91 绘制圆形并设置其样式

STEP 19 在幻灯片中的第一个圆形内绘制一个平行四边形，并设置其填充颜色和轮廓颜色为“黑色，文字 1，淡色 35%”。然后在平行四边形上方绘制两个椭圆形，设置其填充颜色和轮廓颜色为“黑色，文字 1，淡色 35%”，轮廓粗细为“2.25 磅”，如图 3-92 所示。

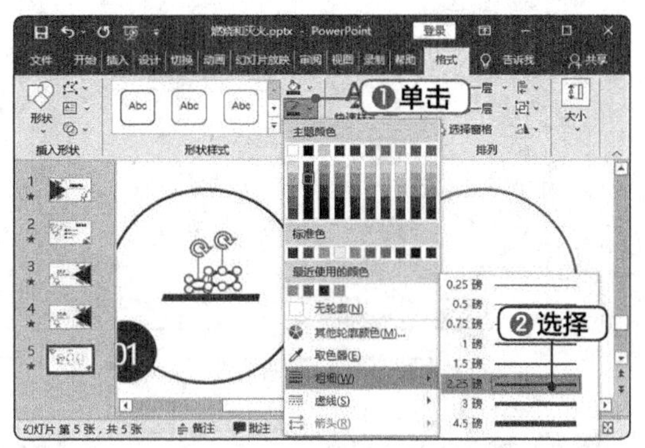

图3-92 设置形状的轮廓粗细

STEP 20 分别调整平行四边形、椭圆形的大小和位置，效果如图 3-93 所示。

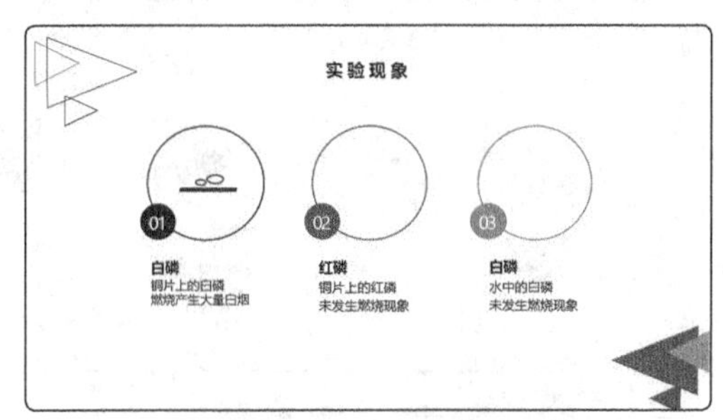

图3-93 调整形状

STEP 21 选择绘制的平行四边形、椭圆形，将它们复制到第 2 个圆形内。在第 3 个圆形内绘制 3 个圆形和 1 个矩形，同时选中这 4 个形状，并设置填充颜色为白色，轮廓颜色为“黑色，文字 1，淡色 35%”，轮廓粗细为“2.25 磅”，然后调整形状的位置，效果如图 3-94 所示。

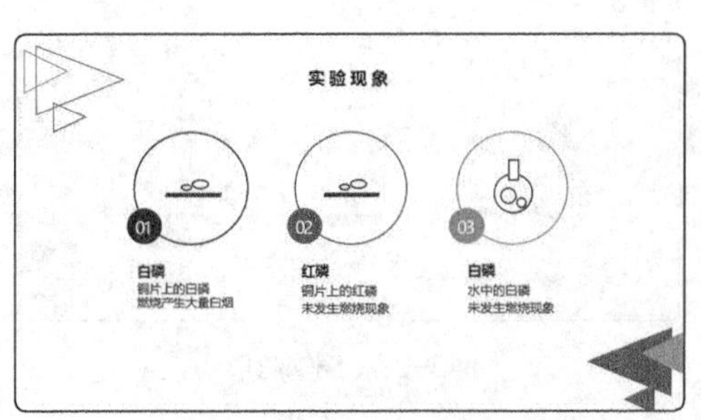

图3-94 绘制形状并设置其样式

STEP 22 同时选择第 3 个圆形内最大的圆形和矩形，在“格式”选项卡的“插入形状”组中单击 合并形状 按钮，在打开的下拉列表中选择“结合”选项，如图 3-95 所示，将这两个形状结合为一个整体。

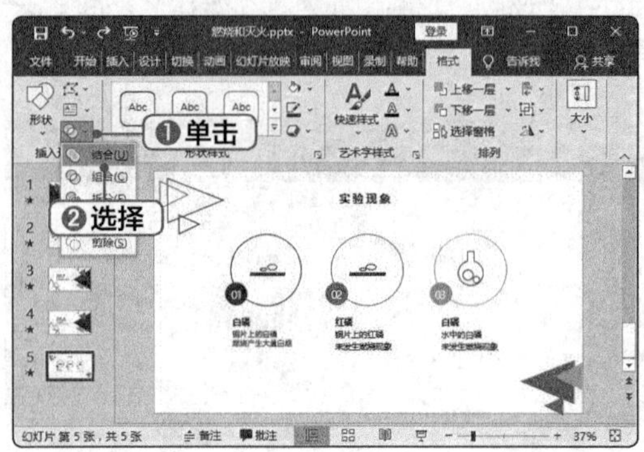

图3-95　结合形状

STEP 23 按住【Shift】键，在第 3 个圆形内绘制一个弦形，拖曳形状上方的旋转控制点，自由调整其旋转角度，也可拖曳弦形上边线两侧的控制点对弦形进行微调，如图 3-96 所示。

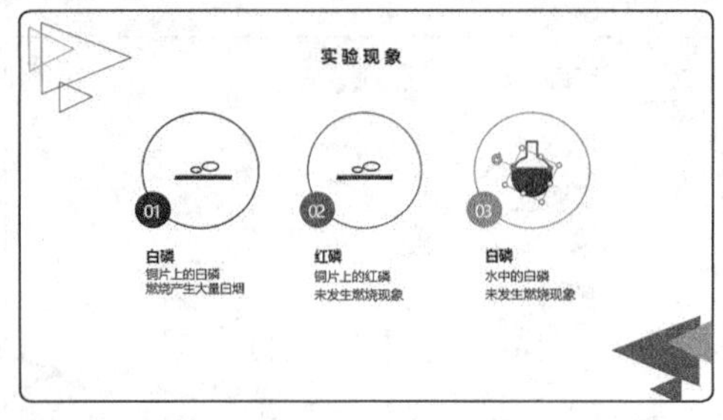

图3-96　绘制弦形

STEP 24 设置弦形的填充颜色和轮廓颜色为“黑色，文字 1，淡色 35%”，在弦形上单击鼠标右键，在弹出的快捷菜单中选择“置于底层”/“下移一层”命令，再次执行该命令，将弦形置于两个小圆形的下方，效果如图 3-97 所示。

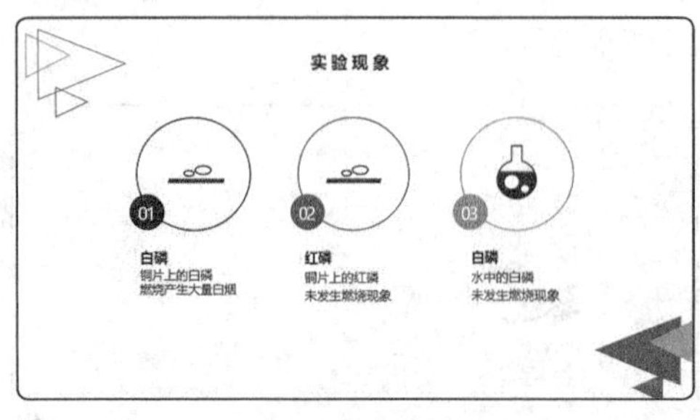

图3-97　编辑弦形

STEP 25 按照上述方法，依次在其他幻灯片中绘制并编辑形状，效果如图 3-98 所示，最后保存课件。在绘制形状时，注意形状的颜色应与整个课件的颜色保持一致，为了提升课件的表现力，也可以在幻灯片中绘制一些与课件内容相关的其他形状。

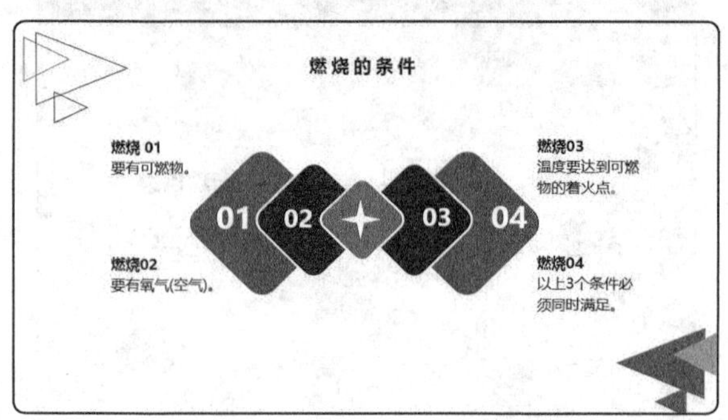

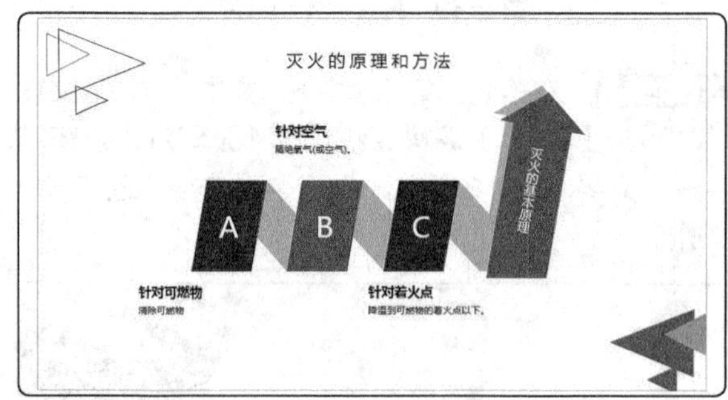

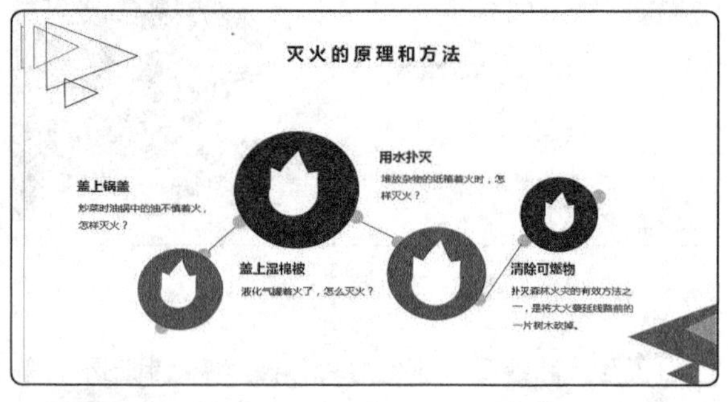

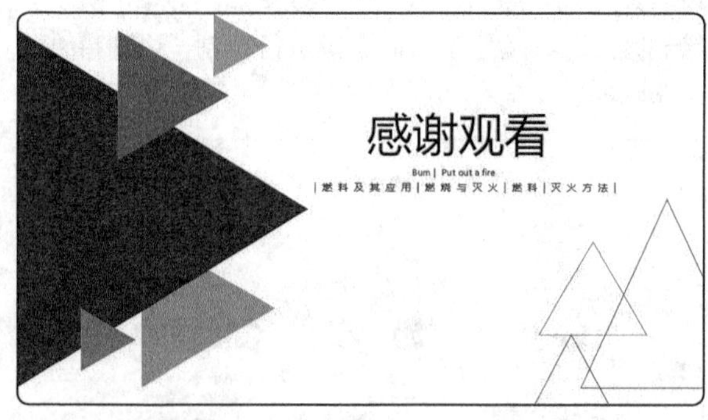

图3-98　完成整个课件的制作

知识补充

形状的高级应用技巧

PowerPoint中的形状编辑功能十分强大，既可以绘制平面图形，也可以在“设置形状格式”窗格中为平面图形应用三维效果。如果PowerPoint中预设的三维效果无法满足PPT课件的制作需要，则教师也可以自己绘制形状，再通过设置形状的层叠、透明度、渐变色等参数自定义三维效果。图3-99所示为将4个圆形叠加，并分别设置每个圆形的柔化边缘、透明度和填充颜色等参数后的效果。此外，PowerPoint中预设的形状是固定的，这些形状可能难以满足教师设计幻灯片时的需要，此时，教师可以通过“格式”选项卡的“插入形状”组中的编辑形状按钮对形状进行编辑，从而自由调整形状样式。

图3-99　三维形状

2. 插入和编辑SmartArt图形

PowerPoint中的SmartArt图形是一种操作便捷的示意图，包括列表、流程、循环、层次结构、关系、矩阵、棱锥图和图片等类型，每一种类型中都预设了多种示意图样式，适用于展示文本内容之间的关系、逻辑等。当PPT课件中的文本内容较少、层次较明显时，可以使用SmartArt图形对文本内容进行可视化展示，帮助学生快速查看、理解和记忆课件内容。下面在“我与集体”课件中插入和编辑SmartArt图形，具体操作如下。

素材所在位置　素材文件\第3章\我与集体.pptx、课件图片1\
效果所在位置　效果文件\第3章\我与集体.pptx

微课视频

STEP 1 打开“我与集体.pptx”课件，选择第6张幻灯片，在“插入”选项卡的“插图”组中单击“SmartArt”按钮，如图3-100所示。

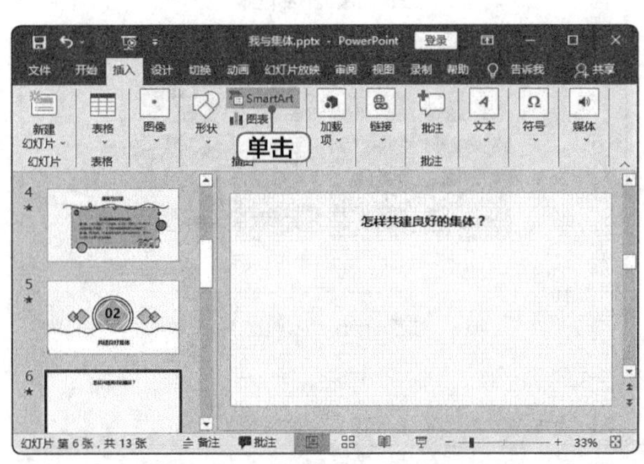

图3-100　选择SmartArt图形1

STEP 2 打开“选择SmartArt图形”对话框，在左侧列表中选择“列表”选项，在中间选择“水平图片列表”选项，单击确定按钮，如图3-101所示，将选择的SmartArt图形插入幻灯片中。

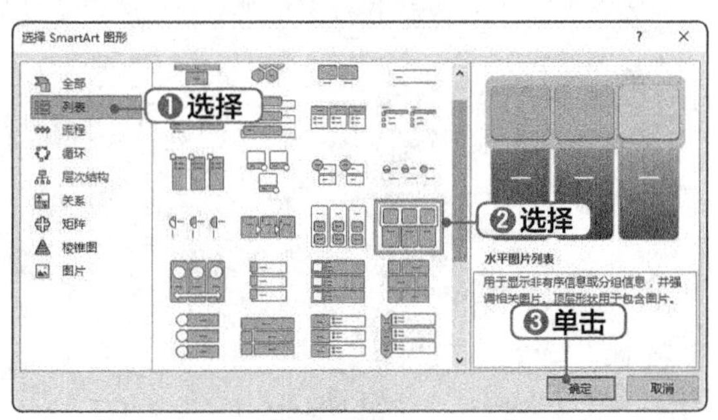

图3-101　选择SmartArt图形2

STEP 3 调整整个SmartArt图形的大小和位置，在“设计”选项卡的“创建图形”组中单击添加形状按钮右侧的下拉按钮，在打开的下拉列表中选择“在后面添加形状”选项，为SmartArt图形添加一个形状，如图3-102所示。

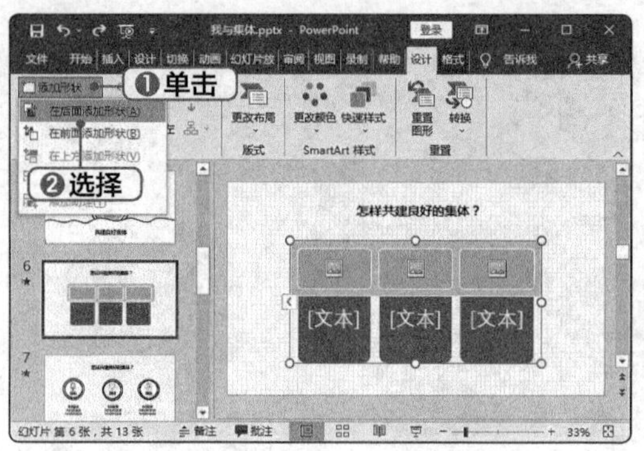

图3-102　添加一个形状

STEP 4 选择 SmartArt 图形上方的圆角矩形，在“格式”选项卡的“形状样式”组中设置填充颜色为“无填充”，轮廓颜色为“黑色，文字 1，淡色 35%”，轮廓粗细为“3 磅”，效果如图 3-103 所示。

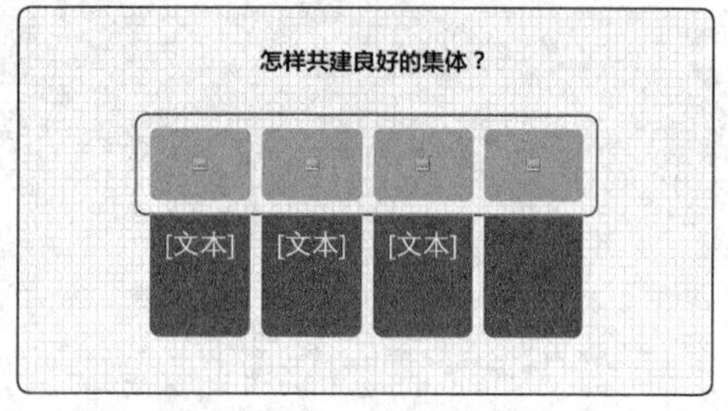

图3-103　设置SmartArt图形中单个形状的样式

技巧讲解

快速为 SmartArt 图形应用样式

SmartArt图形由多个形状组成，为了使SmartArt图形的设计风格与PPT课件的整体风格统一，可以单独为其中的每个形状设置样式。此外，也可以直接在“设计”选项卡的“SmartArt样式”组中快速为整个SmartArt图形更换颜色、设置三维效果等。

STEP 5 单击 SmartArt 图形第一个形状中的按钮，打开“插入图片”面板，在其中选择“从文件”选项，如图 3-104 所示。

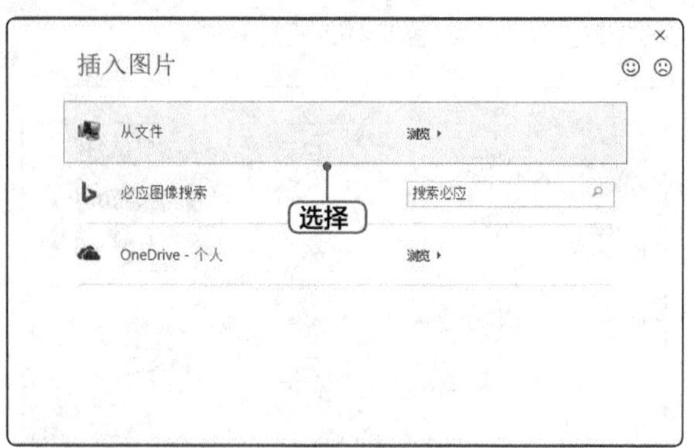

图3-104　插入图片

STEP 6 打开“插入图片”对话框，在其中双击“1.jpeg”图片，将该图片插入 SmartArt 图形的形状中，并调整图片的颜色和艺术效果，调整后的效果如图 3-105 所示。

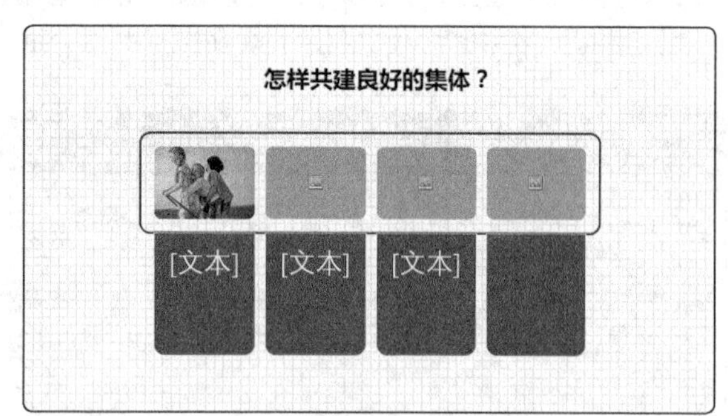

图3-105　调整图片

技巧讲解

快速在 SmartArt 图形的形状中插入图片

如果SmartArt图形的形状中有一个按钮，则表示该形状中可以插入图片，直接复制图片，然后选择可以插入图片的单个形状，按【Ctrl+V】组合键进行粘贴，快速在形状中插入图片。

STEP 7 分别在其他 3 个形状中插入图片，并调整图片的颜色和艺术效果。选择左下角的形状，在“格式”选项卡的“形状样式”组中单击 形状填充 按钮，在打开的下拉列表中选择“其他填充颜色”选项，打开“颜色”对话框，在其中设置该形状的填充颜色为“#CCE8F6”，然后单击 确定 按钮，如图 3-106 所示。

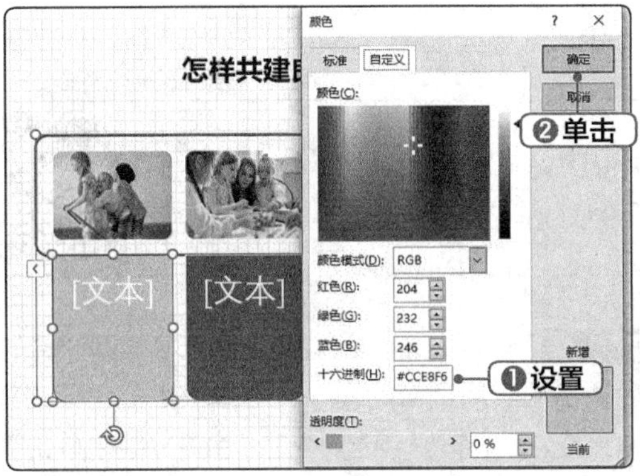

图3-106　设置形状颜色

STEP 8 在“格式”选项卡的“形状样式”组中设置该形状的轮廓颜色为“黑色，文字 1，淡色 35%”，轮廓粗细为“3 磅”。然后设置其他 3 个形状的填充颜色和轮廓样式，设置完成后，在形状中输入并编辑文本，如图 3-107 所示。注意，在第 4 个新添加的形状中输入文本时，由于无法直接将光标定位于形状中，因此需要选择该形状，在其上单击鼠标右键，在弹出的快捷菜单中选择“编辑文字”命令，然后将光标定位到形状中，即可输入和编辑文本。

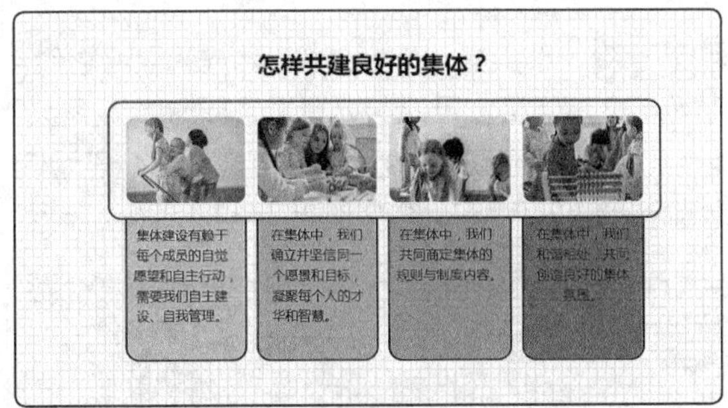

图3-107　编辑形状并输入文本

STEP 9 按照上述方法，依次在第 9、12 张幻灯片中插入“循环关系”和“水平多层层次结构”SmartArt 图形，然后美化其中的形状，输入并编辑文本。设置完成后，查看整个课件的制作效果，如图 3-108 所示，最后保存“我与集体”课件。

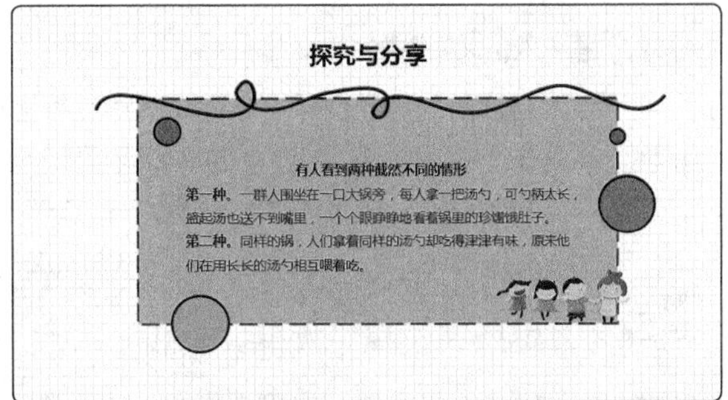

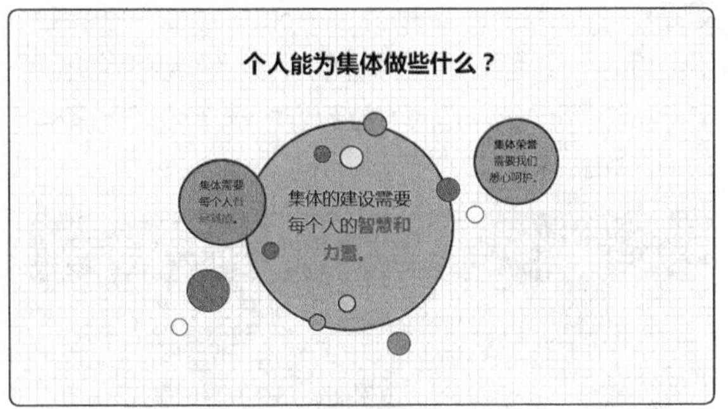

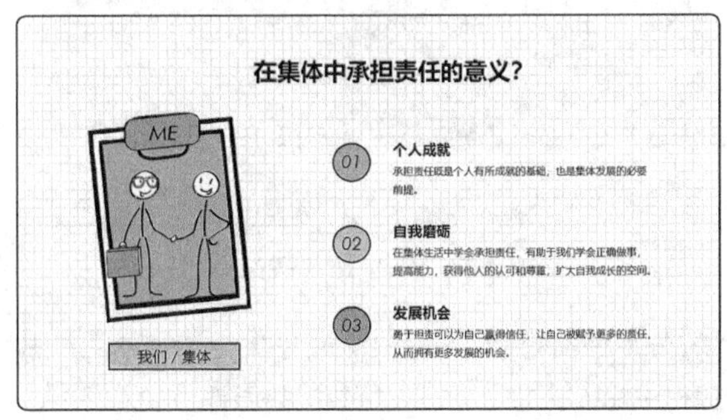

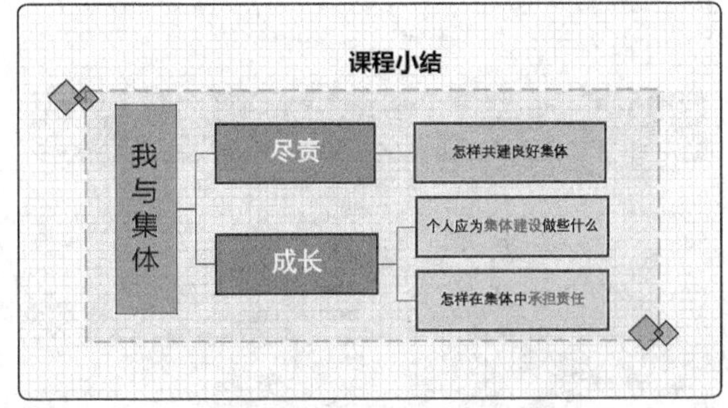

图3-108　查看课件的最终效果

3.5.2 编辑表格与图表

教师在制作PPT课件时，如果需要对数据进行可视化展示，则可使用PowerPoint的表格与图表功能，例如，通过表格统计数据，通过图表展示数据之间的对比关系等。表格与图表的应用是可视化课件内容的重要环节，应用得当可有效提升课件的质量。

1. 插入和编辑表格

当课件内容涉及大量数据时，通过文本对数据进行展示显然不利于学生记忆，此时可以通过表格对数据进行说明。下面在"健康生活"课件中插入和编辑表格，具体操作如下。

素材所在位置 素材文件\第3章\健康生活.pptx
效果所在位置 效果文件\第3章\健康生活1.pptx

微课视频

STEP 1 打开"健康生活 .pptx"课件，选择第 5 张幻灯片，在"插入"选项卡的"表格"组中单击"表格"按钮，在打开的下拉列表中选择"插入表格"选项，如图 3-109 所示。

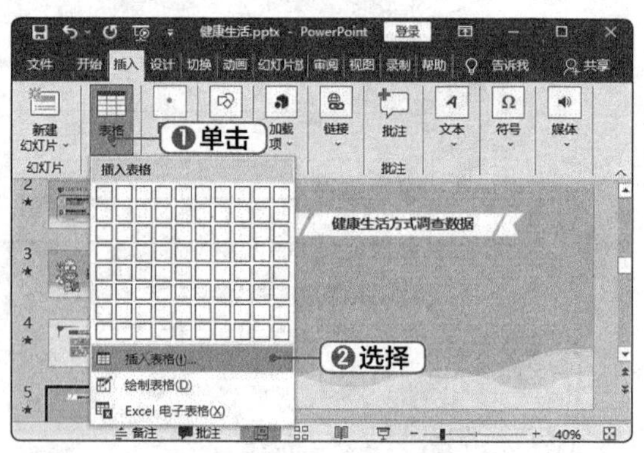

图3-109 插入表格

STEP 2 打开"插入表格"对话框，在"列数"数值框中输入"12"，在"行数"数值框中输入"4"，单击确定按钮，如图 3-110 所示，在幻灯片中插入一个 12 列 4 行的表格。

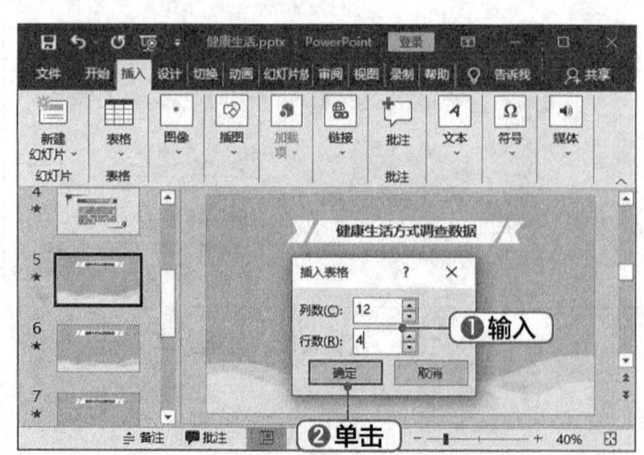

图3-110 设置表格的列数和行数

STEP 3 此时，插入幻灯片中的表格根据课件的整体色调自动应用相应的样式，选择表格第 1 行的前 6 个单元格，在"布局"选项卡的"合并"组中单击"合并单元格"按钮，如图 3-111 所示，将这 6 个单元格合并为一个单元格。

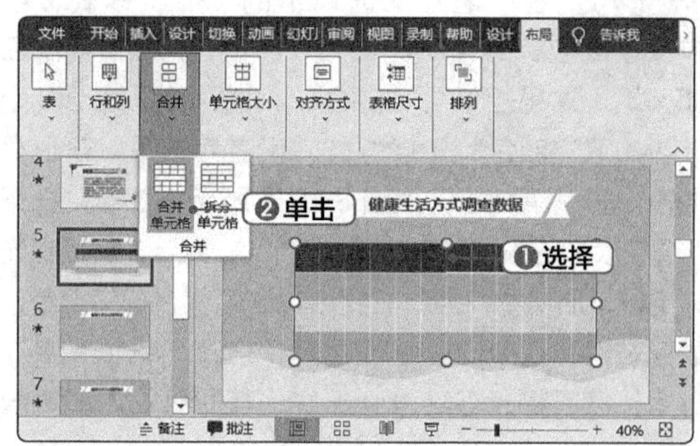

图3-111 合并单元格

STEP 4 选择第 1 行的后 6 个单元格，将它们合并为一个单元格。再依次选择第 2 行的第 1~2、第 3~4、第 5~6、第 7~8、第 9~10、第 11~12 个单元格，分别对它们进行合并，效果如图 3-112 所示。

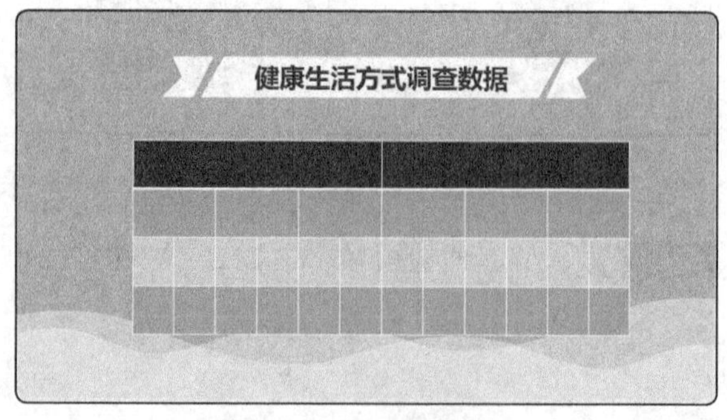

图3-112 合并其他单元格

STEP 5 在表格中输入图 3-113 所示的文本，并设置文本的字体、字号、颜色等。选择表格中的所有文本，在“布局”选项卡的“对齐方式”组中分别单击“居中”按钮和“垂直居中”按钮，将表格中文本的对齐方式设置为居中对齐和垂直居中对齐。

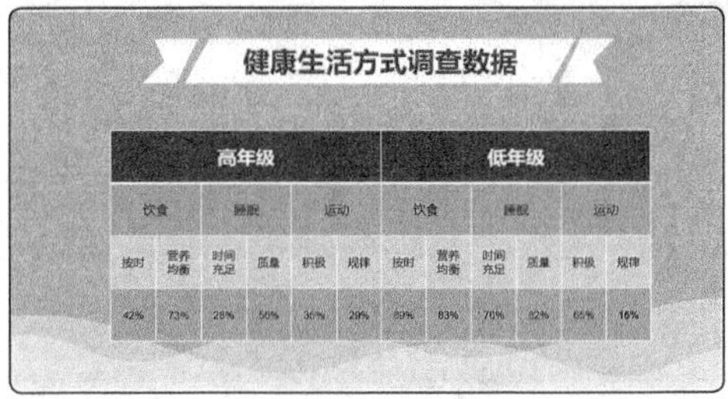

图3-113　输入文本

STEP 6 将鼠标指针移动到表格的边框上，当鼠标指针变为形状时，按住鼠标左键拖曳调整表格的位置。将鼠标指针移动到表格第 1 列和第 2 列之间的分隔线上，当鼠标指针变成形状时，按住鼠标左键进行拖曳，调整表格的列宽，如图 3-114 所示。

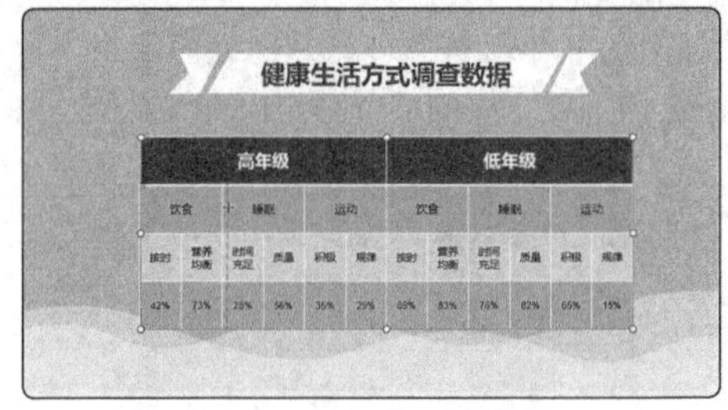

图3-114　调整表格的列宽

STEP 7 选择整个表格，在“设计”选项卡的“绘制边框”组中单击笔颜色按钮右侧的下拉按钮，在打开的下拉列表中选择“白色，背景 1”选项，如图 3-115 所示。

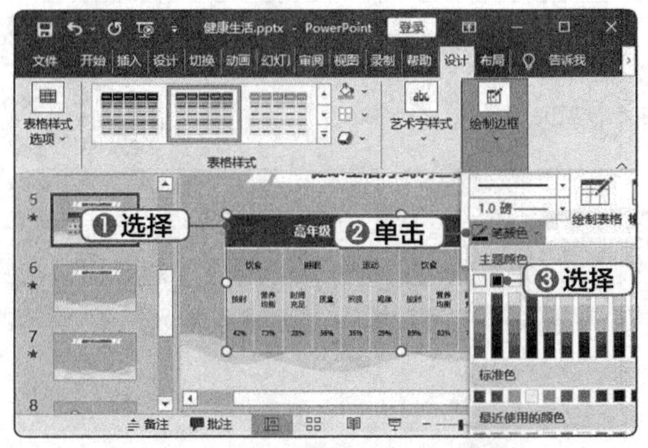

图3-115　设置表格框线的颜色

STEP 8 单击“笔画粗细”下拉列表右侧的下拉按钮，在打开的下拉列表中选择“1.5 磅”选项，如图 3-116 所示。此时，鼠标指针变成形状，进入表格绘制状态。

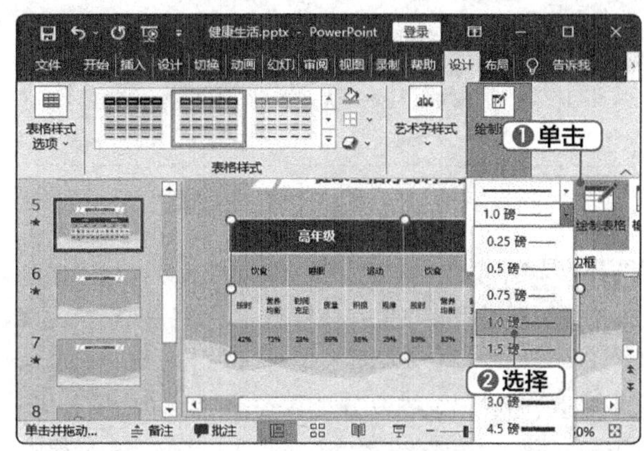

图3-116　设置表格框线的粗细

STEP 9 保持表格处于绘制状态，在“设计”选项卡的“表格样式”组中单击边框按钮右侧的下拉按钮，在打开的下拉列表中选择“所有框线”选项，如图 3-117 所示，设置表格所有框线的颜色为“白色，背景 1”，粗细为“1.5 磅”。

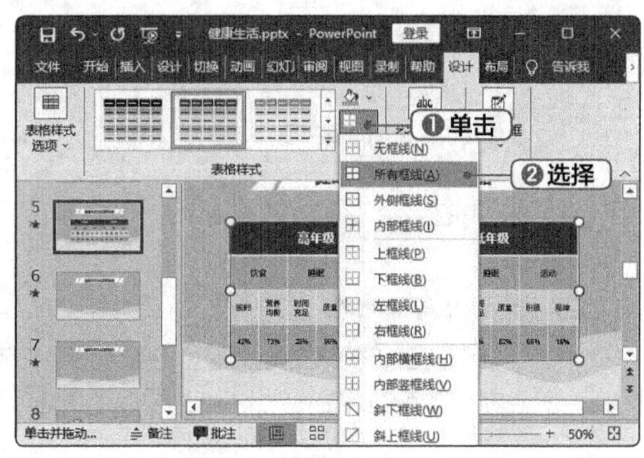

图3-117　为表格的所有框线应用样式

STEP 10 选择表格的第 1 行单元格，在“设计”选项卡的“表格样式”组中单击底纹按钮右侧的下拉按钮，在打开的下拉列表中选择“其他填充颜色”选项，打开“颜色”对话框，单击“自定义”选项卡，在其中的“十六进制”文本框中输入“#C54E51”，单击确定按钮，设置单元格的底纹颜色，效果如图 3-118 所示。

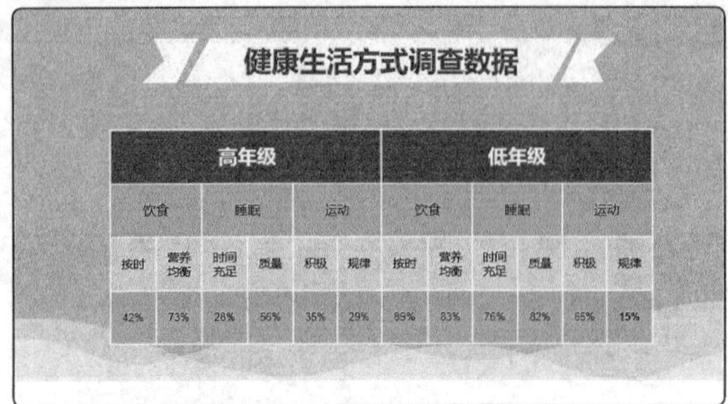

图3-118　为单元格设置底纹

STEP 11 按照上述方法，继续为其他单元格设置底纹，并设置重点文本的字体样式。设置完成后，观察发现单元格中的文本稍显紧凑，可在“布局”选项卡的“对齐方式”组中单击“单元格边距”按钮，在打开的下拉列表中选择合适的选项，以统一单元格的边距，如图 3-119 所示。

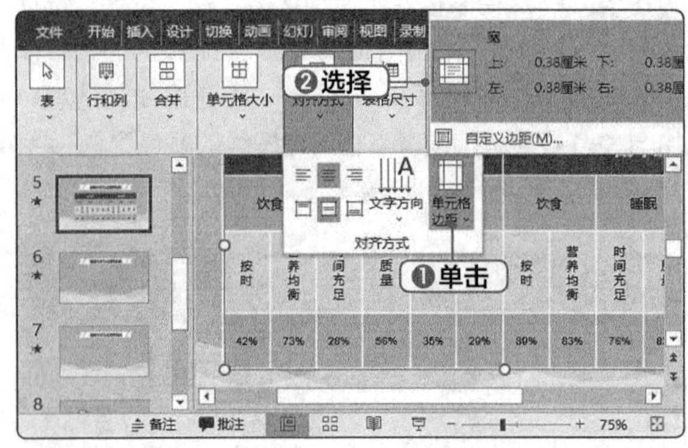

图3-119　设置单元格的边距

STEP 12 设置完成后，查看表格的整体效果，如图 3-120 所示，最后保存课件。

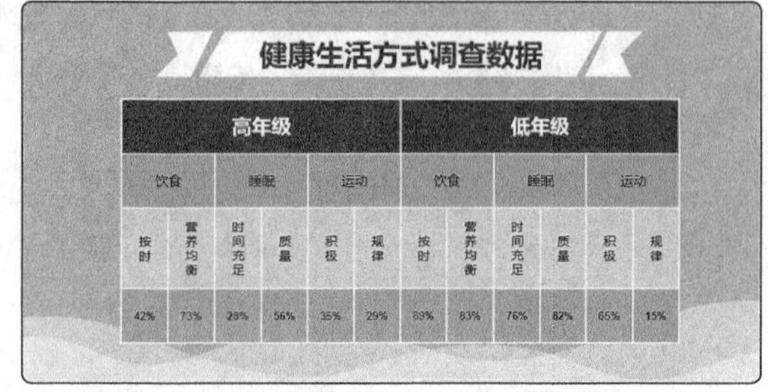

图3-120　查看表格的整体效果

技巧讲解

单元格的基本操作

在PowerPoint中，文本、图片、表格等对象的设置方法比较类似，都是选择相应对象后，在“格式”或“设计”选项卡中进行相关操作即可。不过与其他对象相比，由于表格主要由单元格组成，因此PowerPoint也提供了针对单元格的基本操作命令，选择表格或单元格后，在“布局”选项卡的各个功能组中可对表格中的行和列及其高度和宽度、文本的对齐方式等进行操作。

2. 插入和编辑图表

与表格相比，图表在数据的展示上更加直观，它不仅可以体现数据的大小、多少，还可以体现数据之间的对比、关联等。下面介绍在“健康生活1”课件中插入和编辑图表的方法，具体操作如下。

素材所在位置　素材文件\第3章\健康生活1.pptx
效果所在位置　效果文件\第3章\健康生活2.pptx

微课视频

STEP 1 打开“健康生活 1.pptx”课件，选择第 6 张幻灯片，在“插入”选项卡的“插图”组中单击“图表”按钮，打开“插入图表”对话框，在左侧列表中选择“柱形图”选项，在右侧选择“簇状柱形图”选项，单击 确定 按钮，如图 3-121 所示。

STEP 2 在幻灯片中插入一个簇状柱形图，并打开“Microsoft PowerPoint 中的图表”对话框，在其中输入图表的相关数据，这里输入图 3-122 所示的数据。

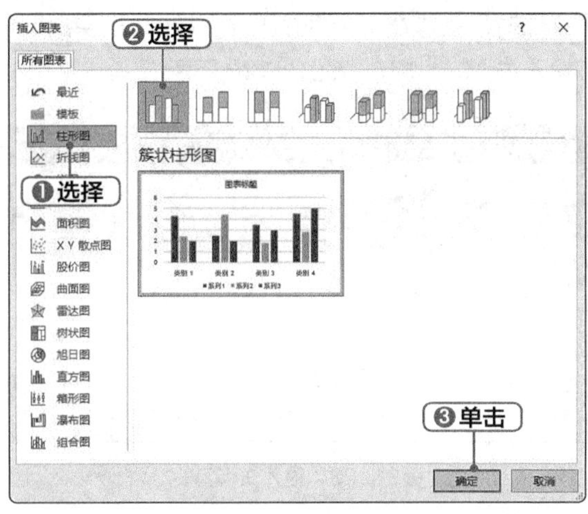

图3-121　选择图表

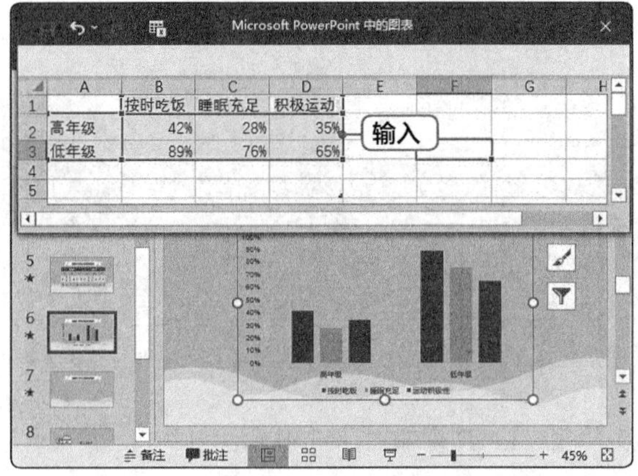

图3-122　设置图表的数据

STEP 3 输入完成后关闭该对话框，返回幻灯片编辑区，可以查看插入图表的效果，如图 3-123 所示。

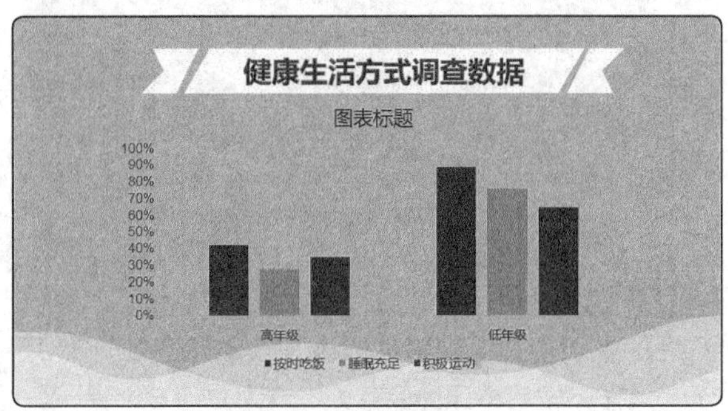

图3-123　查看图表效果

STEP 4 选择整个图表，在“设计”选项卡的“图表布局”组中单击“快速布局”按钮，在打开的下拉列表中选择“布局 4”选项，如图 3-124 所示。

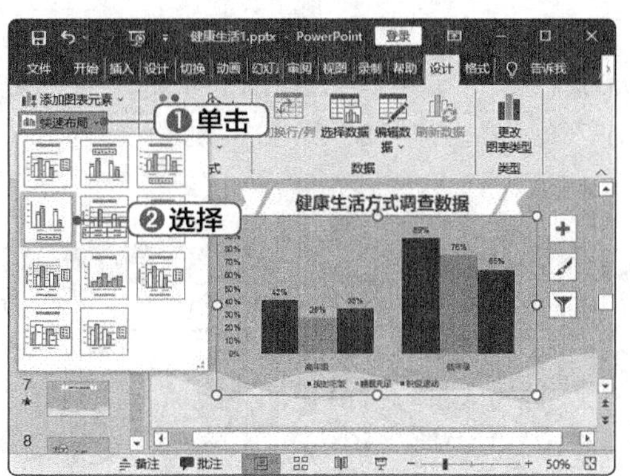

图3-124　快速布局图表

STEP 5 选择下方的图例，将其拖曳到图表左上方的空白区域，在“设计”选项卡的“图表布局”组中单击“添加图表元素”按钮，在打开的下拉列表中选择“图表标题”/“居中覆盖”选项，如图 3-125 所示。

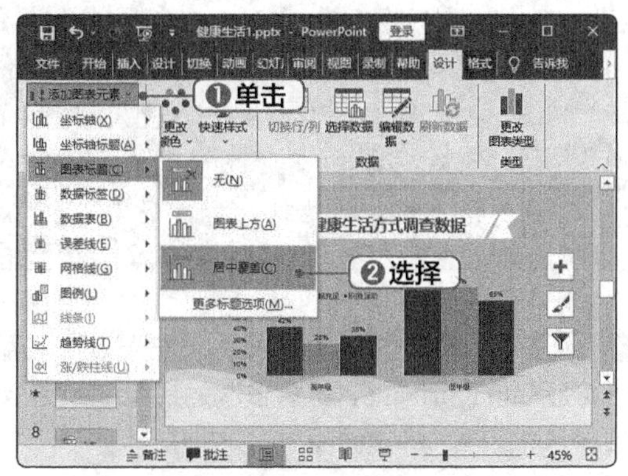

图3-125　添加图表标题

STEP 6 调整图表标题的位置，将光标定位于图表标题文本框中，删除“图表标题”文本，输入“健康生活”文本，并设置文本的样式，效果如图 3-126 所示。

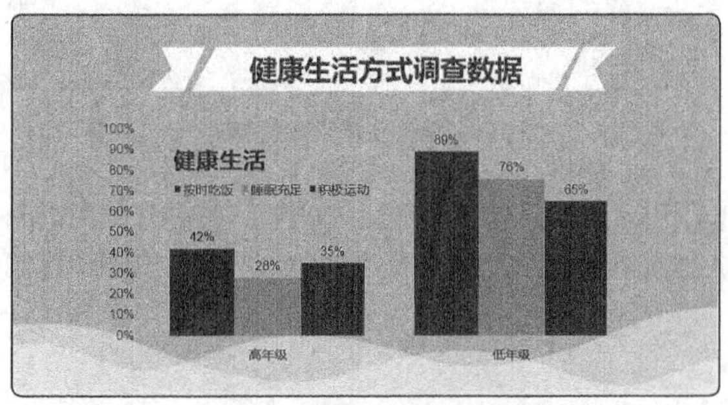

图3-126　编辑图表标题

STEP 7 选择图表中的第一个矩形，在“格式”选项卡的“形状样式”组中设置其填充颜色为“#F77F7”，设置第2、3个形状的颜色分别为“#F2CC69”“#A7BFC1”，效果如图3-127所示。

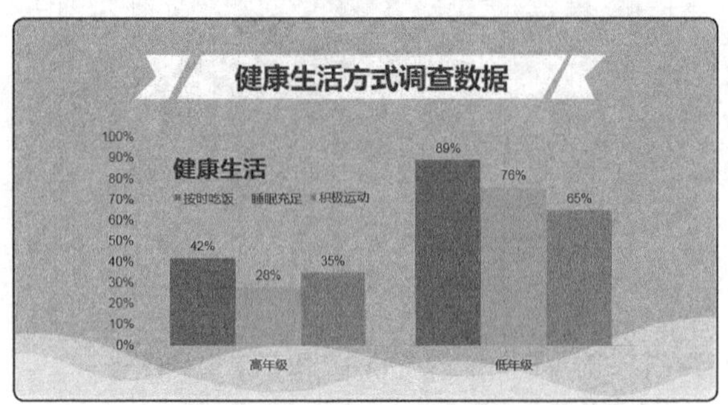

图3-127 柱形图的效果

STEP 8 选择第7张幻灯片，在其中插入一个饼图，并输入饼图的数据，如图3-128所示。

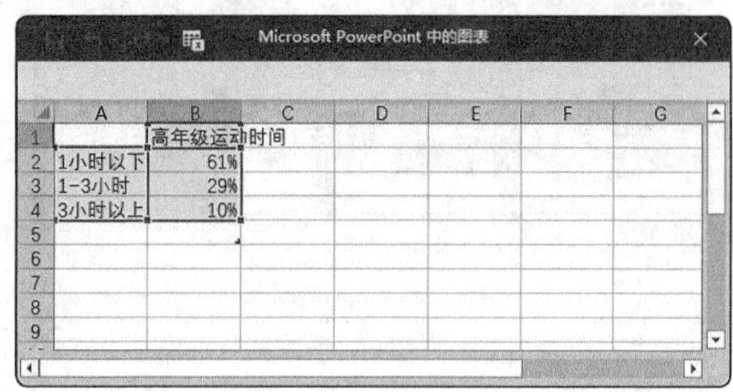

	A	B	C	D	E	F	G
1		高年级运动时间					
2	1小时以下	61%					
3	1-3小时	29%					
4	3小时以上	10%					
5							
6							
7							
8							
9							

图3-128 输入饼图数据

技巧讲解

重新显示被隐藏的幻灯片

在设置图表样式时，可以快速为图表应用PowerPoint中预设的各种样式，其方法为：选择图表，在“设计”选项卡的“图表样式”组中更改图表颜色，或为图表应用其他样式。此外，如果当前图表类型不符合需要，则选择图表，在“设计”选项卡的“类型”组中单击“更改图表类型”按钮，在打开的对话框中将当前图表更改为其他类型。

STEP 9 设置饼图的布局样式为“布局6”，调整图表标题的位置和样式，然后依次为饼图中的各个形状设置填充颜色，效果如图3-129所示。

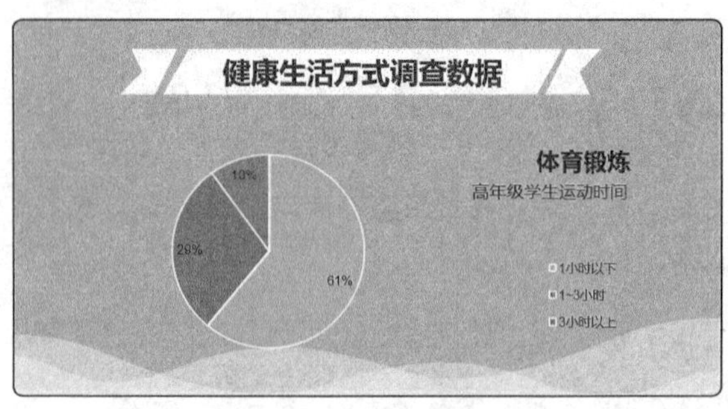

图3-129 设置饼图的样式

STEP 10 选择饼图中最小的形状，按住鼠标左键向左上方拖曳，调整该形状的位置，然后依次调整其他形状的位置，效果如图3-130所示。

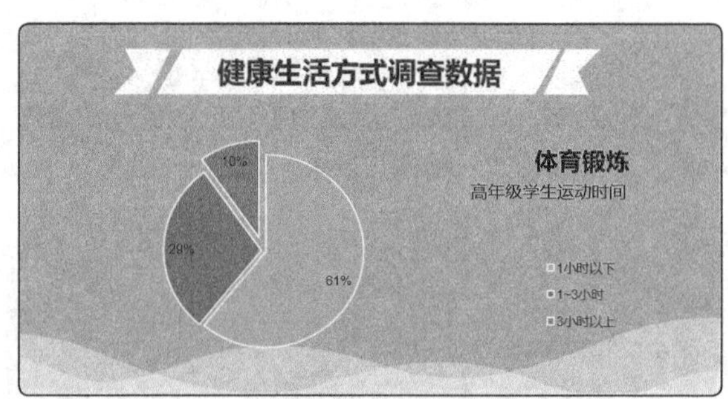

图3-130 调整饼图中各形状的位置

STEP 11 按照上述方法，依次在第8张、第9张幻灯片中插入并编辑其他图表，效果如图3-131所示，操作完成后将课件保存为“健康生活2”。

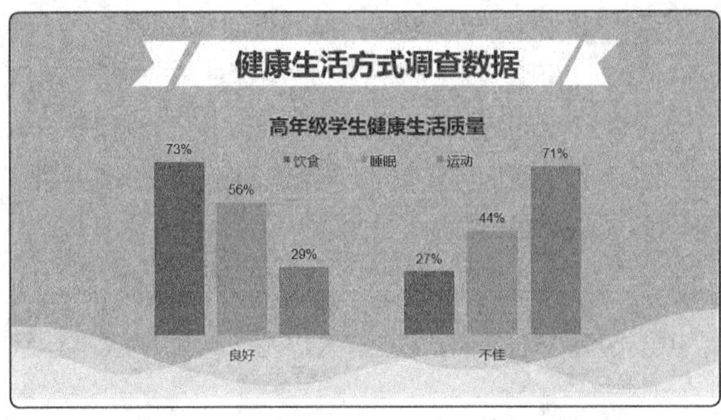

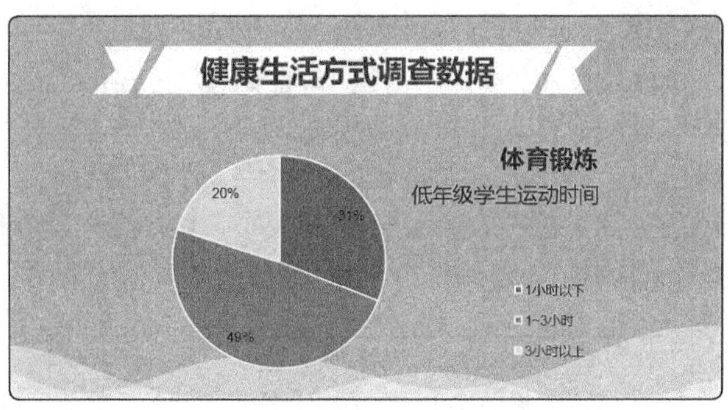

图3-131　制作其他图表

3.5.3　编辑音频与视频

在以演示为主的PPT课件中插入音频和视频，往往可以使课件更具有吸引力。在制作PPT课件时，教师可以根据教学内容的需要在课件中插入音频和视频，丰富课件的表现形式。下面在“学儿歌”课件中插入音频和视频，以具体操作如下。

素材所在位置　素材文件\第3章\学儿歌.pptx、课件文件3\

效果所在位置　效果文件\第3章\学儿歌.pptx

微课视频

STEP 1　打开“学儿歌.pptx”课件，选择第3张幻灯片，在“插入”选项卡的“媒体”组中单击“音频”按钮，在打开的下拉列表中选择“PC上的音频”选项，如图3-132所示。

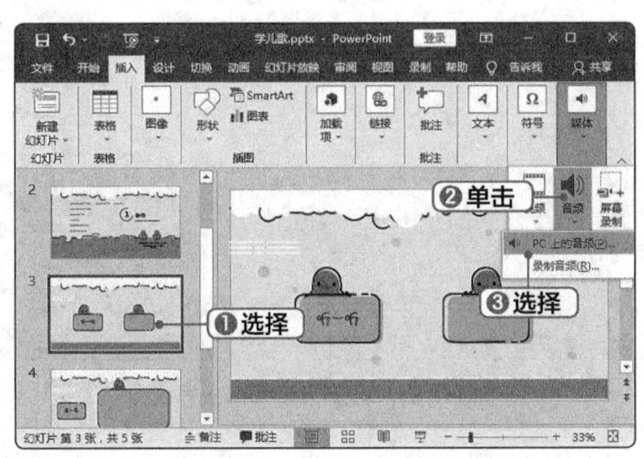

图3-132　选择“PC上的音频”选项

STEP 2　打开“插入音频”对话框，在其中选择“数鸭子.mp3”音频文件，然后单击 插入(S) 按钮，如图3-133所示，将音频文件插入幻灯片中。

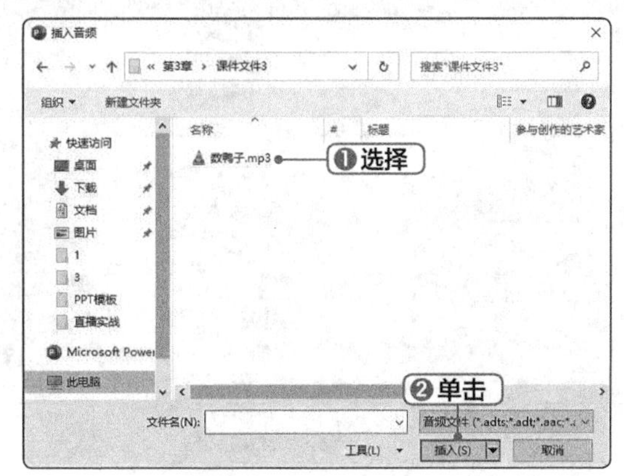

图3-133　选择音频文件

技巧讲解

插入录音

PowerPoint还提供了录制音频的功能，在“插入”选项卡的“媒体”组中单击“音频”按钮，在打开的下拉列表中选择“录制音频”选项，进入音频录制状态，录制完成后单击“完成录制”按钮，将录制的音频插入幻灯片中。

STEP 3 此时幻灯片中显示一个音频图标和一个播放控制条，单击▶按钮可试听插入的音频。将鼠标指针移动到音频图标上，按住鼠标左键进行拖曳，将其拖曳到右边的矩形中，同时拖曳音频图标四角的控制点，调整其大小，如图 3-134 所示。

图3-134 调整音频图标

STEP 4 选择音频图标，在“播放”选项卡的“编辑”组中单击“剪裁音频”按钮，打开“剪裁音频”对话框，在其中单击▶按钮进行试听，拖动时间轴两侧的标尺确定剪裁范围，也可直接在时间轴下方的数值框中输入目标音频的开始时间和结束时间，单击确定按钮完成剪裁，如图 3-135 所示。

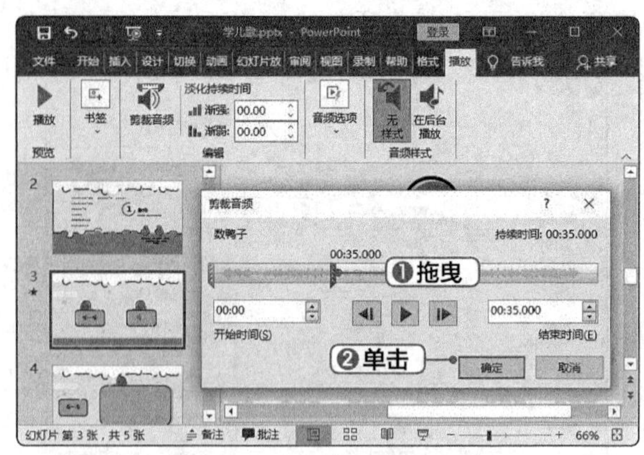

图3-135 剪裁音频文件

STEP 5 选择音频图标，在“播放”选项卡的“编辑”组中“渐强”和“渐弱”数值框的右侧单击▲按钮，设置音频的渐强、渐弱播放效果，也可直接在“渐强”“渐弱”数值框中输入具体数值，设置音频渐强、渐弱效果的持续时间，如图 3-136 所示。

图3-136 设置音频的渐强、渐弱效果

STEP 6 在“播放”选项卡的“音频选项”组中的“开始”下拉列表中选择“自动”选项，选中☑循环播放，直到停止复选框和☑放映时隐藏复选框，设置音频的播放方式为放映幻灯片时自动循环播放，且播放时隐藏音频图标，如图 3-137 所示。

图3-137 设置音频的播放方式

技巧讲解

美化音频图标

音频图标通常默认显示为灰色，如果音频图标的样式与课件的整体风格不一致，则可以在“格式”选项卡中自定义其样式。

第2部分

STEP 7 选择第4张幻灯片，在“插入”选项卡的“媒体”组中单击“视频”按钮，在打开的下拉列表中选择“此设备”选项，打开“插入视频文件”对话框，在其中选择需要插入幻灯片中的视频“数鸭子.mp4”，然后单击插入(S)按钮，如图 3-138 所示。

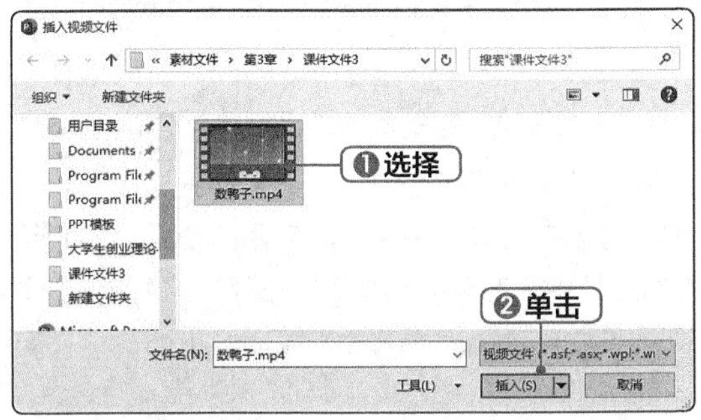

图3-138 插入视频文件

STEP 8 此时，视频文件插入幻灯片中，同时显示视频播放控制条，调整视频文件的大小和位置，如图 3-139 所示。

图3-139 调整视频文件的大小和位置

STEP 9 选择视频文件，在“格式”选项卡的“调整”组中单击“海报框架”按钮，在打开的下拉列表中选择“文件中的图像”选项，如图 3-140 所示。

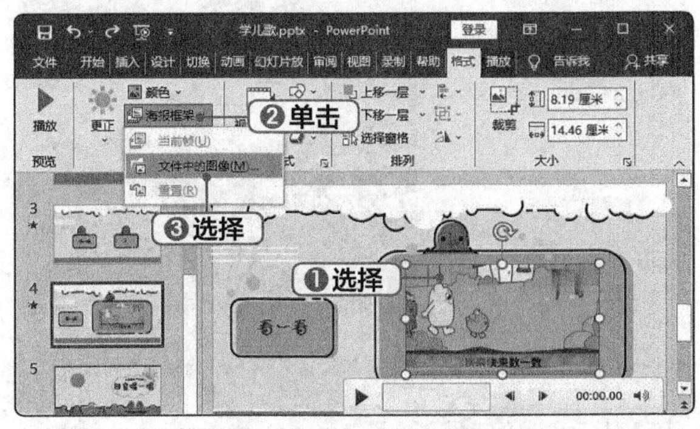

图3-140 选择视频封面

STEP 10 打开“插入图片”面板，在其中选择“从文件”选项，打开“插入图片”对话框，选择“视频封面.jpg”选项，单击打开(O)按钮，将该图片作为视频封面，效果如图 3-141 所示。

图3-141 设置视频封面

STEP 11 在“格式”选项卡的“视频样式”组中选择“柔化边缘矩形”选项，柔化视频的边缘。在“播放”选项卡的“视频选项”组的“开始”下拉列表中选择“单击时”选项，设置视频播放方式为单击播放。选中☑全屏播放复选框，设置视频的播放效果为全屏播放，如图 3-142 所示。

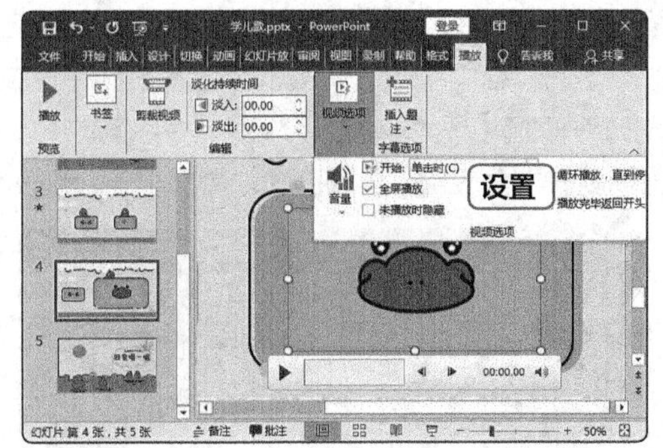

图3-142 设置视频的播放方式

STEP 12 在“播放”选项卡的“预览”组中单击“播放”按钮，预览视频的播放效果，如图 3-143 所示。

图3-143 预览视频内容

3.6 PPT课件中的动画应用

动画是PowerPoint最有特色的功能之一，对主要用于放映和演示的PPT课件来说，动画不仅可以丰富课件的放映形式，让课件内容更加生动、醒目，还能让整个课件直接以动画的形式呈现，甚至可将其导出为视频课件。

3.6.1 设置动画效果

PowerPoint提供的动画效果主要有进入、退出、强调、动作路径4种类型。其中，进入动画是指幻灯片中的对象在幻灯片中出现时应用的动画。退出动画是指幻灯片中的对象在幻灯片中消失时应用的动画。强调动画主要用于对幻灯片中的对象进行强调显示。动作路径用于设置幻灯片中的对象的动画播放路径。这4种动画类型适用于不同的对象和播放场合，一般来说，以教学为主的PPT课件中的动画效果都比较简单，下面在“飞向天空的航程.pptx”课件中应用动画效果，具体操作如下。

素材所在位置 素材文件\第3章\飞向天空的航程.pptx
效果所在位置 效果文件\第3章\飞向天空的航程.pptx

微课视频

STEP 1 打开“飞向天空的航程.pptx”课件，选择第1张幻灯片中的主标题文本框，在“动画”选项卡的“动画”组中单击“动画”按钮下方的下拉按钮，在打开的下拉列表中选择“进入”/“缩放”选项，为主标题文本框应用缩放动画，如图3-144所示。

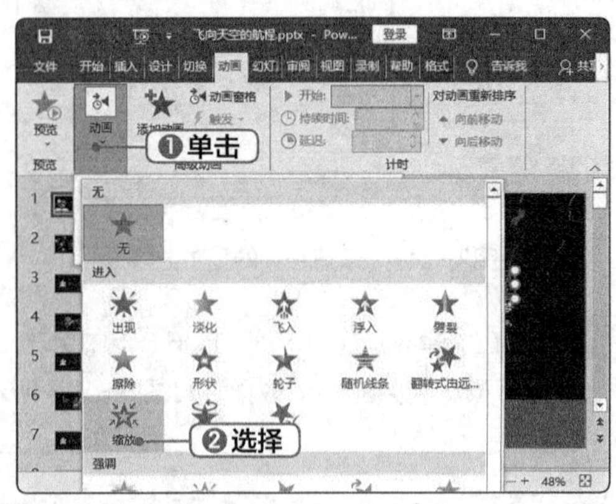

图3-144 应用进入动画

STEP 2 保持主标题文本框处于选择状态，在“动画”选项卡的“高级动画”组中单击“添加动画”按钮，在打开的下拉列表中选择“更多强调效果”选项，如图3-145所示。

STEP 3 打开“添加强调效果”对话框，在“华丽”栏中选择“闪烁”选项，单击“确定”按钮，为主标题文本框添加一个强调效果，如图3-146所示。

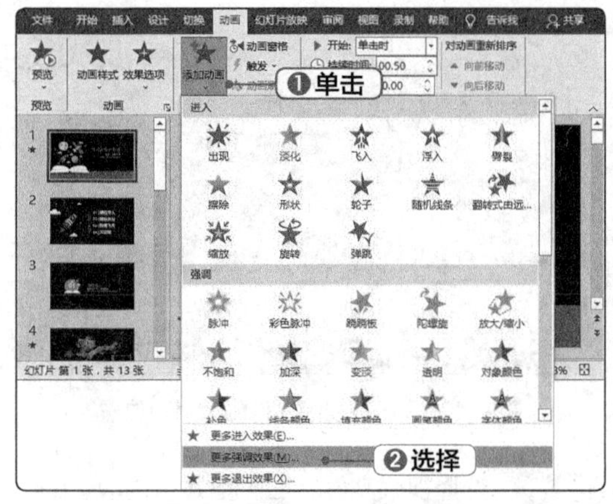

图3-145 添加强调动画

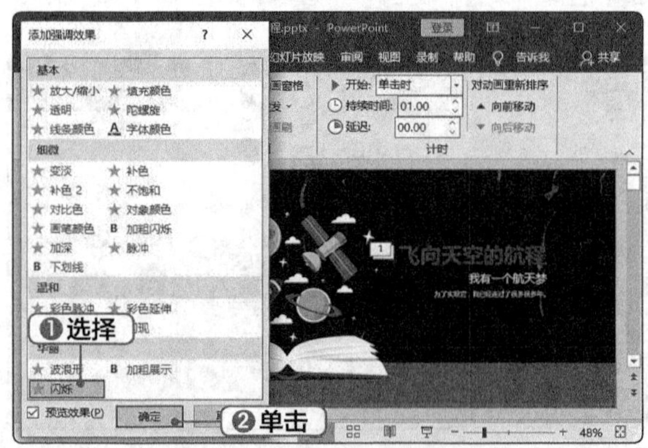

图3-146 选择强调动画

STEP 4 在“动画”选项卡的“高级动画”组中单击动画窗格按钮，打开“动画窗格”窗格，如图 3-147 所示。

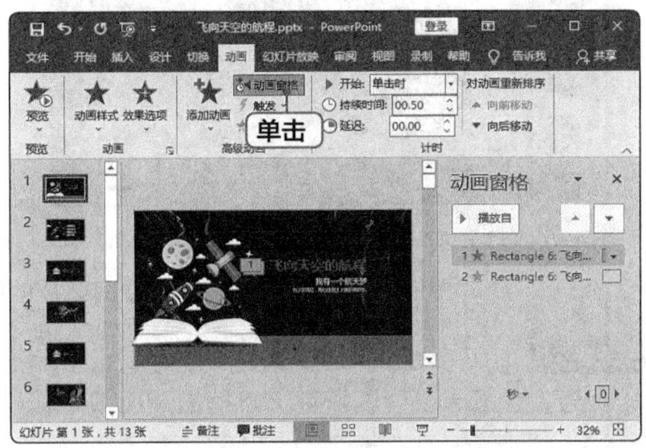

图3-147 打开“动画窗格”窗格

STEP 5 在“动画窗格”窗格中可以快速选择和设置动画效果。这里选择第 1 个动画，即主标题文本框的进入动画，在“动画”选项卡的“计时”组中单击“开始”下拉列表右侧的下拉按钮，在打开的下拉列表中选择“单击时”选项，设置主标题文本框的动画播放方式为单击播放。在“持续时间”数值框中输入“01.00”，设置动画的持续时间为 1 秒，如图 3-148 所示。

图3-148 设置进入动画的播放方式

STEP 6 在“动画窗格”窗格中选择第 2 个动画，即主标题文本框的强调动画，在“动画”选项卡的“计时”组中设置该动画的播放方式为“与上一动画同时”，持续时间为“00.50”；同时在“延迟”数值框中输入“01.00”，表示强调动画将自动与第 1 个进入动画同时播放，但播放时间延迟为 1 秒后，如图 3-149 所示。

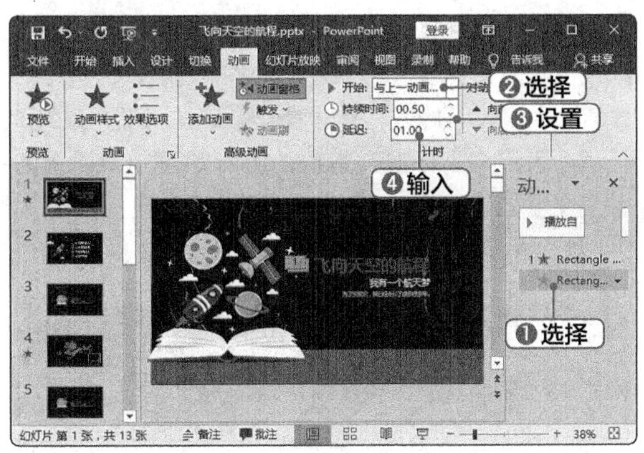

图3-149 设置强调动画的播放方式

知识补充

PPT 课件中的动画应用技巧

在制作PPT课件时，如果需要为某教学内容应用动画，则可以设置该动画的播放方式为单击播放，这样设置便于教师自由掌握教学内容的播放时间，控制教学节奏。如果要让多个具有并列关系的教学内容依次自动出现，则可以分别为每个教学内容应用动画，并设置动画播放方式为“上一动画之后”。如果要制作相对复杂的动画，例如，让某些对象反复、组合运动，则需要设置动画播放方式为“与上一动画同时”，让这些对象自动按照它们各自的持续时间、延迟时间播放。

STEP 7 选择第 1 张幻灯片中的副标题文本框，为其应用“出现”进入动画，在“动画窗格”窗格中选择该动画，在“动画”选项卡的“计时”组中设置该动画的播放方式为“上一动画之后”，然后在该动画上单击鼠标右键，在弹出的快捷菜单中选择“效果选项”命令，如图 3-150 所示。

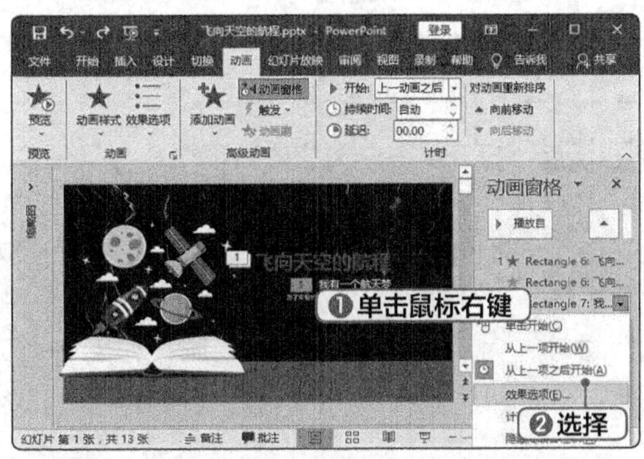

图3-150 设置动画效果

STEP 8 打开“出现”对话框，在“设置文本动画”下拉列表中选择“按字母顺序”选项，在下方的数值框中输入“0.1”，单击 确定 按钮，如图3-151所示，表示将副标题文本框的进入动画效果设置为每个文字依次出现，且文字之间的播放延迟时间为0.1秒。

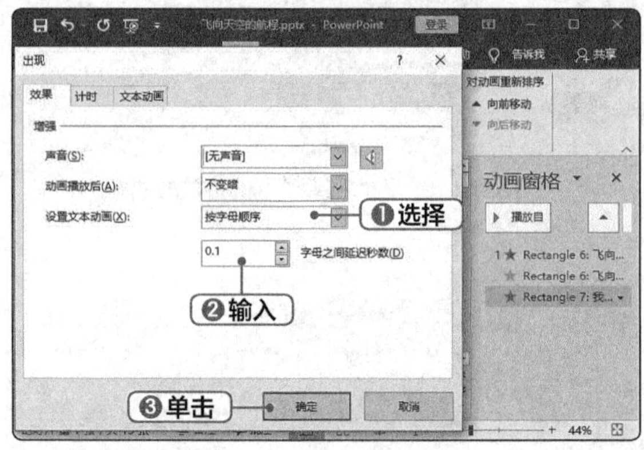

图3-151 设置文本依次出现

STEP 9 返回幻灯片编辑区，选择副标题文本框，在“动画”选项卡的“高级动画”组中单击“动画刷”按钮，如图3-152所示，此时鼠标指针右侧出现一个刷子形状，单击第3个文本框，将副标题文本框的动画样式复制到第3个文本框中。

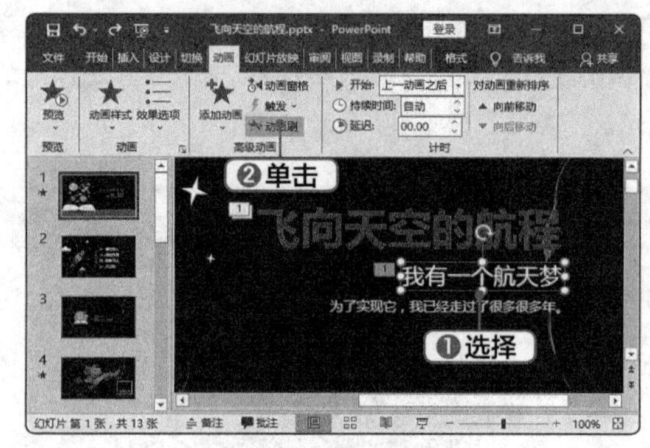

图3-152 复制动画

STEP 10 在“动画”选项卡的“预览”组中单击“预览”按钮，预览所有文本框的动画效果，如图3-153所示，预览无误后保存课件。

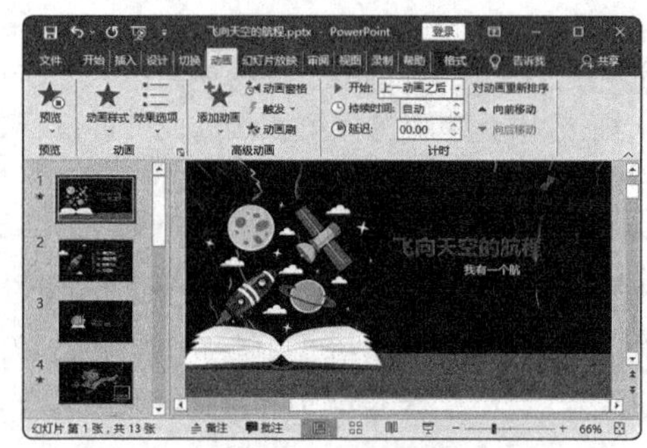
图3-153 预览动画效果

3.6.2 设置幻灯片切换动画

在PowerPoint中，除了可以为文本框、图片、表格等单个幻灯片对象应用动画效果外，还可以为整张幻灯片应用切换动画，切换动画类似于视频中的转场效果，合理应用切换动画可以有效提升幻灯片的放映效果。下面在“飞向天空的航程1.pptx”课件中应用幻灯片切换动画，具体操作如下。

素材所在位置 素材文件\第3章\飞向天空的航程1.pptx
效果所在位置 效果文件\第3章\飞向天空的航程1.pptx

微课视频

STEP 1 打开“飞向天空的航程1.pptx”课件，在“幻灯片”窗格中选择第1张幻灯片，在“切换”选项卡的“切换到此幻灯片”组中单击“切换效果”按钮，在打开的下拉列表中选择“细微”/“推入”选项，为幻灯片应用切换动画，如图3-154所示。

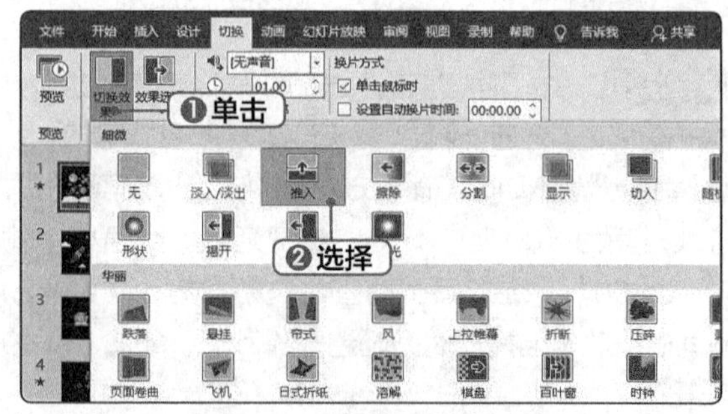

图3-154 应用幻灯片切换动画

STEP 2 在“切换”选项卡的“切换到此幻灯片”组中单击“效果选项”按钮，在打开的下拉列表中选择“自左侧”选项，设置幻灯片的切换效果为自左侧推入，如图 3-155 所示。

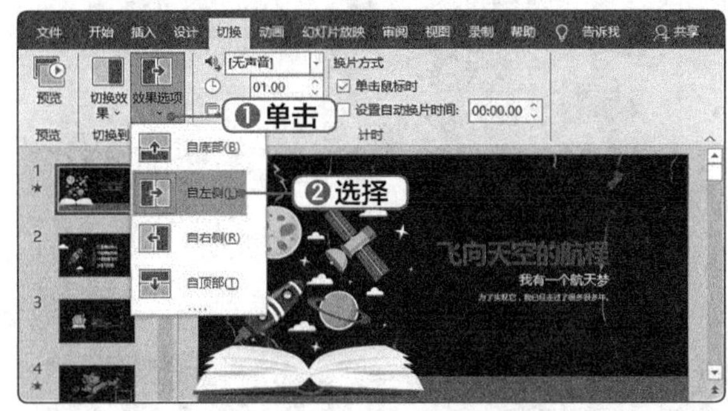

图3-155 设置切换效果

STEP 3 在“切换”选项卡的“计时”组中单击“声音”右侧的下拉按钮，在打开的下拉列表中选择“打字机”选项，选中☑**单击鼠标时**复选框，设置幻灯片的切换方式为单击切换，然后单击**应用到全部**按钮，将该幻灯片切换效果应用到课件中的其他幻灯片中，效果如图 3-156 所示。

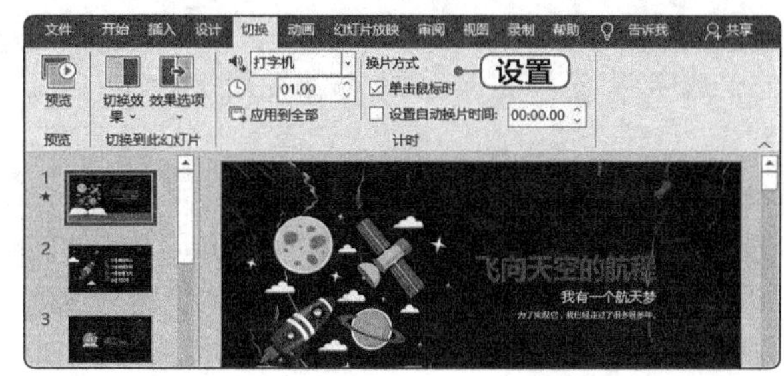

图3-156 设置幻灯片切换动画

STEP 4 设置完成后，在“切换”选项卡的“预览”组中单击“预览”按钮，预览切换动画，如图 3-157 所示，预览无误后保存课件。

图3-157 预览幻灯片动画

3.6.3 制作幻灯片特效动画

在制作PPT课件时，教师可以为幻灯片中的各个对象应用单一的动画效果，也可以为幻灯片制作特效动画，还可以通过触发器控制动画的播放。下面在“飞向天空的航程2.pptx”课件中为封面幻灯片制作特效动画，为目录幻灯片制作触发器动画，具体操作如下。

素材所在位置 素材文件\第3章\飞向天空的航程2.pptx
效果所在位置 效果文件\第3章\飞向天空的航程2.pptx

微课视频

STEP 1 打开“飞向天空的航程 2.pptx”课件，在第 1 张幻灯片中选择书本图片，在“动画”选项卡的“动画”组中为其应用“劈裂”进入动画。单击“效果选项”按钮，在打开的下拉列表中选择“中央向左右展开”选项，如图 3-158 所示，使书本图片的劈裂动画呈从中间向左右展开的效果。

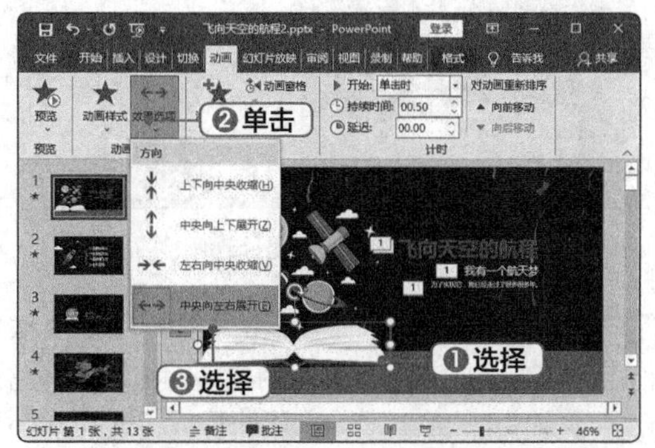

图3-158 设置进入动画的效果

STEP 2 同时选择火箭、卫星、星球等图片，为它们应用“飞入”进入动画，设置动画效果为“自底部”。打开“动画窗格”窗格，选择第 1 个飞入动画，设置动画开始方式为“上一动画之后”，然后将鼠标指针移动到“动画窗格”窗格中其他飞入动画右侧的方块上，当鼠标指针变为双向箭头形状时，按住鼠标左键拖曳调整方块的位置，调整动画的播放时间，如图 3-159 所示。

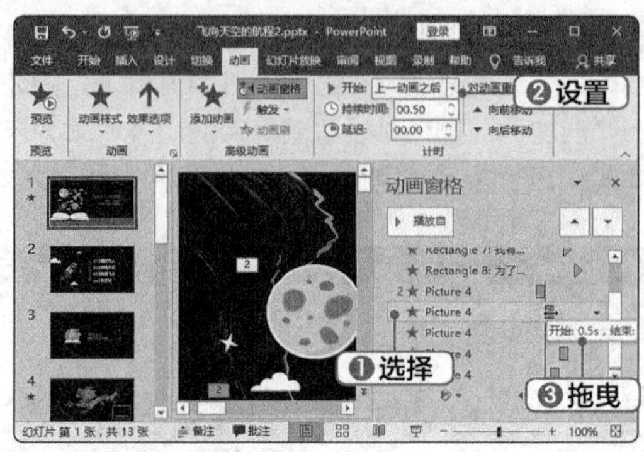

图3-159　调整动画的播放时间

知识补充

“动画窗格”窗格中的动画效果

“动画窗格”窗格中的每个动画效果右侧几乎都有一个方块，方块的长度代表该动画的播放时长，即“动画”选项卡“计时”组中的“持续时间”，方块的位置代表该动画的播放时间，即“动画”选项卡“计时”组中的“延迟时间”，调整该方块的长度和位置，可快速调整对应动画的播放时间和延迟时间。此外，“动画窗格”窗格中方块的不同颜色代表不同的动画类型，绿色代表进入动画，黄色代表强调动画，红色代表退出动画，线条代表动作路径。

第2部分

STEP 3 选择火箭图片，在“动画”选项卡的“高级动画”组中单击“添加动画”按钮★，在打开的下拉列表中选择“其他动作路径”选项，打开“添加动作路径”对话框，在“直线和曲线”栏中选择“向上”选项，单击 确定 按钮，如图 3-160 所示，为火箭图片添加一个向上运动的路径动画。

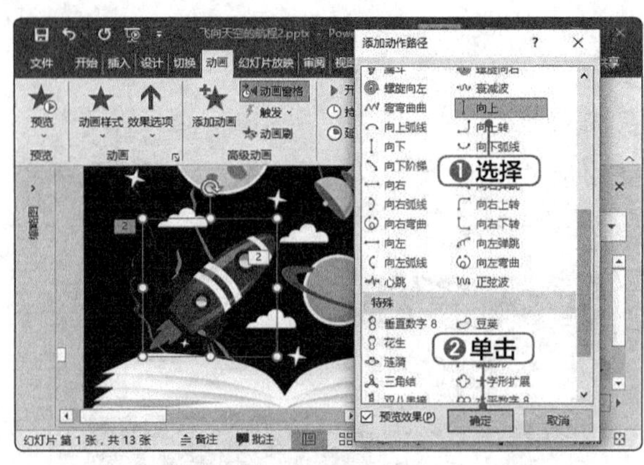

图3-160　添加路径动画

STEP 4 选择火箭图片，为其添加一个向下运动的路径动画。在“动画窗格”窗格中选择添加的路径动画，在幻灯片编辑区中可以看到该动画的运动路径，其中绿色控制点表示运动起点，红色控制点表示运动终点，拖曳线条两端的控制点，可以调整动画运动的范围。此处分别将“向上”和“向下”路径动画的运动范围缩小，同时让这两个路径动画的运动线径重叠，如图 3-161 所示，让火箭图片小幅度上下运动。

图3-161　调整动画的运动路线

STEP 5 在“动画窗格”窗格中选择这两个路径动画，按住鼠标左键将它们拖曳到第一个“飞入”动画之后，即火箭图片的飞入动画之后，如图 3-162 所示。

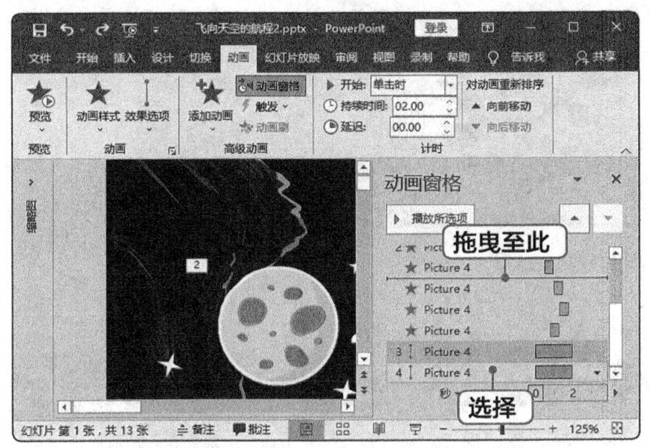

图3-162　调整动画顺序

STEP 6　设置两个路径动画的开始方式为“与上一动画同时”，并在“动画窗格”窗格中将这两个路径动画右侧的方块拖曳到上一个动画之后，然后在其上单击鼠标右键，在弹出的快捷菜单中选择“计时”命令，打开“效果选项”对话框。在“计时”选项卡的“重复”下拉列表中选择“直到幻灯片末尾”选项，单击 确定 按钮，如图 3-163 所示，让该动画重复播放。

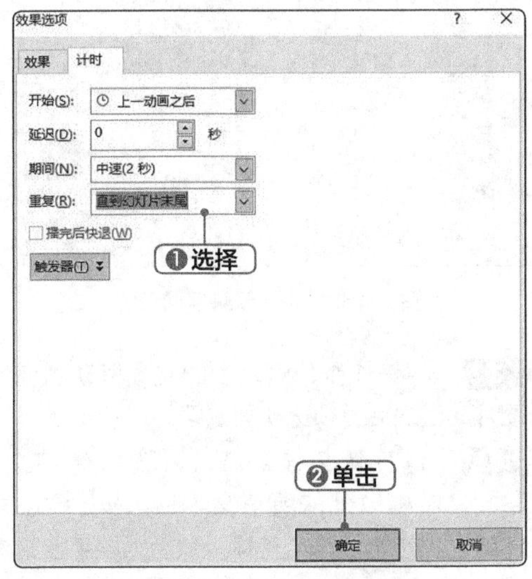

图3-163　设置动画重复播放

STEP 7　选择火箭图片的 3 个动画效果，单击“动画窗格”窗格中的 播放所选项 按钮，单独预览火箭图片的动画效果，如图 3-164 所示。

STEP 8　按照上述方法，依次为其他 3 张星球、卫星图片添加“陀螺旋”“跷跷板”“脉冲”强调动画，并设置这 3 个强调动画的开始方式为“与上一动画同时”，然后将每张图片的强调动画拖曳到其进入动画后，设置这 3 个强调动画的重复方式为“直到幻灯片末尾”，“动画窗格”窗格如图 3-165 所示。

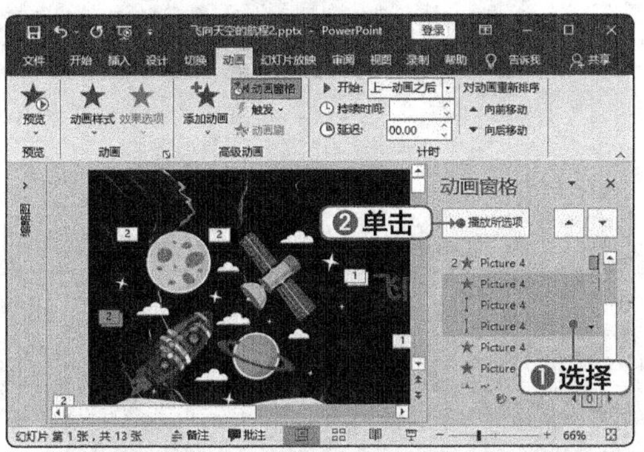

图3-164　预览动画效果

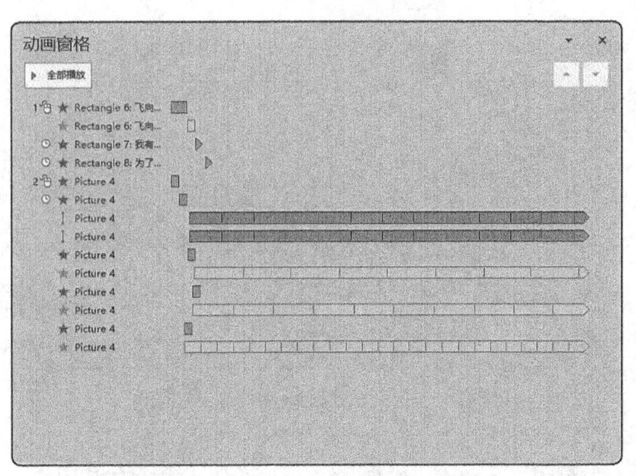

图3-165　“动画窗格”窗格

STEP 9　选择火箭、卫星、星球图片的动画效果，单击“动画窗格”窗格中的 播放所选项 按钮，预览它们的整体动画效果，如图 3-166 所示。

图3-166　预览动画的播放效果

知识补充

动画的播放顺序

为幻灯片中的文本、图片等对象应用动画效果后，幻灯片编辑区中各对象的左侧将出现一个序号，该序号即表示动画的播放顺序。如果为多个对象应用了“与上一动画同时”播放效果，则这些对象将拥有同一个序号，例如，同为“0”、同为“1”等。为了保证播放效果为“与上一动画同时”的各动画也按照一定的顺序播放，可以在“动画窗格”窗格中拖曳调整动画效果的顺序。如果幻灯片中的各对象设置了较复杂的组合动画，则可边预览动画效果，边调整动画效果的顺序。

第2部分

STEP 10 为所有星星形状应用“淡化”进入动画，再为它们添加“闪烁”强调动画，并设置所有动画的开始方式为“与上一动画同时”，设置强调动画的重复方式为“直到幻灯片末尾”。在“动画窗格”窗格中调整“闪烁”强调动画的延迟时间，使星星呈现渐次闪烁的动画效果，“动画窗格”窗格如图3-167所示。

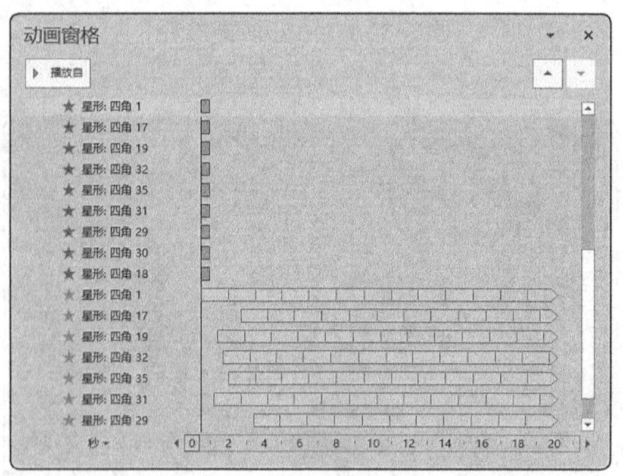

图3-167　设置星星闪烁动画

STEP 11 在幻灯片编辑区中选择一个云朵图形，为其应用自左侧的“飞入”进入动画，再为其添加“向左”和“向右”路径动画，缩短运动路径的长度，并将两个运动路径重叠，使云朵呈现左右小幅度摆动的动画效果，然后调整各动画的开始方式和延迟时间，“动画窗格”窗格如图3-168所示。设置完成后，使用“动画刷”功能将该云朵的动画效果复制到其他云朵中，并分别调整每一个云朵的延迟时间。

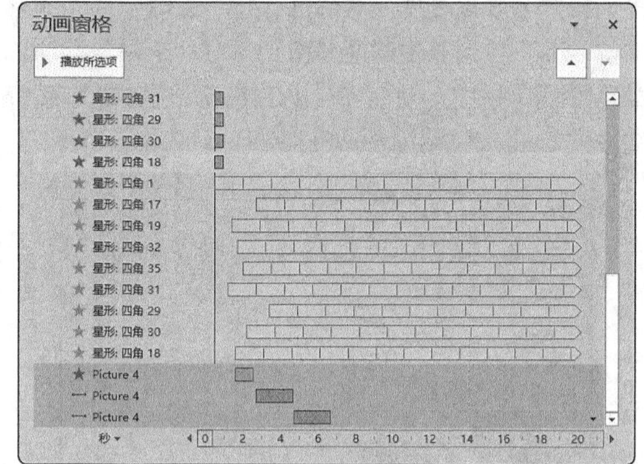

图3-168　设置云朵浮动动画

STEP 12 将第1张幻灯片中的文本框动画拖曳到所有图片动画之后，预览动画效果。

STEP 13 选择第2张幻灯片，选择除“CONTENTS”文本框以外的所有文本框，按【Ctrl+G】组合键将它们组合成一个整体，然后为该组合文本框应用“擦除”进入动画，设置“效果选项”为“自左侧”。打开“动画窗格”窗格，在“擦除”动画上单击鼠标右键，在弹出的快捷菜单中选择“计时”命令，打开“擦除”对话框，单击 触发器(T) 按钮，选中 ◉ 单击下列对象时启动动画效果(C): 单选项，在其后的下拉列表中选择“文本框1：CONTENTS”选项，单击 确定 按钮，如图3-169所示，为组合文本框设置触发器效果，即放映幻灯片时，单击“CONTENTS”文本框，弹出目录列表。

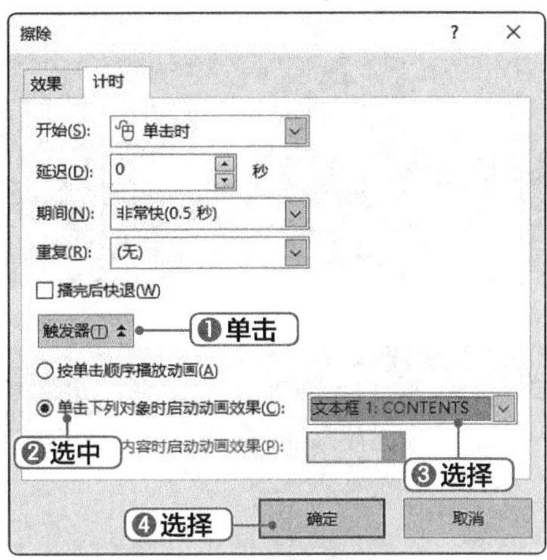

图3-169　设置触发动画

STEP 14　选择“课程导入”文本，在“插入”选项卡的“链接”组中单击“动作”按钮 ，打开“操作设置”对话框，在其中选中◉ 超链接到(H): 单选项，在下方的下拉列表中选择“幻灯片”选项，如图 3-170 所示。

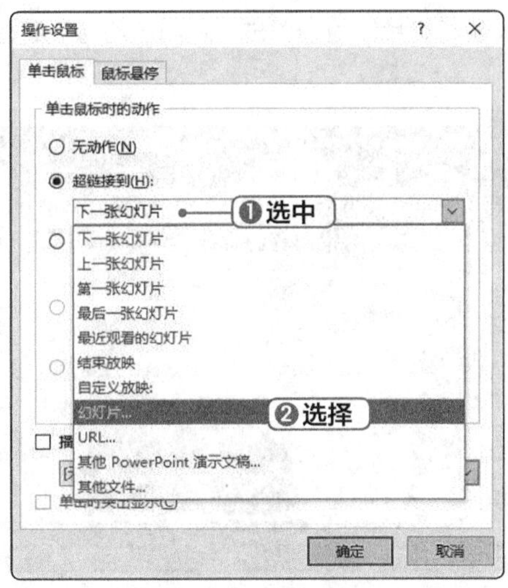

图3-170　插入动作

STEP 15　打开“超链接到幻灯片”对话框，在下方的列表框中选择“3. 幻灯片 3”选项，即链接到第 3 张幻灯片，单击 确定 按钮，如图 3-171 所示。

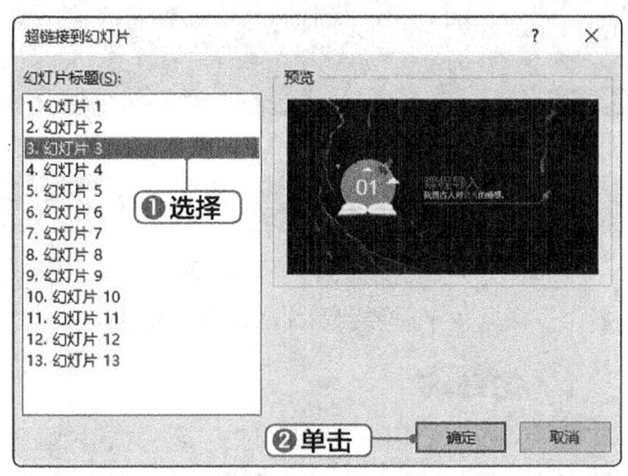

图3-171　链接到幻灯片

STEP 16　返回“操作设置”对话框，在其中可以设置该动作的播放声音。单击 确定 按钮，返回幻灯片编辑区，可看到“课程导入”文本的颜色发生了改变，如图 3-172 所示，代表此处已经插入了超链接，在放映幻灯片时单击该文本，可快速跳转到第 3 张幻灯片。

图3-172　查看链接效果

STEP 17　按照上述方法，为其他文本添加动作，并链接到相应的幻灯片，设置完成后，保存课件。

知识补充

取消超链接效果

在PowerPoint中直接为文本应用超链接或动作后，文本的颜色将自动发生改变，且文本下方会出现一条下划线。若需取消超链接的效果，则可以为整个文本框添加超链接或动作，即先选择整个文本框，再为其插入超链接或动作，这样文本颜色就不会改变，且文本下方也不会出现下划线。

3.7 PPT课件的放映与输出

PPT课件多用于课堂教学，在教学过程中，教师需要放映PPT课件，从而向学生展示和讲解课件中的知识。此外，完成PPT课件的制作后，教师也可以根据教学需要将PPT课件输出为讲义、视频等其他格式。

3.7.1 PPT课件的放映方式

PowerPoint主要提供了两种放映方式，即直接放映和自定义放映。前者是放映PPT课件中的所有幻灯片，后者可以根据教学需要自定义放映的幻灯片。

1. 直接放映

在PowerPoint中，直接放映主要分为两种情况：一种是从头开始依次放映每张幻灯片，另一种是从当前幻灯片开始放映。两种情况分别适用于不同的教学情景，例如，刚开始授课时一般需要从头放映，如果已经完成课件前半部分的教学，则可以从当前幻灯片开始放映。

- **从头开始放映。**选择任意一张幻灯片，在“幻灯片放映”选项卡的“开始放映幻灯片”组中单击“从头开始”按钮，可从头开始放映幻灯片，如图3-173所示。在“幻灯片”窗格中选择第1张幻灯片，在状态栏中单击“幻灯片放映”按钮，或直接按【F5】键，都可从头开始放映幻灯片。
- **从当前幻灯片开始放映。**在“幻灯片”窗格中选择某张幻灯片，在状态栏中单击“幻灯片放映”按钮，如图3-174所示，或在“幻灯片放映”选项卡的“开始放映幻灯片”组中单击“从当前幻灯片开始”按钮，都可从当前幻灯片开始放映。

图3-173 从头开始放映

图3-174 从当前幻灯片开始放映

技巧讲解

放映幻灯片的快捷键

在放映PPT课件时按【F1】键，可打开“幻灯片放映帮助”对话框，在其中查看前进、后退、放大、缩小、停止、开始等操作的快捷键。

2. 自定义放映

在课堂教学的过程中，如果暂时只需放映PPT课件中的一部分幻灯片，则可通过幻灯片的“自定义放映”功能来实现。其方法为：在“幻灯片放映”选项卡的“开始放映幻灯片”组中单击“自定义幻灯片放映”按钮，在打开的下拉列表中选择“自定义放映”选项，打开“自定义放映”对话框，单击新建(N)...按钮，打开“定义自定义放映”对话框，在其中设置自定义放映方案的名称，并选择需要放映的幻灯片，单击添加(A)按钮将其添加到“在自定义放映中的幻灯片”列表框中，单击确定按钮，完成自定放映方案的创建，如图3-175所示。

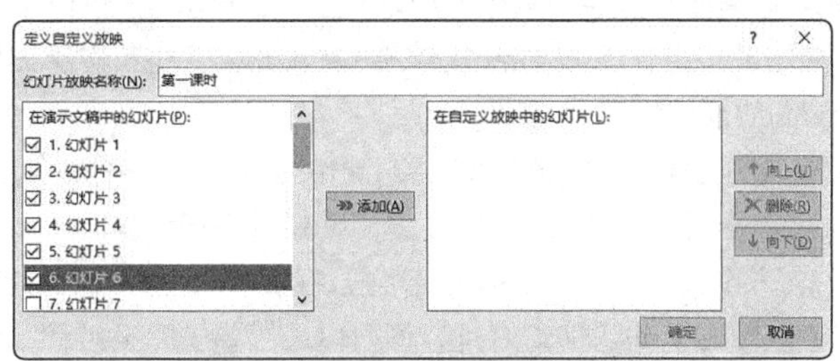

图3-175　创建自定义放映方案

放映方案创建完成后，在“幻灯片放映”选项卡的“开始放映幻灯片”组中单击“自定义幻灯片放映”按钮，在打开的下拉列表中选择创建的自定义放映方案，即可放映该方案中的幻灯片，如图3-176所示。

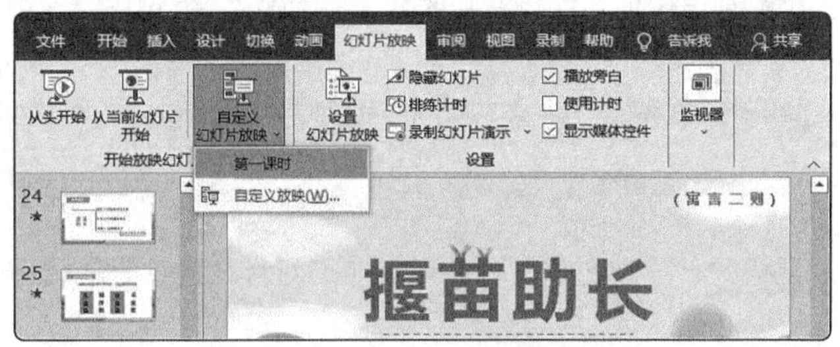

图3-176　自定义放映幻灯片

3. 设置放映方式

不管是直接放映还是自定义放映，教师都可以对PPT课件的放映类型、放映数量、换片方式和循环放映等进行详细设置。在“幻灯片放映”选项卡的“设置”组中单击“设置幻灯片放映”按钮，打开“设置放映方式”对话框，在其中进行设置即可，如图3-177所示。

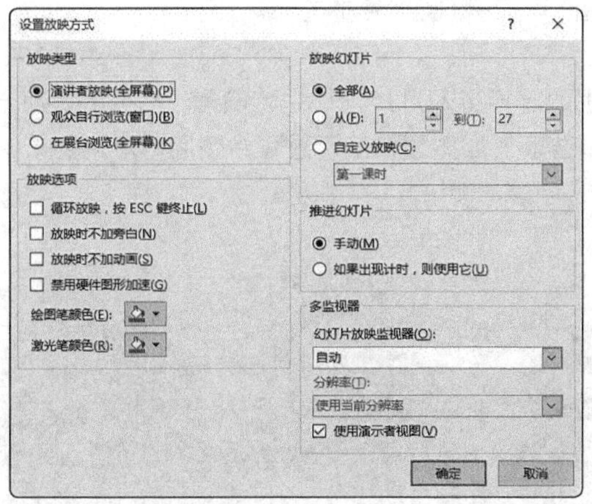

图3-177　“设置放映方式”对话框

（1）设置放映类型

在“设置放映方式”对话框的“放映类型”栏中选中对应的单选项，可设置幻灯片的放映类型，包括“演讲者放映（全屏幕）”“观众自行浏览（窗口）”“在展台浏览（全屏幕）”3种类型，它们的作用分别如下。

- **演讲者放映（全屏幕）**。这是教师授课时常用的放映类型，在该放映类型下，教师对课件的放映具有完全的控制权，教师可以单击或按上、下方向键切换幻灯片和动画，也可以单击鼠标右键直接跳转到其他幻灯片，还可使用排练时间放映幻灯片。
- **观众自行浏览（窗口）**。该放映类型适用于不需要对课件内容进行过多讲解的情况，在放映过程中教师可利用鼠标滚轮、【PageDown】键、【PageUp】键对幻灯片进行切换。
- **在展台浏览（全屏幕）**。该放映类型适用于需要循环放映的情况，如授课开始前、休息时间等。在这种放映类型下，教师不能通过单击手动切换幻灯片，但可以通过单击超链接和动作按钮来切换幻灯片，且只能使用【Esc】键终止放映。

（2）设置放映幻灯片

在“设置放映方式”对话框的“放映幻灯片”栏内可设置需要放映的幻灯片的数量。

- **放映全部幻灯片**。选中◉ 全部(A)单选项，将依次放映课件中的所有幻灯片。
- **放映一组幻灯片**。选中◉ 从(F):单选项，在其右侧的数值框中输入开始和结束幻灯片的页码，将依次放映所选的一组幻灯片。
- **自定义放映**。选中◉ 自定义放映(C):单选项，在其下方的下拉列表中选择自定义放映方案，可按自定义放映方案来放映幻灯片。

（3）设置放映选项

在“设置放映方式”对话框的“放映选项”栏中可指定幻灯片在放映时的循环方式、旁白、动画和绘图笔等。

- 要连续放映幻灯片，可选中☑ 循环放映，按 ESC 键终止(L)复选框。
- 要放映幻灯片而不播放嵌入的解说，可选中☑ 放映时不加旁白(N)复选框。
- 要放映幻灯片而不播放嵌入的动画，可选中☑ 放映时不加动画(S)复选框。
- 要放映幻灯片而不放映嵌入的图片，可选中☑ 禁用硬件图形加速(G)复选框。
- 在放映幻灯片时，可对幻灯片中的内容进行标记。在“绘图笔颜色”或“激光笔颜色”右侧设置颜色后，在放映幻灯片时，单击鼠标右键，在弹出的快捷菜单中选择“指针选项”/“笔”或“荧光笔”命令，然后按住鼠标左键进行拖曳，可标记幻灯片中的内容。

（4）设置推进幻灯片

在“设置放映方式”对话框的“推进幻灯片”栏中可设置幻灯片的切换方式。如果要在演示过程中手动切换幻灯片，则选中◉ 手动(M)单选项。如果要在演示过程中使用幻灯片的排练时间自动放映幻灯片，则选中◉ 如果出现计时，则使用它(U)单选项。

知识补充

排练计时

当教师需要对PPT课件中的教学内容进行试讲排练，测试所需的整体授课时间时，可以使用PowerPoint中的排练计时功能。在“幻灯片放映”选项卡的“设置”组中单击“排练计时”按钮，进入排练状态，同时打开“录制”工具栏自动为幻灯片的放映计时。排练结束后，如果教师保存了计时记录，则在放映该课件时，课件将按照排练时记录的每张幻灯片的放映时间自动放映幻灯片。

3.7.2 PPT 课件的打包与输出

PPT课件制作完成后，教师可以根据教学需要对其进行打包和输出，使其不仅能直接在该计算机中演示，还可以在其他位置、其他教学环境中使用和浏览。

1. 打包PPT课件

很多时候，教师在完成PPT课件的制作后，往往不会直接在计算机上进行放映和演示，因此，为了避免在其他计算机中放映和演示课件时出现字体缺失、音频和视频无法放映等情况，需对PPT课件进行打包。其操作为：在PowerPoint操作界面中选择【文件】/【导出】菜单命令，在打开的界面中选择“将演示文稿打包成CD”选项，单击“打包成CD”按钮，打开“打包成CD”对话框，在其中设置PPT课件打包后的名称，在“要复制的文件”列表框中选择需要打包的PPT课件，单击 复制到文件夹(F)... 按钮，如图3-178所示，即可完成课件的打包。

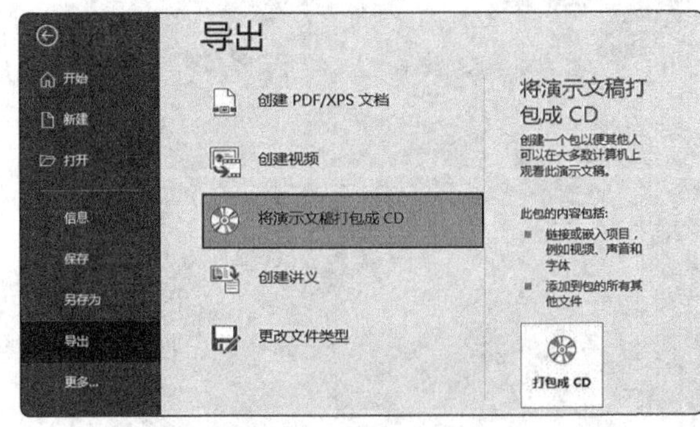

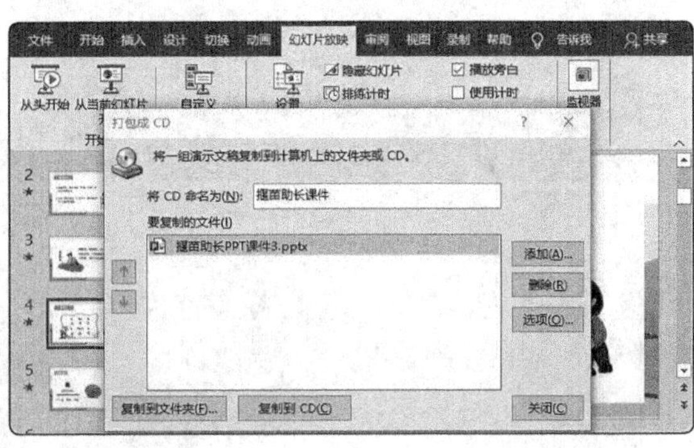

图3-178　打包PPT课件

2. 将PPT课件输出为其他格式

除了打包PPT课件外，PowerPoint还提供了将PPT课件输出为其他格式的功能，例如，可以将课件转换为视频、PDF文档、图片或讲义等。其操作为：在PowerPoint操作界面中选择【文件】/【导出】菜单命令，在打开的界面中选择相应的选项，并单击相应的按钮，如图3-179所示。其中，如果要将PPT课件输出为图片，则选择“更改文件类型”选项，然后在打开的界面中选择相应的图片格式。

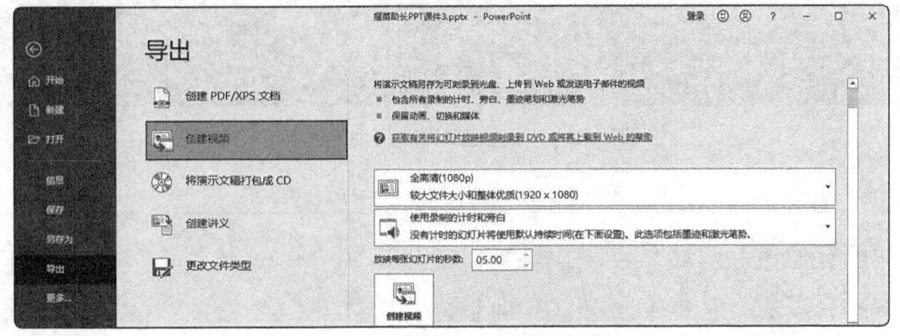

图3-179　将PPT课件输出为其他格式

3.8 课堂案例：制作“维护生态平衡”课件

生态平衡是人类生存的基础，如今，世界各国都在积极采取行动以保护全球生物的多样性，维护和谐的生物圈。新时代的学生更应该了解生物圈中的各种关系，认识到生态平衡的重要性，教师在对学生进行全面素质培养的过程中，可以基于生物等课程的内容，结合生态保护的观点和理念来制作PPT课件，培养学生的生态保护意识。

3.8.1 案例目标

“维护生态平衡”课件的主要教学目标是通过生物链中的相对关系来体现生态平衡的重要性。为了更直观地展示这种关系，教师在制作课件时可以灵活运用形状、图片等元素，增强课件整体的表现力和视觉效果，让学生通过图示快速掌握教学内容，从而理解和维护生态平衡。本案例完成后的效果如图3-180所示。

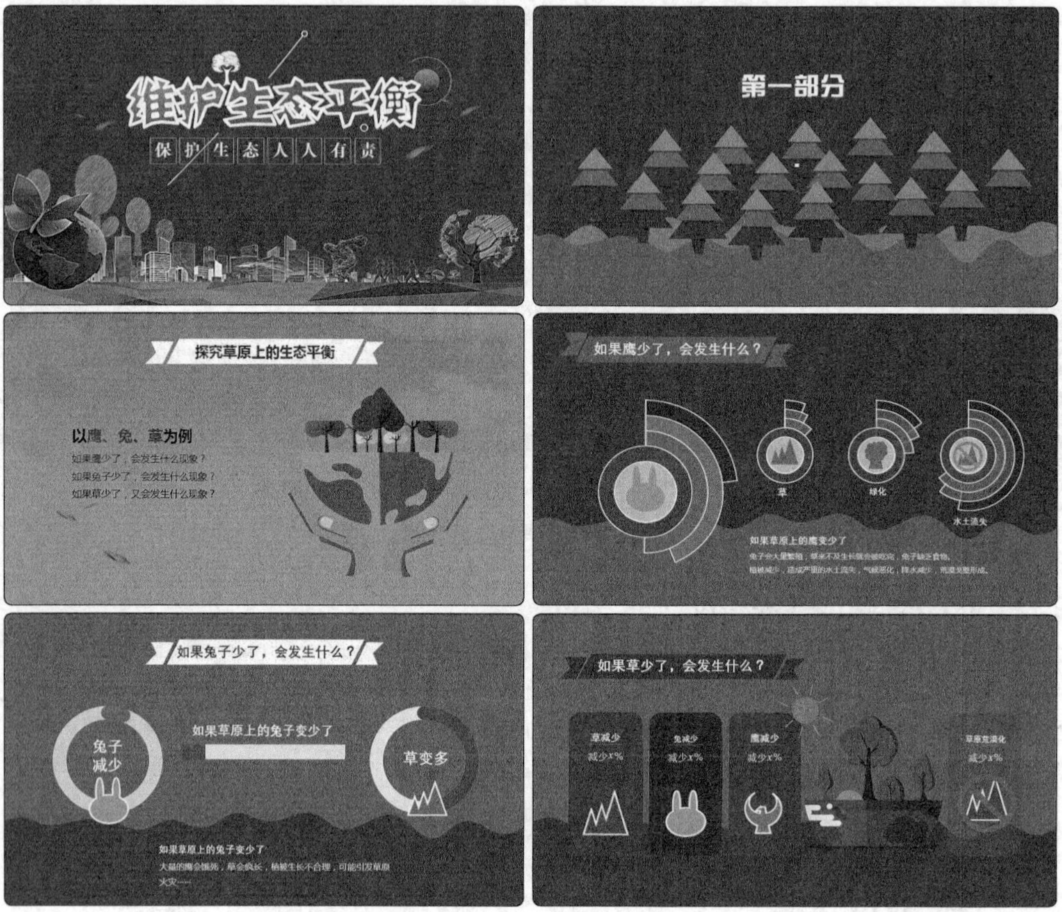

图3-180 “维护生态平衡”课件的效果

素材所在位置 素材文件\第3章\案例图片\
效果所在位置 效果文件\第3章\维护生态平衡.pptx

微课视频

3.8.2 制作思路

完成本案例的制作，需要先设计课件背景，再根据教学内容在幻灯片中添加合适的文本、形状和图片等对象，最后为课件添加动画效果，达到既传达知识，又提升学生学习积极性的目的。其具体制作思路如图3-181所示。

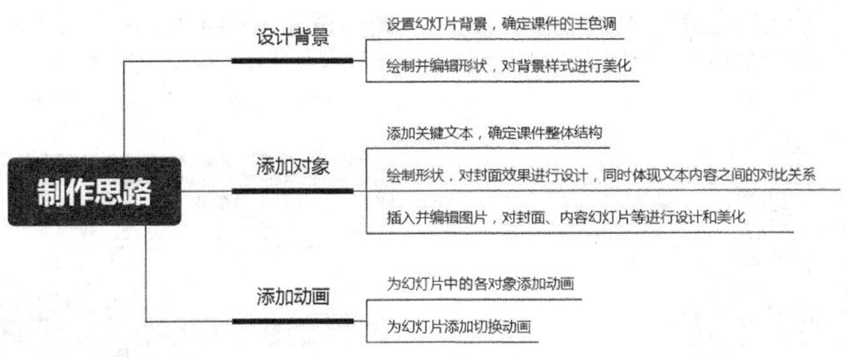

图3-181　制作思路

3.8.3 操作步骤

1. 新建课件并设计课件背景

下面新建“维护生态平衡.pptx”课件，再在课件中新建幻灯片，并设置每张幻灯片的背景，具体操作如下。

STEP 1 启动 PowerPoint 并新建一个空白演示文稿，选择【文件】/【另存为】菜单命令，打开“另存为”界面，选择“浏览”选项，如图 3-182 所示。

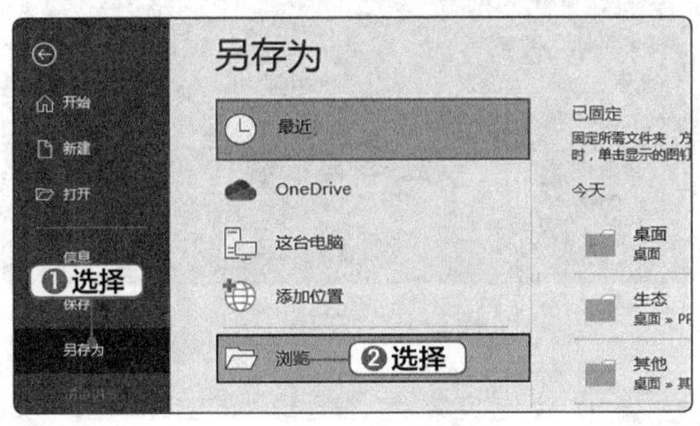

图3-182　保存课件

STEP 2 打开“另存为”对话框，在其中设置课件保存的路径，并在“文件名”文本框中输入“维护生态平衡.pptx”文本，单击 保存(S) 按钮完成课件的新建，如图 3-183 所示。

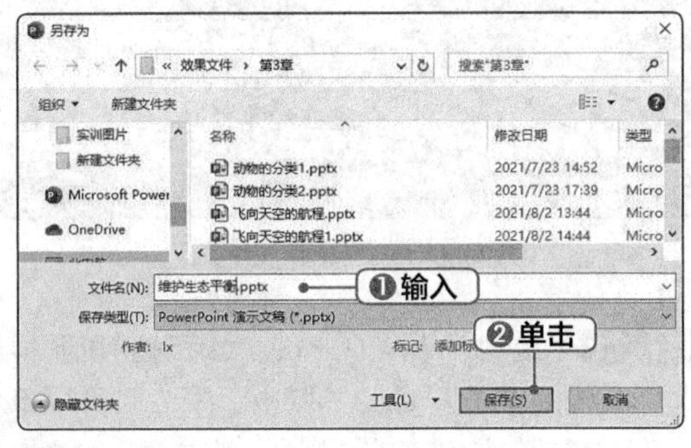

图3-183　设置课件的保存路径和名称

STEP 3 在“幻灯片”窗格中选择第 1 张幻灯片，在幻灯片编辑区中的空白位置单击鼠标右键，在弹出的快捷菜单中选择“设置背景格式”命令，如图 3-184 所示，打开“设置背景格式”窗格。

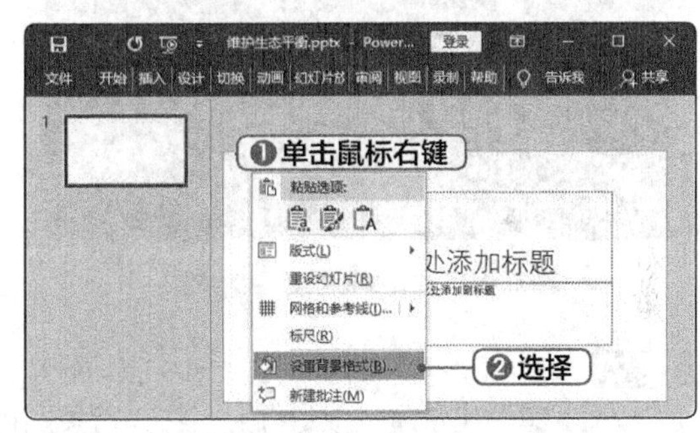

图3-184　设置背景格式

STEP 4 在“设置背景格式”窗格的“填充”栏中选中 纯色填充(S) 单选项，单击“颜色”右侧的“填充颜色”按钮，在打开的下拉列表中选择“其他颜色”选项，如图 3-185 所示。

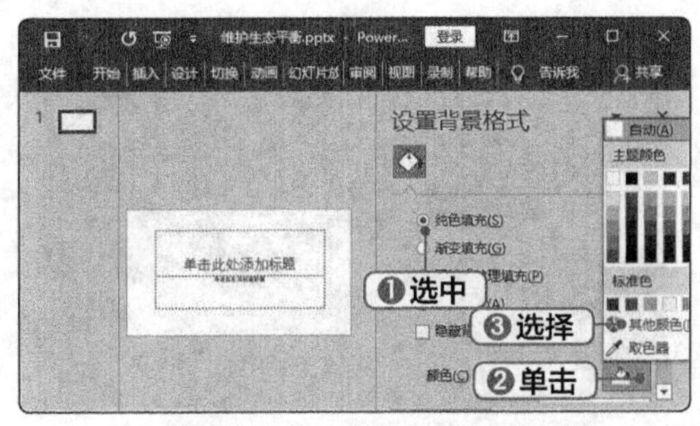

图3-185　选择其他颜色

STEP 5 打开“颜色”对话框，在“自定义”选项卡中设置幻灯片的背景颜色，具体设置如图 3-186 所示。

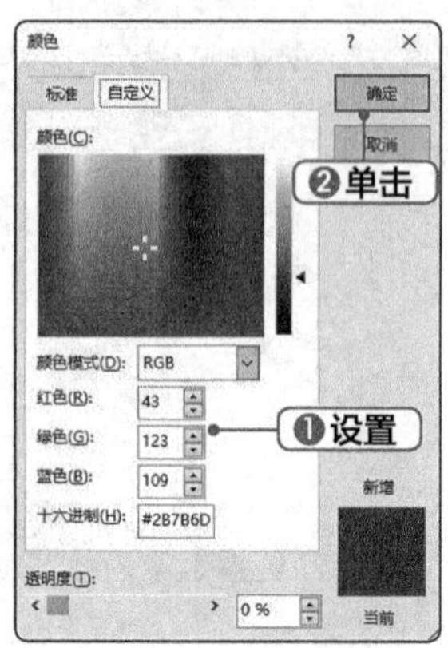

图3-186 设置颜色参数

STEP 6 设置完成后返回幻灯片编辑区，查看幻灯片背景颜色的效果，如图 3-187 所示。

图3-187 查看背景颜色的效果

STEP 7 在“幻灯片”窗格中选择第 1 张幻灯片，按【Enter】键快速新建一张幻灯片，将其背景颜色设置为与第 1 张幻灯片一致。然后在“插入”选项卡的“插图”组中单击“形状”按钮，在打开的下拉列表中选择“矩形”选项，在幻灯片下方绘制一个矩形，在“格式”选项卡的“形状样式”组中设置矩形的轮廓为“无轮廓”，填充颜色为“#2DC9C5”，效果如图 3-188 所示。

图3-188 插入形状

STEP 8 选择矩形，在“格式”选项卡的“插入形状”组中单击“编辑形状”按钮，在打开的下拉列表中选择“编辑顶点”选项，如图 3-189 所示。

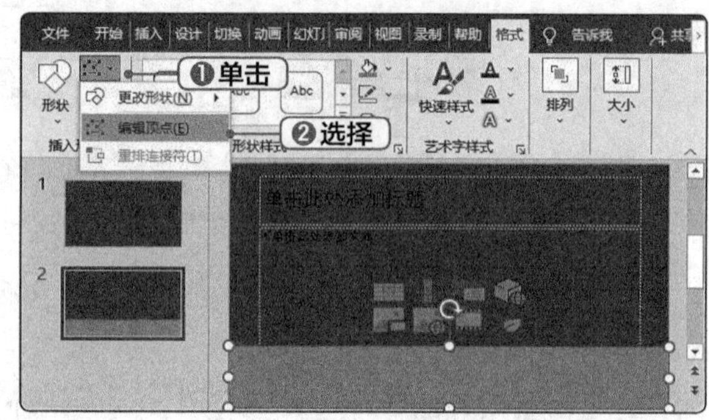

图3-189 编辑顶点

STEP 9 此时，矩形四角出现黑色控制点，且矩形边线呈红色，拖曳黑色控制点可以调整对应角的位置，拖曳边线可以将直线调整为弧线，如图 3-190 所示。

图3-190 编辑形状1

STEP 10 调整完成后，在矩形外的位置单击，完成对矩形的编辑，将矩形更改为海浪形状，如图 3-191 所示。

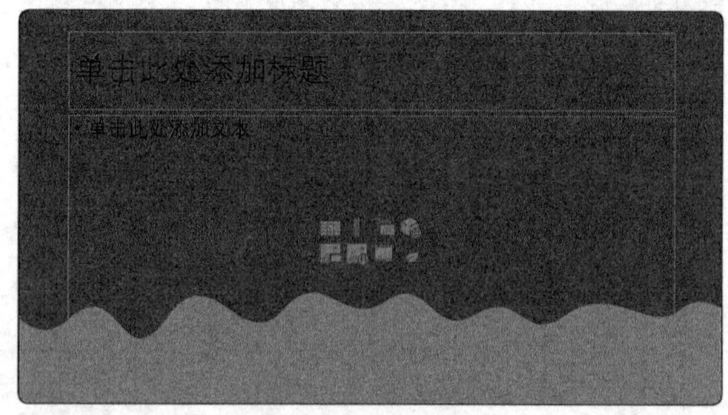

图3-191 编辑形状2

STEP 11 复制一个海浪形状，然后设置复制得到的海浪形状的填充颜色为“#28AFAF”，选择该形状，在“格式”选项卡的“排列”组中单击“旋转”按

第2部分

钮，在打开的下拉列表中选择“水平翻转”选项，如图 3-192 所示。

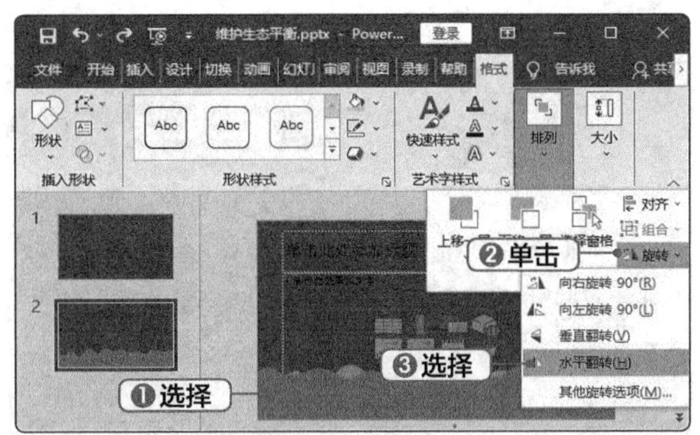

图3-192　翻转图片

STEP 12　新建一张幻灯片，设置其背景颜色为“#28AFAF”，绘制一个与幻灯片大小相同的矩形，设置其轮廓为“无轮廓”。在“设置图片格式”窗格中选中 图片或纹理填充(P) 单选项，在“图片源”栏中单击 插入(R)... 按钮，在打开的“插入图片”对话框中选择“从文件”选项，打开“插入图片”对话框，在其中双击素材文件夹中的“图片 8.png”图片，将该图片填充到矩形中，然后设置“透明度”为“50%”，如图 3-193 所示。

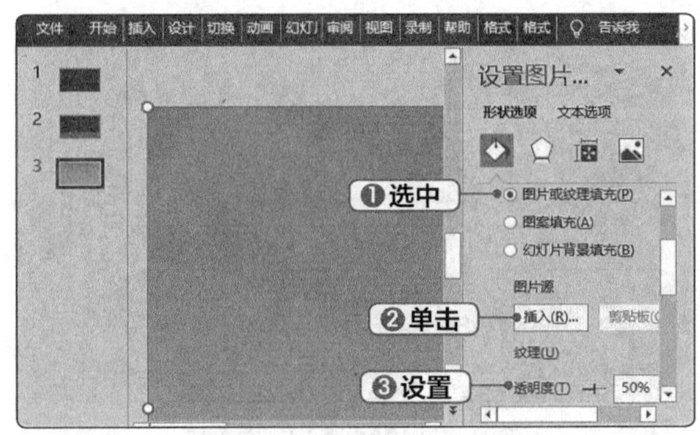

图3-193　用图片填充形状

STEP 13　按照上述方法依次新建第 4 ~ 7 张幻灯片，并设置幻灯片的背景，其中第 5 张幻灯片和第 6 张幻灯片的背景相同，完成后的效果如图 3-194 所示。

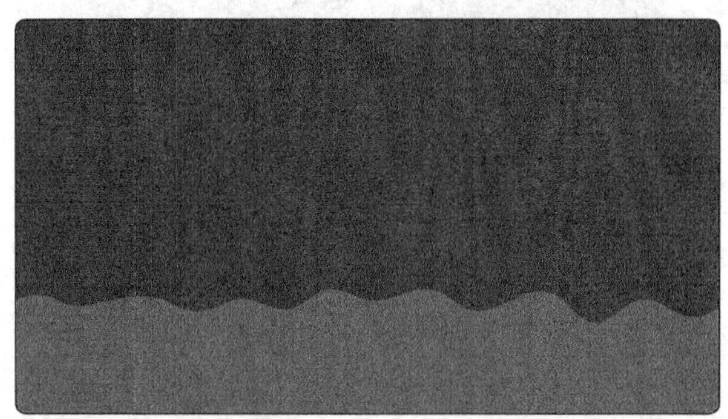

图3-194　设置其他幻灯片的背景

2. 编辑课件内容

下面在“维护生态平衡.pptx”课件中添加文本、图片、形状等内容，具体操作如下。

STEP 1　选择第 1 张幻灯片，在“插入”选项卡的“图像”组中单击“图片”按钮，在打开的下拉列表中选择“此设备”选项，打开“插入图片”对话框，选择“图片 1.png”图片和“图片 2.png”图片，单击 插入(S) 按钮，将它们插入幻灯片中，并调整它们的层叠关系和位置，效果如图 3-195 所示。

图3-195　插入图片

STEP 2 选择“图片 2.png”图片，在“格式”选项卡的“调整”组中单击“艺术效果”按钮，在打开的下拉列表中选择“线条图”选项，单击“校正”按钮，在打开的下拉列表中选择“亮度：0% 对比度：-20%”选项，效果如图 3-196 所示。

图3-196　调整图片

STEP 3 在第 1 张幻灯片中输入“维护生态平衡”文本，设置文本格式为“方正剪纸简体”“96”“加粗”“白色”。保持文本处于选择状态，单击“开始”选项卡中“字体”组右下角的按钮，打开“字体”对话框。单击“字符间距”选项卡，在“间距”下拉列表中选择“紧缩”选项，在“度量值”数值框中输入“6”，单击 确定 按钮，调整字符间距。

STEP 4 在“格式”选项卡的“艺术字样式”组中单击 文本填充 按钮，在打开的下拉列表中选择“图片”选项，打开“插入图片”面板，选择“从文件”选项，打开“插入图片”对话框，将“图片 7.png”图片填充到“维护生态平衡”文本中，效果如图 3-197 所示。

图3-197　为文本填充图片

STEP 5 在“格式”选项卡的“艺术字样式”组中设置文本轮廓为“白色”，轮廓粗细为“6 磅”，效果如图 3-198 所示。

图3-198　设置文本轮廓

STEP 6 绘制两条直线、两个圆形和 8 个矩形，设置所有形状的轮廓颜色为“白色”，再设置圆形和矩形的填充颜色为“无填充”，调整各个形状的位置。

STEP 7 依次在矩形中添加“保”“护”“生”“态”“人”“人”“有”“责”文本，并设置文本格式为“华文中宋”“28”“加粗”“白色”。在幻灯片右上方绘制一个“空心弧”形状，拖曳该形状两端的橙色控制点，将其调整为图 3-199 所示的效果。

图3-199　绘制并调整空心弧

STEP 8 设置空心弧的轮廓颜色和填充颜色为“白色，背景 1，深色 5%”。绘制一个圆形，设置圆形的轮廓为“无轮廓”，在圆形上单击鼠标右键，在弹出的快捷菜单中选择“设置形状格式”命令，打开“设置形状格式”窗格。单击“填充与线条”按钮，选中 渐变填充(G) 单选项，在“渐变光圈”栏中依次选择每一个滑标，然后单击“填充颜色”按钮设置滑标的颜色，此处可设置 4 个滑标的颜色分别为“#AED161”“#7CB846”“#548235”“#307D37”，然后拖曳调整每个滑标的位置，如图 3-200 所示，为圆形设置绿色的渐变填充效果。

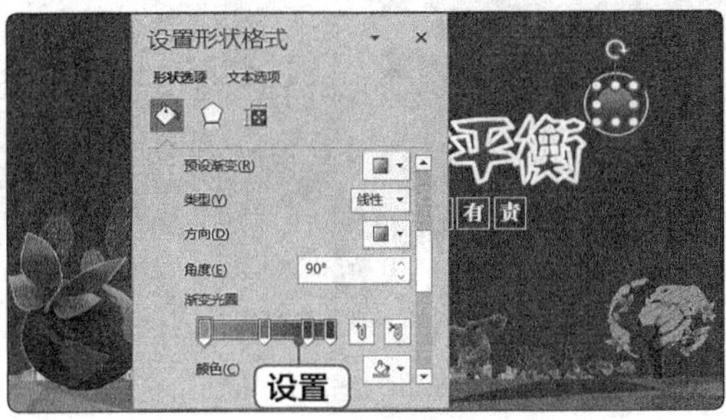

图3-200　设置圆形的渐变填充效果

STEP 9　调整右上方空心弧和圆形的旋转角度，并将它们置于文本的下层。在幻灯片中插入“图片 3.png”图片和“图片 4.png”图片，调整图片的位置和效果，完成课件封面的设计，如图 3-201 所示。

图3-201　完成封面的设计

STEP 10　选择第 2 张幻灯片，绘制 6 个三角形、1 个梯形、1 个椭圆形，设置每个形状的轮廓都为“无轮廓”，设置各个形状的颜色分别为“#B0CC4A”“#54892D”“#74B345”“#226027”“#357B39”“#4D3A34”“#84675A”“#999385”，效果如图 3-202 所示。

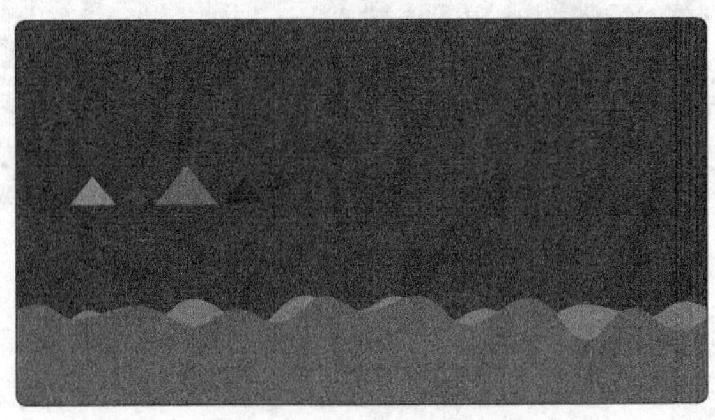

图3-202　绘制并设置形状

STEP 11　将上一步中绘制的形状组合成一棵树，并按【Ctrl+G】组合键将它们组合为一个整体，复制出若干组合图形，得到森林效果，如图 3-203 所示。

图3-203　制作森林效果

STEP 12　在第 2 张幻灯片中输入“第一部分”文本，并设置文本格式为“方正正大黑简体”“48”“加粗”“白色”。

STEP 13　选择第 3 张幻灯片，在其中绘制 3 个白色的平行四边形，对左右两侧的平行四边形的顶点进行编辑，编辑后的效果如图 3-204 所示。

图3-204　绘制并编辑形状

技巧讲解

编辑形状的顶点

在编辑形状的顶点时，在形状的边或角上单击鼠标右键，在弹出的快捷菜单中选择相应的命令，可以进行添加顶点、删除路径等操作。

STEP 14　在第 3 张幻灯片中输入文本，然后插入“图片 4.png”图片和“图片 5.png”图片，并调整图片的位置。选择“图片 5”图片，在“格式”选项卡的“大小”组中单击“裁剪”按钮下方的下拉按钮，在打开的下拉列表中选择“裁剪为形状”/“星形：七角”选项，将图片裁剪为七角形，效果如图 3-205 所示。

图3-205　插入并编辑图片

STEP 15 选择第 4 张幻灯片，在其中绘制 2 个圆形和 3 个扇形，设置形状的轮廓为“白色”，粗细为“2.25”磅，各形状的填充颜色分别为“#D5E5E2”“#0B9174”“#D4927C”“#82B7BB”“#485E6C”。拖曳扇形两端的橙色控制点，对其进行调整，效果如图 3-206 所示。

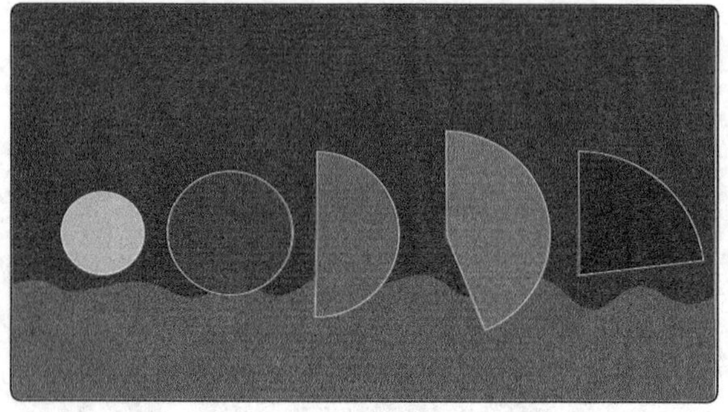

图3-206　绘制并调整形状

STEP 16 将上一步中绘制的形状组合起来，然后添加其他形状、文本等，添加完成后的效果如图 3-207 所示。

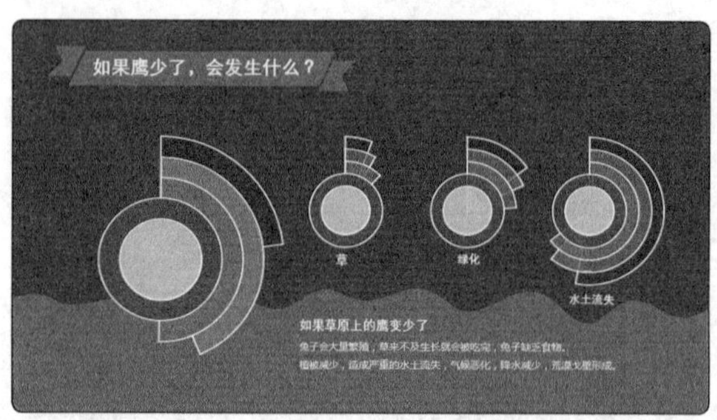

图3-207　绘制其他形状并添加文本

STEP 17 绘制 3 个大小不同的椭圆形，并将它们组合成图 3-208 所示的形状。

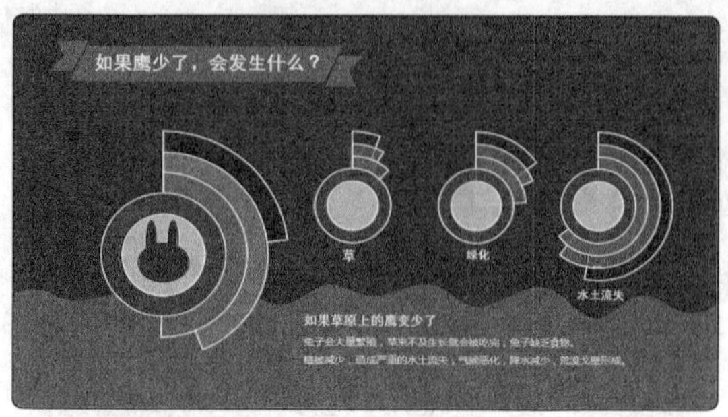

图3-208　绘制形状

STEP 18 设置 3 个椭圆形的轮廓为“无轮廓”，将它们的填充颜色设置为橙色。同时选择这 3 个椭圆形，在“格式”选项卡的“插入形状”组中单击“合并形状”按钮，在打开的下拉列表中选择“结合”选项，将它们结合在一起，如图 3-209 所示。

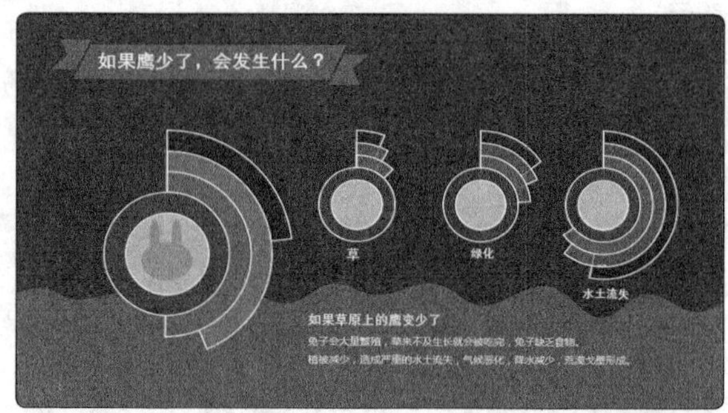

图3-209　合并形状

STEP 19 按照上述方法，绘制 3 个等腰三角形，制作出植被标识，绘制云朵和梯形，制作出大树标识，完成后的效果如图 3-210 所示。

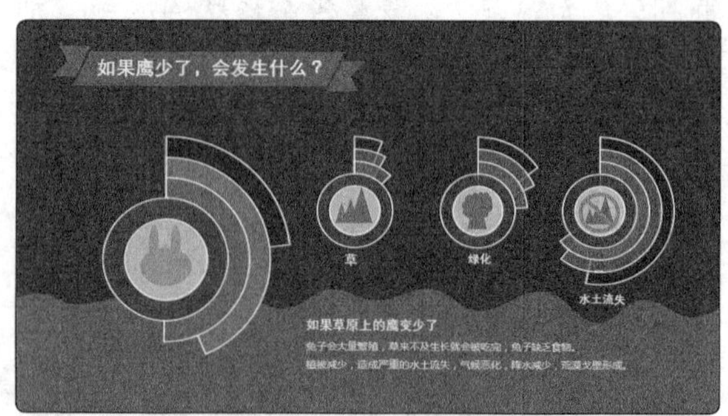

图3-210　绘制标识

STEP 20 在第 5 张和第 6 张幻灯片中绘制并编辑形状，然后插入文本和图片，完成课件内容部分的制作，效果如图 3-211 所示。

第2部分

图3-211　制作其他幻灯片

3. 为课件应用动画

下面为“维护生态平衡.pptx”课件中的各个对象应用动画，具体操作如下。

STEP 1 选择第 1 张幻灯片，将“保护生态人人有责”文本及对应的矩形组合为一个整体，然后同时选择“维护生态平衡”文本框和该组合形状，在“动画”选项卡的“动画”组中单击列表框右侧的按钮，在打开的下拉列表中选择“进入”/“淡化”选项，为文本应用淡入动画。在“动画”选项卡的“计时”组中设置“淡化”动画的“持续时间”为“01.50”（见图 3-212），“开始”为“单击时”。

图3-212　为课件标题应用动画

STEP 2 选择“维护生态平衡”右上角的圆形和空心弧，将它们组合成一个整体，然后在“动画”选项卡的“动画”组中单击列表框右侧的按钮，在打开的下拉列表中选择“更多进入动画”选项，打开“更改进入动画”对话框，在“温和”栏中选择“回旋”选项，单击确定按钮。在“动画”选项卡的“计时”组中设置“回旋”动画的“持续时间”为“02.00”，“开始”为“与上一动画同时”，如图 3-213 所示。

图3-213　为组合形状应用动画

STEP 3 选择标题文本下方的直线段，将其拖曳到幻灯片编辑区外（此处为了实现直线段从画面外飞入画面中的动画效果，将其移到画面外），在“动画”选项卡的“动画”组中为其应用“直线”动画路径，并调整路径的运动方向为从左下方到右上方，即“直线”路径动画的绿色控制点在左下方，红色控制点在右上方，如图 3-214 所示。在“动画”选项卡的“计时”组中设置“直线”动画的“持续时间”为“00.50”，“开始”为“与上一动画同时”。

图3-214　调整路径动画的运动方向

STEP 4 根据上述方法为标题文本上方的直线段应用“直线”动画路径，其运动方向为右上方到左下方，设置其“持续时间”为“00.50”，“开始”为“与上一动画同时”。

STEP 5 为课件封面中的两个小空心圆应用“回旋”进入动画，设置动画的“持续时间”为“00.50”，“开始”为“与上一动画同时”，“延迟”为“00.60”。为标题文本上方的树应用“浮入”动画，设置“效果选项”为“上浮”，“持续时间”为“01.00”，“开始”为“与上一动画同时”，“延迟”为“00.60”，“动画窗格”窗格如图3-215所示。

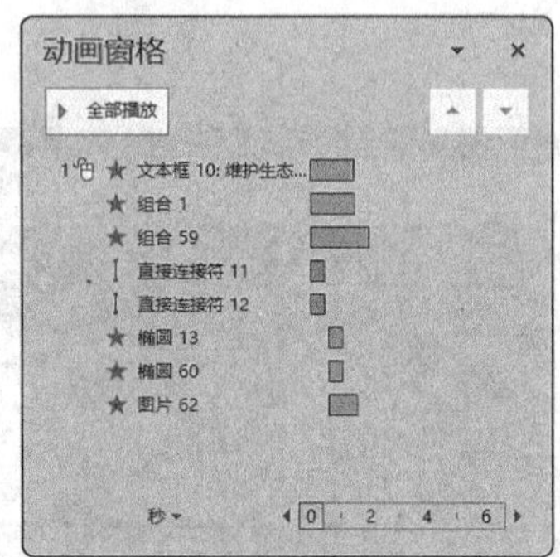

图3-215 “动画窗格”窗格

STEP 6 在“动画窗格”窗格中选择所有动画，单击 播放所选项 按钮，预览课件封面中的动画效果，如图3-216所示。

图3-216 预览动画效果

STEP 7 选择第2张幻灯片，框选其中的所有组合形状，为它们应用“浮入”进入动画，设置“效果选项”为“上浮”，在“动画”选项卡的“高级动画”组中单击 动画窗格 按钮，打开“动画窗格”窗格，在其中调整每一个组合形状的动画延迟时间，如图3-217所示。

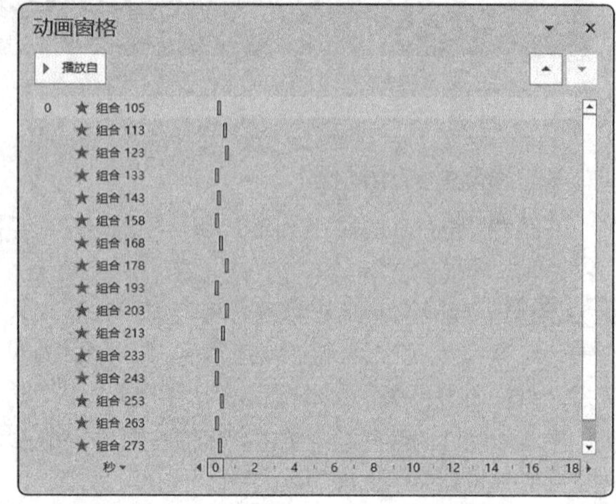

图3-217 调整动画的延迟时间

STEP 8 为第2张幻灯片下方的海浪形状应用“浮入”进入动画，设置“开始”为“与上一动画同时”，并调整其延迟时间。

STEP 9 按照上述方法分别为其他幻灯片中的对象应用动画效果。将第1张幻灯片中的内容复制到第7张幻灯片中，并进行相应的修改。选择第1张幻灯片，在“切换”选项卡的“切换到此幻灯片”组中单击列表框右下角的按钮，在打开的下拉列表中选择“动态内容”/“平移”选项，在“切换”选项卡的“计时”组中单击 应用到全部 按钮，将该切换效果应用到所有幻灯片中，如图3-218所示。

图3-218 应用切换效果

STEP 10 按【F5】键，从头开始预览幻灯片的放映效果，如图 3-219 所示。放映结束后，按【Esc】键退出幻灯片的放映状态，按【Ctrl+S】组合键保存课件，完成本例的操作。

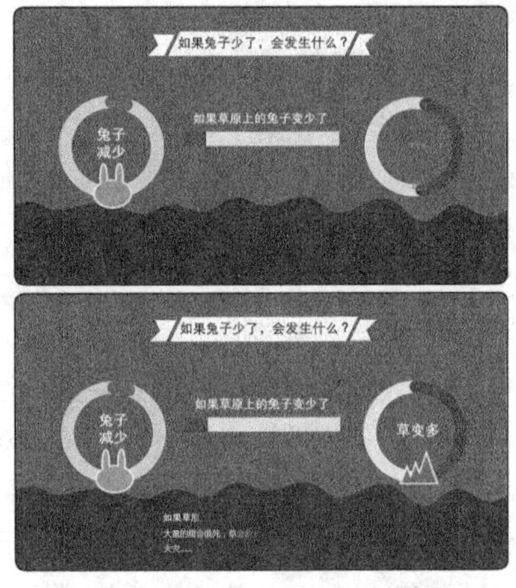

图3-219 预览幻灯片

3.9 强化实训：制作“安全教育”课件

青少年的健康成长建立在安全的基础上，但一部分学生还不具备足够的安全意识和自我保护能力。因此，学校和教师应该积极做好安全教育工作，提高学生的安全意识，帮助其健康成长。本实训将制作“安全教育”课件，制作时可选择与课程主题相符的视觉方案，通过可视化的方式表达课件内容。

【制作效果与思路】

完成本实训需要设计课件背景、绘制图示和形状、编辑文本和图片等，完成后的效果如图3-220所示。其具体制作思路如下。

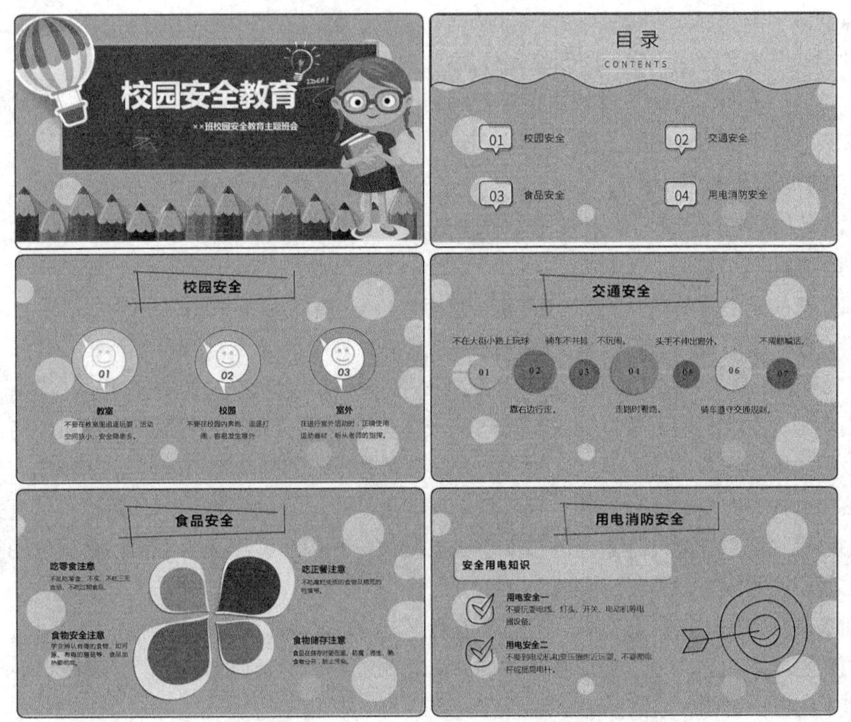

图3-220 “安全教育”课件的效果

素材所在位置 素材文件\第3章\实训图片\
效果所在位置 效果文件\第3章\安全教育.pptx

微课视频

（1）新建“安全教育.pptx”课件，进入“幻灯片母版”视图，在第1张幻灯片母版中绘制一个与幻灯片大小相同的矩形，设置其填充颜色为“#99DDE0”，轮廓为“无轮廓”。再绘制若干个大小不一的圆形，设置它们的填充颜色为“白色，背景1”，轮廓为“无轮廓”，透明度为“50%”。

（2）退出“幻灯片母版”视图，在第1张幻灯片中插入素材文件中提供的图片，并调整图片的大小和位置。绘制两个矩形，设置它们的填充颜色和轮廓颜色，制作出黑板效果，然后输入课件封面的文本。

（3）在第2张幻灯片中绘制一个矩形，并使用“编辑顶点”功能将其下方的边编辑为波浪形状。绘制若干个“对话气泡：圆角矩形”形状，编辑它们的顶点，并分别设置它们的轮廓和填充颜色。

（4）绘制其他图示，并在图示中输入文本，最后为幻灯片添加动画效果和切换效果，完成本实训的操作。

3.10 知识扩展

为了制作出美观、实用的PPT课件，教师在制作PPT课件时可以适当应用一些技巧，如文本设计技巧、动画设计技巧等。

第2部分

1. 课件中的文本设计技巧

文本是PPT课件中最基本的元素之一，其主要作用是将课件所要传达的信息清晰地展示给学生。除此之外，文本的设计也是PPT课件视觉设计的重点，因此教师在PPT课件中添加文本时可以遵循一定的原则，以提高课件整体的美观性和易读性。

- **字体不宜过多。**整个PPT课件应尽量保持字体统一，最好不超过3种字体。
- **突出重点文本。**制作文本内容较多的PPT课件时，除了要对文本进行提炼外，还应对重点文本进行突出显示，常用的方法包括增大字号、改变字体颜色、为文本添加边框等。
- **字体搭配恰当。**在同样的PPT课件中使用不同的字体，课件呈现的效果也不一样，因此教师在PPT课件中添加文本时，应结合课件的主题、使用场景、整体风格等选择合适的字体。

2. 课件中的动画设计技巧

在PowerPoint中制作PPT课件时，要想制作出效果流畅、自然、丰富的动画效果，以快速吸引学生的注意，可以运用一些动画设计技巧。

- 了解所有动画样式的具体效果和对应的效果选项，方便在制作课件时快速选用样式，如果这些动画样式不能直接实现自己所需的动画效果，则考虑通过组合动画来实现。
- 在为PPT课件中的文本、图片等应用动画时，一般不建议应用过于复杂的动画，避免动画效果喧宾夺主。但当多媒体教室的空间较大或投影幕布的尺寸较大时，如果动画效果不明显，或持续时间不长，则也难以吸引学生的注意，因此PPT课件中的动画应具备一定的强调和引起注意的作用。
- 动画应该遵循对象本身的运动规律，在制作动画时要考虑对象的先后顺序、大小、位置关系及其与演示环境的协调等。如果需要制作复杂的特效动画，则最好先设计好动画的框架，厘清该动画需要表现的内容及需要呈现的画面后，再逐步实施。
- 课件动画最好保持相对较快的节奏，不应过于缓慢，否则难以调动学生的情绪。
- 根据不同的教学场景制作合适的动画，例如，某些课堂的教学氛围比较严谨、理性，则PPT课件中最好不要有过多的修饰动画，以简洁、高效为宜。

3.11 课后练习

PPT课件在教学活动中的应用十分广泛，下面通过两个练习对本章所讲的制作PPT课件的相关知识进行巩固。

练习 1 制作“酸碱中和反应”课件

化学类课件在展示实验场景和实验过程时，往往需要使用试管、烧杯等容器来形象地展示化学反应的过程，而这些容器都可以通过PowerPoint中的形状功能绘制。本练习要求制作“酸碱中和反应”课件，制作完成后的部分效果如图3-221所示。

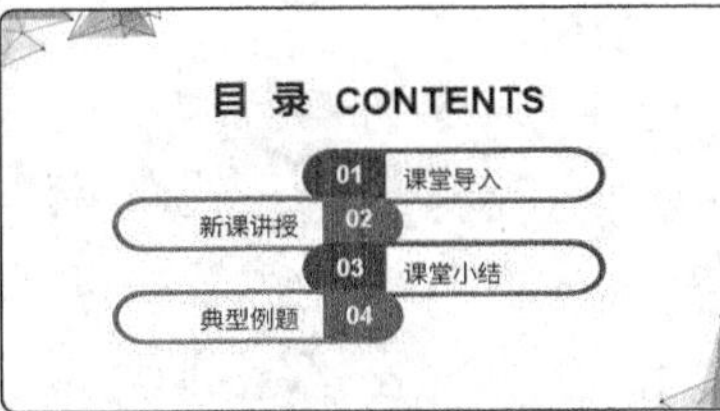

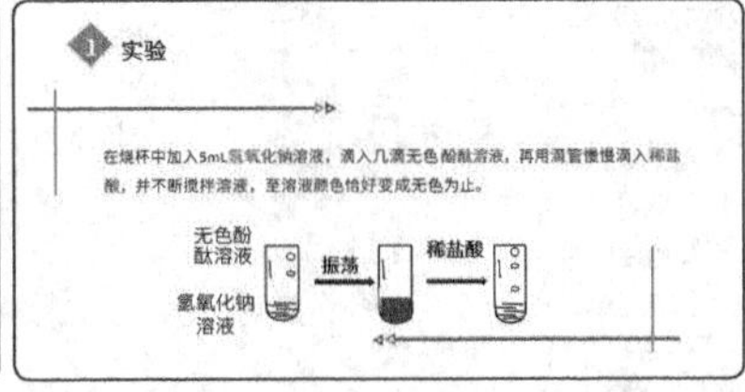

图3-221 “酸碱中和反应”课件（部分）

素材所在位置 素材文件\第3章\酸碱中和反应.pptx
效果所在位置 效果文件\第3章\酸碱中和反应.pptx

微课视频

练习 2 制作“海水的性质”课件

很多课件为了说明数据的占比、不同对象之间的逻辑关系等，需要运用图表、图示等对数据进行可视化展现。本练习将制作“海水的性质”课件，使用图标、图示等说明海水的性质、海水运动对人类活动的影响等，制作完成后的部分效果如图3-222所示。

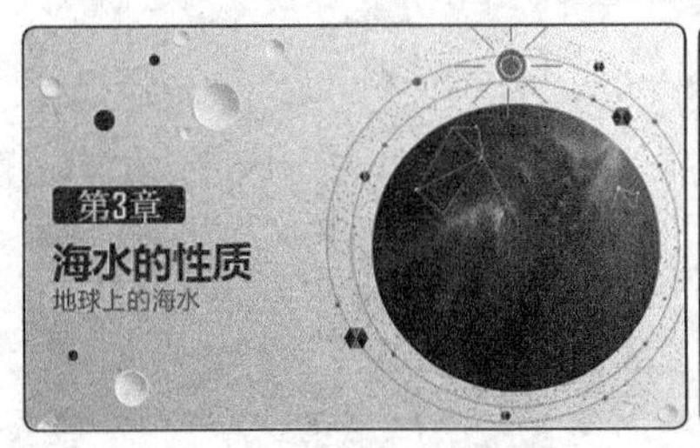

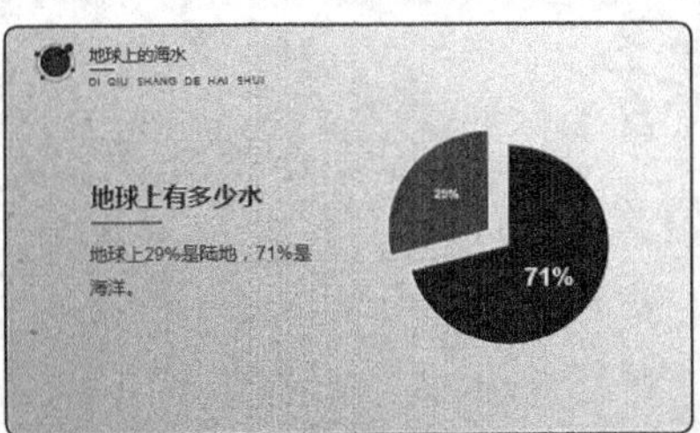

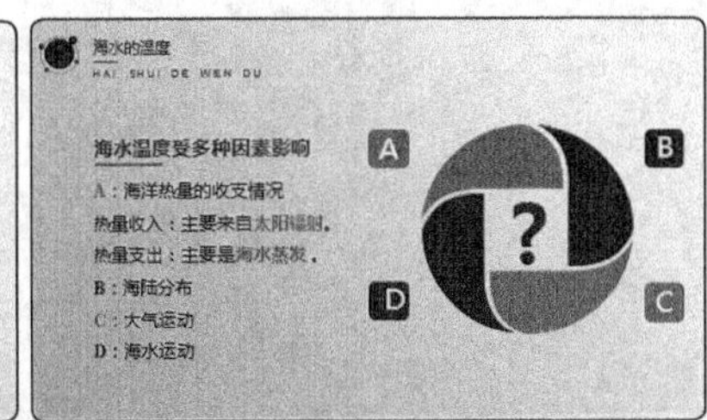

图3-222 “海水的性质”课件（部分）

素材所在位置 素材文件\第3章\海水的性质.pptx
效果所在位置 效果文件\第3章\海水的性质.pptx

微课视频

第2部分

第 4 章

动画课件的设计与制作

/ 本章导读

英国著名的动画艺术家约翰·汉斯曾指出："运动是动画的本质"，也有人说："动画是运动的艺术"。作为一种运动的、富有吸引力的表现形式，动画在实现教学内容可视化方面具有十分明显的优势，并逐渐成为现代多媒体教学中的重要元素。

/ 技能目标

了解动画课件在教学中的应用。

熟悉动画制作软件。

掌握制作动画课件的方法。

/ 案例展示

4.1 动画课件制作基础

随着教学内容表达形式的多元化和丰富化，教学信息的传递方式也在逐渐发生改变，动画所特有的视觉表达效果和可视化展现形式使其在教学活动中的应用愈加广泛，其在提升教学效果方面的作用也更加明显。

4.1.1 动画课件的类型与应用

动画由若干帧互相联系的静态画面组合而成，是人工创造的运动影像，动画课件的本质与动画一样。在教学活动中，动画课件可以生动、形象、直观、准确、有趣地表现对象的运动特征，展示事物的连续变化过程，辅助教师讲解和演示抽象原理，因此适时、合理地使用动画课件，可以引起学生的视觉注意，实现更有效和更有吸引力的教学。教师应该了解动画课件的常见类型及其在教学活动中的常见应用，以便制作出符合教学需求的动画课件。

1. 动画课件的类型

根据动画课件的应用形式和教学功能，动画课件可以分为不同的类型。

（1）根据动画课件的应用形式分类

根据动画课件的应用形式，动画课件主要分为演示型动画课件和交互型动画课件。

- **演示型动画课件。**在多媒体教学中，大多数动画课件主要起演示作用，即通过连续播放的动画展示事物变化的节奏和进程。例如，在课堂教学中，可以通过动画对某个概念、定理、规律等知识进行形象、直观的演示，便于学生理解。演示型动画课件主要用于展示课堂内容，其中的动画通常按照设计好的顺序自动播放。
- **交互型动画课件。**为了实现互动教学，部分课堂中也可使用互动型动画课件，即交互型动画课件。教师在播放交互型动画课件时可以控制动画的播放节奏。学生可以根据交互型动画课件中的交互引导功能进行自主学习，例如，加减游戏动画课件，学生可以在动画课件中选择正确的答案，并顺利完成游戏。

（2）根据动画课件的教学功能分类

根据动画课件的教学功能，动画课件可以分为创设情景类动画课件、知识传递类动画课件、操作练习类动画课件、模拟实验类动画课件等。

- **创设情景类动画课件。**创设情景类动画课件的主要作用是创设教学所需的场景，营造课堂氛围，并引入、渲染教学内容。例如，通过动画营造《诗经》中的场景，将学生带入诗歌中，以便领会诗歌中的情感；或通过动画展示酒店前台冲突事件，将学生置于解决冲突的场景中。
- **知识传递类动画课件。**知识传递类动画课件的主要作用是对教学知识、教学信息进行展示和传递，帮助学生理解和学习，例如，通过齿轮转动动画解释某工具的工作原理。
- **操作练习类动画课件。**操作练习类动画课件的主要作用是对课堂知识进行总结和巩固，学生通过动画可以进行测验、练习。例如，通过动画设计一些测试题目，学生完成测试后再提交结果。
- **模拟实验类动画课件。**模拟实验类动画课件的主要作用是培养学生的动手实践能力。学生可以通过动画完成某项操作或实验，特别是难以在课堂或实验教室中进行的实验。例如，教师通过动画设计某项户外工作的场景，让学生在动画中依次进行操作，在虚拟场景中完成该项工作。

2. 动画课件的应用

与其他课件一样，动画课件也可以应用于各种教学情景和场合，教师可以根据实际的教学需要选择和应用动画课件。一般来说。动画课件主要有以下两种应用形式。

- **单独作为课件使用。**动画课件可以在短时间内高效地传递大量的信息，为学生提供翔实的学习资料，同时还可通过生动、有趣的方式加深学生的记忆，因此它可作为单独的课件在课堂上播放和使用。例如，在讲解某个抽象原理时，可通过动画进行辅助说明。另外，动画课件也可以用于学生的课前自学或课后复习、测试等。
- **用于其他课件中。**动画课件往往文件较小，时长较短，因此可搭配其他课件使用。例如，可用作其他课件的片头，通过具有视觉冲击力的片头动画来吸引学生的注意；也可用于其他课件中，对相应的教学内容起展示、补充、说明的作用。在其他课件中应用动画课件时，注意控制动画的时长，避免影响其他课件的放映节奏。

4.1.2 动画课件的制作流程

动画课件在教学活动中虽然可以发挥很好的作用，但动画课件的制作并不简单。一般来说，制作动画课件需要经过前期策划、搜集素材、制作动画课件、后期调试优化、测试动画课件和发布动画课件6个主要流程。

1. 前期策划

在制作动画课件前，教师应该明确该动画课件的应用场景和制作目的，以及动画课件所面向的学生群体的特征、动画课件的风格与色调等，然后根据实际的教学需要策划一套完整的动画课件设计方案，对动画中出现的人物、背景、音乐及动画剧情等做具体的安排，以方便素材的搜集。

2. 搜集素材

完成前期策划后，教师可以根据策划的具体内容有目的地搜集素材，同时，还可以按一定的要求使用 Photoshop 等软件对搜集到的素材进行编辑，使其符合动画制作的需求。

3. 制作动画课件

完成动画素材的搜集后，即可正式开始制作动画课件。在制作动画课件时，教师可以先将搜集的素材依次导入动画制作软件中，然后分别为不同的对象添加合适的动画效果，也可根据教学需要在其中添加交互效果和音频等。

4. 后期调试优化

动画课件制作完成后，应对其进行全方位的调试优化，这一步的目的是使整个动画看起来更加流畅、紧凑，且可按期望的效果播放。调试优化工作主要包括调整动画对象的细节、分镜头和动画片段的衔接效果、音频与动画的同步率等，以保证动画课件的最终效果与质量。

5. 测试动画课件

完成调试优化后，还应对动画的播放及下载等进行测试。由于计算机等播放设备的软硬件配置不相同，因此动画课件的兼容性也不相同。为了便于教师或学生相对自如地使用动画课件，可以尽量在不同配置的设备上测试动画，然后根据测试结果对动画课件进行调整和修改，使其在不同配置的设备上均能有很好的播放效果。

6. 发布动画课件

完成动画的制作与测试后，教师即可设置动画的格式、画面品质和音频质量等，然后将动画发布为文件，以备使用。注意，在发布动画课件时，应根据动画的用途、使用环境等进行设置，而不是一味地追求较高的画面品质、音频质量，以免影响动画课件的传输。

知识补充

动画课件的下载

动画课件的制作相对来说比较耗时耗力，如果教师所需的动画课件比较简单、普遍，则可直接通过搜索引擎搜索并下载使用。常见的动画格式有GIF、SWF等。其中，GIF动画是一种高压缩比的彩色图像文件格式，它的本质是一种图像，采用保存图像的方法即可下载网页中的GIF动画。SWF动画是使用动画制作软件制作的动画，这种动画的文件较小，通常需要在相关的动画素材网站中下载。此外，如果教师需要3D动画课件素材，则也可从网上的素材库中下载获得。

4.1.3 动画课件的应用基础

动画课件是一种表现效果十分丰富的课件类型，在教学活动中合理应用动画课件传递教学信息可以极大地丰富课程内容的视听效果和趣味性，促进教学效果的提升。但在应用和制作动画课件时，教师应遵循一定的规范，保证动画课件可以真正发挥其教学作用。

1. 动画课件的帧频

由于动画是通过连续播放一系列的画面，从而在视觉上形成连续变化的图像效果的，因此动画的帧频越高，动画的播放效果就越流畅。帧频是指每秒显示的图像数量，教师可以根据动画课件的实际应用情况来设置动画的帧频。对精细度要求比较高的动画，如某个机械的转动、某个体育动作的具体展示，可以适当设置较高的帧频，如12~25帧/秒；对精细度要求不高的动画，如某件物品的结构展示、植物的成长过程等，可设置相对较低的帧频，如不低于8帧/秒。

2. 动画课件的应用注意事项

与其他多媒体课件一样，动画课件也应遵循相关的应用原则，即在需要使用动画课件的时候再使用。为了避免不合理运用动画课件而影响正常的教学进程，教师应注意动画课件的以下5个应用注意事项。

- **控制动画时长。**应用于其他课件或教学页面中的动画一般不宜过长，单个动画的时长可以控制在2分钟以内，以免动画影响学生的注意力。如果需要使用时间较长的动画，则建议对动画内容进行分解，然后将它们分别插入课程的不同阶段。
- **筛选动画内容。**动画课件的主要作用是以学生更容易理解和接受的形式来传递教学信息，因此，只有适合通过动画来展现的教学内容才应被制作成动画课件，只有这样动画课件才能发挥其辅助教学的作用。例如，通过动画展示血管阻塞、血管破裂等难以直接观测的现象。
- **选择合适的景别展现教学对象。**景别即主体对象在画面中的呈现范围，景别由近至远可分为特写、近景、中景、全景、远景。在不同的教学目标下，同一种教学内容也可以有不同的呈现形式，因此教师应该根据具体的教学情况选择合适的景别。例如，要呈现某事物的细节时，选择特写、近景，要呈现某事物的全貌时，选择中景、全景等。
- **设计动画的交互功能。**在实际的教学活动中，教师或学生可能随时需要对动画进行播放、暂停等操作，因此根据实际教学情况可以为动画课件设计基本的交互功能，便于学生反复、仔细查看动画，详细了解动画内容。
- **动画内容与课程内容相符。**由于动画课件生动有趣、形式活泼，因此使用动画课件往往可以给教学增添不少的趣味性。但教师也不能为了趣味性，应用与课程内容不符的动画课件，这样的动画课件不仅无法发挥辅助教学的作用，还会干扰学生对课程内容的认知，影响学生的注意力。

4.2 动画制作软件

动画由连续的静止画面组成，因此动画课件的制作实质上就是让连续的静止画面运动起来，从而形成教师需要的运动和变化效果，达到传递教学信息和实践练习等目的。要实现这一效果，就需要使用动画制作软件。

4.2.1 常见的动画制作软件

传统的动画制作软件，如Animate，功能十分强大，但操作相对复杂，需要教师掌握相关的操作方法和技巧。新兴的动画制作软件，如万彩动画大师，操作则比较简单、快捷。教师可以根据实际的制作需要选择。

1. Animate

Animate是Adobe公司推出的专业二维动画制作软件，该软件提供了一整套可互相配合使用的动画应用程序和适应现有网页应用的音频、图片、视频、动画等创作支持，能够帮助教师设计适用于各类教学活动的交互式矢量动画课件和位图动画课件等。

通过Animate，教师可以使用各种动画形式实现人物的眨眼、交谈、行走等动画效果，可以设计和制作具有移动、单击或触摸等交互功能的交互式动画课件，可以导入音频来丰富动画课件的视听效果，也可以将动画课件导出到多个平台（包括 HTML5 Canvas、WebGL、Flash/Adobe AIR及SVG的自定义平台），方便学生通过计算机、移动设备和电视机等进行学习。

2. 万彩动画大师

万彩动画大师是一款在计算机上使用的动画制作软件，其界面简洁友好，操作简单、易上手，十分适合动画初学者或非专业人士使用。此外，万彩动画大师还提供了大量的动画模板、背景音乐、图片素材、动画角色、动画场景、组合图形、动画特效等，便于教师轻松快速地制作出动画、视频等。图4-1所示为万彩动画大师的操作界面，教师可以选择一个模板并修改相关内容，完成动画的制作，也可以新建一个空白项目开始动画的制作。在制作动画之前，教师可以先观看系统提供的动画制作教程，熟悉万彩动画大师的具体使用方法。

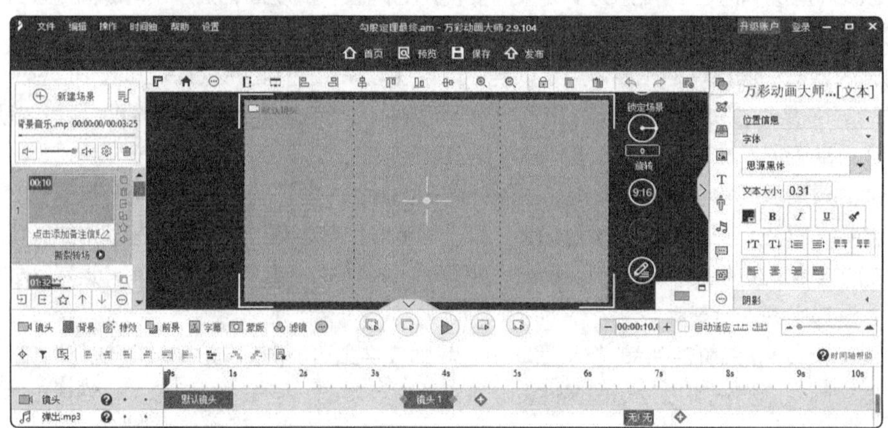

图4-1 万彩动画大师的操作界面

4.2.2 Animate 的操作界面

一般来说，在计算机桌面上双击Animate图标，或单击桌面左下角的“开始”按钮⊞，在打开的“开始”菜单中选择“Adobe Animate 2020”命令，或双击计算机中后缀名为“.fla”的任意文件，就可以启动

Animate。启动Animate后，可看到其操作界面，Animate的操作界面主要由菜单栏、面板组、工具栏、场景和舞台，以及“时间轴”面板等部分组成，如图4-2所示。

图4-2　Animate的操作界面

1. 菜单栏

Animate的菜单栏中包括文件、编辑、视图、插入、修改、文本、命令、控制、调试、窗口和帮助菜单，选择某个菜单即可看到相应的菜单命令，若菜单命令右侧有▸图标，则表明其还有子菜单。Animate菜单栏中各菜单的作用如下。

- **文件：** 用于进行文件的新建、打开、存储、导出、打印等操作。
- **编辑：** 用于进行一些基本的编辑操作，如剪切、复制、粘贴到中心位置、编辑元件等操作。
- **视图：** 用于进行舞台设置，如设置屏幕模式，减小或增大图形的显示比例，显示或隐藏标尺、网格和辅助线等。
- **插入：** 用于进行新建元件、创建补间动画、创建补间形状、创建传统补间、在“时间轴”面板内插入帧等操作。
- **修改：** 用于进行位图、元件、形状的变形、排列等操作。
- **文本：** 用于进行输入文字，设置文字大小、样式等操作。
- **命令：** 用于进行命令管理操作，如管理保存的命令、获取更多命令、运行命令等。
- **控制：** 用于进行播放、后退、测试、循环播放动画等操作。
- **调试：** 用于进行调试影片、结束调试会话等操作。
- **窗口：** 用于显示和隐藏Animate 操作界面中的各个面板。
- **帮助：** 通过该菜单，用户可以快速访问Animate的帮助手册和相关教程，了解Animate的相关法律声明和系统信息。

2. 面板组

在Animate中设置动画对象的各项参数时，往往需要通过参数面板来实现。在默认情况下，各参数面板会自动集成在面板组中，单击面板组中的按钮可打开对应的参数面板，例如，单击“属性”按钮，可打开“属性”面板，单击“库”按钮，可打开“库”面板。

在默认情况下，面板组中主要有“属性”“库”“颜色”“对齐”等常用面板，在菜单栏中选择【窗口】菜单，再选择相应的命令，可在Animate的操作界面中显示其他面板；在面板上按住鼠标左键进行拖曳，可将面板拖曳到面板组中，如图4-3所示。面板组中的各面板都提供了不同的功能，可打开各个面板，查看其中的具体功能。下面主要介绍“属性”面板和“库”面板。

（1）“属性”面板

“属性”面板用于设置各种绘制对象、工具或其他元素的属性。用户在“属性”面板中可更改选定对象对应的属性，如舞台的宽、高，舞台的背景颜色，动画的帧频（默认为24，即1秒24帧）等。该面板会随着当前选择对象的不同而显示不同的属性，如图4-4所示。选择【窗口】/【属性】菜单命令，或按【Ctrl+F3】组合键均可打开“属性”面板。

（2）“库”面板

“库”面板主要用于存放和管理动画中的素材和元件，相当于一个“仓库”，当需要某个素材或元件时，可直接从“库”面板中调用。选择【窗口】/【库】菜单命令，或按【Ctrl+L】组合键均可打开“库”面板，图4-5所示为“库”面板。

图4-3　将“变形”面板添加到面板组中

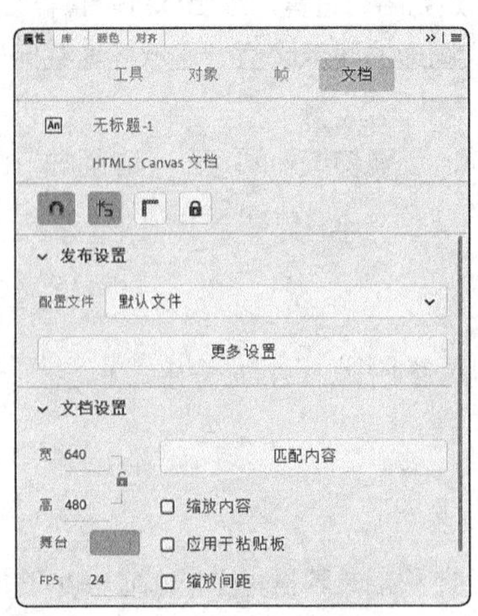

图4-4　“属性”面板

图4-5　“库”面板

3. 工具栏

Animate的工具栏提供了“选择工具”“矩形工具”“文本工具”等工具，每一个工具都具有不同的功能，例如，“选择工具”主要用于选择舞台中的对象，“文本工具”主要用于输入和编辑文本。在默认情况下，工具栏呈单列显示，无法完全显示所有工具，单击工具栏下方的 ••• 按钮，可展开工具栏，如图4-6所示。选择【窗口】/【工具】菜单命令或按【Ctrl+F2】组合键可打开或关闭工具栏。将鼠标指针移动到工具上，可以查看该工具的名称及对应的快捷键。在工具栏中单击某个工具按钮，以选择该工具，同时鼠标指针将变为相应的形状，此时可运用该工具在舞台中进行相应的操作。

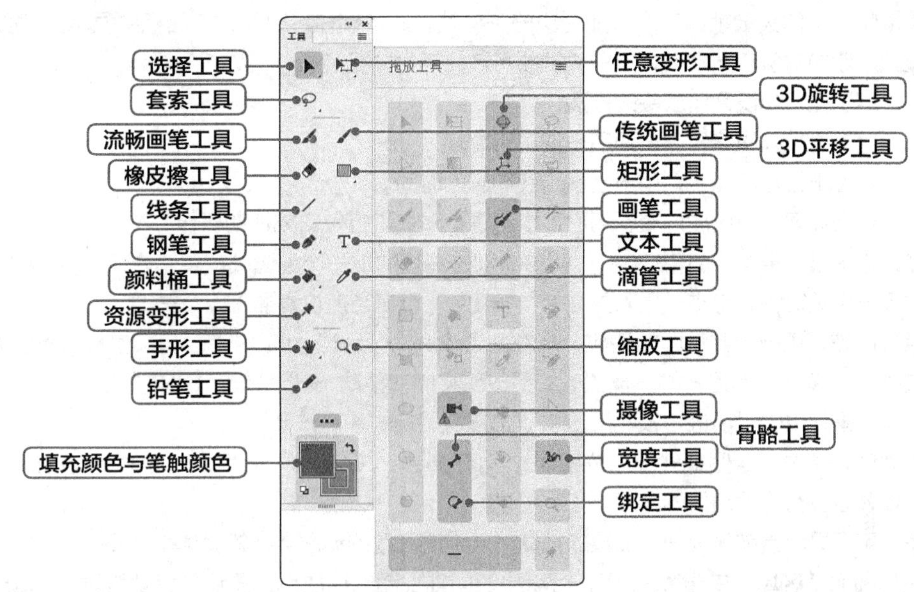

图4-6　工具栏中的工具

4. 场景和舞台

在Animate中，图形的制作、编辑和动画的创作都必须在场景中进行，一个动画中可以包含多个场景，动画中的帧都按场景顺序连续编号。例如，如果一个动画中包含两个场景，每个场景有10帧，则场景2中的帧的编号为11~20。动画中的各个场景将按照“场景”面板中的顺序播放，也就是当播放完上一个场景的最后一帧后，将自动播放下一个场景。

每一个场景中都有一个矩形区域，这就是舞台。舞台是创建动画时用于放置图形等对象的区域，只有显示在舞台中的对象才能在动画中显示出来。

5. “时间轴”面板

“时间轴”面板主要用于控制动画的播放顺序，其左侧为图层区，该区域用于控制和管理动画中的图层；右侧为帧控制区，由播放头、帧、时间标尺、帧标尺等部分组成，如图4-7所示。在默认情况下，“时间轴”面板处于显示状态，选择【窗口】/【时间轴】菜单命令可隐藏或显示“时间轴”面板。

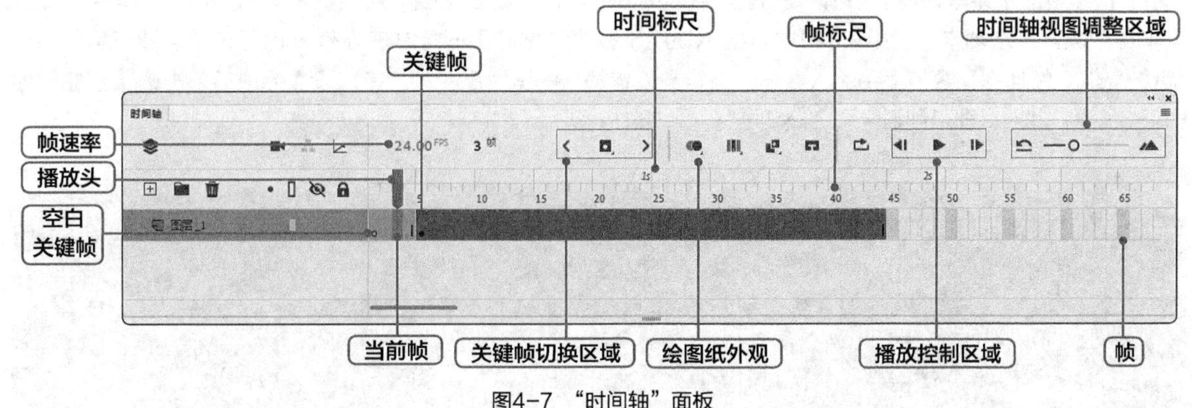

图4-7　“时间轴”面板

“时间轴”面板中各选项的含义如下。

- **帧：** 帧是Animate动画的基本组成部分，播放动画时，Animate从左向右依次播放帧画面。
- **关键帧：** 关键帧是决定动画内容的帧，是在舞台中可以直接编辑的帧，是画面开始发生变化的转折帧，关键帧在“时间轴”面板中显示为黑色的实心圆点。
- **空白关键帧：** 空白关键帧即还未添加对象的关键帧，此类帧在“时间轴”面板中显示为空心圆点。在空白关键帧中添加对象和元素后，空白关键帧将被转换为关键帧。
- **当前帧：** 用于显示或设置播放头的位置。
- **帧标尺：** 用于显示帧的编号，帮助用户快速定位帧。
- **时间标尺：** 位于帧标尺上方，用于显示当前动画的时间。
- **播放头：** 用于标识当前播放位置，用户可以随意地对其进行单击或拖动操作。
- **关键帧切换区域：** 单击‹按钮可将播放头移动到该图层的上一个关键帧，单击›按钮可将播放头移动到该图层的下一个关键帧，单击“插入关键帧”按钮，可在当前位置插入一个关键帧。
- **播放控制区域：** 用于控制动画的播放，从左到右依次为“后退一帧”按钮、“播放”按钮、“前进一帧”按钮；单击“后退一帧”按钮，播放头将向左移动一帧，单击“播放”按钮，可从当前位置开始播放动画，单击“前进一帧”按钮，播放头将向右移动一帧。
- **绘图纸外观：** 单击“绘图纸外观”按钮，可在舞台、“时间轴”面板中同时显示或选择多个帧，一般用于编辑、查看有连续动作的动画。
- **帧速率：** 用于显示当前动画一秒播放的帧数，动作越细致的动画需要的帧速率越高。
- **时间轴视图调整区域：** 单击按钮，可以将时间轴视图的缩放级别重设为默认级别；单击按钮，可在视图中放置较少帧，该按钮在标准模式下不可使用（单击“时间轴”面板最右端的按钮，可改变时间轴视图的模式）；拖动滑块，可以手动调整时间轴视图的大小。

4.2.3 Animate 的基本操作

Animate的基本操作包括动画文件的基本操作、导入素材、编辑帧、编辑图层等，这些操作都是制作动画课件时经常使用的操作。

1. 动画文件的基本操作

此处的动画文件即使用Animate制作的动画，动画文件的基本操作主要包括新建、打开、保存、关闭和导出。

（1）新建空白动画文件

在Animate中制作动画前通常需要先新建一个空白动画文件，其方法为：在Animate操作界面中选择【文件】/【新建】菜单命令，打开“新建文档”对话框；在“新建文档”对话框中单击相应的选项卡，如这里单击“教育”选项卡；“预设”栏中将显示适用于教育领域的不同尺寸的模板，也可在“详细信息”栏的“宽”“高”“帧速率”数值框中输入数值，自定义设置舞台的宽、高和帧速率，设置完成后单击创建按钮，如图4-8所示。此时，即可创建一个空白动画文件，如图4-9所示。

知识补充

创建模板文件

在Animate中也可创建基于模板的动画文件，其方法为：选择【文件】/【从模板新建】菜单命令，打开“从模板新建”对话框，在“类别”列表框中选择一个模板类型，如范例文件、演示文稿、横幅、AIR for Android、AIR for IOS、HTML5 Canvas、广告、动画、媒体播放等，单击确定按钮即可创建一个模板文件。

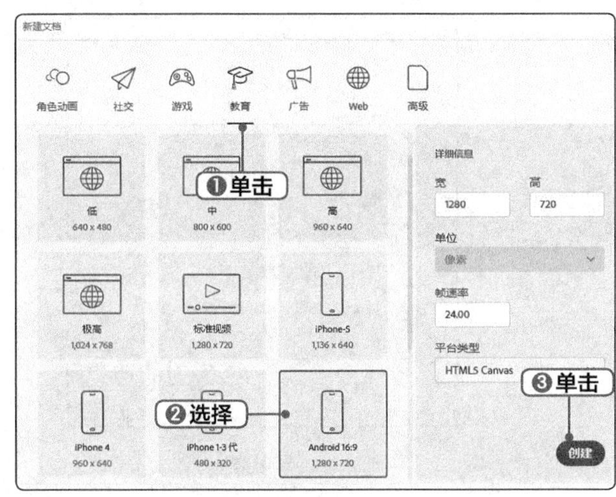

图4-8　设置动画文件的信息

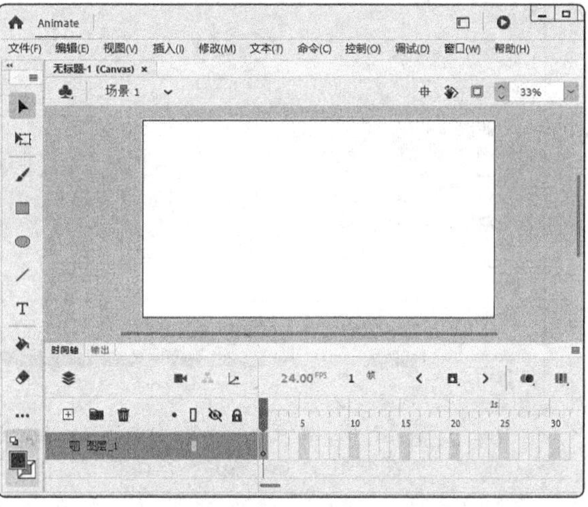

图4-9　新建的空白动画文件

（2）打开动画文件

教师如果需要对已有的动画文件进行查看和编辑，就需要打开该动画文件。其操作为：在Animate操作界面中选择【文件】/【打开】菜单命令，打开“打开”对话框，在其中选择动画文件的保存路径和需要打开的动画文件，单击 打开(O) 按钮，即可打开所选的一个或多个动画文件。

若要快速打开最近查看、编辑过的动画文件，则选择【文件】/【打开最近的文件】菜单命令，在打开的子菜单中选择最近打开过的动画文件（系统默认显示10个），以迅速打开该文件。

（3）保存动画文件

对动画文件进行编辑和修改后，必须保存动画文件，以防断电或误操作造成动画文件损坏或丢失。在Animate中保存动画文件的方法主要有以下两种。

- **保存。**选择【文件】/【保存】菜单命令或按【Ctrl+S】组合键，将编辑过的动画文件按原路径、原文件名、原格式存入计算机中，同时覆盖原动画文件。
- **另存为。**选择【文件】/【另存为】菜单命令或按【Ctrl+Shift+S】组合键，在打开的“另存为”对话框中设置动画文件的保存路径、保存类型、新名称，然后单击 保存(S) 按钮，这样可以在保留原动画文件的同时，保存修改后的动画文件。

（4）关闭动画文件

完成动画文件的相关操作后，可将其关闭。关闭动画文件的方法主要有以下3种。

- 单击操作界面右上方的“关闭”按钮 × 。
- 选择【文件】/【关闭】菜单命令或【文件】/【全部关闭】菜单命令。
- 按【Ctrl+W】组合键。

（5）导出动画文件

使用Animate制作的动画文件默认为FLA格式，但FLA格式的文件不能直接播放，因此在制作完动画课件后，教师需把FLA格式的动画课件导出为其他格式的文件。Animate支持导出的文件格式主要包括图像、影片、视频/媒体和动画GIF 4种，其导出方法为：选择【文件】/【导出】菜单命令，在打开的子菜单中选择“导出图像”“导出影片”“导出视频/媒体”“导出动画GIF”命令即可。

选择不同的导出命令后，将打开不同的对话框，每个对话框中都提供了相应的选项，教师可以在其中对导出的动画课件进行设置。图4-10所示为“导出影片”对话框，“文件名”文本框用于设置动画课件的名称，“保存类型”下拉列表用于设置动画课件的影片类型，包括SWF影片、GIF序列等。图4-11所示为“导出媒体”对话框，其中的“格式”下拉列表用于设置动画课件的导出格式，“输出”文本框用于设置动画课件导出后的保存位置，可单击其右侧的“浏览以指定输出文件路径”按钮 选择动画课件的保存位置。

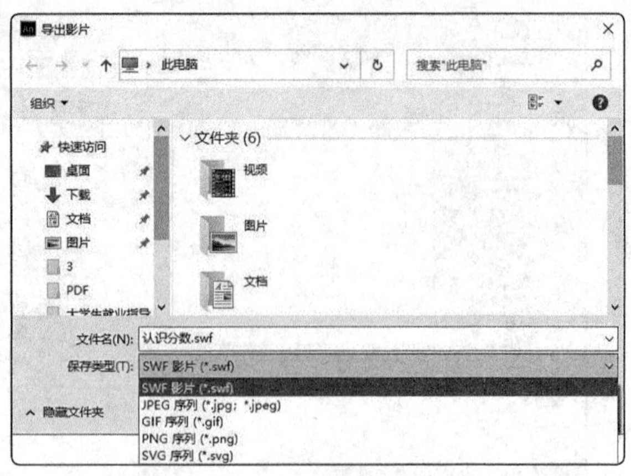

图4-10　“导出影片”对话框

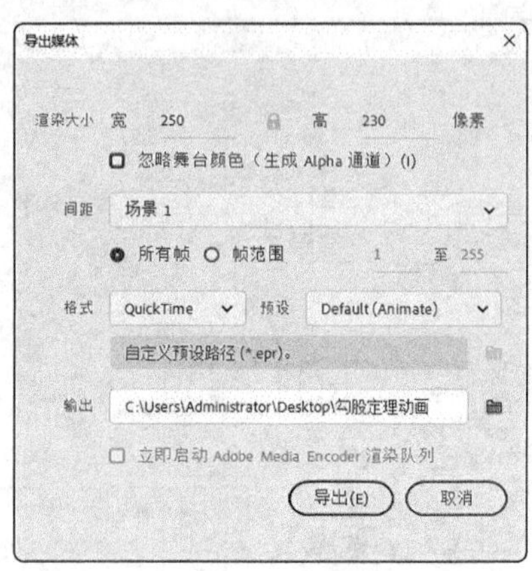

图4-11　“导出媒体”对话框

2．导入素材

使用Animate制作动画课件时，教师可以将提前准备或制作好的素材文件直接导入“库”面板或舞台中使用。

（1）导入位图

位图用像素点来描述图像，当放大位图时，可以看见构成整个图像的无数个方块（像素点）。位图可以直接导入Animate中使用，其导入方法比较简单，主要包括下面两种。

- 选择【文件】/【导入】/【导入到舞台】菜单命令，选择需要导入的素材，单击打开(O)按钮，将其导入舞台，如图4-12所示。
- 选择【文件】/【导入】/【导入到库】菜单命令，选择需要导入的素材，单击打开(O)按钮，将其导入“库”面板中，如图4-13所示。

第2部分

图4-12　将图片导入舞台

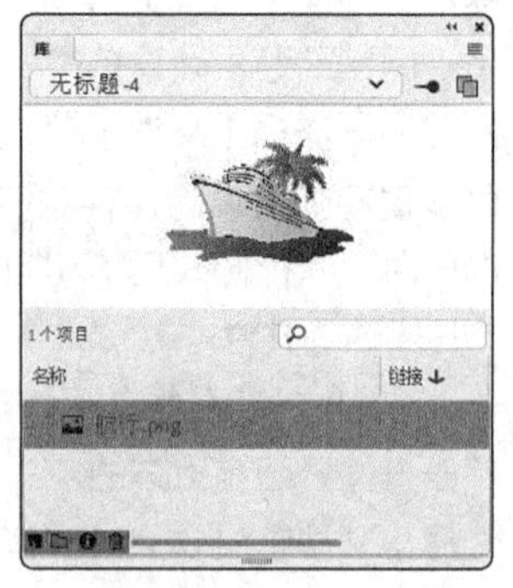

图4-13　将图片导入“库”面板

（2）导入PSD文件

PSD文件大多是使用Photoshop制作的文件，在Animate中也可以导入这类文件，并且保留其中的图层、文本、路径等数据。选择【文件】/【导入】/【导入到舞台】菜单命令或【文件】/【导入】/【导入到库】菜单命令，打开“导入”对话框，在其中选择PSD格式的文件，单击打开(O)按钮，将打开图4-14所示的对话框，在其中选择相应的选项即可导入对应的文件。

（3）导入AI文件

AI文件大多是使用Illustrator制作的文件，Animate也可以导入这类文件，并保留其中的图层、文本、路径等数据。选择【文件】/【导入】/【导入到舞台】菜单命令或【文件】/【导入】/【导入到库】菜单命令，打开“导入”对话框，在其中选择AI格式的文件，单击打开(O)按钮，将打开图4-15所示的对话框，在其中选择相应的选项即可导入对应的文件。

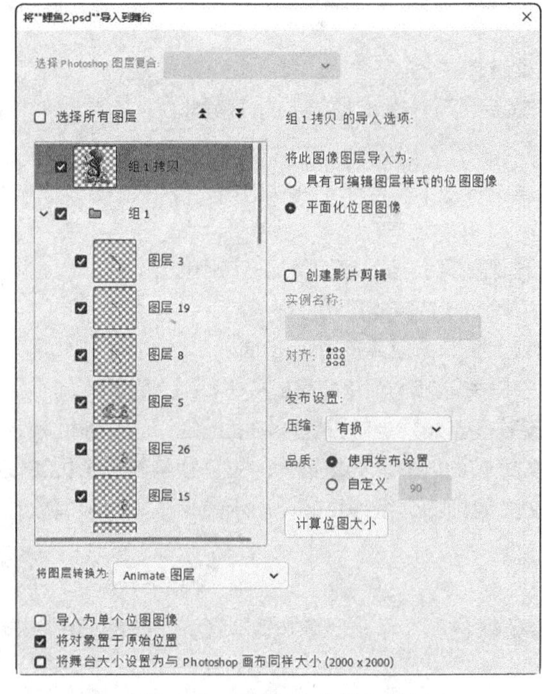

图4-14　将PSD文件导入舞台

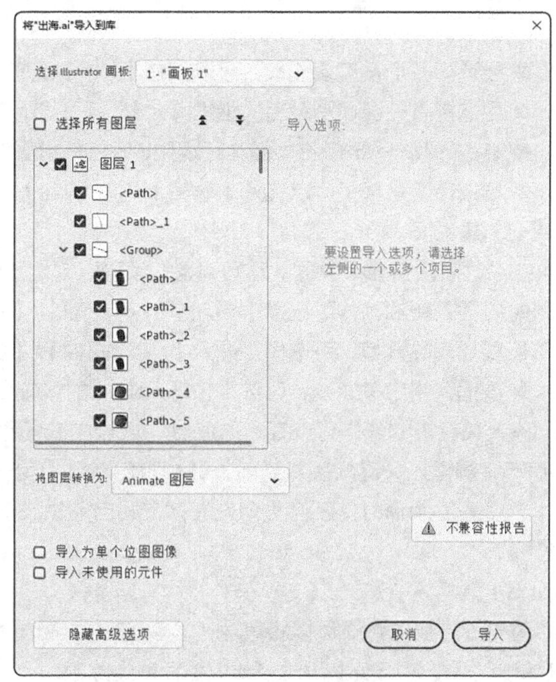

图4-15　将AI文件导入“库”面板

知识补充

将位图转换为矢量图

在Animate中将部分位图放大后会出现锯齿现象，影响动画的整体效果。因此，Animate提供了将位图转换为矢量图的功能，以方便编辑图形。其方法为：将位图文件导入舞台中，或将其从“库”面板拖曳到舞台中，然后选择该位图文件，选择【修改】/【位图】/【转换位图为矢量图】菜单命令，打开“转换位图为矢量图”对话框，在其中设置相关参数，单击 确定 按钮即可。

3. 编辑帧

在Animate中，用户通常使用帧来组织和控制文件的内容，帧的编辑效果在很大程度上影响着动画的最终效果。编辑帧是Animate中最基本的操作，包括选择帧、插入帧、删除帧、复制帧、粘贴帧、移动帧、转换帧，以及翻转帧等。

（1）选择帧

在对帧进行编辑前，需要选择帧，图4-16所示的蓝色区域即为被选中的帧。为了方便编辑，Animate提供了多种选择帧的方法，下面分别进行介绍。

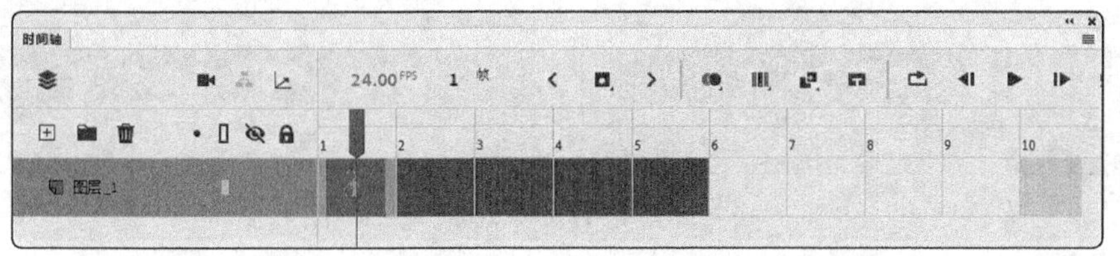

图4-16　帧的选择状态

- 要选择一个帧，可以单击该帧。
- 要选择多个连续的帧，可以在选择一个帧后，按住【Shift】键单击其他帧，或拖曳鼠标框选需选择的帧。
- 要选择多个不连续的帧，可以按住【Ctrl】键单击需要选择的帧。
- 要选择某关键帧及其后的延续静止帧，可双击该关键帧后（下一关键帧前）的任意帧。
- 要选择某一图层上的所有帧，可以单击该图层的名称。
- 要选择所有帧，可以选择【编辑】/【时间轴】/【选择所有帧】菜单命令。

（2）插入帧

在“时间轴”面板中插入不同类型的帧可以制作不同的动画效果，插入帧的常见方法有以下3种。

- 要插入新的帧，可选择【插入】/【时间轴】/【帧】菜单命令或按【F5】键。
- 要插入关键帧，可选择【插入】/【时间轴】/【关键帧】菜单命令或按【F6】键。
- 要插入空白关键帧，可选择【插入】/【时间轴】/【空白关键帧】菜单命令或按【F7】键。

插入关键帧的操作可以在“时间轴”面板中的任意位置进行。如果当前关键帧前面已经有一个关键帧，则按【F6】键插入关键帧后，当前关键帧将自动继承前一个关键帧的内容。如果插入的关键帧与前一个关键帧不相邻，那么Animate会在这两个关键帧之间自动生成前一个关键帧的延续静止帧，表示前一个关键帧播放时间的延续。

（3）删除帧

对于不需要的帧，可以将其删除。其方法为：选择需要删除的帧，单击鼠标右键，在弹出快捷菜单中选择“删除帧”命令，或按【Shift+F5】组合键删除帧。

知识补充

清除帧

若不想删除帧，只想删除帧中的内容，则可通过清除帧来实现。其方法为：选择需要清除的帧，单击鼠标右键，在弹出的快捷菜单中选择“清除帧”命令。

（4）复制、粘贴帧

在制作动画时，可以根据实际情况复制帧和粘贴帧。当只需要复制一个帧时，按住【Alt】键将该帧移动到需要的位置即可。若要复制多个帧，则在选择多个帧后，单击鼠标右键，在弹出的快捷菜单中选择“复制帧”命令，或选择【编辑】/【时间轴】/【复制帧】菜单命令复制帧；选择需要粘贴多个帧的位置后，单击鼠标右键，在弹出的快捷菜单中选择“粘贴帧”命令，或选择【编辑】/【时间轴】/【粘贴帧】菜单命令粘贴帧。

（5）移动帧

在Animate中，帧的顺序往往代表着动画的播放顺序，因此当帧的顺序错误从而影响了动画的播放效果时，可以通过移动帧来解决该问题。其方法为：选择关键帧或含关键帧的序列，然后按住鼠标左键将其拖曳到目标位置，如图4-17所示。

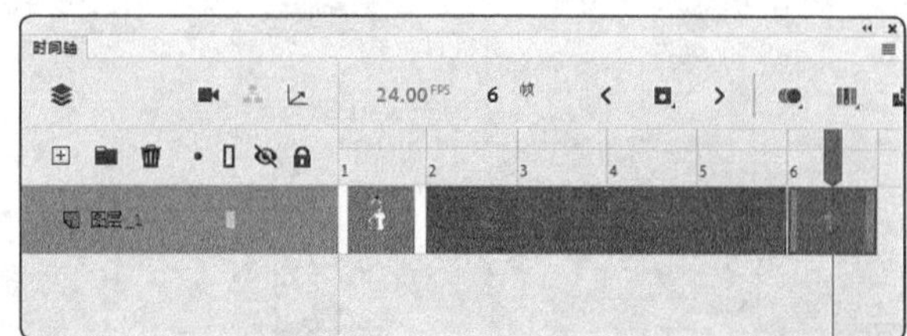

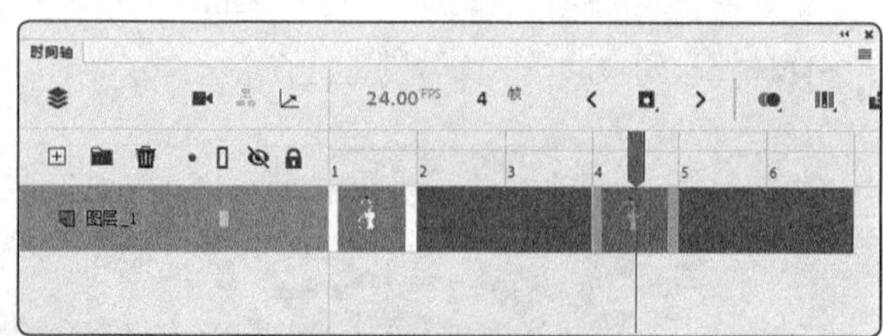

图4-17　移动帧

（6）转换帧

在Animate中还可以根据需要对不同类型的帧进行转换，其方法为：在需要转换的帧上单击鼠标右键，在弹出的快捷菜单中选择“转换为关键帧”或“转换为空白关键帧”命令。

若想将关键帧、空白关键帧转换为帧，则选择需要转换的帧，单击鼠标右键，在弹出快捷菜单中选择“清除关键帧”命令。

（7）翻转帧

翻转帧即翻转所选择的帧的顺序，通过翻转帧操作，可以将开头的帧调整到结尾，将结尾的帧调整到开头。其方法为：选择含关键帧的序列，单击鼠标右键，在弹出的快捷菜单中选择“翻转帧”命令，将该序列中的帧顺序颠倒。

4. 编辑图层

使用Animate制作动画时，经常需要制作不同的角色与背景，或添加多个对象，而不同对象的出场时间和停留时间往往是不同的，为了更好地对每个对象进行管理，要用到图层。Animate中的图层主要用于存放舞台中的对象，一个图层可放置一个或多个对象，在当前图层中绘制和编辑对象时，不会影响其他图层中的对象。

虽然在同一个图层里可以放置多个对象，但若想让这些对象在动画中同时出现，则可以将这些对象放在不同的图层上。图层的操作主要在“时间轴”面板中完成，“时间轴”面板中显示了图层或文件夹的名称，如图4-18所示，选择某个图层，可对该图层中的帧进行编辑，同时该图层将显示为当前正在编辑的图层。

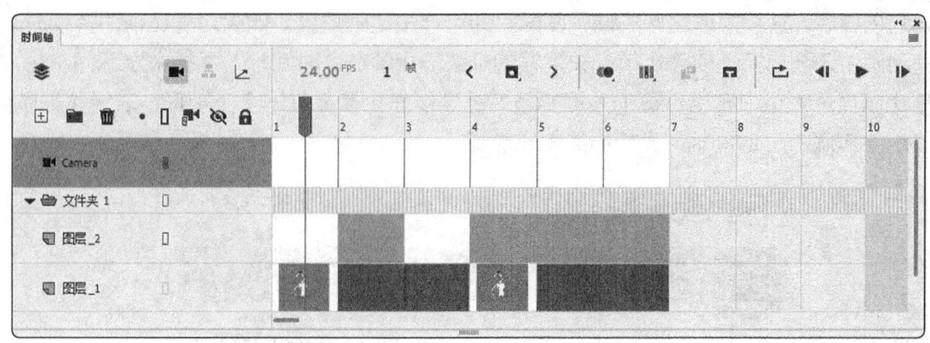

图4-18 “时间轴”面板中的图层

创建、选择、复制图层等是编辑图层的基本操作，具体操作方法如下。

- **创建图层。**当需要创建图层时，单击“时间轴”面板中的“新建图层”按钮⊞，或在任意图层上单击鼠标右键，在弹出的快捷菜单中选择“插入图层”命令。创建一个图层后，该图层将出现在所选图层的上方，新添加的图层将成为当前图层。
- **重命名图层。**当需要重新给图层命名时，可双击图层名称，此时图层名称显示为蓝色，再输入新名称；也可在需要重命名的图层上单击鼠标右键，在弹出的快捷菜单中选择“属性”命令，在打开的“图层属性”对话框中重命名图层。
- **调整图层顺序。**当需要重新调整图层顺序时，可单击并拖曳需要调整顺序的图层，拖曳时，“时间轴”面板中会出现一条线，在目标位置释放鼠标左键即可调整图层顺序。
- **删除图层。**当需要删除图层时，可选择需要删除的图层，单击“删除”按钮；也可在需要删除的图层上单击鼠标右键，在弹出的快捷菜单中选择“删除图层”命令。
- **显示和隐藏所有图层。**当需要显示或隐藏所有图层时，可以单击“显示和隐藏所有图层”按钮，将所有图层隐藏。再次单击该按钮将显示出所有图层。
- **锁定或解锁所有图层。**当需要锁定或解锁所有图层时，可以单击“锁定或解除锁定所有图层”按钮，图层被锁定后，将不能操作。再次单击该按钮将解锁所有图层。

- **创建图层文件夹。**如果“时间轴”面板中的图层较多，则可以创建图层文件夹，然后将相应的图层放入其中，对图层实行分类管理。单击“时间轴”面板中的“新建文件夹”按钮，新文件夹将出现在所选图层或文件夹的上方，选择需要移动到文件夹中的图层，并将其拖曳到文件夹图标上，然后释放鼠标左键，即可将所选图层移动到文件夹中。

4.3 使用 Animate 制作动画课件

了解了Animate的基本操作，教师可运用Animate制作教学所需的动画课件。在制作动画课件时，教师可以根据具体的教学要求、教学场景确定所需的动画类型，再选择与之匹配的制作方法。

4.3.1 制作逐帧动画

逐帧动画是在“时间轴”面板中逐帧制作而成的一种动画，其适用范围十分广，可以十分细腻地表现动画中的过程、动作等细节，但要想实现这一动画，往往要求帧频较高，因此其制作工作量比较大。

1. 认识逐帧动画

逐帧动画是Animate中最基本的动画类型之一，它是由多个连续的关键帧组成的动画，在每个关键帧中导入或绘制不同的内容后，连续播放这些关键帧画面，即可产生动画效果。如果对关键帧的持续时间进行了延续处理，则逐帧动画中还会包括延续静止帧。关键帧的延续静止帧在“时间轴”面板中显示为灰色方格，空白关键帧的延续静止帧显示为空白方格。每个关键帧最后的延续静止帧上有一个小矩形，表示关键帧延续的结束。图4-19所示为逐帧动画在“时间轴”面板中的表现样式。

第2部分

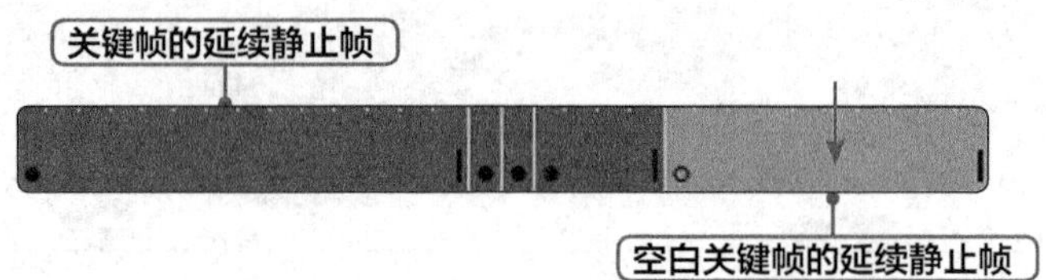

图4-19　逐帧动画在“时间轴”面板中的表现样式

2. 制作逐帧动画课件

在教学活动中，如果教师需要通过动画展示某个抽象的理论、概念或事物的详细变化过程、变化规律等，则可以制作逐帧动画。下面制作用面积法证明勾股定理的逐帧动画课件，制作时可在关键帧中导入多张具有联系的连续图片，并设置各关键帧的延续静止帧，使其形成三角形逐渐拼接变化为正方形的动画效果，便于学生根据图形的拼接变化过程，了解勾股定理公式的证明方法，具体操作如下。

素材所在位置　素材文件\第4章\图片\
效果所在位置　效果文件\第4章\勾股定理动画.fla、勾股定理动画.mov

微课视频

STEP 1　启动Animate，选择【文件】/【新建】菜单命令，打开“新建文档”对话框，在右侧设置动画文件的“宽”“高”分别为“250”“230”，“单位”为“像素”，“帧速率”为“24.00”，单击创建按钮，如图4-20所示。

STEP 2　在Animate操作界面右侧的面板组中打开“属性”面板，在“文档设置”栏中单击“舞台”右侧的色块，如图4-21所示。

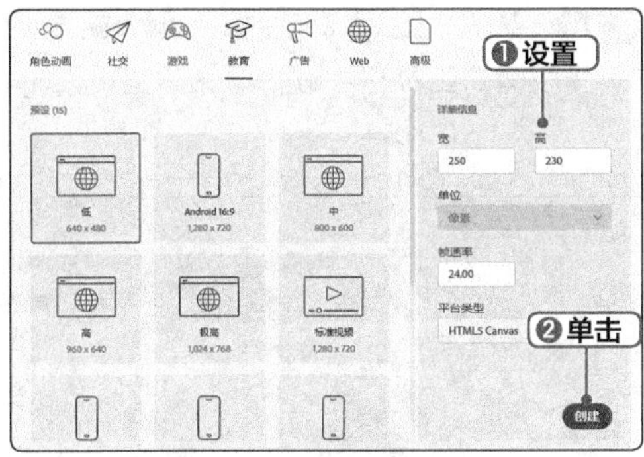

图4-20 新建动画文件

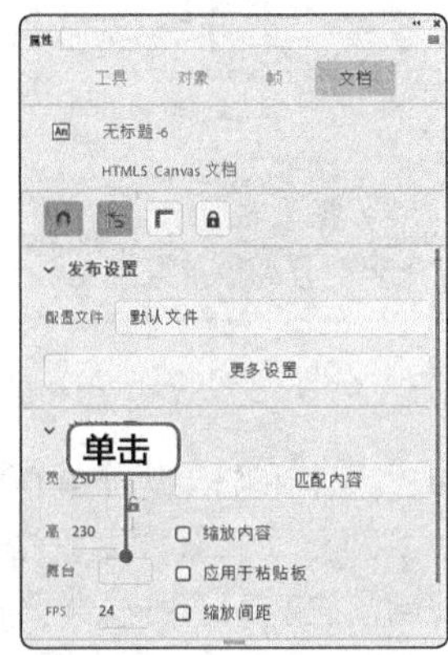

图4-21 打开“属性”面板

STEP 3 打开一个颜色面板，在该颜色面板中可以直接设置舞台的背景颜色，这里单击颜色面板右上角的按钮，如图 4-22 所示。

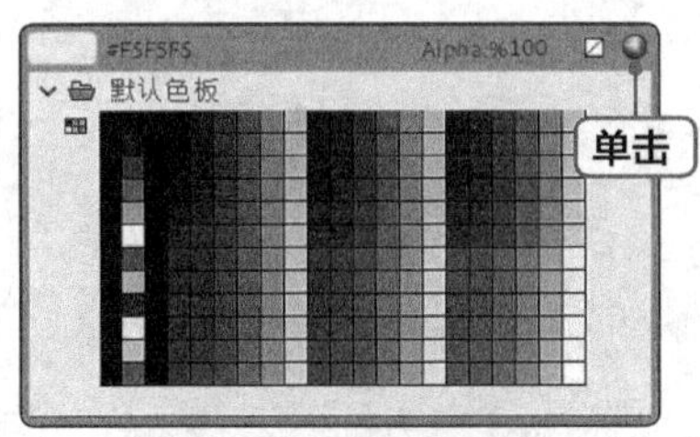

图4-22 设置颜色

STEP 4 打开“颜色选择器”对话框，在该对话框中可以进一步对颜色进行调整，或设置颜色的具体数值，这里设置颜色数值为“#F2CF71”，单击确定按钮，如图 4-23 所示。

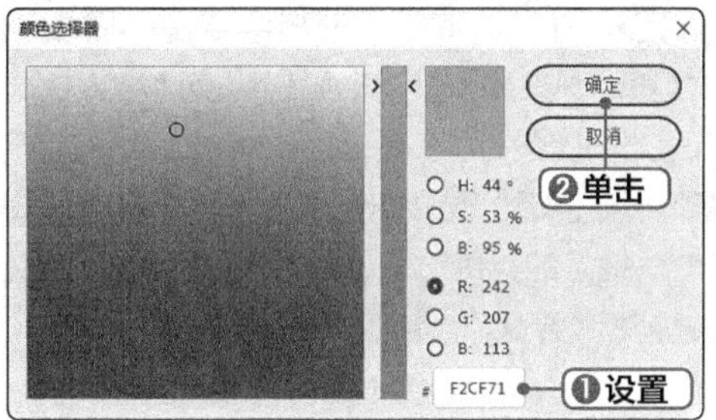

图4-23 设置舞台背景颜色的具体数值

STEP 5 选择【文件】/【导入】/【导入到舞台】菜单命令，打开“导入”对话框，选择素材文件夹中的任意图片素材，单击打开(O)按钮，如图 4-24 所示，由于素材文件夹中的图片之间存在明显联系，因此 Animate 将弹出“是否导入所有图像素材”提示框，在其中单击是按钮，将所有图片导入舞台中。

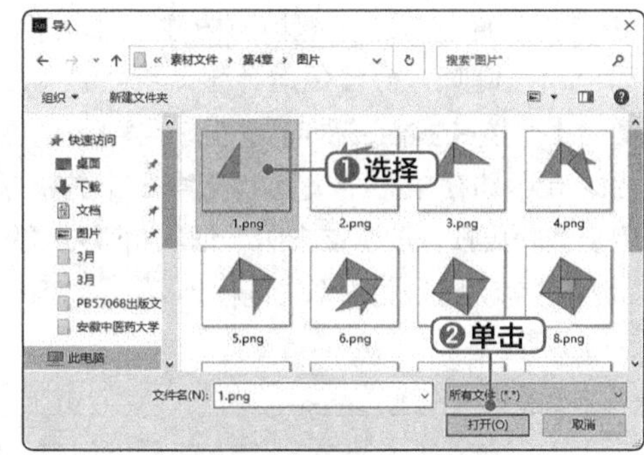

图4-24 导入素材

STEP 6 此时，Animate 将根据图片素材的数量自动在“时间轴”面板中创建关键帧，如图 4-25 所示。

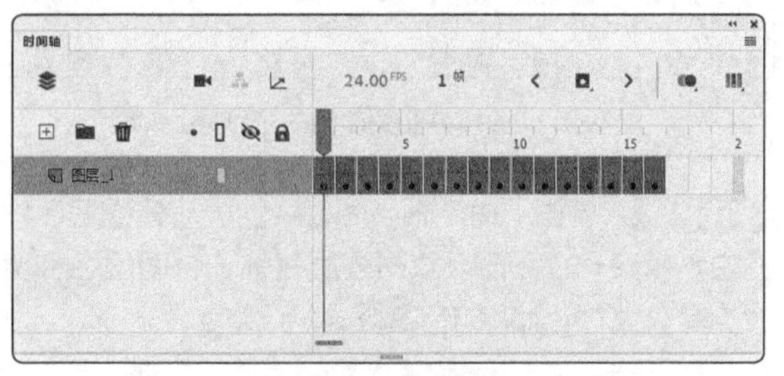

图4-25 导入素材后的“时间轴”面板

知识补充

使用有联系的图片制作逐帧动画

该案例使用有联系的连续图片来制作逐帧动画，因此对素材的要求较高，教师可以先使用合适的工具提前处理好素材，再将其导入Animate中制作逐帧动画。当然，教师也可以使用形状工具在每一个关键帧中绘制相应的形状，通过该方法制作逐帧动画。

STEP 7 在“时间轴”面板中单击“播放”按钮▶，预览动画效果，发现动画的切换速度太快，难以清楚识别图形的具体变换过程。此时，可选择第一个关键帧，按【F5】键，在其后插入一个延续静止帧，延长该关键帧的持续时间。继续按【F5】键，将第1个关键帧延续至第15帧，如图4-26所示。

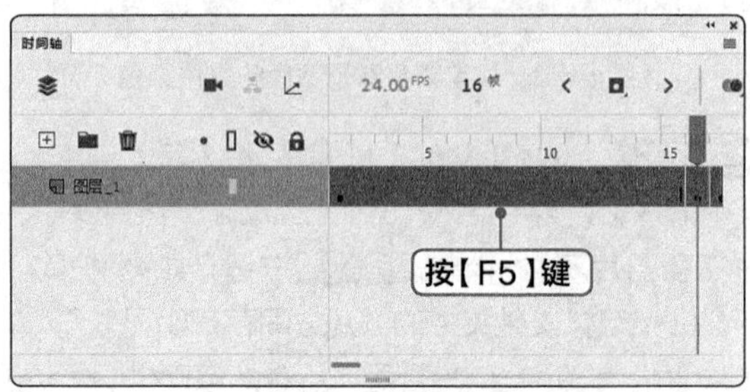

图4-26 添加延续静止帧

STEP 8 选择第3个关键帧，按住【Shift】键选择最后一个关键帧，将鼠标指针移动到所选择的连续关键帧上，按住鼠标左键向右拖曳至第31帧处，Animate会自动在第2个关键帧与第3个关键帧之间应用延续静止帧。按照该方法，依次将其他关键帧向后延续14帧，将最后一个关键帧延续至第255帧，如图4-27所示。

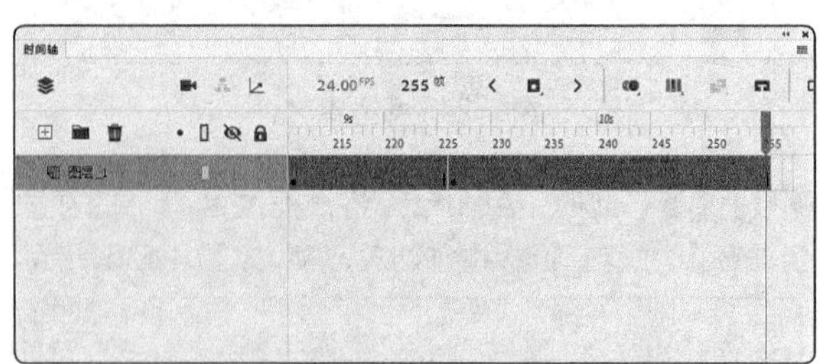

图4-27 添加其他关键帧的延续静止帧

STEP 9 单击“时间轴”面板中的“新建图层”按钮⊞，新建一个图层。双击图层名称，将图层名称更改为“公式”，如图4-28所示。

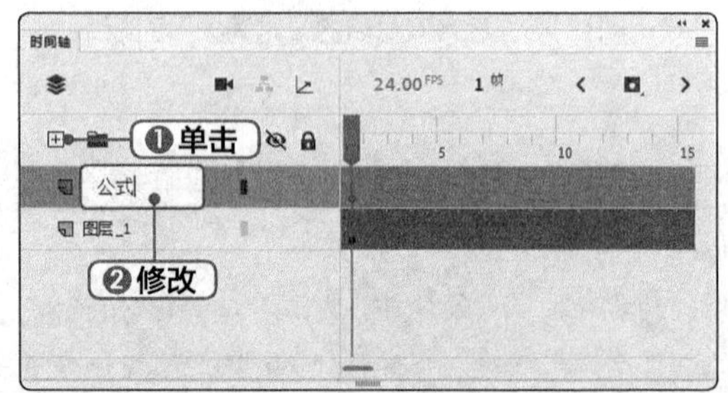

图4-28 新建和重命名图层

STEP 10 单击“公式”图层的第1帧，在Animate操作界面左侧的工具栏中选择“文本工具”T，如图4-29所示。

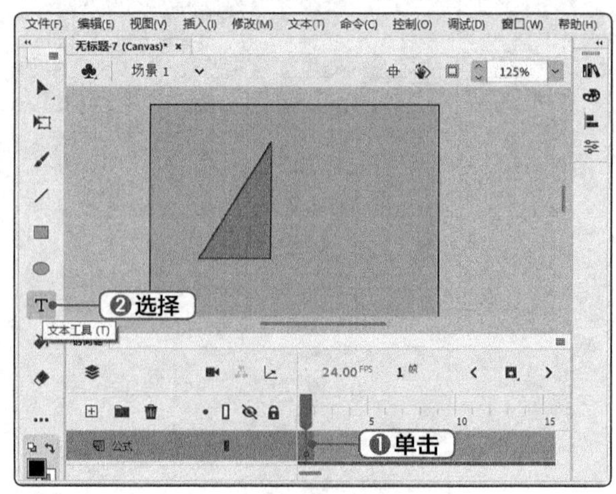

图4-29 选择“文本工具”

STEP 11 此时，鼠标指针变为十字形状，按住鼠标左键进行拖曳，绘制出一个文本框，在其中输入“a”文本。输入完成后，在工具栏中选择“选择工具”▶，将鼠标指针移动到文本框上，当鼠标指针变为形状时，按住鼠标左键进行拖曳，调整文本框至三角形下方，如图4-30所示。

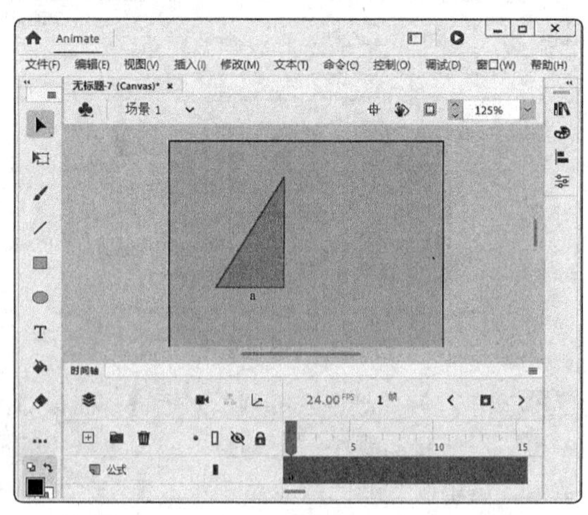

图4-30 添加文本

STEP 12 使用“选择工具”▶选择“a”文本框，按【Ctrl+C】组合键复制文本框，按【Ctrl+V】组合键粘贴文本框。然后双击粘贴的文本框，将光标定位到文本框中，将“a”修改为“b”，使用相同的方法制作“c”文本框，再调整文本框的位置，如图4-31所示。

第2部分

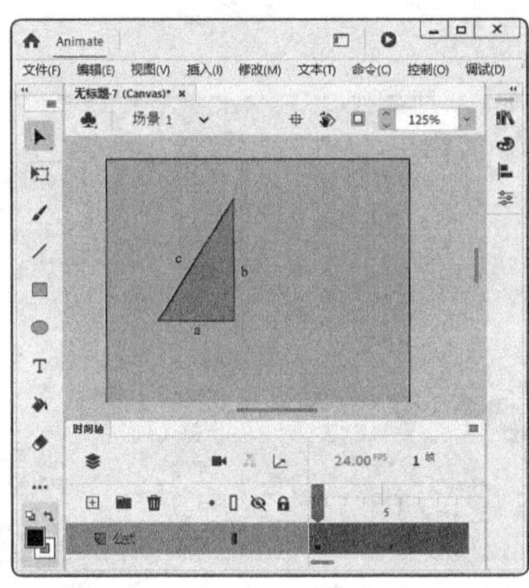
图4-31　添加其他文本

STEP 13 同时选择“a”“b”“c”3 个文本框，在“属性”面板中设置文本的字体为“Times New Roman”，“大小”为“15pt”，“填充”为“白色”，如图 4-32 所示。

图4-32　设置文本格式

STEP 14 设置完成后，查看文本的效果，如图 4-33 所示。

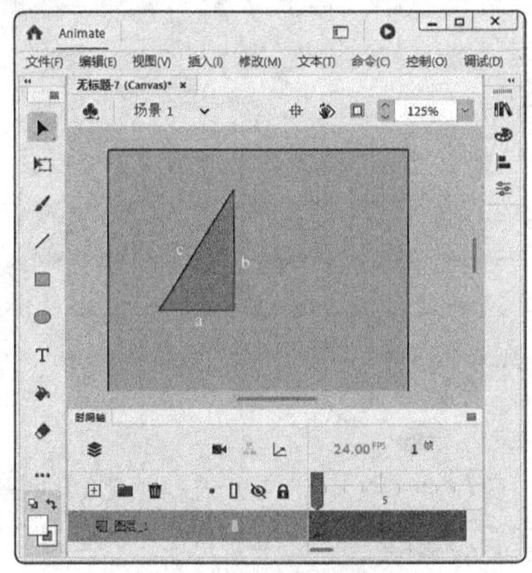
图4-33　文本效果

STEP 15 选择“公式”图层的第 16 帧，在其上单击鼠标右键，在弹出的快捷菜单中选择“插入空白关键帧”命令，在此处插入一个空白关键帧，如图 4-34 所示，表示该帧中没有任何对象。

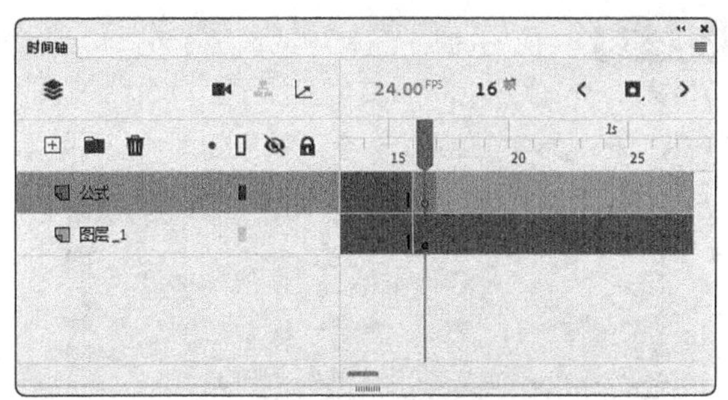
图4-34　插入空白关键帧

STEP 16 选择“公式”图层的第 31 帧，在其上单击鼠标右键，在弹出的快捷菜单中选择“插入关键帧”命令，在此处插入一个关键帧。按照前面介绍的方法，在该关键帧中绘制文本框，输入文本并设置文本的格式，调整文本框的位置，调整后的效果如图 4-35 所示。

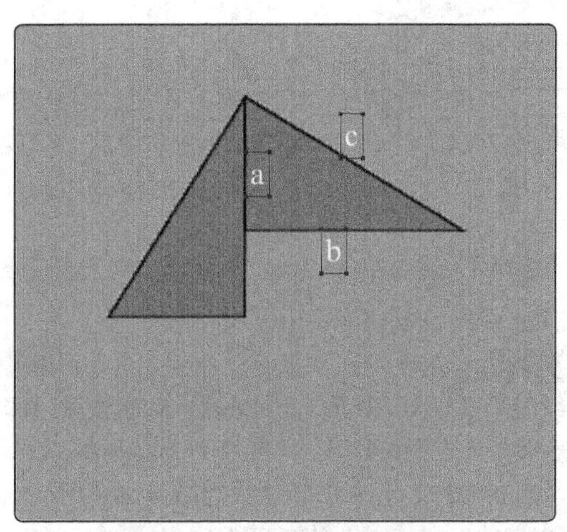

图4-35　在关键帧中添加文本

STEP 17 按照上述方法，依次在“公式”图层的第 61、91、151、211 帧处插入关键帧，并分别在 4 个关键帧处添加“a”“b”“c”、“a”“b”“c”、“a”“b”“c”和“a”“b”文本。在各关键帧后添加延续静止帧，将其他帧转换为空白帧和空白帧的延续静止帧，使“a”“b”“c”文本随着三角形的变化依次出现和消失，形成文本跟随三角形三条边位置的变化而变化的动画效果，设置完成后的“时间轴”面板效果如图 4-36 所示。

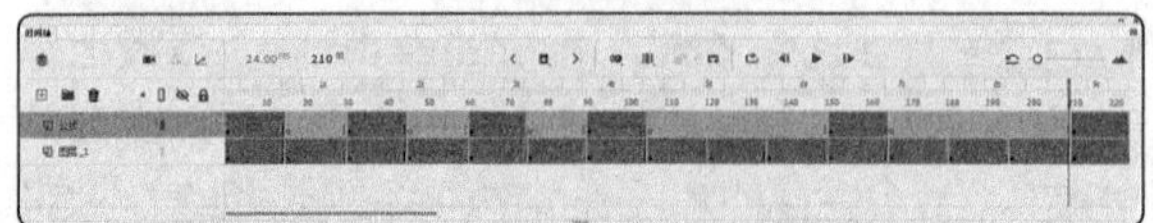
图4-36 “公式”图层的“时间轴”面板

STEP 18 在“公式”图层中选择第226帧，在该位置插入一个关键帧，在其中添加“a”“b”文本，并将该关键帧延续至第235帧，效果如图4-37所示。

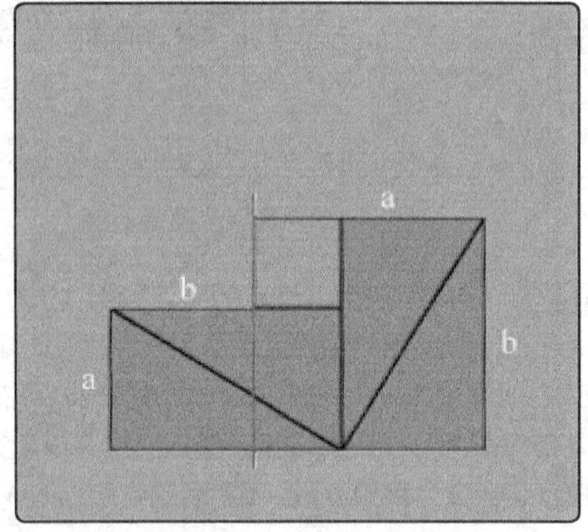

图4-37 添加文本

STEP 19 选择第236帧，插入关键帧，选择“文本工具”T，绘制一个文本框，在其中输入文本“a2+b2=c2”，在“属性”面板中设置文本的字体为“Helvetica-Roman-SemiB”，“大小”为“20pt”，“填充”为“白色”。然后选择公式中的所有“2”，在“属性”面板中单击“切换上标”按钮，将“2”切换为上标，如图4-38所示。

STEP 20 选择“公式”图层，将最后一个关键帧的持续时间延长至“图层-1”最后一帧的位置，即第255帧处。设置完成后，向左拖曳“时间轴”面板下方的滑动条，然后在“时间轴”面板中单击时间标尺中的第1帧，将播放头移动到第1帧处。在“时间轴”面板中单击“播放”按钮▶，预览动画效果，如图4-39所示。

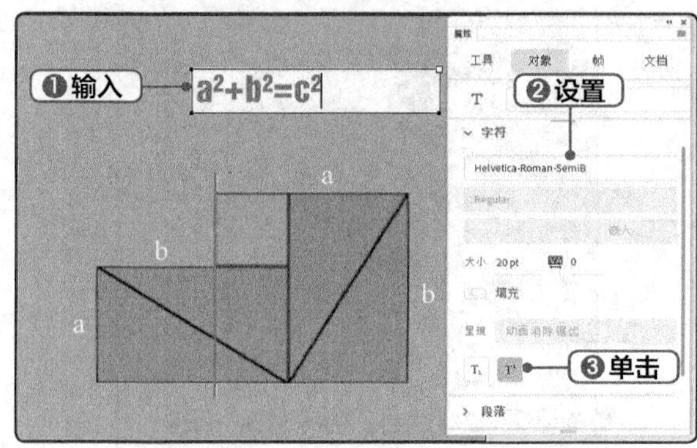

图4-38 设置文本格式

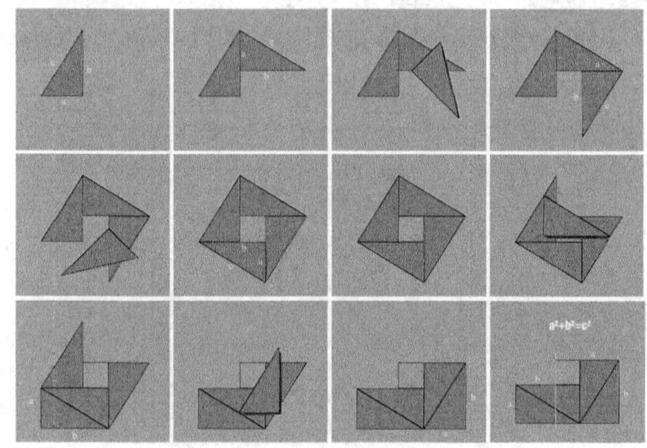
图4-39 预览动画效果

STEP 21 确认动画效果无误后，可根据教学需求将其导出为需要的格式，这里将动画课件导出为MOV格式的视频文件。选择【文件】/【导出】/【导出视频/媒体】菜单命令，打开“导出媒体”对话框，在其中单击“浏览以指定输出文件路径”按钮。

STEP 22 打开“选择导出目标”对话框，在其中设置动画文件的名称、导出位置，单击 保存(S) 按钮，返回“导出媒体”对话框，单击 导出(E) 按钮，完成动画文件的导出。

4.3.2 制作补间动画

补间动画是Animate中非常重要的一种动画表现形式，在两个关键帧之间应用补间动画，可以快速、高效地实现图形等对象的运动，形成自然、流畅的动画效果，从而大大提升教师制作动画课件的效率。

1. 认识补间动画

补间动画是一种依靠计算机自动计算出动画过程的动画形式，在Animate中的两个关键帧之间创建补间动画后，Animate将自动计算出这两个关键帧中对象的运动形式，实现对象的运动。Animate中的补间动画主要包括补间形状动画、传统补间动画和补间动画3种。

- **补间形状动画。**在两个关键帧中绘制不同的形状后，补间形状动画可以实现这两个关键帧之间的形状变化过程。例如，在第1个关键帧中绘制一个正方形，在第2个关键帧中绘制一个圆形，则在这两个关键帧中创建补间形状动画后，可实现正方形逐渐转变为圆形的动画效果。补间形状动画在“时间轴”面板中的表现样式为黑色箭头和深橘色背景，起始关键帧处有一个黑色圆点。图4-40所示为补间形状动画在“时间轴”面板中的表现样式。

图4-40　补间形状动画在“时间轴”面板中的表现样式

- **传统补间动画。**该类补间动画是根据同一对象在两个关键帧中的位置、大小、Alpha和旋转等属性的变化，由Animate自动生成的一种动画。例如，在第1个关键帧中导入一艘小船，在第2个关键帧中将该小船向右拖曳，并对小船的位置、色彩、大小、旋转等属性进行设置，在这两个关键帧中创建传统补间动画后，即可实现小船从左向右运动的动画效果，且小船在运动过程中还会自动改变颜色、大小等。传统补间动画在“时间轴”面板中的表现样式为黑色箭头和紫色背景，起始关键帧处有一个黑色圆点。图4-41所示为传统补间动画在“时间轴”面板中的表现样式。

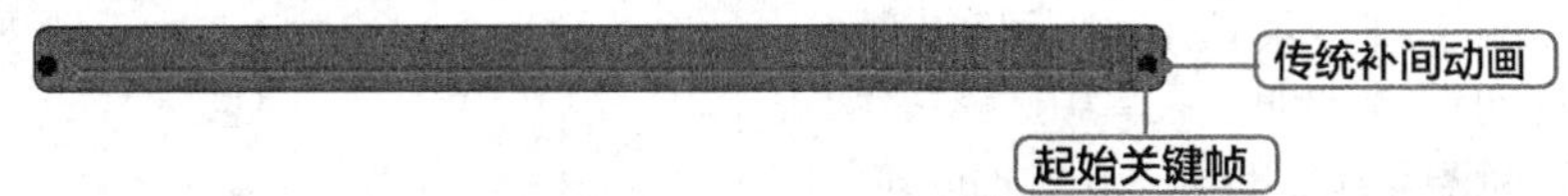

图4-41　传统补间动画在“时间轴”面板中的表现样式

- **补间动画。**使用补间动画同样可自动改变对象的大小、位置和Alpha等属性。与传统补间动画相比，补间动画的属性设置方式更加灵活。例如，为3个关键帧中的对象创建补间动画后，若3个关键帧中的对象在舞台中的位置不同，则这些对象之间会出现一条路径，编辑路径可以自定义关键帧中对象的移动路径。但传统补间动画各关键帧中对象的移动路径是由系统自动生成的，无法自由调整。补间动画在“时间轴”面板中的表现样式为深黄色背景，第1帧中的黑色圆形表示该帧有目标对象，黑色菱形表示最后1帧和任何其他属性关键帧。图4-42所示为补间动画在“时间轴”面板中的表现样式。

图4-42　补间动画在“时间轴”面板中的表现样式

2. 创建元件

在Animate中制作动画课件时，必须将帧内容转换为元件才能进行补间或传统补间动画的创建。元件是指在Animate中创建的图形、按钮或影片剪辑，是Animate动画中的重要元素。设置元件的各种属性，能够制作出内容复杂、画面丰富的动画。Animate中的元件主要包括影片剪辑元件、按钮元件、图形元件3种。

- **影片剪辑元件。**影片剪辑元件拥有独立于主“时间轴”面板的多帧“时间轴”面板，其中可包含交互组件、图形、音频或其他影片剪辑实例。播放主动画时，影片剪辑元件动画也会随着主动画循环播放。使用影片剪辑元件可创建动画片段，也可以将影片剪辑实例放在按钮元件的“时间轴”面板内，以创建动画按钮。
- **按钮元件。**按钮元件可以创建用于响应鼠标单击、滑过和其他动作的交互按钮，包含弹起、鼠标指针经过、按下、单击4种状态。在这4种状态的“时间轴”面板中都可以插入影片剪辑元件来创建动态按钮；还可以给按钮元件添加脚本程序，使其具有交互功能。

- **图形元件**。图形元件是制作动画的基本元素之一，可以创建可反复使用的图形或连接到主“时间轴”面板的动画片段。该元件可以是静止的图片，也可以是由多个帧组成的动画。图形元件与主时间轴同步运行，且交互控件和音频在图形元件的动画序列中不起作用。

在Animate中，用户可以选择舞台上的对象来创建元件，也可以创建一个空白元件，然后在元件编辑模式下制作或导入相关内容。下面主要介绍将舞台中的对象创建为元件的方法，具体操作如下。

素材所在位置 素材文件\第4章\飞机.ai

微课视频

STEP 1 启动Animate，选择【文件】/【新建】菜单命令，打开“新建文档”对话框，单击“教育”选项卡，在“预设”栏中选择“低”选项，在右侧的“详细信息”栏中设置“帧速率”为“24”，单击创建按钮，创建一个空白动画文件。

STEP 2 选择【文件】/【导入】/【导入到库】菜单命令，打开“导入到库”对话框，在其中选择“飞机.ai”文件，单击打开(O)按钮，打开“将‘飞机.ai’导入到库”对话框，单击导入按钮。

STEP 3 在Animate操作界面右侧的面板组中展开“库”面板，在其中查看导入的图片文件，在图片上按住鼠标左键进行拖曳，将其拖曳至舞台中，如图4-43所示。

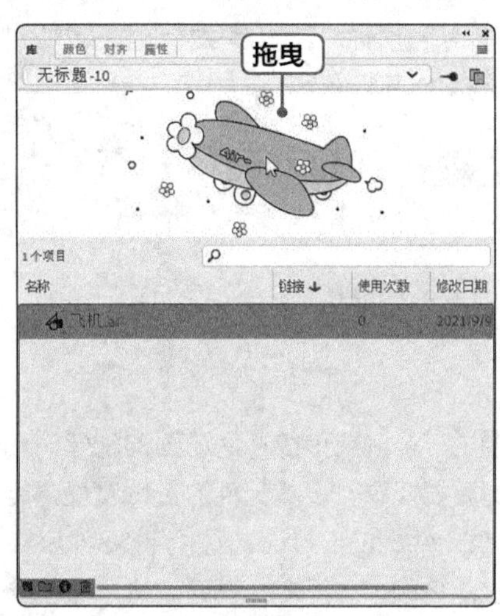

图4-43 将图片拖入舞台

STEP 4 在按住【Ctrl】键的同时滚动鼠标滚轮，缩小舞台。在左侧工具栏中选择“任意变形工具”，此时，飞机图片四周将出现黑色控制点，将鼠标指针移动到图片四角的任意控制点上，按住【Shift】键进行拖曳，缩小图片，如图4-44所示。

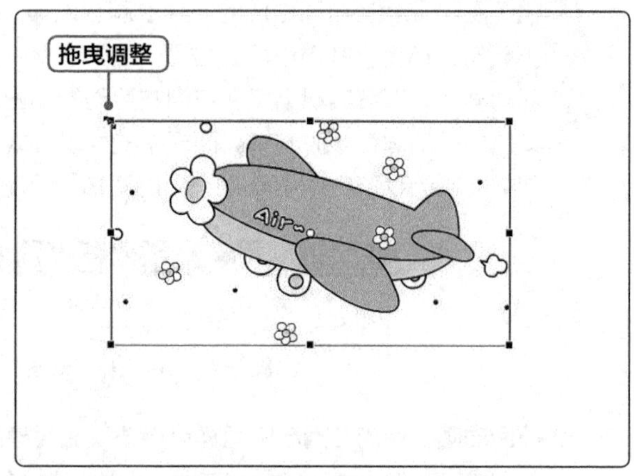

图4-44 调整图片大小

STEP 5 在左侧工具栏中选择“选择工具”，在图片上双击，可以发现该图片由若干部分组成。在按住【Shift】键同时选择飞机头部的花瓣和花蕊，选择【修改】/【转换为元件】菜单命令，打开“转换为元件”对话框，在“名称”文本框中输入“花朵”，在下方的“类型”下拉列表中选择“图形”选项，单击确定按钮，如图4-45所示，将花朵单独创建为一个元件。

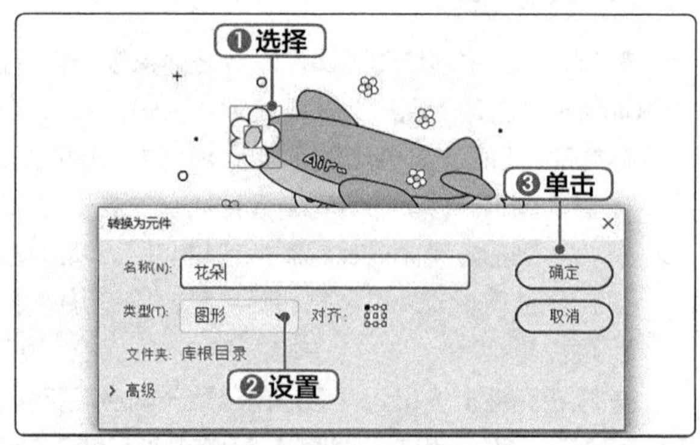

图4-45 创建“花朵”元件

STEP 6 打开“库”面板，在其中查看刚创建的“花朵”元件。返回舞台，框选整个飞机，然后按住【Ctrl】键取消选择飞机头部的“花朵”元件，按【F8】键，打开“转换为元件”对话框，在“名称”文本框中输入“飞机”，在下方的“类型”下拉列表中选择“图形”选项，单击 确定 按钮，如图 4-46 所示，将飞机单独创建为一个元件。

STEP 7 完成元件的创建后，框选舞台中的所有对象，按【Delete】键将它们删除。

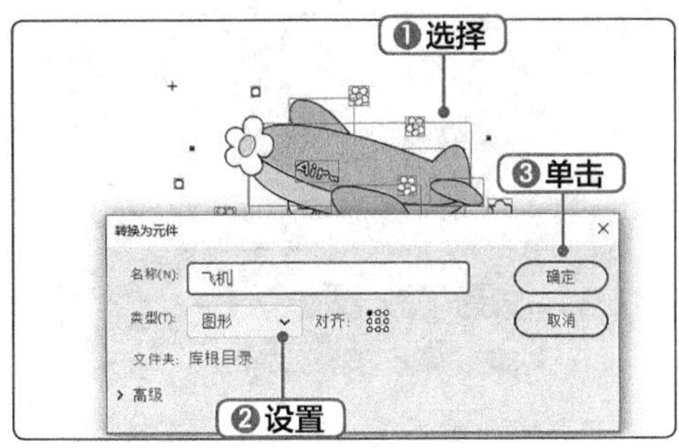

图4-46 创建“飞机”元件

技巧讲解

为 AI 图片文件的各个部分创建动画效果

在Animate中导入AI图片文件后，可分别为该图片文件的各个部分创建动画效果。例如，分别为小鸟的翅膀、头、脚创建动画效果，让小鸟的飞翔动画更自然。此处为花朵和飞机创建了不同的动画效果。

3. 创建传统补间动画

当需要让动画对象的位置、大小等发生变化时，可以创建传统补间动画。例如，教师想要帮助学生认识“Loading”这个英语单词，就可以利用传统补间动画做一个加载动画，说明该单词的常见用法。下面基于前面创建的“飞机”元件，制作“常见英语单词”动画课件中的加载动画，利用传统补间动画，将飞机从左向右飞行的效果作为加载效果，具体操作如下。

效果所在位置 效果文件\第4章\常见英语单词.fla

微课视频

STEP 1 在 Animate 操作界面右侧的面板组中打开“属性”面板，在“文档设置”栏中单击“舞台”右侧的色块，打开一个颜色面板，单击颜色面板右上角的按钮，打开“颜色选择器”对话框，在该对话框中设置舞台的背景颜色为“#F4CF76”，单击 确定 按钮，如图 4-47 所示。

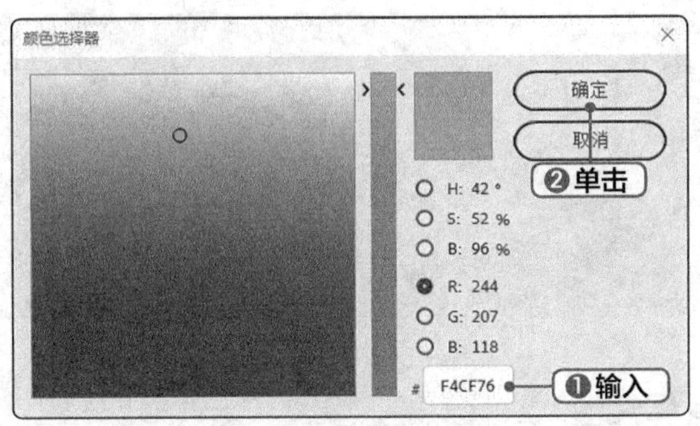

图4-47 设置舞台的背景颜色

STEP 2 在“时间轴”面板中单击“新建图层”按钮⊞，创建一个新图层。分别将“图层_1”“图层_2”重命名为“背景”“进度条”，如图 4-48 所示。

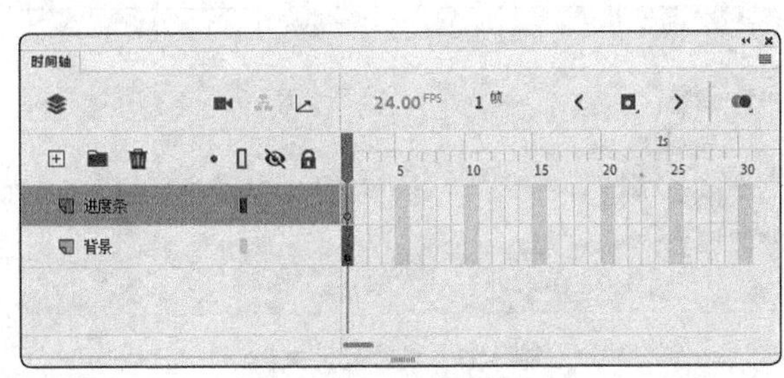

图4-48 新建和重命名图层

STEP 3 选择“进度条”图层的第 1 帧，在左侧的工具栏中选择“基本矩形工具”，打开“属性”面板，单击“工具”选项卡，在“颜色和样式”栏中将填充和笔触颜色设置为“白色”，在“矩形选项”栏中设置“矩形边角半径”为“20”，如图 4-49 所示。

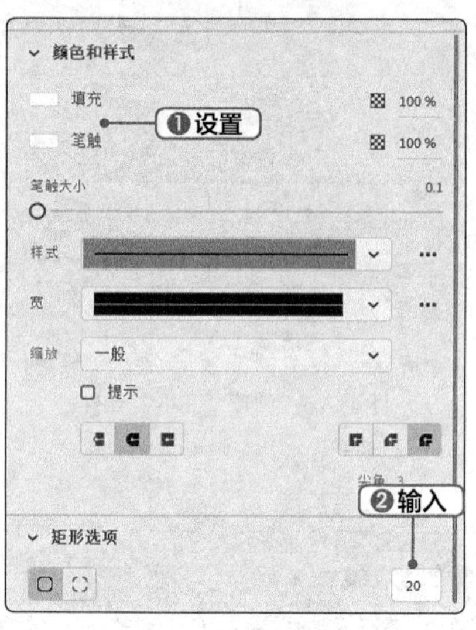

图4-49 设置矩形的属性

STEP 4 在舞台中按住鼠标左键进行拖曳，绘制出一个白色的圆角矩形，如图 4-50 所示。

图4-50 绘制圆角矩形

知识补充

基本矩形工具

在Animate中绘制圆角矩形时，可使用“基本矩形工具”▣。在默认状态下，工具栏中显示的是“矩形工具”□，在该工具上单击鼠标右键，在打开的面板中即可选择“基本矩形工具”▣。

STEP 5 同时选择两个图层的第 100 帧，按【F5】键，将动画延续到第 100 帧。

STEP 6 新建一个图层，将其重命名为“飞机”。选择“飞机”图层的第 1 帧，在“库”面板中将“飞机”元件拖入舞台中。在左侧工具栏中选择“任意变形工具”，拖曳“飞机”元件四周的控制点，调整飞机的大小，如图 4-51 所示。

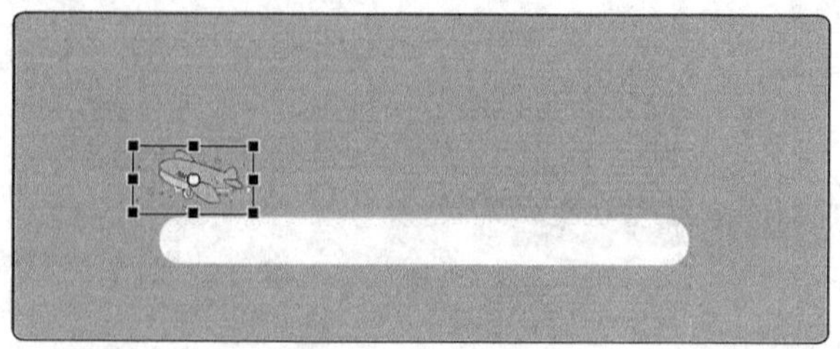
图4-51 调整元件大小

STEP 7 在“飞机”元件上单击鼠标右键，在弹出的快捷菜单中选择“变形”/“水平翻转”命令，使其水平翻转，然后拖曳调整“飞机”元件的位置，效果如图 4-52 所示。

STEP 8 在“时间轴”面板中选择“飞机”图层的第 100 帧，在其上单击鼠标右键，在弹出的快捷菜单中选择“插入关键帧”命令，此时，该关键帧中自动添加上一个关键帧中的“飞机”元件，移动该关键帧中“飞机”元件的位置，效果如图 4-53 所示。

图4-52 翻转元件

图4-53 创建关键帧

STEP 9 在“飞机”图层的两个关键帧之间单击鼠标右键，在弹出的快捷菜单中选择“创建传统补间”

命令，在这两个关键帧之间创建传统补间动画，如图 4-54 所示。

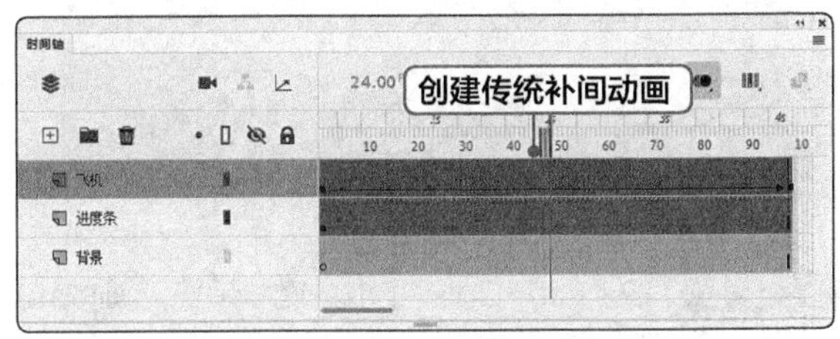

图4-54　创建传统补间动画

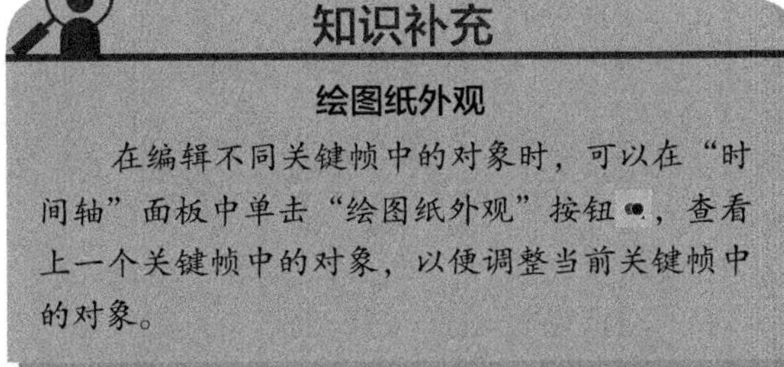

知识补充

绘图纸外观

在编辑不同关键帧中的对象时，可以在“时间轴”面板中单击“绘图纸外观”按钮 ，查看上一个关键帧中的对象，以便调整当前关键帧中的对象。

STEP 10 选择传统补间动画之间的任意帧，在“属性”面板的“补间”栏中可设置补间动画的缓动效果，这里在“效果”下拉列表中选择“Classic Ease”选项，将其“强度”设置为“100”，即设置飞机的运动速度由快到慢（如果设置为负数，则其运动速度由慢到快），如图 4-55 所示。

STEP 11 在“时间轴”面板中单击“播放”按钮 ，预览传统补间动画的效果，如图 4-56 所示。

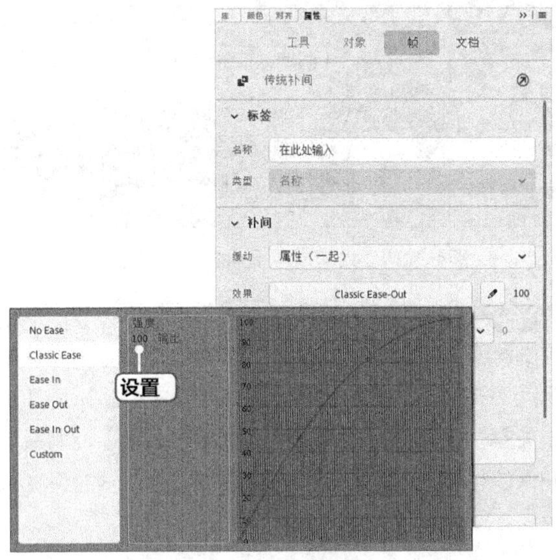

图4-55　设置缓动效果

图4-56　预览传统补间动画的效果

4. 创建补间动画

当需要让动画对象在各关键帧之间的大小、颜色、位置、透明度等效果发生变化时，可以创建补间动画。由于“常见英语单词”动画课件中飞机飞行动画的效果较单一，因此可以在飞机头部添加花朵，并为花朵创建补间动画，让花朵随着飞机的飞行不断缩放，具体操作如下。

微课视频

STEP 1 新建一个图层，将其重命名为“花朵”。选择“花朵”图层的第 1 帧，在“库”面板中将“花朵”元件拖入舞台中，并调整花朵的大小。在“花朵”元件上单击鼠标右键，在弹出的快捷菜单中选择“变形”/“水平翻转”命令，使其水平翻转，然后将花朵移动到飞机头部，效果如图 4-57 所示。

STEP 2 选择“花朵”图层的第 1 帧，在其上单击鼠标右键，在弹出的快捷菜单中选择“创建补间动画”命令，为“花朵”元件创建补间动画，效果如图 4-58 所示。

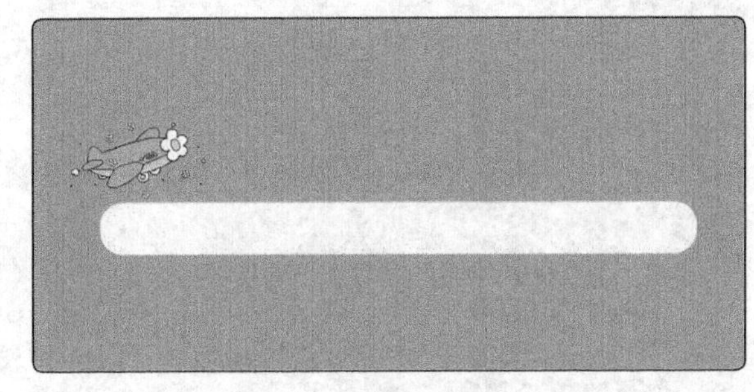

图4-57　在舞台中添加花朵

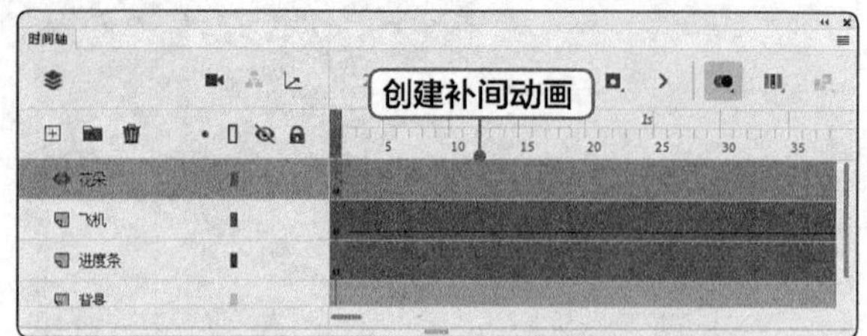

图4-58　为“花朵”元件创建补间动画

STEP 3　在第 15 帧上单击鼠标右键，在弹出的快捷菜单中选择“插入关键帧”/“缩放”命令，在该位置插入一个关键帧。此时，该关键帧中将默认添加上一关键帧中的“花朵”元件，按住【Shift】键调整该元件的位置，然后使用“任意变形工具”将花朵放大，效果如图 4-59 所示。

图4-59　放大花朵

STEP 4　按照上述方法，依次在第 15、30、45、60、75、90、100 帧处插入关键帧，调整各关键帧中花朵的位置和大小，效果如图 4-60 所示。

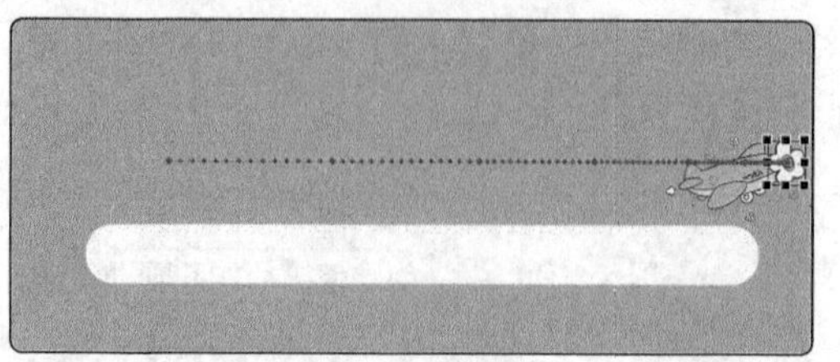

图4-60　创建并调整其他关键帧

STEP 5　按【Ctrl+Enter】组合键，预览动画效果，如图 4-61 所示。

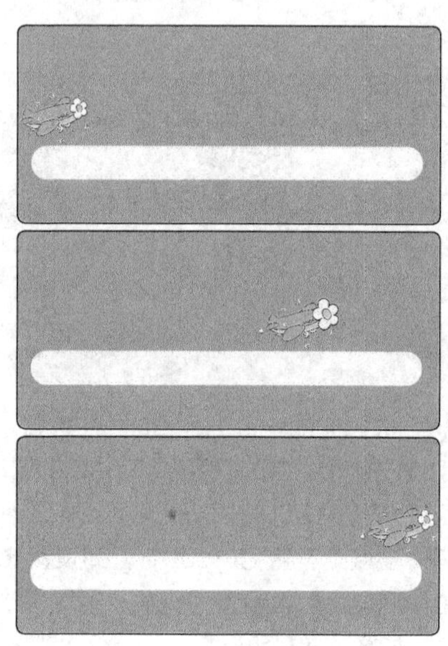

图4-61　预览动画效果

知识补充

调整补间动画的运动路径

完成补间动画的创建后，舞台中会生成一条补间动画运动路径，在工具栏中选择“转换锚点工具”，将鼠标指针移动到路径中的锚点上，按住鼠标左键进行拖曳，可以改变路径形状，从而改变动画对象的运动轨迹，如图4-62所示。

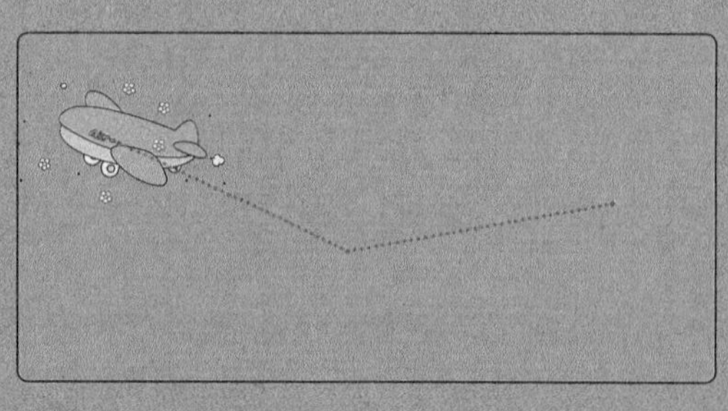

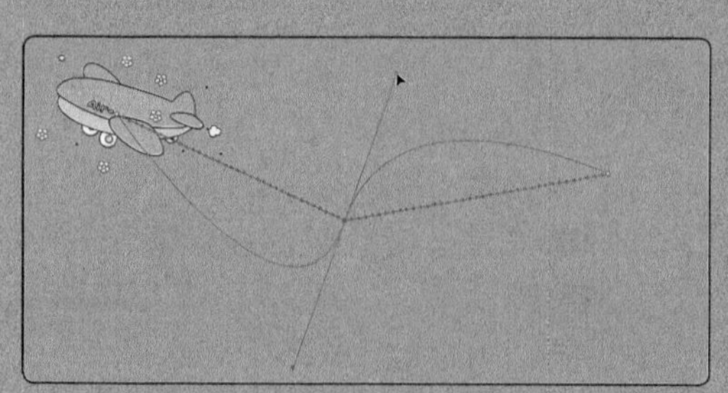

图4-62　调整补间动画的运动路径

5. 创建形状补间动画

如果需要让动画对象在各关键帧之间变化为不同的形状，并形成连续的动画效果，则可以创建形状补间动画。本例将在“常见英语单词”动画课件中为进度条创建形状补间动画，通过形状在不同关键帧中的变化，形成进度条不断加载的动画效果，具体操作如下。

STEP 1 新建一个图层，将其重命名为“进度条 1”。选择“进度条 1”图层的第 1 帧，选择“矩形工具”，在“属性”面板中设置填充颜色为“#F1836C”，在白色进度条中绘制一个小矩形，如图 4-63 所示。

图4-63 绘制矩形

STEP 2 选择“进度条 1”图层的第 25 帧，在其上单击鼠标右键，在弹出的快捷菜单中选择“插入关键帧”命令，插入一个关键帧，该关键帧中将自动添加上一关键帧中的矩形，按住【Ctrl】键，将鼠标指针移动到矩形右侧的控制点上，向右拖曳，在不改变矩形左侧位置的情况下调整其大小，将矩形的右边线拖曳到飞机图形的正下方，如图 4-64 所示。

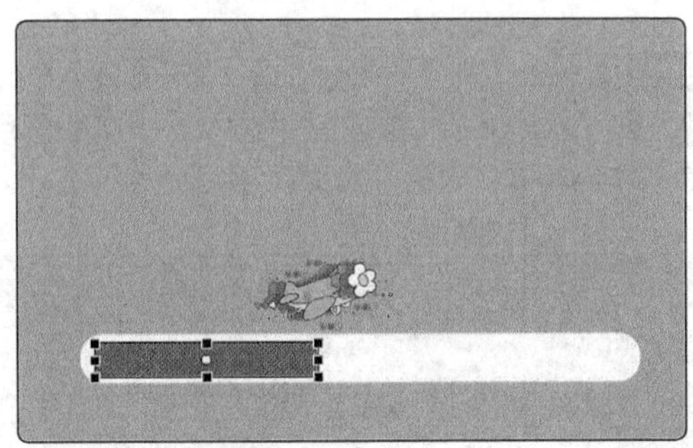

图4-64 调整矩形

STEP 3 选择“进度条 1”图层的两个关键帧之间的任意帧，在其上单击鼠标右键，在弹出的快捷菜单中选择“创建补间形状”命令，在两个关键帧中创建补间形状动画，如图 4-65 所示。

STEP 4 按照上述方法，依次在第 50、75、100 帧处插入关键帧，调整矩形的大小，并在各关键帧之间创建补间形状动画，如图 4-66 所示。

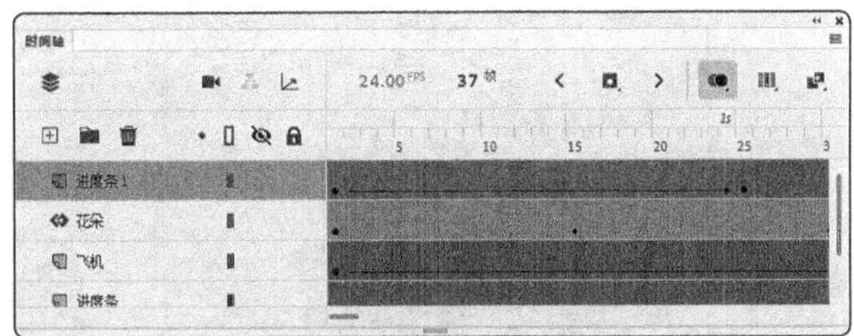

图4-65 创建补间形状动画

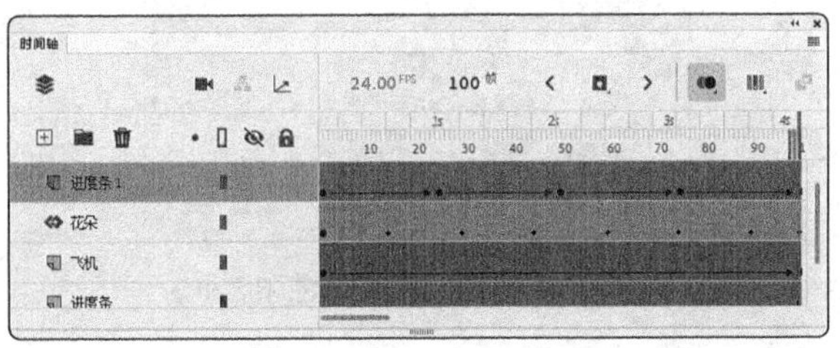

图4-66 创建其他补间形状动画

STEP 5 新建一个图层，将其重命名为“边框”。在工具栏中选择“基本矩形工具”，打开“属性”面板，单击“工具”选项卡，在“颜色和样式”栏中单击“笔触”左侧的色块，打开颜色面板，在其中单击按钮，设置形状无填充颜色，如图 4-67 所示。

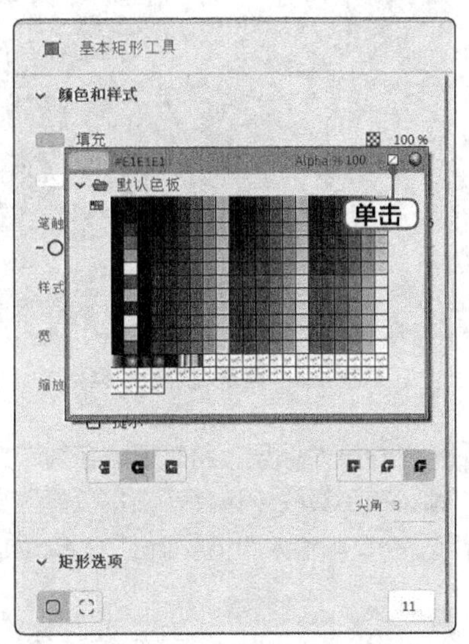

图4-67 设置填充颜色

STEP 6 在“颜色和样式”栏中单击“笔触”左侧

的色块，打开颜色面板，在其中设置形状的轮廓颜色为白色，拖动“笔触大小”滑块，将其调整为“12”，在“矩形选项”栏中将“矩形边角半径”设置为“12”，如图 4-68 所示。

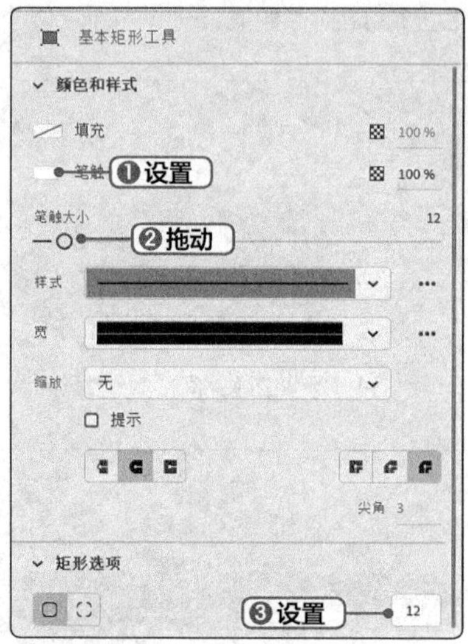

图4-68 设置边框的颜色和大小

STEP 7 在进度条中绘制一个白色的圆角矩形框，在工具栏中选择“选择工具”，将鼠标指针移动到圆角矩形框的控制点上，拖曳控制点调整圆角矩形框的圆角大小，使圆角矩形框盖住矩形的边缘，如图 4-69 所示。

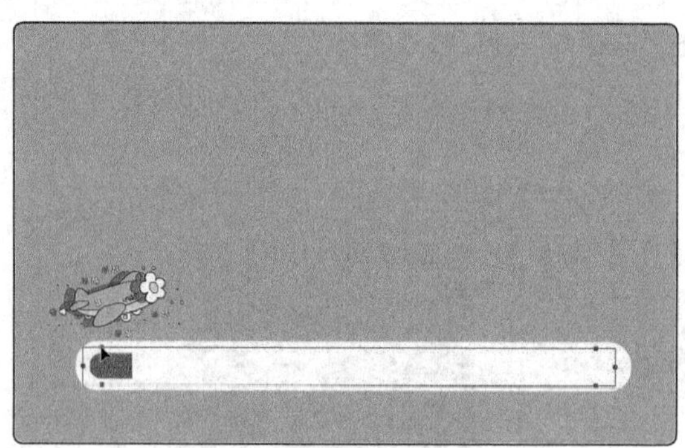

图4-69 调整圆角矩形框

STEP 8 新建一个图层，将其重命名为“文本”。选择第 1 帧，在工具栏中选择“文本工具” T，绘制一个文本框，在其中输入“Loading”文本，如图 4-70 所示。

STEP 9 选择“Loading”文本，在“属性”面板中设置文本的字体为“Broadway”，“大小”为“50pt”，“填充”为“白色”，如图 4-71 所示。

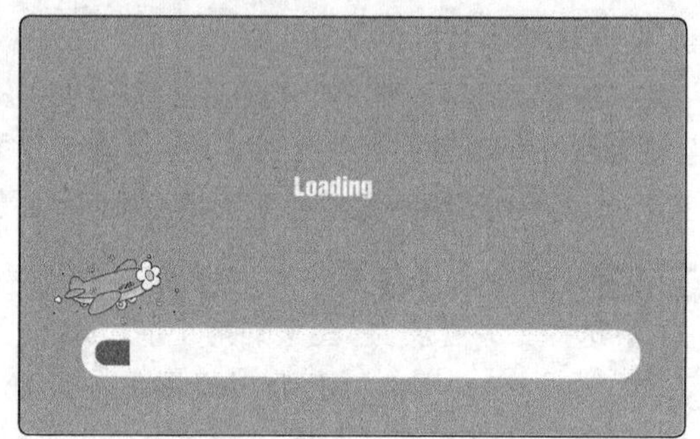

图4-70 输入文本

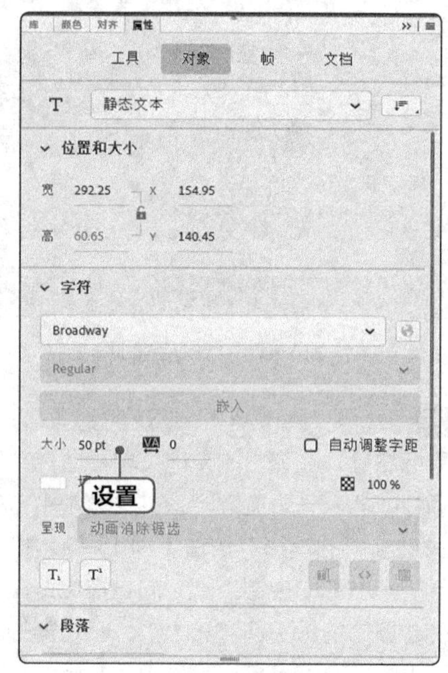

图4-71 设置文本属性

STEP 10 在“文本”图层的第 15 帧处插入一个关键帧，在“Loading”文本框中输入一个实心圆点，如图 4-72 所示。

图4-72 输入实心圆点

STEP 11 按照上述方法，依次在第 25、35 帧处插入关键帧，并分别在其中输入一个实心圆点，使文本后的 3 个实心圆点呈现依次出现的动画效果。

STEP 12 使用“选择工具”拖曳选择“文本”图层的第 1~35 帧，在其上单击鼠标右键，在弹出的快捷菜单中选择“复制帧”命令，在第 36 帧上单击鼠标右键，在弹出的快捷菜单中选择“粘贴帧”命令，将所选的帧复制到第 36 帧后，如图 4-73 所示。

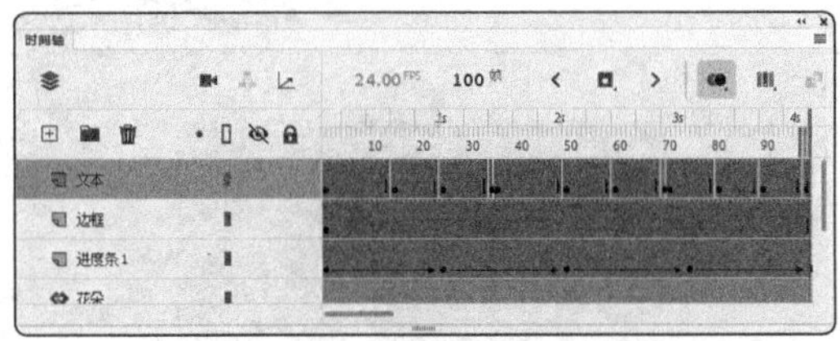

图4-73　复制和粘贴帧

STEP 13 选择第 71 帧，继续粘贴帧。观察“文本”图层的“时间轴”面板，当总帧超出 100 帧时，可删除一些延续静止帧，效果如图 4-74 所示。

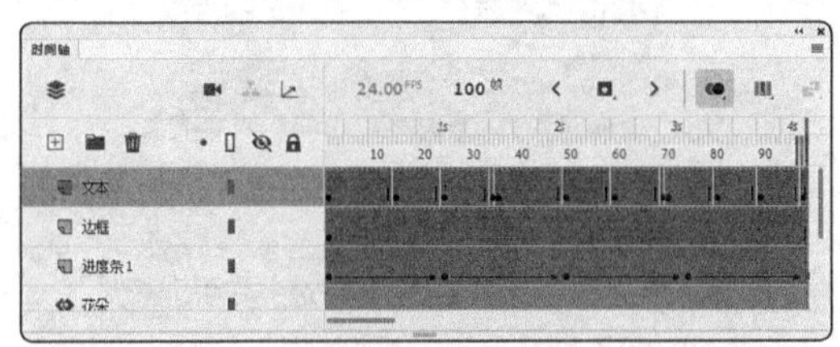

图4-74　调整帧

STEP 14 按【Ctrl+Enter】组合键，预览动画效果，如图 4-75 所示。确认预览效果无误后，按【Ctrl+S】组合键保存文件。

图4-75　预览动画效果

4.3.3 制作遮罩动画

在制作动画课件时，如果需要让场景外或特定区域外的对象不可见，或遮住元件的某一部分，从而实现一些特殊的动画效果，就可以使用遮罩动画。

1. 认识遮罩动画

遮罩动画由遮罩层和被遮罩层组成，遮罩层可以遮挡其下层的对象，被遮罩层是被遮罩层遮挡的对象。在Animate中，为了得到特殊的动画效果，可以在遮罩层上创建一个任意形状，遮罩层下层的对象可以通过该形状显示出来，而该形状外的对象将不显示。被遮罩层则主要用于实现动画内容。例如，在Animate中创建一个动画作为被遮罩层，然后在其上新建图层，在新建图层中绘制一个圆形，并将圆形所在的图层创建为遮罩层，在播放动画时将只显示圆形中的动画效果，如图4-76所示。

图4-76　遮罩动画的效果

2. 制作遮罩动画课件

遮罩动画在动画课件中比较常见，例如，教师想要展示温度计中热胀冷缩的现象，就可以通过遮罩动画中的遮罩层遮挡温度计中显示温度的位置，同时为遮罩层中的形状应用传统补间动画，使其实现由上向下或由下向上的遮罩动画效果，从而实现温度计温度不断上升或不断下降的效果。下面制作“热胀冷缩”遮罩动画，具体操作如下。

效果所在位置 效果文件\第4章\热胀冷缩动画.fla

微课视频

STEP 1 启动Animate，选择【文件】/【新建】菜单命令，打开“新建文档”对话框，单击“教育”选项卡，在“预设”栏中选择“低”选项，在右侧的“详细信息”栏中设置“帧速率”为“24”，单击创建按钮，创建一个空白动画文件。

STEP 2 打开“属性”面板，在“文档设置”栏中设置舞台的背景颜色为“#A6A5D8”。在“时间轴”面板中将背景图层重命名为“背景”，然后新建一个“温度计”图层。在工具栏中选择“基本矩形工具”，打开“属性”面板，设置“填充”为“灰色”，“笔触”为“白色”，“笔触大小”为“10”，“矩形边角半径”为“30”，如图4-77所示。

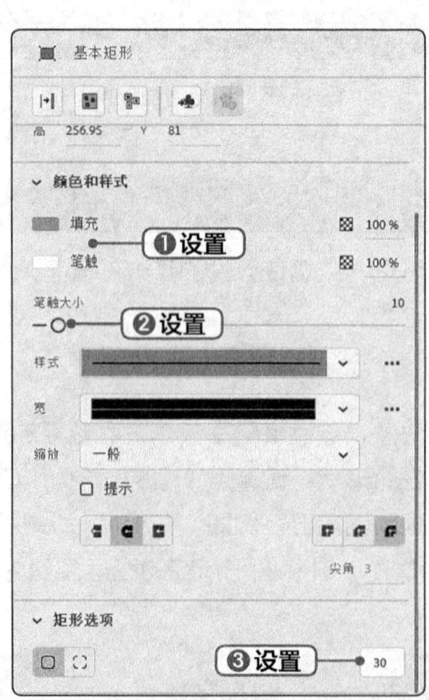

图4-77 设置矩形属性

STEP 3 在舞台左侧绘制一个填充颜色为“灰色”，形状轮廓为“白色”，轮廓粗细为“10”的圆角矩形，如图4-78所示。

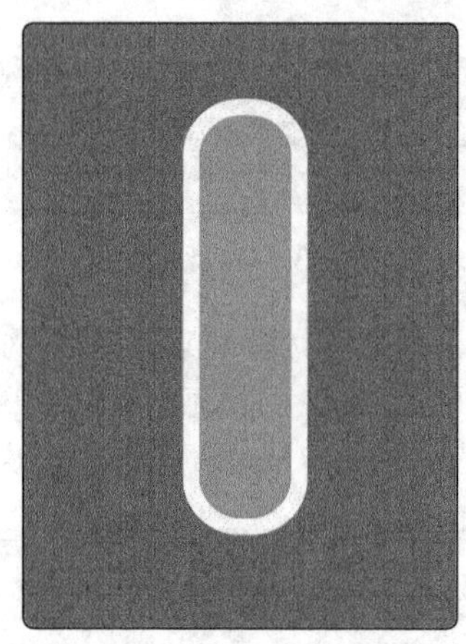

图4-78 绘制圆角矩形

STEP 4 使用“选择工具”选择绘制的矩形，按【Ctrl+Shift+Alt】组合键，同时按住鼠标左键向右拖曳，水平复制出一个圆角矩形，如图4-79所示。

图4-79 复制圆角矩形

STEP 5 新建一个“文本”图层，然后选择“文本工具”T，在左侧的矩形下方绘制一个文本框，在其中输入“热胀”文本，在“属性”面板中设置文本的字体为“方正兰亭中粗黑_GBK”，“大小”为“30pt”，“填充”为“白色”，如图4-80所示。

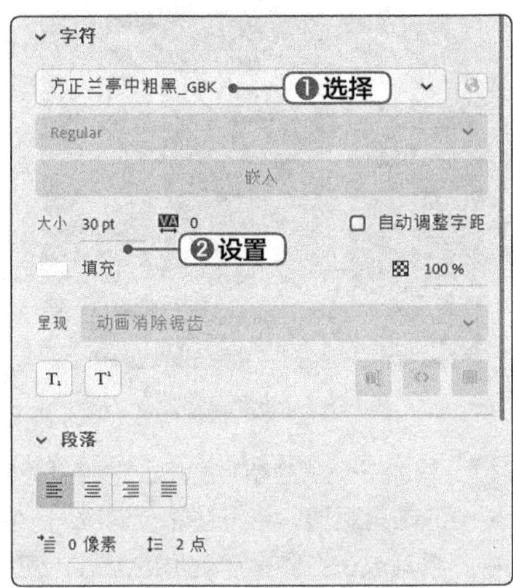

图4-80 设置文本属性

STEP 6 使用“选择工具”选择并复制“热胀”文本框，将复制的文本框水平粘贴到右侧的圆角矩形下方，然后选择“文本工具”T，将复制的文本框中的“热胀”文本修改为“冷缩”文本，效果如图 4-81 所示。

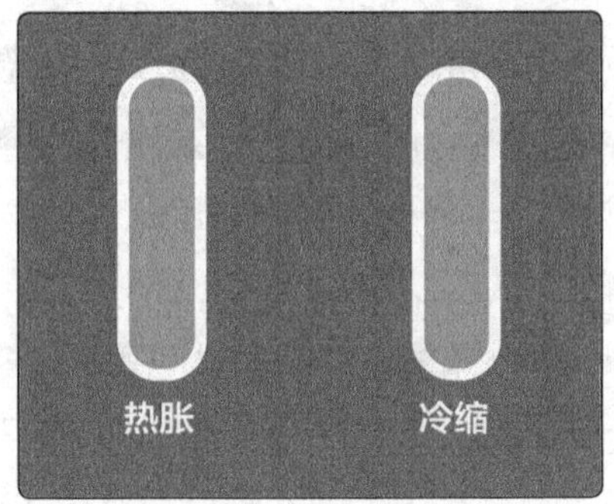

图4-81 复制并修改文本

STEP 7 在“时间轴”面板中的第 50 帧处按住鼠标左键并向下拖曳，同时选择“背景”“温度计”“文本”3 个图层的第 50 帧，如图 4-82 所示。按【F5】键，将这 3 个图层的第 1 个关键帧都延续到第 50 帧。

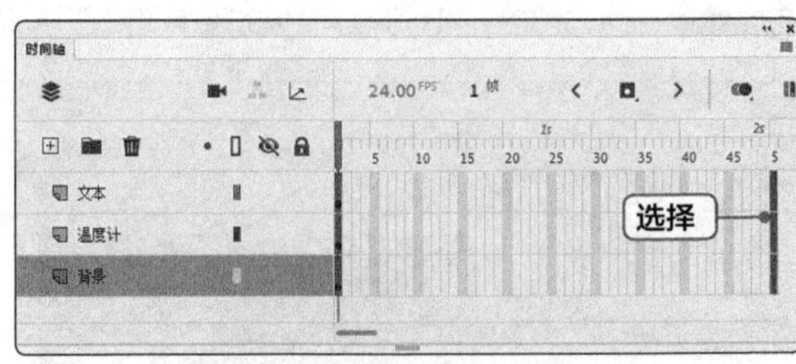

图4-82 选择关键帧

STEP 8 新建一个“热胀”图层，在第 1 帧中绘制一个“填充”为“#D0444F”、无笔触效果、“矩形边角半径”为“30”的圆角矩形，将其放在左侧圆角矩形的上层，效果如图 4-83 所示。

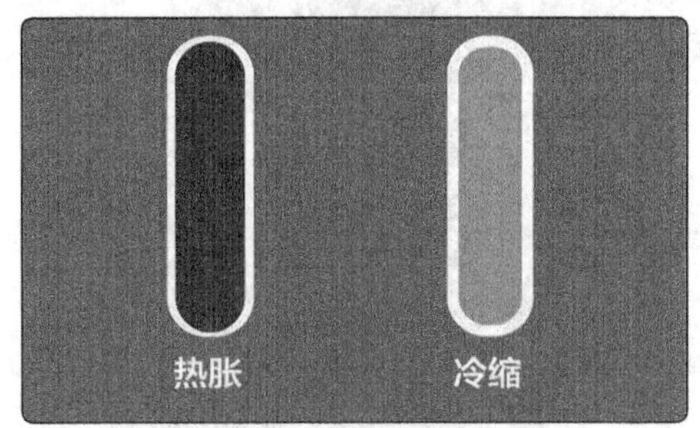

图4-83 绘制圆角矩形

STEP 9 新建一个“遮罩”图层，选择“矩形工具”，在第 1 帧中绘制一个无笔触效果、“填充”为“蓝色”的矩形，用于挡住红色圆角矩形的下部，以便对下层的“热胀”图层形成遮罩效果，效果如图 4-84 所示。

图4-84 绘制遮罩形状

知识补充

绘制更多形状

在“属性”面板中设置“基本矩形工具”的属性时，在“矩形选项”栏中选择“单个矩形边角”选项，将出现4个参数设置框，在其中输入矩形4个角的半径值，可以将矩形调整为不同的形状。

STEP 10 在第 15、26、37、50 帧处分别插入关键帧，选择“任意变形工具”，按住【Alt】键将矩形上方的边向上拖曳，设置后的各帧效果如图 4-85 所示。

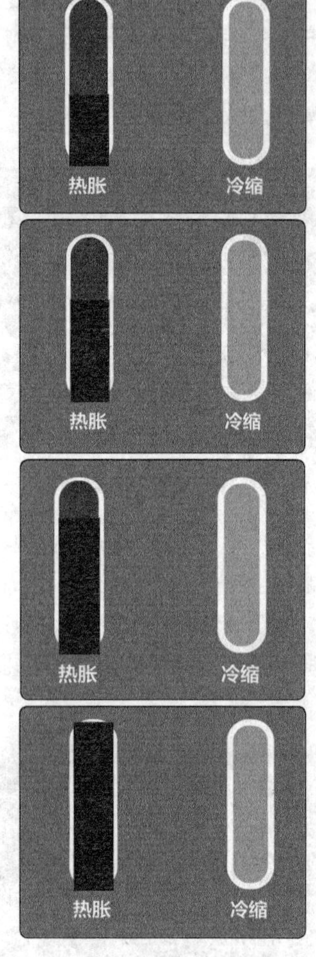

图4-85　绘制其他帧中的遮罩形状

STEP 11 在“遮罩”图层中的关键帧之间创建形状补间动画，效果如图 4-86 所示，使遮罩形状逐渐向上覆盖其下层的圆角矩形。

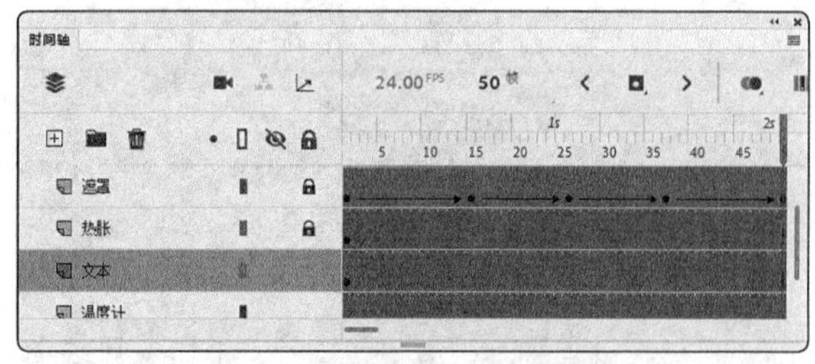

图4-86　创建形状补间动画

STEP 12 在“遮罩”图层的名称上单击鼠标右键，在弹出的快捷菜单中选择“遮罩层”命令，该图层中的形状将遮挡其下层的圆角矩形。预览动画效果，发现红色圆角矩形将随着遮罩动画的播放逐渐显现出来，如图 4-87 所示。

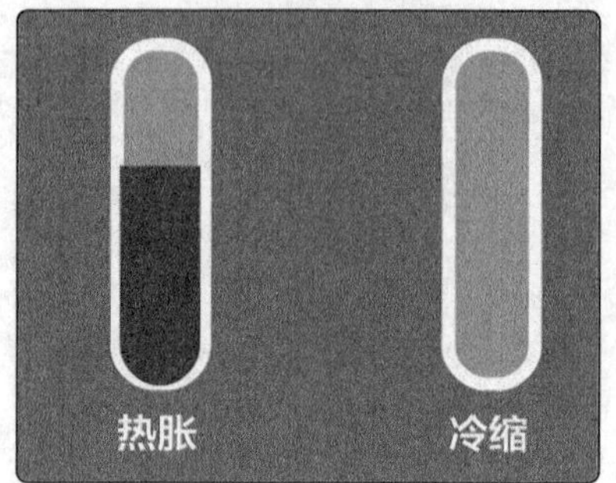

图4-87　查看遮罩效果

STEP 13 新建一个“冷缩”图层，选择并复制“热胀”图层中的圆角矩形，将其粘贴至“冷缩”图层的第 1 帧中，将其放在右侧圆角矩形的上层。使用“选择工具”选择复制的圆角矩形，在“属性”面板中修改“填充”为“#00A2B0”，效果如图 4-88 所示。

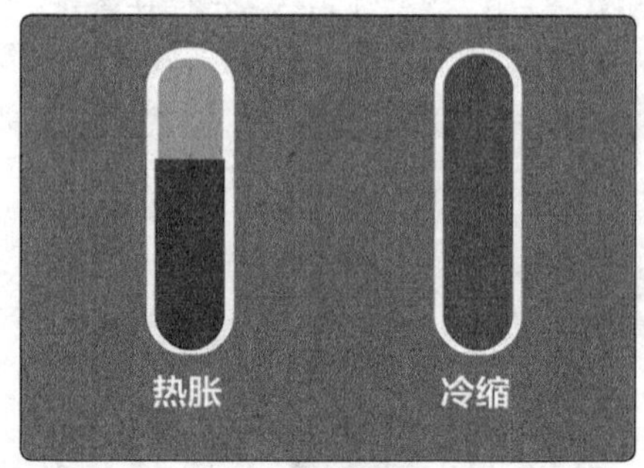

图4-88　调整填充颜色

STEP 14 新建一个“遮罩 1”图层，在第 1 帧中绘制一个无笔触效果、“填充”为“蓝色”的矩形，用其覆盖“冷缩”图层中的圆角矩形，然后分别在第 15、27、38、50 帧处插入关键帧。选择“任意变形工具”，按住【Alt】键将矩形上方的边向下拖曳，从上到下依次显示出下层的圆角矩形，以实现温度不断下降的效果。

STEP 15 在“遮罩 1”图层中的关键帧之间创建形状补间动画，然后在“遮罩 1”图层的名称上单击鼠标右键，在弹出的快捷菜单中选择“遮罩层”命令，完成遮罩动画的创建，“时间轴”面板如图 4-89 所示。

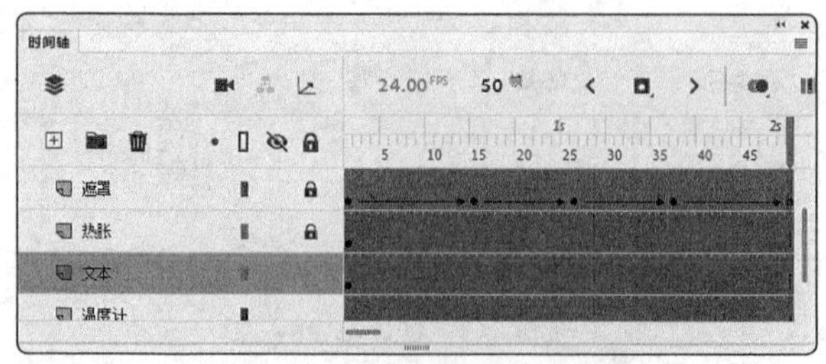

图4-89　“时间轴”面板

第2部分

STEP 16 预览并检查动画效果，如图 4-90 所示。然后按【Ctrl+S】组合键将动画文件保存为“热胀冷缩动画 .fla”。

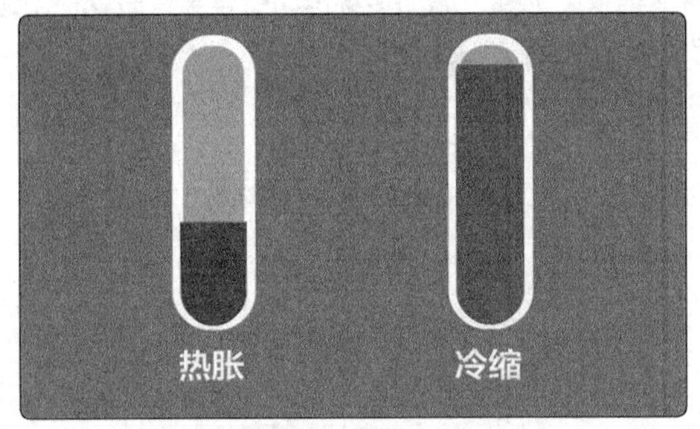

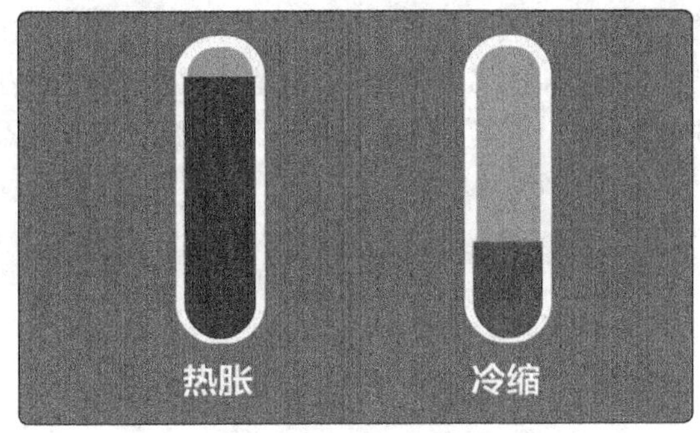

图4-90　预览动画效果

4.3.4 制作引导动画

引导动画是一种动画对象沿着引导层中的路径进行运动的动画。引导动画由引导层和动画层组成，引导层是Animate引导动画中用于绘制引导线的图层，也就是用于绘制动画对象运动路径的图层。动画层一般是传统补间动画，可对其Alpha、大小等属性进行设置。图4-91所示为引导动画的效果，其中的白色曲线为引导层中的引导线，也就是飞机飞行的路径。飞机则为动画层，其应用了传统补间动画，对传统补间动画各关键帧中的飞机的大小、位置等进行调整，可使飞机在飞行过程中逐渐变小。

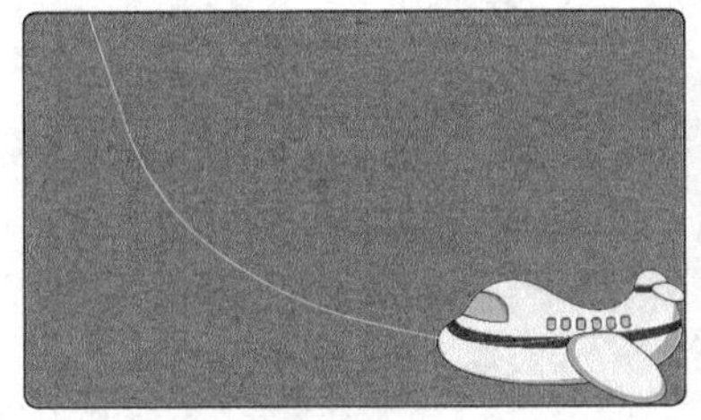

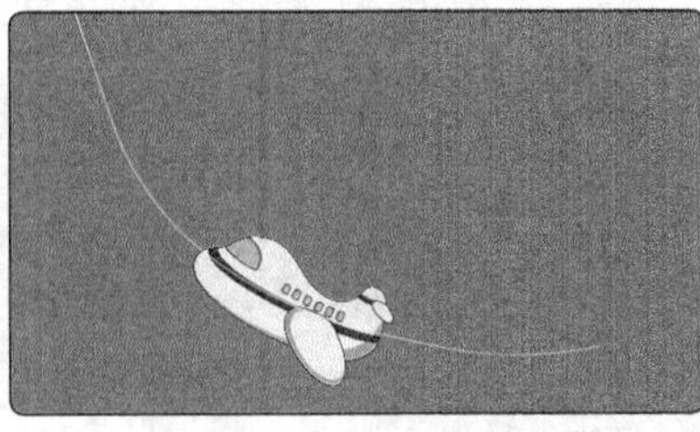

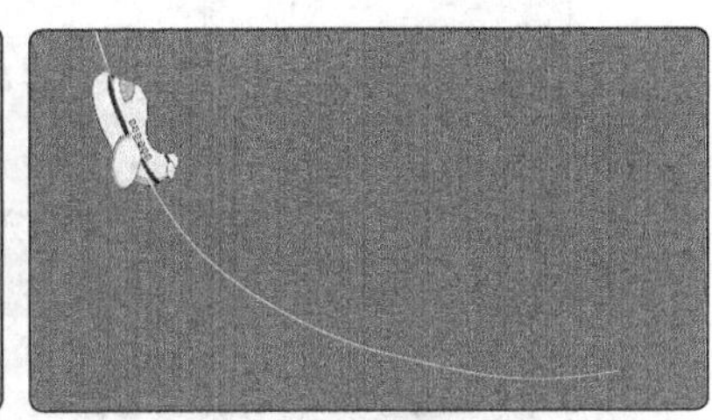

图4-91　引导动画的效果

下面制作一个“诗歌——纸飞机”引导动画课件，通过纸飞机逐渐飞向天空的动画效果，引出后面的诗歌——《纸飞机》，具体操作如下。

素材所在位置　素材文件\第4章\纸飞机素材\
效果所在位置　效果文件\第4章\诗歌——纸飞机.fla、诗歌——纸飞机.swf

微课视频

STEP 1 选择【文件】/【新建】菜单命令，创建一个空白动画文件。选择【文件】/【导入】/【导入到舞台】菜单命令，打开“导入”对话框，在其中选择“天空背景”图片，单击 打开(O) 按钮，将其导入舞台中。

STEP 2 选择“任意变形工具”，按住【Alt】键调整背景图片的大小，使其覆盖舞台背景。按【Ctrl+B】组合键打散图片（按【Ctrl+G】组合键可重新组合图片），然后使用“选择工具”框选舞台区域外的图片，按【Delete】键将其删除，如图 4-92 所示。

STEP 3 导入“卡通房子”图片，调整其大小和位置，用于制作动画的背景。新建一个“飞机”图层，选择“线条工具”，打开“属性”面板，在“颜色和样式”

栏中单击“笔触”左侧的色块，在打开的颜色面板中选择最后一排的第 1 个选项，让笔触颜色具有黑白渐变效果。在“宽”下拉列表中选择“宽度配置文件 2”选项，如图 4-93 所示。

图4-92　打散并删除图片

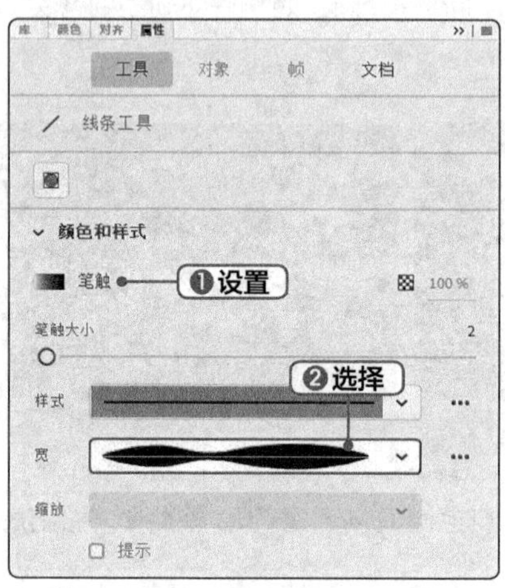

图4-93　设置线条参数

STEP 4 使用“线条工具”绘制若干条直线，将它们组成纸飞机的形状，如图 4-94 所示。

图4-94　绘制纸飞机

STEP 5 使用“选择工具”框选纸飞机形状，按【F8】键将其转换为元件，设置元件“名称”为“纸飞机”。在“飞机”图层上单击鼠标右键，在弹出的快捷菜单中选择“添加传统运动引导层”命令，创建引导层，如图 4-95 所示。

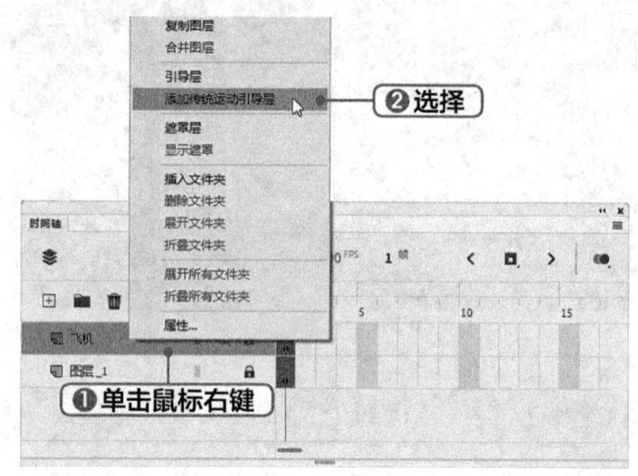

图4-95　添加传统运动引导层

STEP 6 在工具栏中选择“铅笔工具”，选择“引导层：纸飞机”图层，在舞台中绘制一条运动路径，代表纸飞机的飞行轨迹，如图 4-96 所示。

图4-96　绘制运动路径

STEP 7 选择背景图层的第 188 帧，按【F5】键延续帧，选择另外两个图层的第 50 帧，按【F5】键延续帧。然后选择“飞机”图层的第 1 帧，再选择“任意变形工具”，将鼠标指针移动到纸飞机上，当鼠标指针变为形状时，按住鼠标左键进行拖曳，旋转纸飞机，使其与运动路径的方向保持一致，如图 4-97 所示。

图4-97　调整纸飞机的旋转角度

STEP 8 在“飞机”图层的第 50 帧处插入关键帧，将纸飞机拖曳到运动路径末尾，调整纸飞机的大小和旋转角度。

STEP 9 在两个关键帧中创建传统补间动画。然后拖曳播放头，查看纸飞机的运动路径。在纸飞机运动路径出现变化的地方按【F6】键插入关键帧，调整该关键帧中纸飞机的位置、大小和旋转角度，使纸飞机中心的圆点始终吸附在运动路径上，自然地沿着运动路径飞行，如图 4-98 所示。

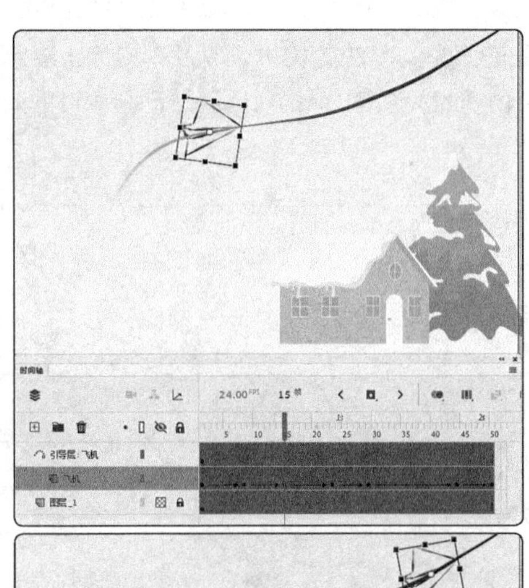

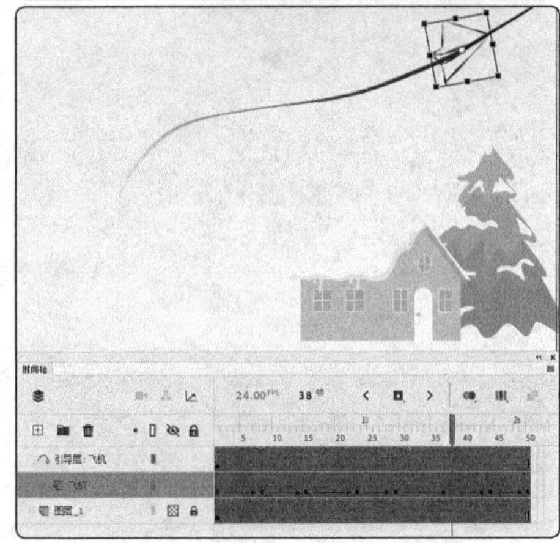

图4-98　调整关键帧中的对象

STEP 10 新建一个图层，在第 58 帧处插入关键帧，输入“纸飞机”文本，并设置文本格式为“方正兰亭中粗黑 _GBK”“30pt”“#FF9966”，如图 4-99 所示。

STEP 11 在第 79 帧处插入关键帧，输入“当纸飞机”文本，设置文本格式为“方正兰亭刊黑 _GBK”“18pt”“黑色”，如图 4-100 所示。

STEP 12 按照上述方法，依次在第 99 帧、120 帧、141 帧、162 帧、188 帧处插入关键帧，并分别添加“飞向天空的那一刻”“我感到”“无比自豪”“因为——我把我的梦想”“飞上了蓝天”文本，将这些文本的格式设置为“当纸飞机”文本的格式。

图4-99　输入文本1

图4-100　输入文本2

STEP 13 预览并检查动画效果，如图 4-101 所示。按【Ctrl+S】组合键将动画文件保存为“诗歌——纸飞机 .fla”，然后选择【文件】/【导出影片】菜单命令，将动画课件导出为“诗歌——纸飞机 .swf”影片。

图4-101　预览动画效果

4.4 课堂案例：制作“相对运动”动画课件

在我们的生活中有很多常见的物理现象、数学现象等，学生可观察这些现象理解抽象的理论知识。例如，学生可以观察水与玻璃杯，理解凸透镜成像原理；观察行驶的汽车内、外的物体，理解相对静止和相对运动这一概念。教师在开展教学活动时，可以通过动画课件将生活中的现象与教学内容结合起来，让知识更加形象易懂，也让学生更乐于接收和学习新知识。

4.4.1 案例目标

本例将制作“相对运动”动画课件，其教学目的是通过行驶的汽车、路边的树木，以及车内的人展示相对运动与相对静止的现象，以帮助学生了解参照物、运动物和静止物间的关系等。“相对运动”动画课件的效果如图4-102所示。

图4-102 “相对运动”动画课件

效果所在位置 效果文件\第4章\相对运动.fla、相对运动.swf

微课视频

4.4.2 制作思路

本案例可分别制作“场景1”和“场景2”动画，然后为这两个动画添加交互效果，便于学生根据学习需求进行学习，具体制作思路如图4-103所示。

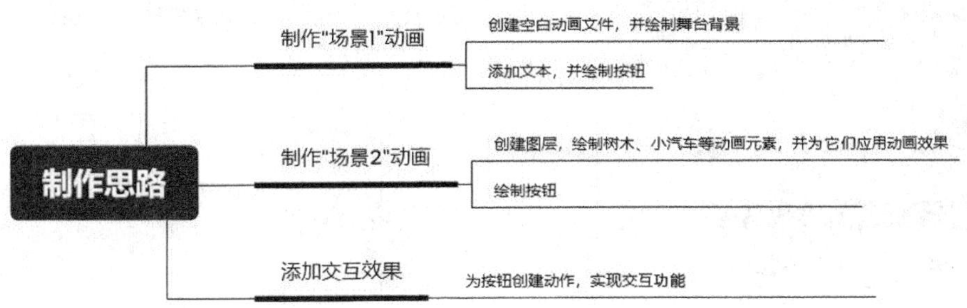

图4-103　制作思路

4.4.3 操作步骤

1. 制作“场景1”动画

下面新建一个空白动画文件，然后在“场景1”中制作课件背景、添加文本、制作按钮等，具体操作如下。

STEP 1 启动 Animate，选择【文件】/【新建】菜单命令，打开“新建文档”对话框，设置“宽”和“高”分别为“800 像素”“350 像素”，“平台类型”为“ActionScript 3.0”，创建一个空白动画文件。在“属性”面板中将舞台的背景颜色修改为“#D2F6FF”。

STEP 2 在工具栏中选择“椭圆工具”，在“属性”面板中设置“填充”为“白色”，“笔触”为“无”，然后在舞台中绘制 4 个相互叠加的椭圆形，可发现这 4 个椭圆形自动组合成了一个完整的云朵图形，如图 4-104 所示。

图4-104　绘制云朵

STEP 3 框选 4 个椭圆形，将鼠标指针移动到椭圆形上，在按住【Ctrl+Alt】组合键的同时按住鼠标左键进行拖曳，对其进行复制。选择“选择工具”，将鼠标指针移动到云朵的边缘处，当鼠标指针变成形状时，按住鼠标左键进行拖曳，调整云朵的形状，如图 4-105 所示。

STEP 4 复制多个云朵，并调整云朵的大小、位置和形状。

图4-105　复制并调整云朵

STEP 5 修改云朵所在图层的名称为“背景”。

STEP 6 选择“文本工具”T，在舞台中输入图4-106所示的文本，设置这两行文本的字体、大小和颜色分别为“方正兰亭特黑_GBK”“30pt”“#333333”和“方正兰亭纤黑_GBK”“20pt”“#000000”，然后调整文本的位置。

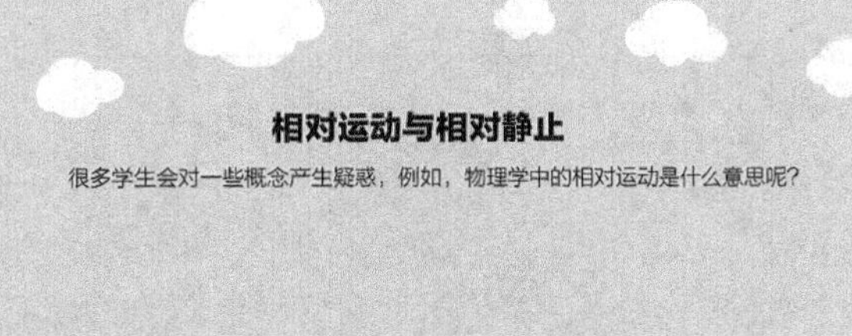

图4-106　输入文本

STEP 7 选择“矩形工具”，在“属性”面板的“工具”选项卡中设置“填充”为“D2F6FF”，“笔触”为“#FFFFFF”，“笔触大小”为“5”，在“宽”下拉列表中选择“宽度配置文件 2”选项，如图 4-107 所示，然后在舞台中绘制一个矩形。

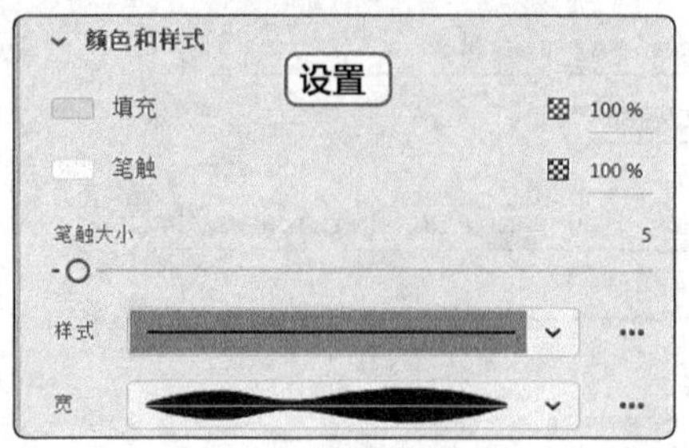

图4-107　设置工具的属性

STEP 8　在“属性”面板的“工具”选项卡中设置“填充”为“无”，“笔触”为“#FFCC66”，“笔触大小”和“宽”保持不变，然后绘制一个矩形框，效果如图 4-108 所示。

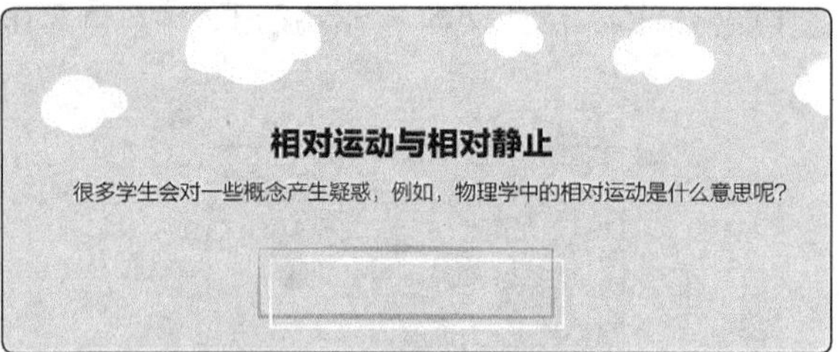

图4-108　绘制矩形框

STEP 9　框选矩形和矩形框，使用“任意变形工具”调整它们的大小和位置。选择“文本工具”T，在矩形中输入“单击查看概念实例”文本，并设置文本格式为“方正兰亭纤黑_GBK”“20pt”“#666666”。

STEP 10　框选矩形、矩形框和“单击查看概念实例”文本，按【F8】键，打开“转换为元件”对话框，在“名称”文本框中输入“button1”，在“类型”下拉列表中选择“按钮”选项，单击 确定 按钮，如图 4-109 所示，将矩形、矩形框和文本转换为按钮元件。

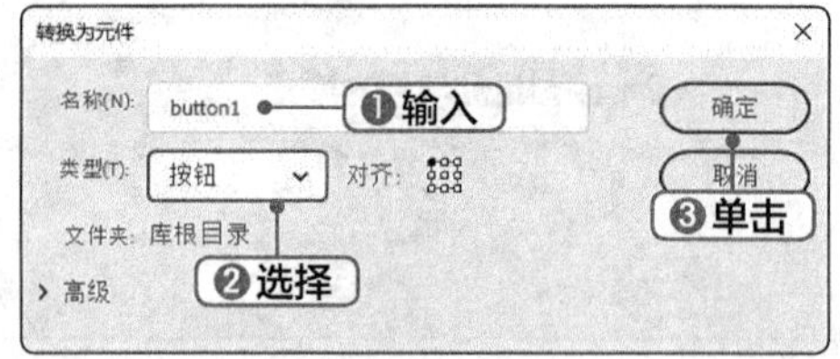

图4-109　“转换为元件”对话框

STEP 11　选择该按钮元件，在“属性”面板的“对象”选项卡中修改实例名称为“button1”，如图 4-110 所示，便于后面在创建跳转式交互效果时对该按钮元件进行引用。

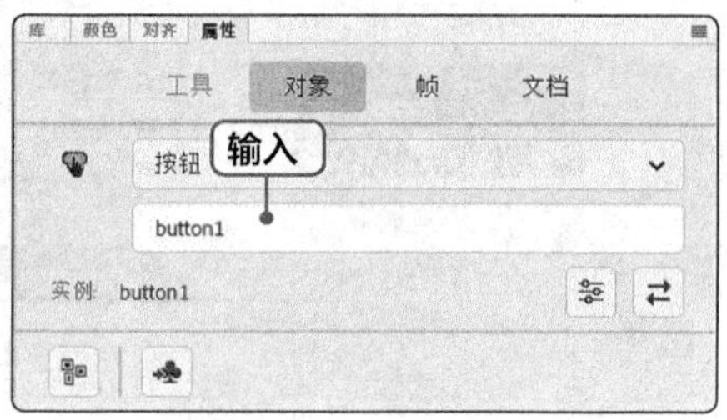

图4-110　修改按钮元件实例的名称

知识补充

按钮元件的触发区域

在绘制按钮时，通常会绘制一个完整的形状，如矩形、图形等。如果此处只绘制矩形框作为按钮，则为该按钮添加单击动作后，必须单击矩形的边框才可以触发跳转动作，这样将不利于进行交互操作。如果需要实现单击矩形框内的任意区域都可以跳转的效果，则需要在元件编辑界面的“时间轴”面板中的“点击”帧中插入空白关键帧，并在矩形框所在位置绘制一个与矩形框大小相同的矩形，作为矩形框的单击触发区域。这样，单击该触发区域中的任意位置都可以实现跳转。

STEP 12　双击该按钮元件，进入按钮元件编辑界面，在“时间轴”面板中的“按下”帧处创建关键帧，如图 4-111 所示，然后选择“任意变形工具”，按住【Shift】键缩小该按钮元件。这样操作的目的是在播放动画后，单击该按钮元件可触发按钮的缩小效果，从而使单击操作更具动态性。

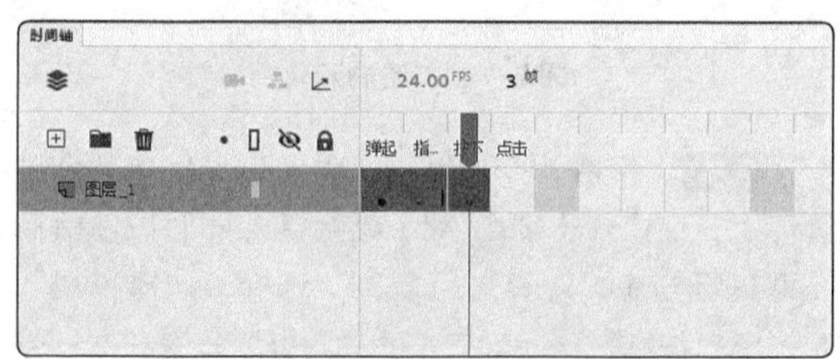

图4-111　创建单击时的关键帧效果

2. 制作“场景2”动画

下面新建“场景2”，在其中绘制树木、汽车等动画元素，然后为各动画元素应用传统补间动画，最后制作一个交互按钮，具体操作如下。

STEP 1 单击场景名称左侧的 ← 按钮，返回场景编辑状态。选择【插入】/【场景】菜单命令，新建“场景 2”。单击场景名称右侧的下拉按钮，在打开的下拉列表中选择“场景 1”选项，切换到“场景 1”中，如图 4-112 所示。

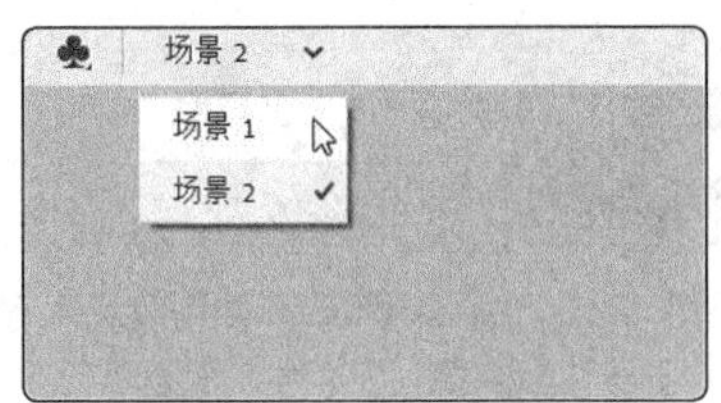

图4-112　切换场景

STEP 2 在“背景”图层上单击鼠标右键，在弹出的快捷菜单中选择“拷贝图层”命令，切换到“场景 2”中，在“时间轴”面板中的图层名称上单击鼠标右键，在弹出的快捷菜单中选择“粘贴图层”命令，将“场景 1”中的“背景”图层粘贴到“场景 2”中，然后删除“场景 2”中默认添加的图层和背景图层中的文本、矩形、矩形框等内容。

STEP 3 选择“背景”图层的第 76 帧，按【F5】键。新建一个“树林”图层，在第 20 帧处创建关键帧。选择“椭圆工具”，绘制 4 个“笔触”为白色，“笔触大小”为“1”，“填充”分别为“#24908B”“#35A0A3”“#EE875A”“#EFB449”，且大小不等的椭圆形作为树冠。然后选择“矩形工具”，绘制 4 个大小不等，“填充”为“#C27F47”，笔触为“无”的矩形作为树干，效果如图 4-113 所示。

图4-113　绘制树木

STEP 4 选择“线条工具”，设置“笔触”为白色，“笔触大小”为“1”，在树冠中绘制长短、方向不一的白色线条作为树枝。框选所有树冠、树干和树枝，按【F8】键将它们创建为图形元件，然后复制两次该图形元件，分别调整每个图形元件的大小，并水平翻转最后一个图形元件，效果如图 4-114 所示。

图4-114　创建并调整图形元件

STEP 5 同时选择 3 个图形元件，将其创建为一个单独的图形元件，然后将它们移动到舞台外（右侧），效果如图 4-115 所示。

图4-115　调整树木的位置

STEP 6 在“树林”图层的第 75 帧处插入关键帧，将树林向左移动，使其最右端与舞台的最右端对齐。然后在第 20 帧和第 75 帧之间创建传统补间动画，如图 4-116 所示。

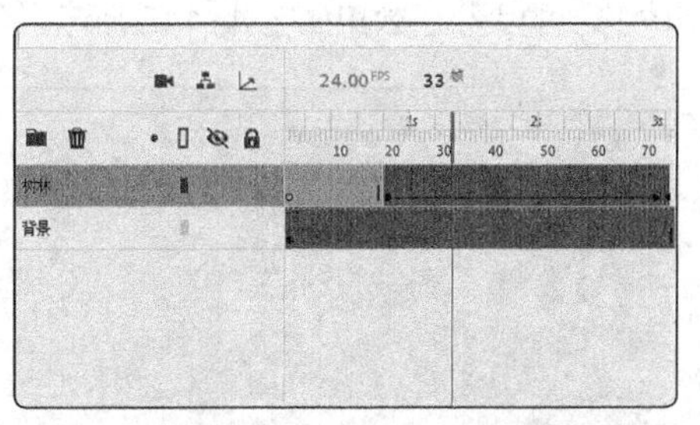

图4-116　创建传统补间动画

STEP 7 新建一个“小汽车”图层，选择第 1 帧，选择“基本矩形工具”，绘制两个“填充”为“#DE0302”，“笔触”为“无”的矩形。然后选择“选择工具”，选择下方的矩形，在“属性”面板的“对象”选项卡的“矩形选项”栏中设置矩形4个圆角的大小均为“20”。选择上方的矩形，设置其4个圆角的大小分别为“28”“28”“0”“0”，如图4-117所示。

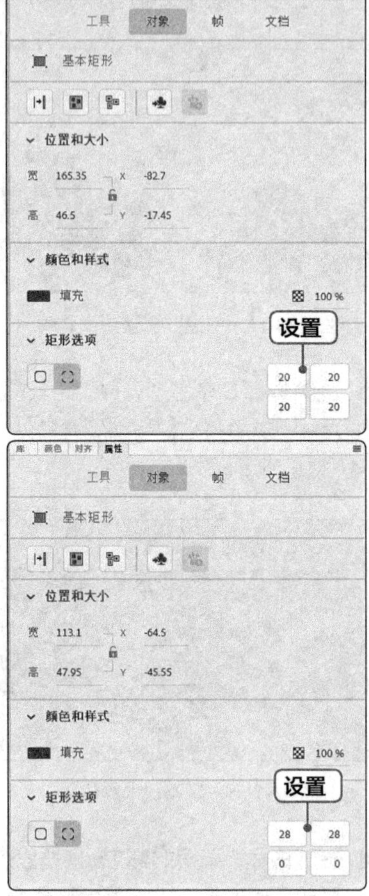

图4-117 设置圆角大小

STEP 8 设置完成后，使用“任意变形工具”调整两个形状的大小，效果如图4-118所示。

图4-118 调整形状后的效果

STEP 9 按照上述方法，依次绘制“填充”为“#57EBDA”，“笔触”为“无”的圆角矩形（车窗）；“填充”为白色，“笔触”为“无”的人物；“填充”为黑色，“笔触”为“#E1E1E1”，“笔触大小”为“4”的车轮，将它们组合成一个完整的图形，效果如图4-119所示。

图4-119 绘制汽车的其他部分及人物

STEP 10 框选整个汽车，按【F8】键将其转换为图形元件，将第1帧中的汽车移动到舞台外（左侧），然后在“小汽车”图层的第40帧处插入关键帧，并将小汽车移动到舞台中，最后在两个关键帧之间创建传统补间动画，将第40帧延续至第75帧，如图4-120所示。

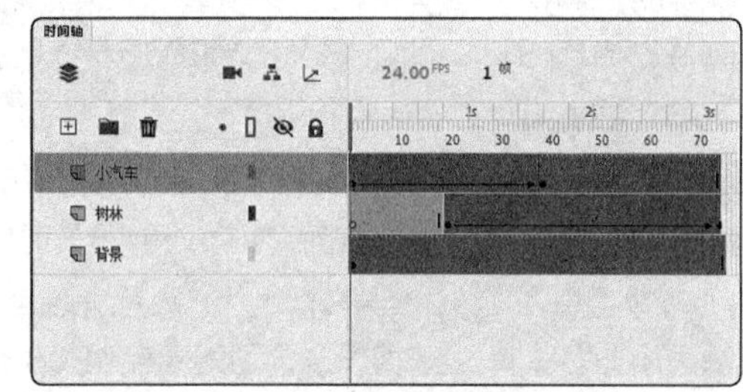

图4-120 为汽车创建动画

STEP 11 新建“动作”图层，选择第76帧，按【F6】键创建关键帧，在其中输入图4-121所示的文本，并设置文本格式为“方正兰亭中粗黑_GBK”“方正兰亭纤黑_GBK”“20pt”。按照前面介绍的方法绘制一个按钮，在按钮中输入“单击返回”文本。

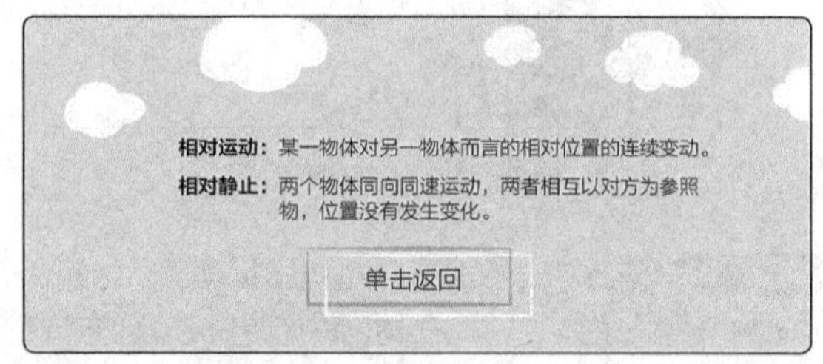

图4-121 输入文本并绘制按钮

STEP 12 框选按钮和按钮中的文本，按【F8】键，

第2部分

打开“转换为元件”对话框，在“名称”文本框中输入“button2”，在“类型”下拉列表中选择“按钮”选项，单击确定按钮，如图 4-122 所示。

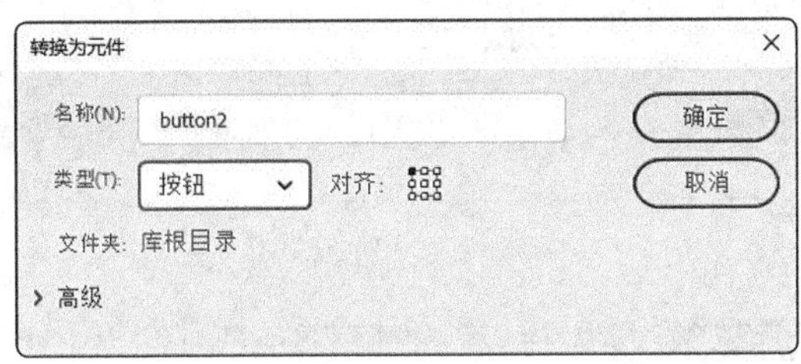

图4-122 “转换为元件”对话框

STEP 13 选择该按钮元件，在“属性”面板的“对象”选项卡中将实例名称修改为“button2”，如图 4-123 所示。

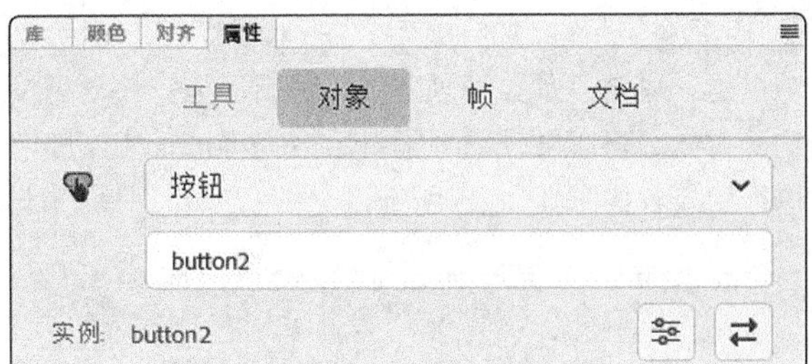

图4-123 修改元件实例的名称

STEP 14 双击该按钮元件，进入按钮元件编辑界面，在“时间轴”面板中的“按下”帧处创建关键帧，然后缩小该按钮元件，为按钮元件创建单击时缩小的动态效果。

3. 添加交互效果

制作好“场景1”与“场景2”动画后，为了实现单击按钮后自动跳转的交互效果，需要为这两个场景中的按钮添加动作指令，具体操作如下。

STEP 1 切换到“场景 1”，在“时间轴”面板中的第 1 帧上单击鼠标右键，在弹出的快捷菜单中选择“动作”命令，打开“动作”面板，在右侧输入动作代码，如图 4-124 所示。该动作代码的含义为单击“button1”按钮元件时，跳转到“场景 2”的第 1 帧。

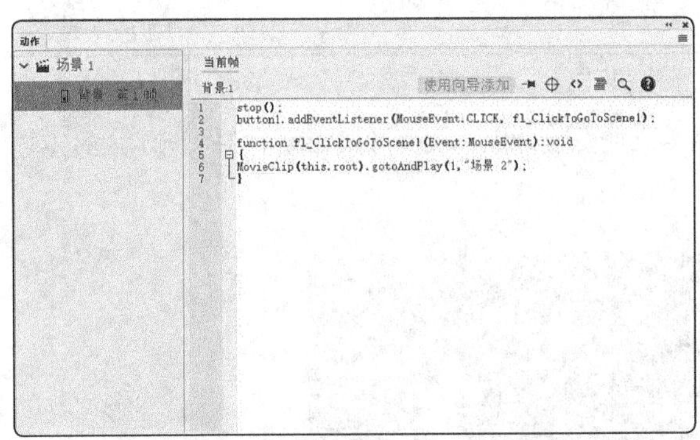

图4-124 为“button1”按钮添加动作

STEP 2 切换到“场景 2”，在“动作”图层的第 76 帧上单击鼠标右键，在弹出的快捷菜单中选择“动作”命令，打开“动作”面板，在右侧输入动作代码，如图 4-125 所示。该动作代码的含义为单击“button2”按钮元件时，跳转到“场景 1”的第 1 帧。

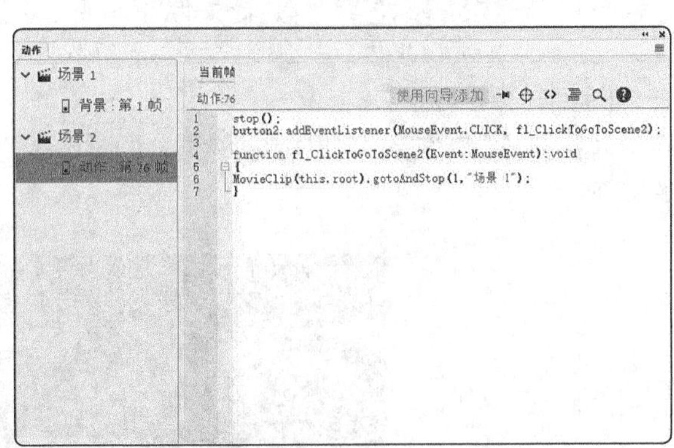

图4-125 为“button2”按钮添加动作

知识补充

动作代码

动作代码实质上是一个单击事件，即单击时执行跳转操作，其中的大部分内容均是对事件的描述和相关函数。教师在设置该代码时，需要对关键信息进行修改，“button1”“button2”表示单击对象的名称，(1,“场景2”)(1,“场景1”)表示单击该对象后跳转到的位置。

STEP 3 动作添加完成后，按【Ctrl+Shift+Enter】组合键，调试并预览动画效果，将鼠标指针移动到按钮元件上，可以发现鼠标指针会变为手形，单击即可进行跳转，如图 4-126 所示。

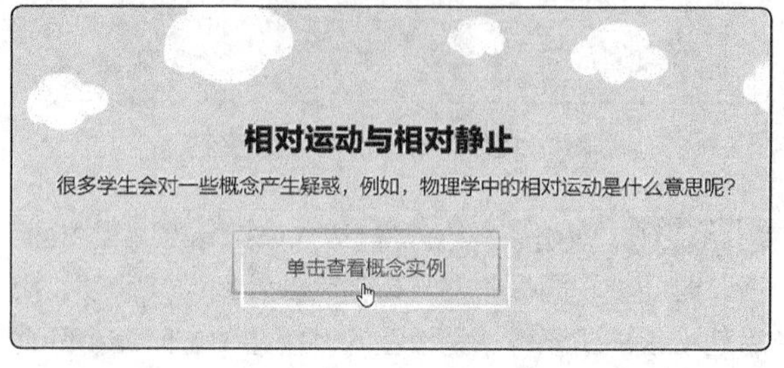

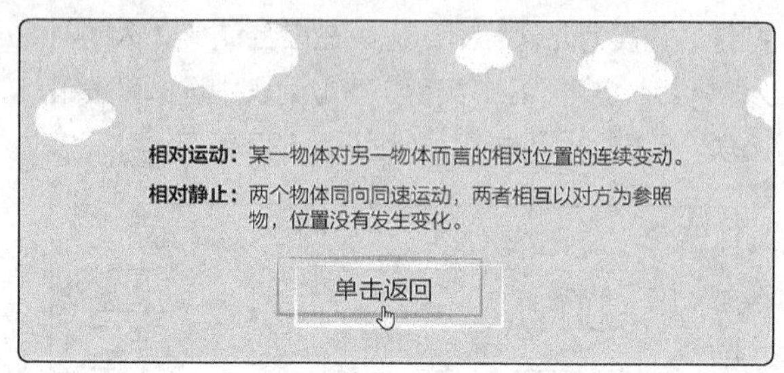

图4-126 预览效果

STEP 4 预览完成后，选择【文件】/【导出】/【导出影片】菜单命令，打开“导出影片”对话框，将动画课件导出为 SWF 格式的影片，将动画课件的名称设置为“相对运动 .swf”，完成动画课件的制作。

4.5 强化实训：制作“人造卫星”动画课件

近年来，我国的航天航空事业屡屡取得令世界瞩目的辉煌成绩，先后将运载火箭、载人飞船、探测器及各种人造卫星成功发向太空。教师在制作数学、物理、计算机等学科的课件时，可以将教学内容与时事结合起来，在培养学生民族自豪感、自信心和凝聚力的同时，激发学生的学习兴趣，达到更理想的教学效果。本实训将制作“人造卫星”动画课件，并在课件中添加交互效果，便于学生进行自主学习。

素材所在位置 素材文件\第4章\太空背景.jpg

效果所在位置 效果文件\第4章\人造卫星.fla、人造卫星.swf

微课视频

【制作效果与思路】

本实训需要制作3个场景的动画效果，同时还要在课件中添加交互效果，课件效果如图4-127所示，具体思路如下。

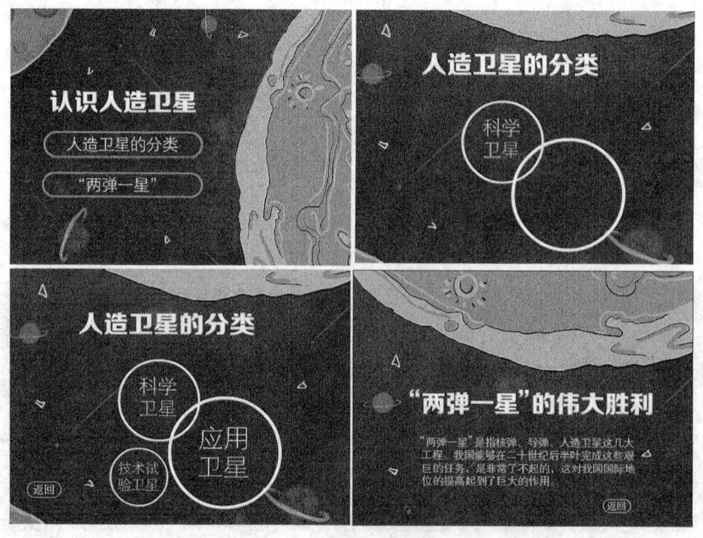

图4-127 “人造卫星”动画课件的效果

（1）将背景素材导入舞台，调整背景素材的旋转角度、大小和位置，在其中输入文本并设置文本格式。

（2）绘制两个“笔触”“笔触大小”为“#BFC4E1”“5”，“无填充”的圆角矩形，在其中输入“人造卫星的分类”“‘两弹一星’”文本，再将它们创建为按钮元件，名称分别为“button1”“button2”。

（3）新建“场景2”，新建多个图层，分别在其中导入背景素材、绘制圆形、输入文本，并依次将图形、文本设置为逐帧动画，使它们渐次出现。然后绘制“笔触”“笔触大小”为“#BFC4E1”“3”，“填充”为“无”的圆角矩形，在其中输入“返回”文本，将其创建为“button3”按钮元件。

（4）新建“场景3”，在其中导入背景素材，输入文本，然后创建一个“button4”按钮元件。

（5）分别为“场景1”“场景2”“场景3”中的按钮元件添加交互动作，3个场景中的动作代码分别如图4-128所示。

```
stop();
button1.addEventListener(MouseEvent.CLICK, fl_ClickToGoToScene1);

function fl_ClickToGoToScene1(Event:MouseEvent):void
{
MovieClip(this.root).gotoAndPlay(1,"场景 2");
}
button2.addEventListener(MouseEvent.CLICK, fl_ClickToGoToScene2);

function fl_ClickToGoToScene2(Event:MouseEvent):void
{
MovieClip(this.root).gotoAndPlay(1,"场景 3");
}
```

```
stop();
button3.addEventListener(MouseEvent.CLICK, fl_ClickToGoToScene3);

function fl_ClickToGoToScene3(Event:MouseEvent):void
{
MovieClip(this.root).gotoAndPlay(1,"场景 1");
}
```

```
stop();
button4.addEventListener(MouseEvent.CLICK, fl_ClickToGoToScene4);

function fl_ClickToGoToScene4(Event:MouseEvent):void
{
MovieClip(this.root).gotoAndPlay(1,"场景 1");
}
```

图4-128　3个场景中的动作代码

（6）预览动画效果，并按【Ctrl+S】组合键将动画文件保存为“人造卫星.fla”。

4.6 知识拓展

教师在制作动画课件时，可以运用一些动画制作技巧，以快速完成动画的制作，例如，可以使用动画预设快速添加动画、在动画中添加音频素材和视频素材等。

1. 使用动画预设添加动画

Animate提供了多种动画预设，可帮助用户快速完成动画效果的制作，提高动画的制作效率与质量。设置动画预设方法为：选择【窗口】/【动画预设】菜单命令，打开“动画预设”面板，其中罗列了常用的动画效果，选择需要的动画效果，单击 应用 按钮，即可直接应用动画。图4-129所示为为小球应用“小幅度跳跃”动画预设的效果。

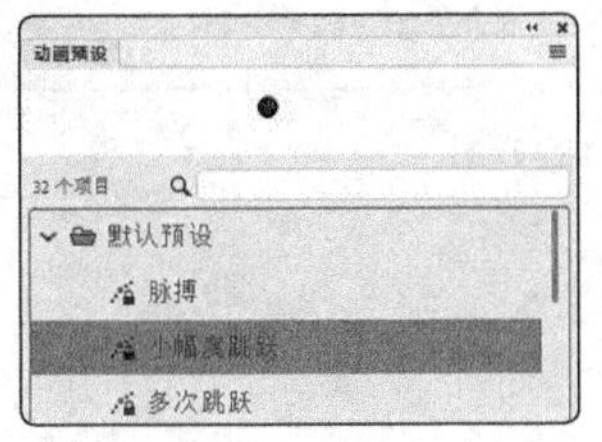

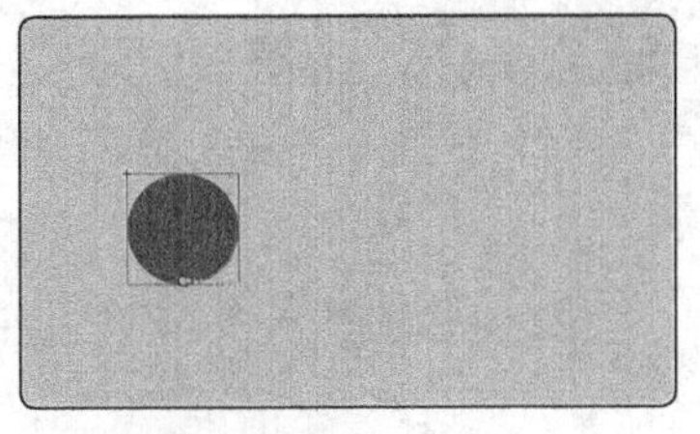

图4-129　为小球应用“小幅度跳跃”动画预设的效果

2. 导入音频素材和视频素材

在使用Animate制作动画时，教师还可以根据动画的制作需求添加音频素材和视频素材。

音频素材只能导入Animate的“库”面板中，其导入方法与图像素材的导入方法相同。音频素材导入后，可在“库”面板中将音频素材拖曳到舞台中，如图4-130所示。添加音频素材后，教师可以在“属性”面板中设置音频素材的属性。

如果需要在Animate中导入视频文件，则需要先添加一个“Video”组件，然后通过其“源”属性来插入视频。其方法为：选择【窗口】/【组件】菜单命令，打开“组件”面板，展开“视频”栏，将其下的“Video”组件拖曳到舞台中，即可添加“Video”组件，如图4-131所示。选择添加的“Video”组件，“属性”面板中将显示“显示参数”按钮。单击该按钮将打开“组件参数”面板，在其中可以设置Video组件的参数。单击“源”右侧的按钮，打开“内容路径”对话框，如图4-132所示。单击按钮，打开“浏览源文件”对话框，在其中选择需要导入的视频文件，单击打开(O)按钮返回“内容路径”对话框，最后单击确定按钮导入视频。

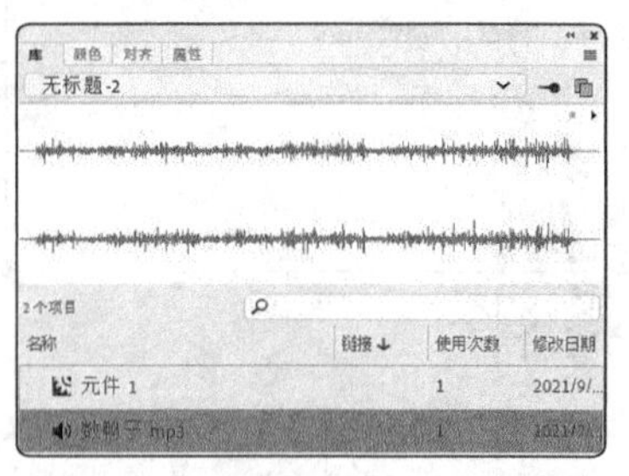

图4-130　将音频素材导入“库”面板

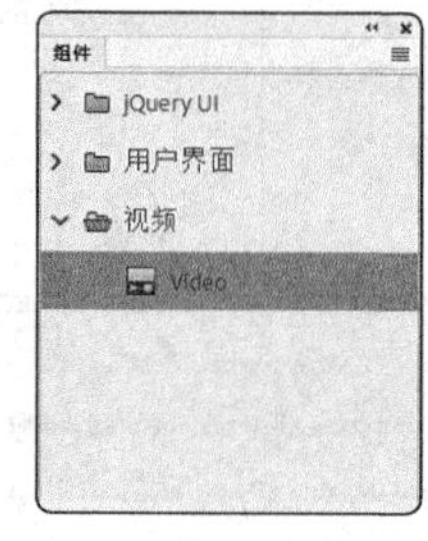

图4-131　找到“Video”组件

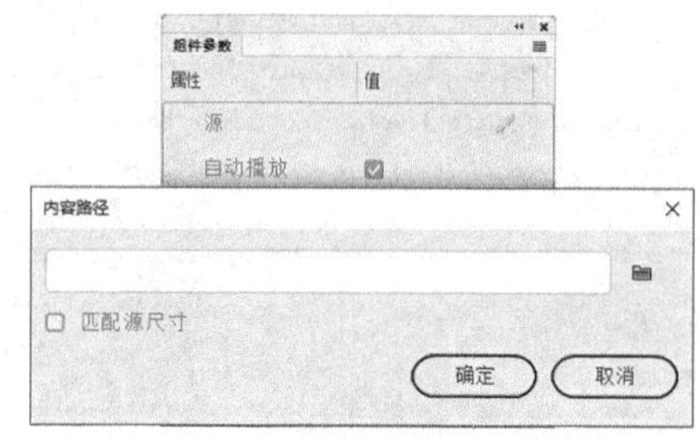

图4-132　“内容路径”对话框

4.7 课后练习

本章主要介绍了动画课件的制作方法，掌握本章知识后，教师可根据教学内容制作出符合教学要求的动画课件。下面通过两个练习对本章所学的相关知识进行巩固。

练习 1　制作“水分子的化学式”动画课件

使用Animate中的“椭圆工具”、“文本工具”T和补间形状动画，制作两个氢原子和一个氧原子融合为一个水分子的动画课件，制作完成后的效果如图4-133所示。

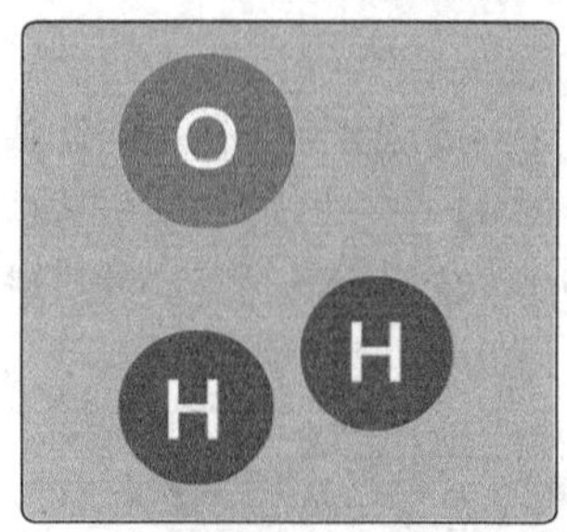

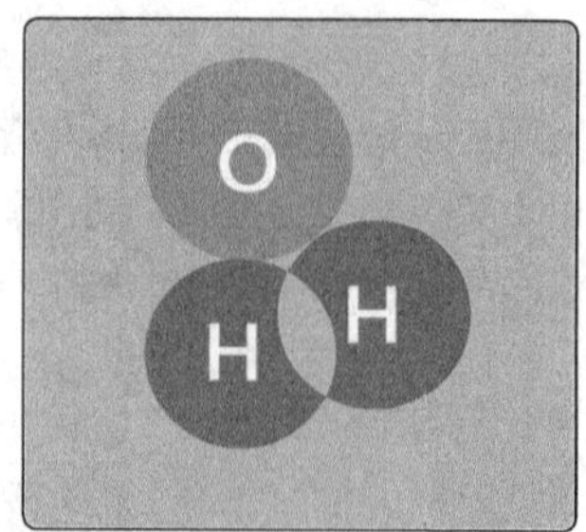

图4-133　“水分子的化学式”动画课件的效果

效果所在位置 效果文件\第4章\水分子的化学式.fla

微课视频

练习 2 | 制作“绕地飞行的卫星”动画课件

在Animate中导入“地球”和“卫星”图片素材，并为卫星设置路径动画，使卫星绕着地球飞行，制作完成后的效果如图4-134所示。

图4-134 “绕地飞行的卫星”动画课件的效果

素材所在位置 素材文件\第4章\绕地飞行的卫星\

效果所在位置 效果文件\第4章\绕地飞行的卫星.fla

第3部分

第 5 章

微课的录制与剪辑

/ 本章导读

微课是一种具有交流性、互动性的教学模式，是体现教师教学素质、教学技能的重要形式，但要想使微课真正发挥其教学资源的价值，让教学信息与微课完美融合，教师就必须掌握微课录制与剪辑的方法。

/ 技能目标

掌握录制微课的方法。

掌握微课视频的剪辑与后期处理方法。

/ 案例展示

5.1 微课的录制

录制微课是现在教师制作微课的重要手段，特别是在需要通过画面、语音等形式展示教学信息时，微课的教学价值往往能得到最大程度的发挥。录制微课的方式比较多，了解并选择适合自己的微课录制方法能有效提升微课制作效率。

5.1.1 常见的微课录制方式

在信息化时代，微课的录制方式越来越丰富，不同的方式适用于不同的教学内容和教学环境，教师可以根据自己的教学需求和微课录制条件选择合适的方式。常见的微课录制方式如下。

1. 通过屏幕录制工具录制微课

第2章在介绍获取视频教学资源的方式时，讲解了通过屏幕录制工具获取视频教学资源的方法。微课作为一种以视频为主要形式的教学资源，同样可以用这一方法。使用屏幕录制工具录制微课的方式比较简单，选择一款屏幕录制工具，然后根据工具中的提示或相关教程进行相应操作即可。除了专业的屏幕录制工具之外，Windows 10操作系统也自带屏幕录制功能，可以帮助教师录制软件操作、网页视频等。

2. 通过手机拍摄微课

除了屏幕录制工具之外，教师也可以通过手机拍摄微课。这一方式适合于场地较小、环境较安静的情况，教师可以安排真人出镜，配合黑板、白板、标记笔等对教学内容进行讲解；也可选择不让真人出镜，只展示教学内容。例如，展示实验的具体操作方法、公式的推导演算方法、手工作品的制作方法等。

5.1.2 录制微课的准备工作

为了保证有序、有条理地录制微课，教师在录制微课之前，应该根据选择的录制方式、教学内容等提前做好录制微课的准备工作。总的来说，录制微课的准备工作主要包括录制工具准备和微课内容准备两个方面。

1. 录制工具准备

录制工具准备即准备好录制微课所需的各种工具。在用屏幕录制工具录制微课视频时，教师需要准备录制微课视频所需的计算机、屏幕录制工具、带话筒的耳麦等。同时，计算机中应安装有画图工具、写字板、PowerPoint等，以便在录制过程中进行相应的演示和展示。

在使用手机拍摄微课时，教师要先准备好拍摄道具，例如，拍摄用的手机、固定手机的手机支架，以及一个明亮、干净的拍摄环境等。此外，教师还应根据教学内容准备相关的教学用具，例如，拍摄手工微课需要准备手工道具，拍摄绘画微课需要准备纸张、画笔等。准备好拍摄道具后，教师还需布置拍摄环境，以便进行下一步的微课录制，具体操作如下。

微课视频

STEP 1 拍摄微课前，准备好手机、手机支架、纸、笔等基本工具。将手机支架下方固定到桌子边缘处，调整支架的角度，然后将手机固定到支架上，调整手机的拍摄角度，如图 5-1 所示。如果用的是立地式手机支架，则将手机支架立放在合适的位置，调整支架的高度，然后将手机固定在支架上。

图5-1 固定手机支架和手机

图5-1　固定手机支架和手机（续）

STEP 2　打开手机的录制功能，查看手机的取景范围，即手机能够拍摄到的区域。为了防止拍摄微课时拍摄内容不慎移动到取景范围外，可以使用胶带等道具确定一个拍摄区域，如图 5-2 所示。

图5-2　划定拍摄区域

2. 微课内容准备

微课内容准备即明确微课的内容和微课的录制流程。总的来说，在录制微课之前，教师应先针对微课主题进行详细的教学设计，并策划一个脚本，再根据脚本制定录制计划，选择录制方式。例如，录制时，是分段录制还是一次性录制；在录制过程中需要注意或需要重点强调哪些问题，需要对哪些内容进行详细讲解、重点展示和标记等。

5.1.3 录制微课

完成录制微课的准备工作后，教师便可开始进行微课的录制。

第3部分

1. 屏幕录制

对于要在计算机中演示和展示的微课内容，可以选择录制屏幕的方式进行录制。下面使用Windows 10提供的录屏工具录制屏幕视频，具体操作如下。

微课视频

STEP 1　单击桌面左下角的按钮，在打开的“开始”菜单左侧单击“设置”按钮，打开“设置”界面，在其中选择“游戏”选项，如图 5-3 所示。

图5-3　选择“游戏”选项

STEP 2　在界面右侧查看 开按钮是否开启，若处于关闭状态，则单击该按钮，启用录屏功能（Windows 10 中的录屏工具 Xbox Game Bar 是内置于Windows 10的工具，若系统中未安装该工具，则需在系统应用商店中下载并安装），如图 5-4 所示。

图5-4　启用录屏功能

STEP 3　打开需要进行录屏操作的界面，按【Win+G】组合键打开录屏工具，拖动“混合”选项卡中的滑块调整录屏时的音量大小，如图 5-5 所示。

图5-5 调整音量并开始录制

STEP 4 单击“开始录制”按钮，界面右上方会出现录制控制栏，表示已进入屏幕录制状态，并显示录制时间。单击“停止”按钮可以停止录制，如图 5-6 所示。

图5-6 进入录制状态

STEP 5 停止录制后，录屏工具将自动保存录屏文件，并在界面右侧打开对应的提示框，单击其中的按钮，如图 5-7 所示。

STEP 6 在打开的面板中可以查看捕获的视频文件，还可以修改视频文件的存储位置等，如图 5-8 所示。

图5-7 录制完成提示

图5-8 查看录制的视频

知识补充

启用话筒

进入录制状态后，在录制控制栏中单击按钮，可开启或关闭话筒，以录入或不录入声音。为了保证录屏质量，教师在录制微课的过程中应尽量保证讲解声音清晰、语速适中、演算过程逻辑性强、解答或教授过程明了易懂。

2. 手机录制

对于需要现场展示、说明的教学内容，可以通过手机录制。下面介绍用手机录制“手工卡片制作”微课的方法，具体操作如下。

微课视频

STEP 1 打开手机的录制功能，调整录制区域，设置焦距，然后点击手机上的“录像”按钮，进入录制状态，如图 5-9 所示。

STEP 2 在固定的区域内进行操作，并将需要的教学用品放在录制区域内，不要超出录制区域。在录制微课视频的过程中，注意控制操作的节奏，且尽量不要让移动范围过大和移动速度过快，避免画面模糊。

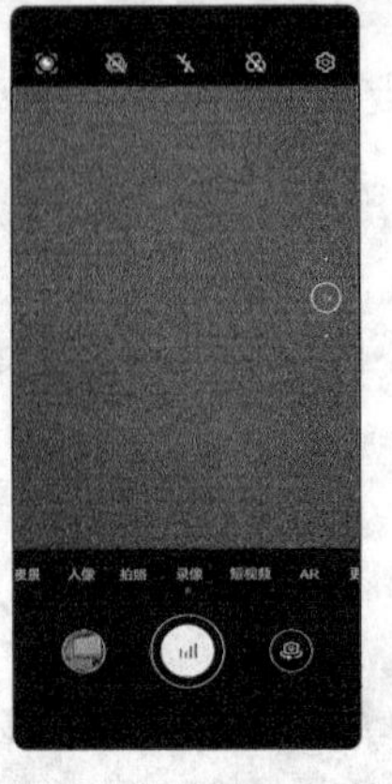

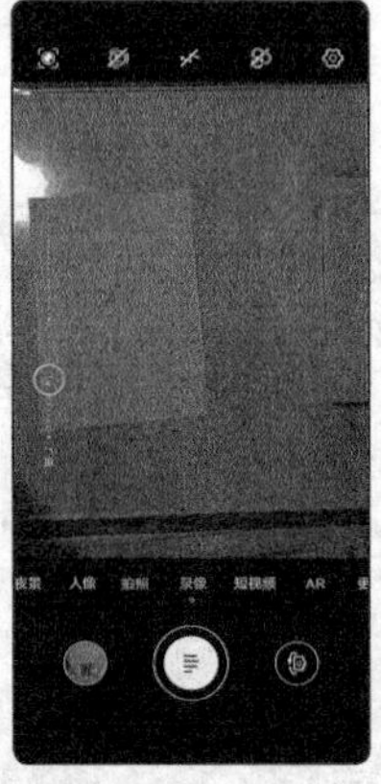

图5-9　进入录制状态

STEP 3 录制时，注意不要让头部遮挡住镜头，手上不要戴饰品，桌上不要出现不相干的物品，以免干扰学生的注意力，如图 5-10 所示。

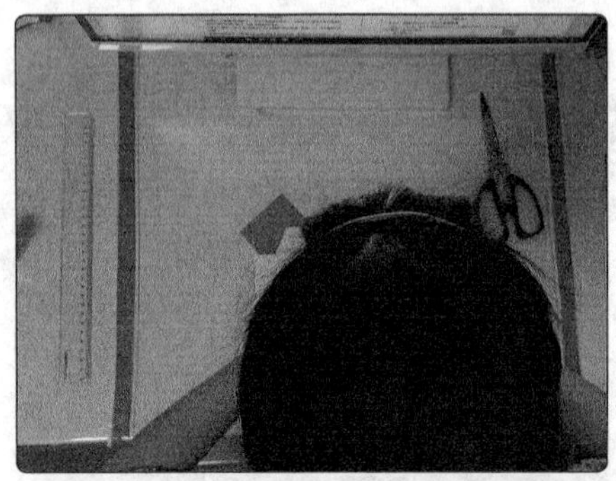

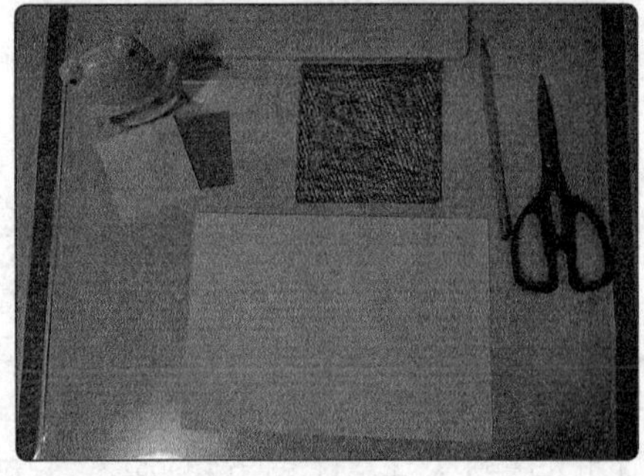

图5-10　录制环境

STEP 4 在录制过程中，如果室内光线不足，则在不干扰录制的前提下，可使用台灯等光源进行补光，以提高视频画面的明亮度。

STEP 5 如果已经完成了某一段教学内容的录制，则可点击手机中的“暂停”按钮，暂停录制。重新准备其他教学道具和教学内容，然后再次进行录制。

STEP 6 微课录制结束后，点击“停止”按钮可以完成录制。此时，录制的视频会自动保存在手机中，教师可以根据实际制作需求将其导入计算机中。QQ、微信等通信工具都可用于快速导入视频。同时登录移动端和 PC 端的 QQ，在移动端 QQ 上选择“我的电脑”，打开“我的电脑”对话窗口，点击“图片”按钮，在打开的列表中选择录制的视频，然后点击发送按钮，将录制的视频发送到计算机中，如图 5-11 所示。

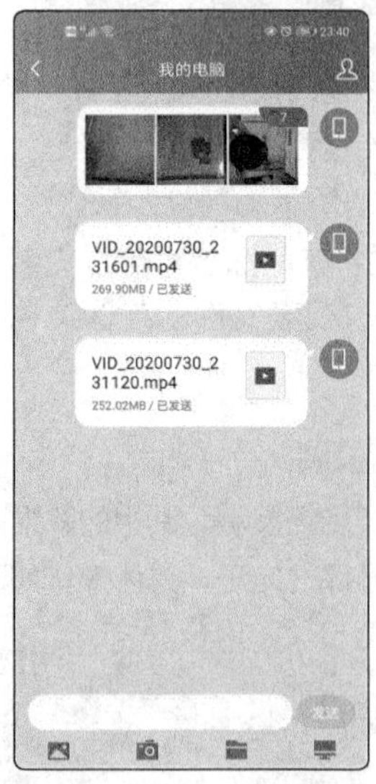

图5-11　通过QQ发送视频

第3部分

STEP 7 在 PC 端的 QQ 上选择“我的手机”，打开对应的对话窗口，在其中可以查看从移动端发送来的视频。等待文件接收完成后，单击文件下方的“打开文件夹”超链接，可打开存放视频文件的文件夹，如图 5-12 所示。教师可以根据自己的需要将视频文件移动到其他位置，并修改视频文件的名称，以便后续使用。

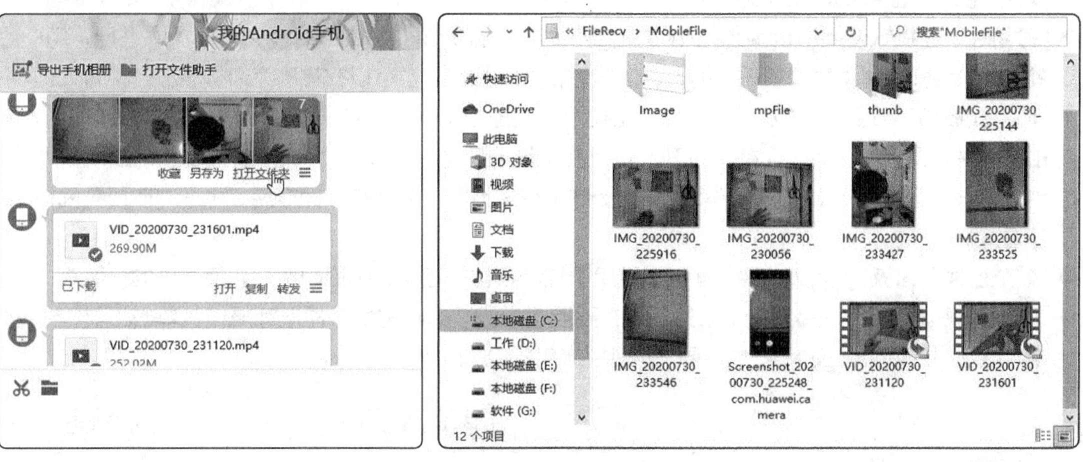

图5-12 查看计算机中的视频文件

5.2 微课视频的剪辑与后期处理

教师在使用录屏工具、手机等录制好微课后，其中的内容可能会存在错录、多录、表达不明确、主次不突出等问题，因此无法直接作为教学资源使用。此时，需要对微课进行剪辑和后期制作。例如，对于错录、多录的内容，可剪辑、删除；对于需要讲解、说明的内容，可以添加音频、字幕等。

5.2.1 微课视频的剪辑

微课视频的剪辑即对录制的微课视频素材进行切割、合并，再加入其他图片、背景音乐、场景等素材，生成一个新视频。教师在对微课视频进行剪辑之前，应该选择合适的视频剪辑软件，再掌握该剪辑软件的操作方法，以便完成微课视频的制作。

1. 常用的视频剪辑软件

目前，市面上有多种适合不同人群的视频剪辑软件，每一种软件的功能都比较全面，教师可以根据自己的实际需求进行选择。

（1）Premiere Pro

Premiere Pro是Adobe公司开发的一款视频剪辑软件。它能配合多种硬件进行视频的捕获和输出，并拥有多种强大的视频编辑功能，能帮助教师制作出具有广播级质量的视频文件。图5-13所示为Premiere Pro 2020的操作界面，其主要由标题栏、菜单栏、活动面板组、“项目”面板、“时间轴”面板、“源”面板、“节目”面板、“效果控件”面板及工具箱等组成，它们的作用如下。

- **标题栏：**与其他软件的标题栏类似，主要用于最小化、还原和关闭窗口。
- **菜单栏：**菜单栏中包含文件、编辑、剪辑、序列、标记、图形、窗口、帮助等菜单，主要用于执行相应的命令。

- **活动面板组：** 活动面板用于显示相关信息或进行相关操作，活动面板组中包括“效果”面板、“基本图形”面板、“基本声音”面板、“库”面板、“历史记录”面板等。
- **“项目”面板：** “项目”面板主要用于导入、存储和管理素材，导入的素材将存放在“项目”面板中，可以导入视频、图片或音频素材。
- **“时间轴”面板：** 使用Premiere Pro剪辑视频时，大部分工作都在“时间轴”面板中进行，用户可以在其中轻松地实现对素材的剪辑、插入、复制、粘贴等操作，也可以在其中为素材添加各种特效。
- **“源”面板和“节目”面板：** “源”面板主要用于监控整个项目，在“项目”面板或“时间轴”面板中双击某素材，即可在“源”面板中打开、查看并编辑该素材；“节目”面板用于显示当前播放头处的素材，也可用于预览和编辑素材，从“项目”面板中拖曳素材至“时间轴”面板后，可在“节目”面板中打开、查看并编辑该素材。
- **“效果控件”面板：** “效果控件”面板主要用于控制素材的运动、不透明度、切换效果的参数等。
- **工具箱：** Premiere Pro工具箱中的工具主要用于进行选择、剪切、抓取等操作，单击工具箱中的工具，便可以在“时间轴”面板或“节目”面板中使用该工具。

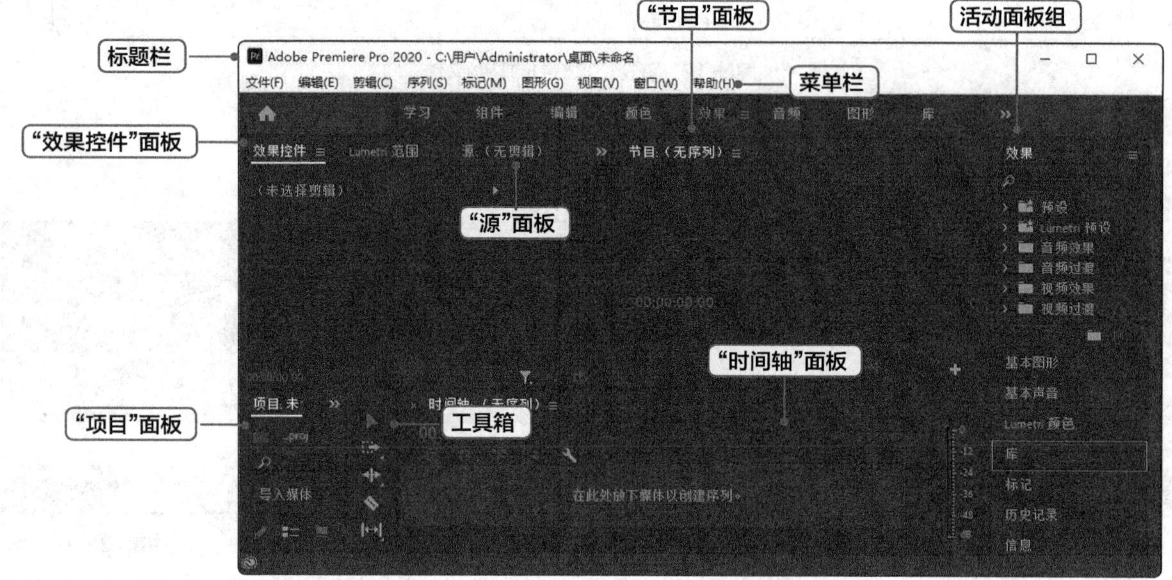

图5-13　Premiere Pro 2020的操作界面

（2）会声会影

会声会影（Corel VideoStudio）是Corel公司制作的一款功能强大的视频编辑软件，具有捕获和编辑图像的功能，还可以转换MV、DV、V8、TV和实时记录捕获的文件，并提供多种编辑功能和效果，支持多种常见的视频格式，能直接将视频制作成DVD和VCD光盘等。会声会影有完整的视频编辑流程，如视频的拍摄、编辑、分享都可在会声会影中完成，其操作相对来说更加简单，即便是新手也可以在短时间内完成视频的剪辑。图5-14所示为会声会影的操作界面，其主要由预览功能区、素材库和轨道编辑区3个部分组成。预览功能区主要用于预览视频的效果。素材库主要用于放置会声会影的素材，包括图片素材、视频素材、音频素材，以及模板库、转场特效等。轨道编辑区主要用于编辑素材，如剪辑视频素材、添加背景音乐和转场特效等。

（3）其他视频剪辑软件

Premiere Pro、会声会影等专业的视频剪辑软件主要在PC端使用，教师也可以根据微课的制作需求使用移动端的视频剪辑软件，如剪映、巧影、小影等。这类剪辑软件同样提供了基本的剪辑功能与添加音频、文本的功能，以及丰富的视频特效等，且操作简单，非常适合非专业人士使用。图5-15所示为剪映的操作界面，在其中导入视频素材，并选择相应的功能和选项进行操作即可。

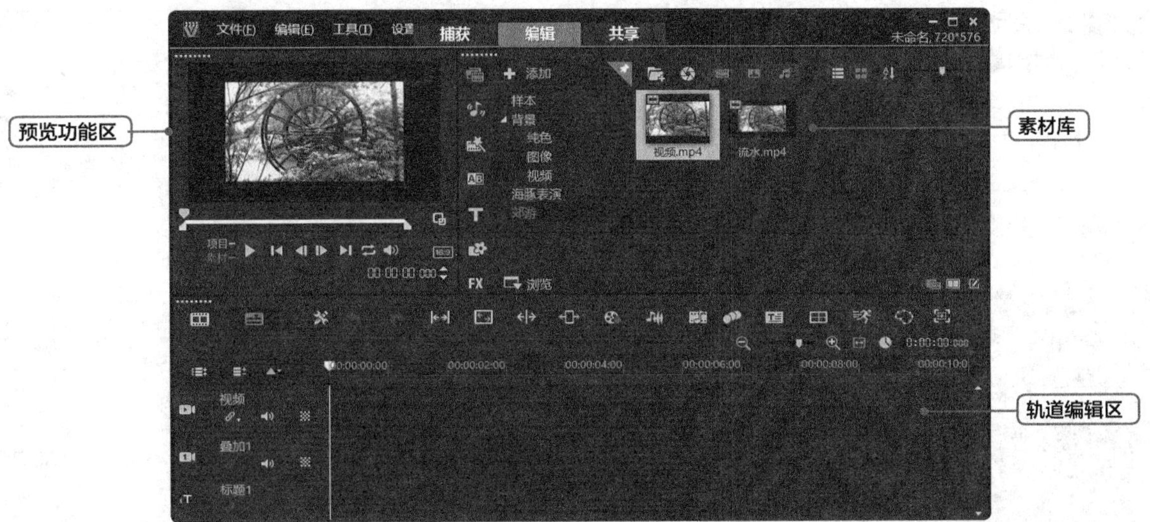

图5-14　会声会影的操作界面

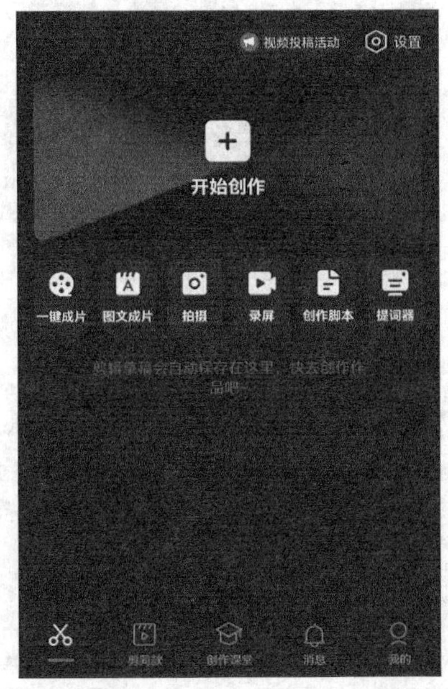

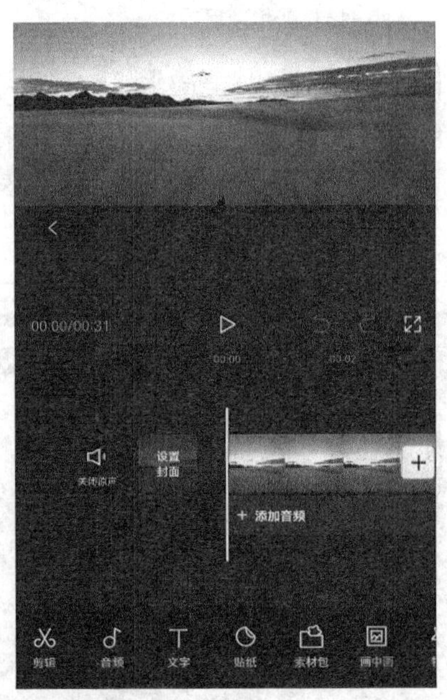

图5-15　剪映的操作界面

2. 微课视频剪辑的基本操作

教师在剪辑微课视频时，可以选择符合自己剪辑需求的剪辑软件，将多录、错录、冗余的视频片段分割并删除，仅保留具有教学意义的视频内容，这样做可以保证微课视频内容的精练性，也可以有效控制微课视频的时长。下面以Premiere Pro 2020为例，介绍剪辑微课视频的方法，具体操作如下。

素材所在位置　素材文件\第5章\视频素材\
效果所在位置　效果文件\第5章\手工卡片制作（剪辑）.prproj

微课视频

STEP 1 启动Premiere Pro，在打开的“主页”界面中单击 新建项目... 按钮，如图 5-16 所示。若已进入 Premiere Pro 操作界面，则选择【文件】/【新建】/【项目】菜单命令。

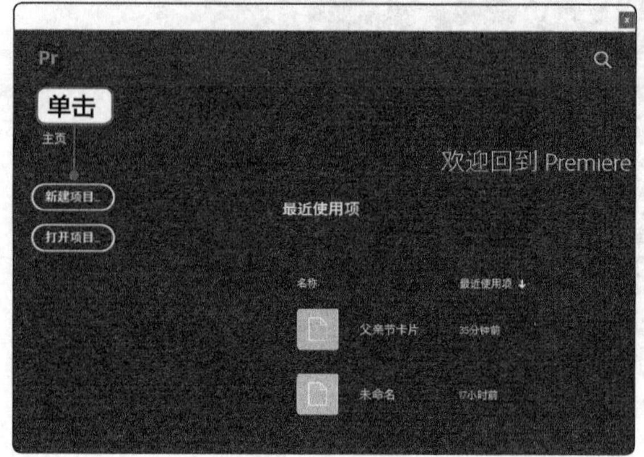

图5-16 新建项目

STEP 2 打开“新建项目”对话框，在“名称”文本框中输入“手工卡片制作”文本，在“位置”下拉列表中设置微课的保存位置，单击 确定 按钮，如图 5-17 所示，即可新建一个项目。

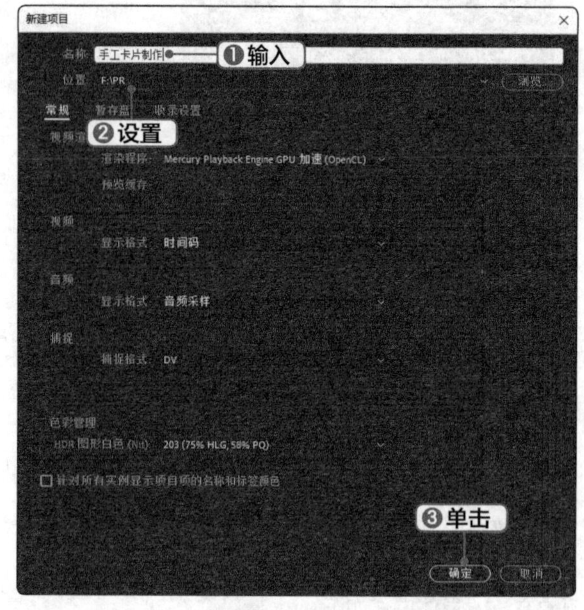

图5-17 设置项目的名称和保存位置

STEP 3 选择【文件】/【导入】菜单命令，打开“导入”对话框，选择“视频 1.mp4”“视频 2.mp4”素材文件，单击 打开(O) 按钮，如图 5-18 所示，将素材文件导入操作界面中。

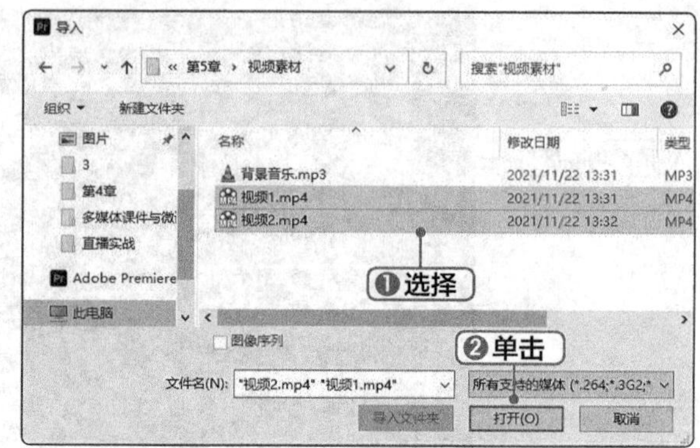

图5-18 选择视频素材

STEP 4 此时，已导入的素材文件显示在“项目”面板中，如图 5-19 所示。

图5-19 在“项目”面板中查看素材

知识补充

在 Premiere Pro 中导入素材

Premiere Pro主要用“项目”面板存放素材，只有导入“项目”面板中的素材才能被编辑、使用。在Premiere Pro中，除了可以导入图片、视频等素材外，还可以导入文件夹和项目文件等素材。

STEP 5 在“项目”面板中选择“视频 1”素材文件，按住鼠标左键将其拖曳至“时间轴”面板中，建立“视频 1”的序列文件，“节目”面板中将显示该视频中的内容，如图 5-20 所示。

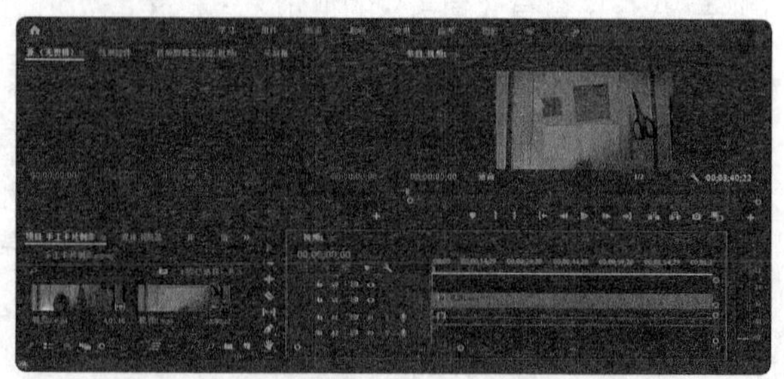

图5-20 将视频素材拖入“时间轴”面板

第3部分

STEP 6 在“项目”面板中选择“视频 2”素材文件，在其上单击鼠标右键，在弹出的快捷菜单中选择“在源监视器中打开”命令，将“视频 2”素材文件在“源”面板中打开。然后单击“源”面板下方的“插入”按钮，将“视频 2”素材文件插入“视频 1”序列中，效果如图 5-21 所示。

图5-21 将视频素材插入序列

知识补充

将视频素材插入序列

选择视频素材文件，单击“项目”面板右下角的“自动匹配序列”按钮，打开“序列自动化”对话框，在“顺序”下拉列表中选择“排序”选项，在“放置”下拉列表中选择“按顺序”选项，在“方法”下拉列表中选择“插入编辑”选项，单击 确定 按钮，也可将视频素材插入序列。

STEP 7 观察序列中“视频 1”素材文件和“视频 2”素材文件的位置，发现“视频 2”素材文件在“视频 1”素材文件的前方，选择“视频 2”素材文件，按住鼠标左键将其拖曳到“视频 1”素材文件的后面，调整序列中素材文件的顺序，如图 5-22 所示。然后同时选择“视频 1”和“视频 2”素材文件，将它们拖曳到 00:00 处。

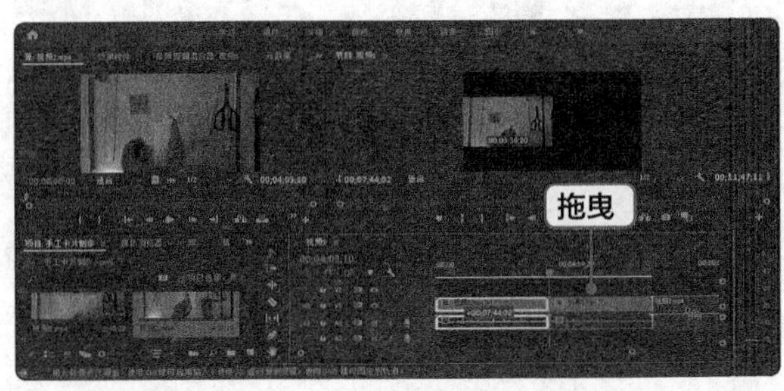

图5-22 调整视频素材的顺序

知识补充

调整时间轴视图

在“时间轴”面板中按住【Alt】键，同时滚动鼠标滚轮，可以放大或缩小时间轴视图。按住【Shift】键，同时滚动鼠标滚轮，可以快速向左或向右拖曳时间轴视图。

STEP 8 单击“节目”面板下方的按钮，播放素材文件，单击按钮可以停止播放。播放视频素材查看需要删除的视频片段，并在需删除片段的前后进行标记。此处在工具箱中选择“选择工具”，选择“视频 1”素材文件，拖动播放头，在 00:00:44:17 处单击“节目”面板下方的“添加标记”按钮，然后依次在 00:00:56:03、00:01:03:20、00:01:13:16 处添加标记，如图 5-23 所示。

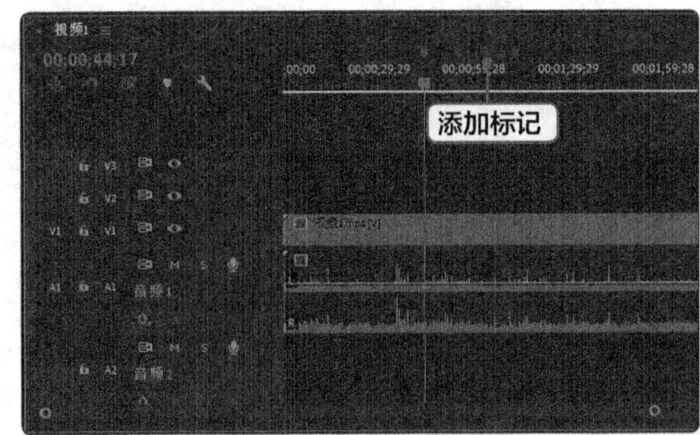

图5-23 标记视频

STEP 9 选择第 1 个标记，将播放头定位到该位置，在工具箱中选择“剃刀工具”，此时鼠标指针变为形状，将其移动到视频轨道上对应的位置并单击，对视频进行分割。依次单击第 2 ~ 4 个标记，继续分割视频，如图 5-24 所示。

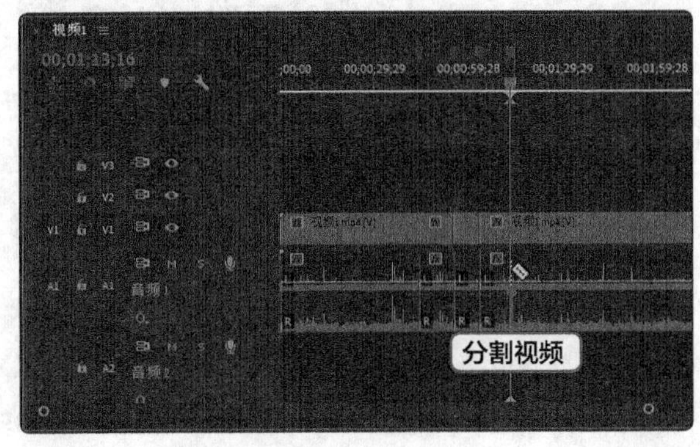

图5-24 分割视频

STEP 10 选择“选择工具”▶，在按住【Shift】键同时选择第 2、4 个视频片段，如图 5-25 所示，在其上单击鼠标右键，在弹出的快捷菜单中选择“清除”命令，或按【Delete】键，删除选择的视频片段。

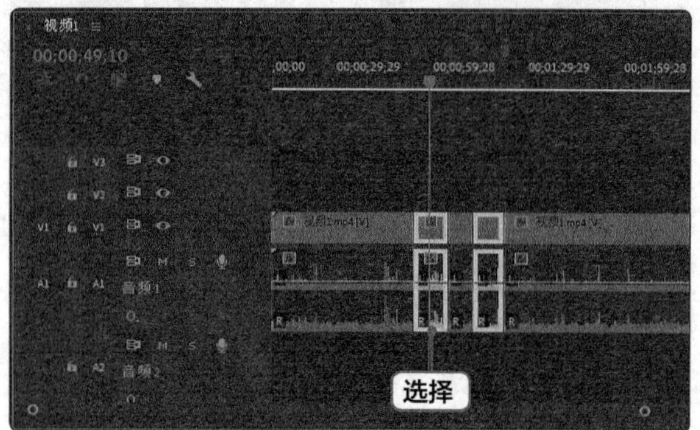

图5-25　选择要删除的视频片段

STEP 11 删除多余的视频片段后，视频轨道中将出现空白区域，使用“选择工具”▶将“视频 1”中的 3 个视频片段向前拖曳。使它们与前面的视频片段连接在一起，如图 5-26 所示。

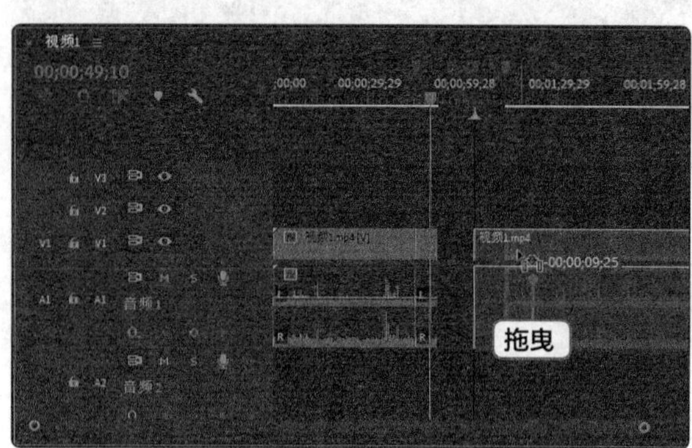

图5-26　合并视频片段

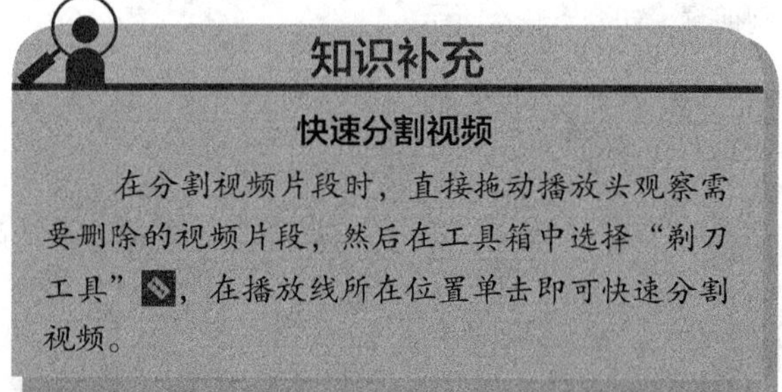

知识补充

快速分割视频

在分割视频片段时，直接拖动播放头观察需要删除的视频片段，然后在工具箱中选择“剃刀工具”，在播放线所在位置单击即可快速分割视频。

STEP 12 单击“节目”面板下方的▶按钮，预览视频效果。然后按照上述方法，将“视频 1”“视频 2”中其他冗长、多余的视频片段删除，效果如图 5-27 所示。

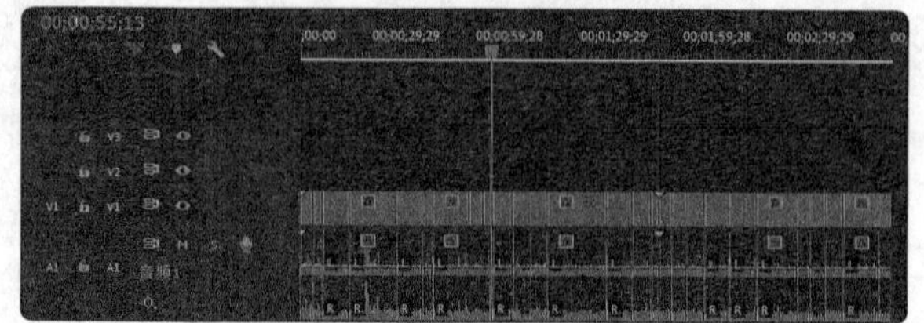

图5-27　删除其他视频片段

STEP 13 由于视频素材中的音频不适合应用在当前微课中，因此可以将原视频中的音频删除。框选 V1 轨道上的所有视频片段，在其上单击鼠标右键，在弹出的快捷菜单中选择“取消链接”命令，取消视频与音频的链接。然后框选 A1 轨道中的音频片段，如图 5-28 所示，按【Delete】键将其删除。

STEP 14 操作完成后，选择【文件】/【另存为】菜单命令，打开“保存项目”对话框，在其中设置文件的名称和保存位置，然后单击 保存(S) 按钮，如图 5-29 所示，将项目文件保存。

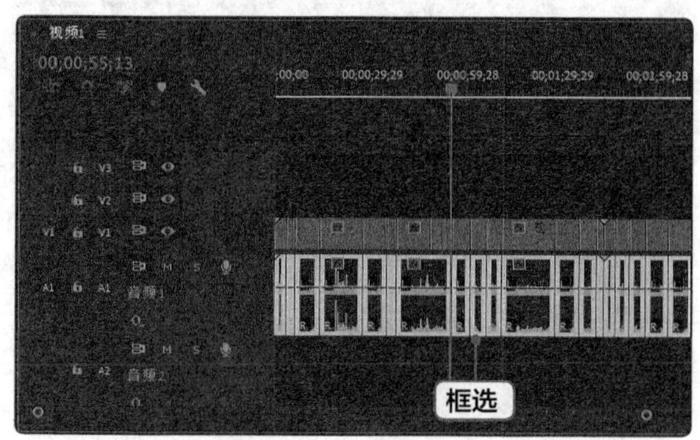

图5-28　框选音频片段

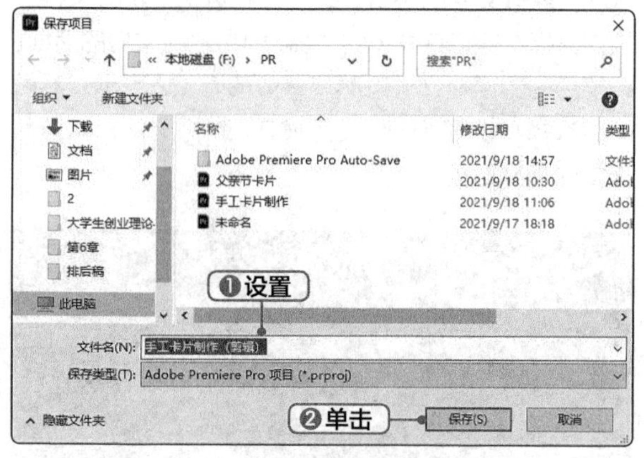

图5-29　保存项目文件

第3部分

5.2.2 微课视频中音画效果的制作

完成微课视频的基本剪辑后，还需要为其添加音画效果，如过渡效果等，让视频效果更加丰富，以提高学生的观看兴趣。下面为“手工卡片制作（剪辑）”添加音画效果，具体操作如下。

素材所在位置 素材文件\第5章\手工卡片制作（剪辑）.prproj
效果所在位置 效果文件\第5章\手工卡片制作（音画）.prproj

微课视频

STEP 1 启动 Premiere Pro，选择【文件】/【打开项目】菜单命令，打开“打开项目”对话框，在其中双击打开“手工卡片制作(剪辑).prproj”项目文件。在“时间轴”面板中框选所有视频片段，在其上单击鼠标右键，在弹出的快捷菜单中选择“速度/持续时间”命令，打开“剪辑速度/持续时间”对话框，设置“速度”为“120%”，单击按钮，如图5-30所示，调整视频的播放速度。

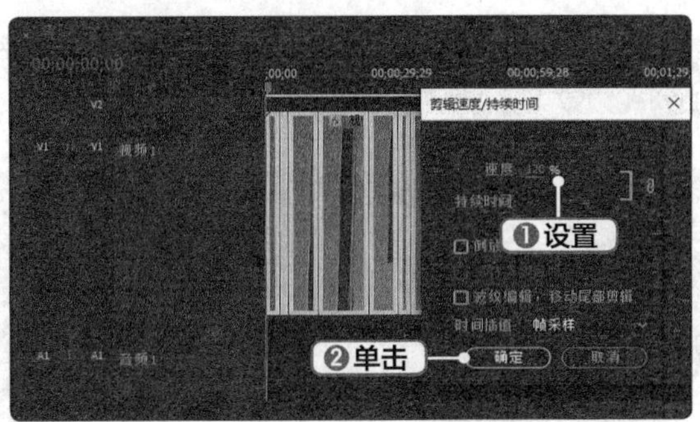

图5-30 调整视频的播放速度

STEP 2 当视频的播放速度变快后，各视频片段的播放时长会变短，视频片段之间会出现空白区域，拖曳视频片段，将它们合并成一个整体，如图5-31所示。

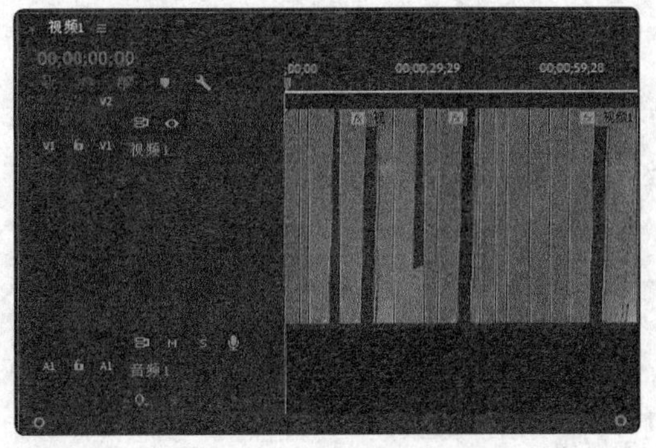

图5-31 合并视频片段

STEP 3 在“效果”面板中单击“视频过渡”左侧的展开按钮，在展开的列表中单击“擦除”左侧的展开按钮，选择“划出”选项，如图5-32所示。

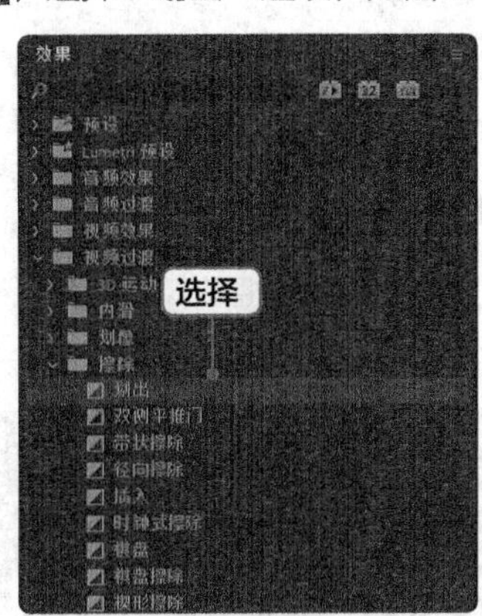

图5-32 选择过渡效果

知识补充

播放时间设置

在“剪辑速度/持续时间”对话框中设置“速度”参数后，视频的播放时间也会相应改变。当“速度”值大于100%时，值越大，播放速度越快，播放时间越短；当“速度”值小于100%时，值越大，播放速度越慢，播放时间越长。

STEP 4 按住鼠标左键，将“划出”过渡效果拖曳至视频轨道中的第一个视频分割位置，如图5-33所示，在该位置添加“划出”过渡效果，使视频的过渡更加自然。

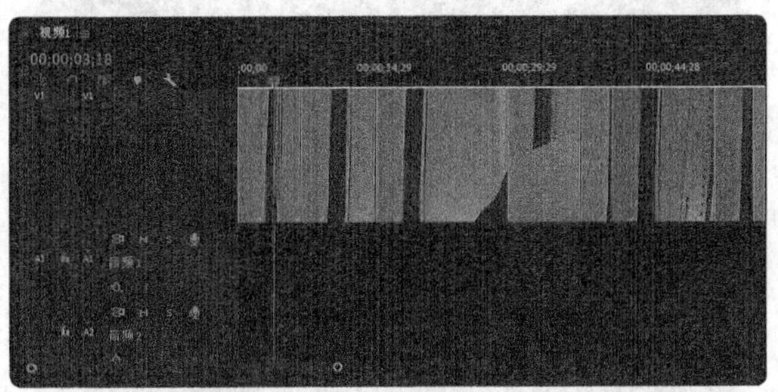

图5-33 应用过渡效果

知识补充

视频过渡效果

在Premiere Pro中剪辑视频时，视频过渡效果实际上就是转场效果。在对视频进行剪辑后，多个视频片段中的内容可能无法流畅、自然地衔接，此时可以应用视频过渡效果，让视频的过渡自然、条理清晰。例如，应用“淡入淡出”过渡效果，让上一个视频画面由亮转暗，直至黑场，下一个视频画面由暗转亮，逐渐显现。

STEP 5 在视频轨道上选择“划出”效果，在“效果控件”面板中的“对齐”下拉列表中选择“起点切入”选项，如图5-34所示，更改过渡效果的切入方式。拖动“时间轴”面板中的播放头，预览更改后的过渡效果。

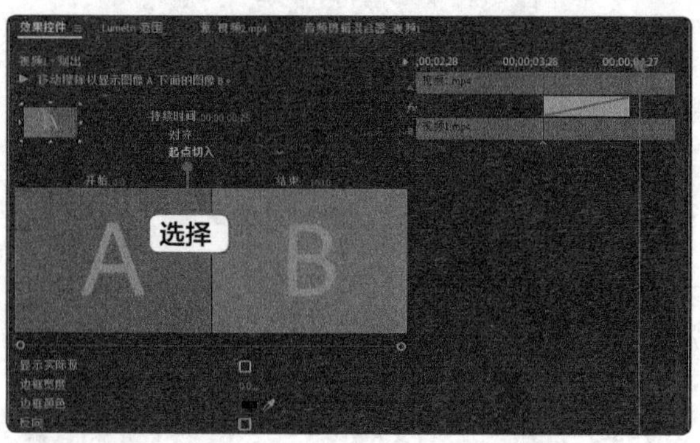

图5-34　设置过渡效果

STEP 6 按照上述方法，依次在00:00:11:23、00:00:23:05、00:00:32:08、00:00:46:20、00:01:13:28、00:01:20:07、00:01:24:21、00:01:33:28、00:02:00:04、00:02:06:19、00:02:19:14处应用“径向擦除”“划出”过渡效果，效果如图5-35所示。

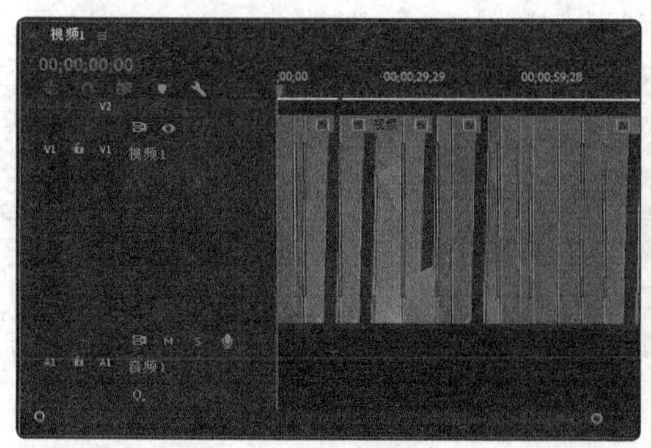

图5-35　应用其他过渡效果

STEP 7 选择V1轨道上的最后一个视频片段，在“效果”面板中单击“视频效果”左侧的展开按钮，再单击“调整”左侧的展开按钮，选择“光照效果”选项，按住鼠标左键将其拖曳至最后一个视频片段中，如图5-36所示。

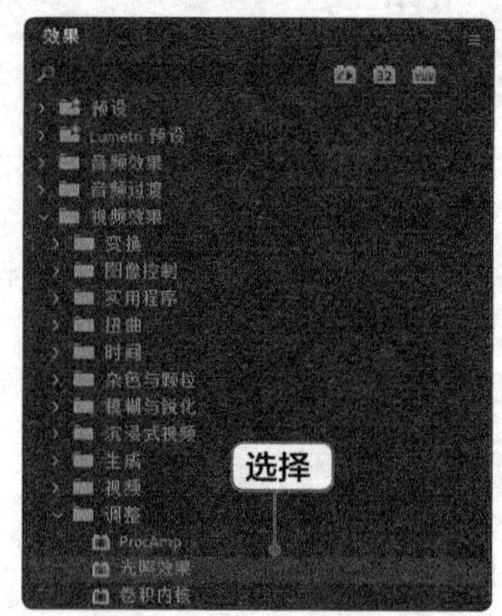

图5-36　选择视频效果

STEP 8 在“时间轴”面板中拖动播放头，查看添加的视频效果，如图5-37所示。

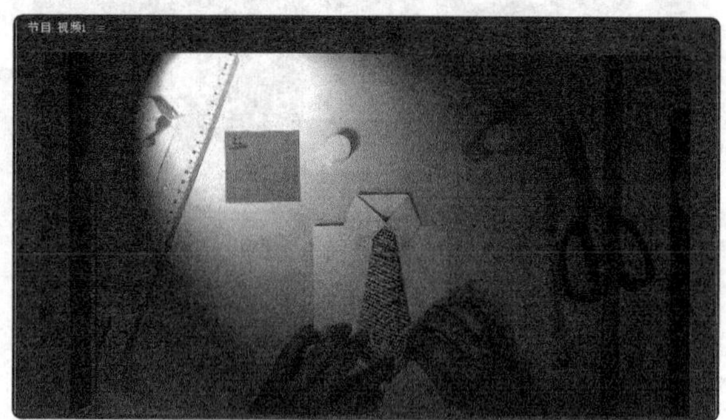

图5-37　查看视频效果

知识补充

视频效果

Premiere Pro中的视频效果通常是指Premiere Pro中预设的一些视频特效，如放大、旋转扭曲、波形变形、球面化等，应用这些视频效果后，视频画面将发生相应变化，从而使视频素材的渲染效果更强。

STEP 9 在“效果控件”面板中单击“光照效果”左侧的展开按钮，再单击“光照1”左侧的展开按钮，在其中设置“光照效果”视频效果的参数。这里设置“光照类型”为“点光源”，“中央”为“1000.0，

600.0”，“主要半径”为“30.0”，“次要半径”为“21.3”，“角度”为“180.0°”，“强度”为“25.0”，“聚焦”为“60.0”，如图 5-38 所示。

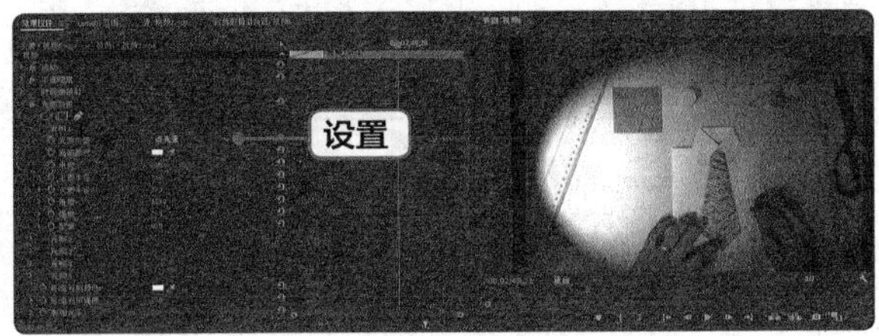

图5-38　在“效果控件”面板中设置视频效果的参数

STEP 10 选择【文件】/【导入】菜单命令，打开“导入”对话框，选择“背景音乐”素材文件，单击 打开(O) 按钮，如图 5-39 所示，将其导入 Premiere Pro 中。

图5-39　选择“背景声音”素材文件

STEP 11 在“项目”面板中选择“背景音乐”素材文件，将其拖曳到“时间轴”面板的 A1 轨道中，观察发现，此时 A1 轨道中的音频素材远长于 V1 轨道中的视频素材，如图 5-40 所示。

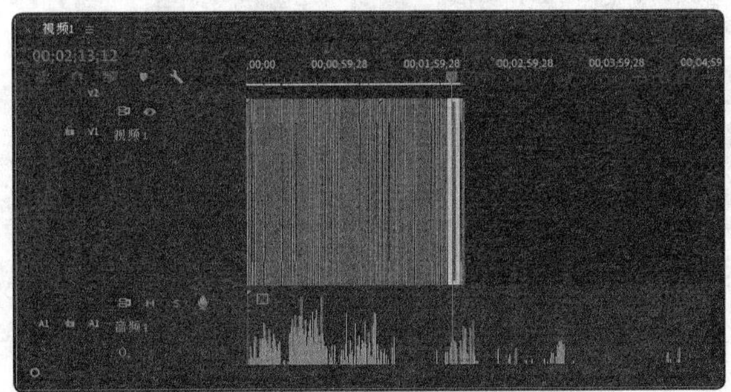

图5-40　将音频素材拖入A1轨道中

STEP 12 将播放头拖动到 00:02:22:06 处，在工具箱中选择“剃刀工具”，在“时间轴”面板中的对应位置单击，分割音频素材，如图 5-41 所示。

图5-41　分割音频素材

STEP 13 选择后一段音频素材，在其上单击鼠标右键，在弹出的快捷菜单中选择“清除”命令，删除该段音频素材。在“效果”面板中单击“音频效果”左侧的展开按钮，选择“降杂 / 恢复”/“降噪”选项，如图 5-42 所示，将其拖曳到 A1 轨道中的音频素材上，为音频素材降噪。

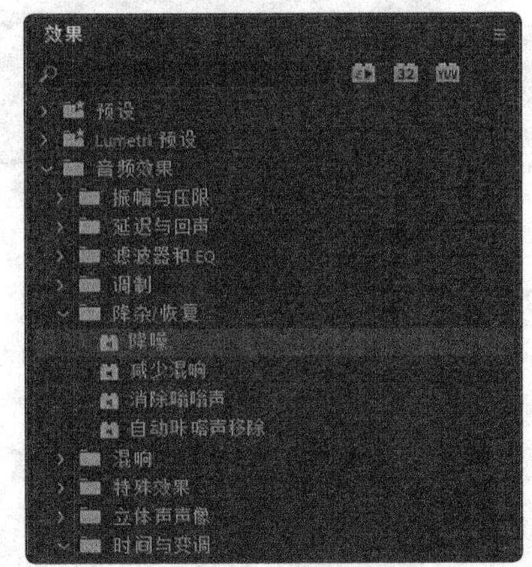

图5-42　添加音频效果

STEP 14 操作完成后，选择【文件】/【另存为】菜单命令，将项目文件保存为“手工卡片制作（音画）.prproj”。

技巧讲解

音频素材的编辑

在Premiere Pro中，为了保证音频素材与视频素材完美融合，通常也需要对音频素材进行分割、合并等操作，若音频轨道中的音频片段较多，则也可为其设置过渡效果与音频效果，其设置方法与视频的过渡效果和视频效果的设置方法类似。

5.2.3 为微课视频添加字幕

如果教师需要在微课视频中强调某些重点知识，以帮助学生更好地理解和学习微课中的内容，则可以为微课添加字幕。下面在“手工卡片制作（剪辑）”视频中的关键操作处添加字幕，便于学生更好地理解手工卡片的制作方法，具体操作如下。

素材所在位置 素材文件\第5章\手工卡片制作（音画）.prproj
效果所在位置 效果文件\第5章\手工卡片制作（字幕）.prproj

微课视频

STEP 1 启动 Premiere Pro，打开“手工卡片制作（音画）.prproj”项目文件。选择【文件】/【导入】菜单命令，打开“导入”对话框，选择“剪纸背景.jpg”素材文件，单击 打开(O) 按钮，将其导入“项目”面板中。

STEP 2 在“项目”面板中选择“剪纸背景.jpg”图片素材，按住鼠标左键将其拖曳至“时间轴”面板中 V1 轨道的起始处，如图 5-43 所示。

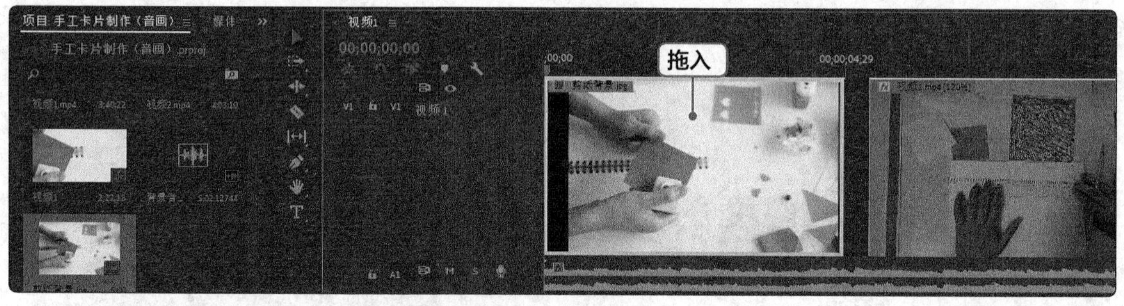

图5-43 导入图片素材

STEP 3 在工具箱中选择“文字工具”T，在“节目”面板中输入“制作手工卡片”文字，在“效果控件”面板中单击“文本（制作手工卡片）”左侧的展开按钮，再单击“源文本”左侧的展开按钮，在“字体”下拉列表中选择“FZChaoCuHei-M10T”选项，设置“字体大小”为“140”。在“外观”栏下方单击“填充”左侧的色块，打开“拾色器”对话框，设置“填充”为“#096389”，如图 5-44 所示。

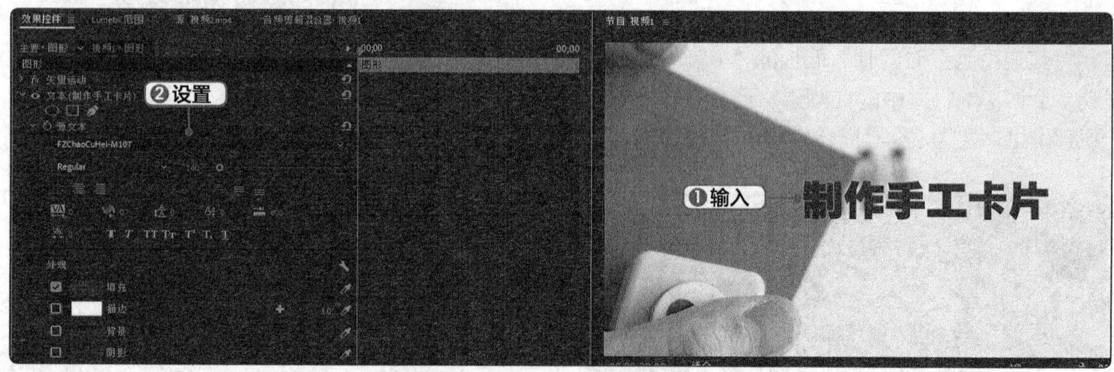

图5-44 添加字幕

STEP 4 在工具箱中选择“选择工具”，在“节目”面板中拖曳文本，调整其位置。在“时间轴”面板中选择 V1 轨道中的“剪纸背景.jpg”图片素材，将鼠标指针移至素材右侧，当鼠标指针呈形状时，向右拖曳，调整其播放时长，效果如图 5-45 所示。

STEP 5 在 V2 轨道上查看文本的播放时长，拖曳其右侧的边框，使其与图片素材的播放时长保持一致。按照该方法，依次在 00:00:17:07、00:00:44:03、00:00:50:25、00:01:35:07、00:01:52:08、00:02:18:23 处添加“沿着标记线剪开”“折成衣领的形状”“折一条领带”“把它们粘起来”“再剪两朵小花”“完成啦！”文本，设置文本的字体格式，并调整文本的位置和播放时长，效果如图 5-46 所示。

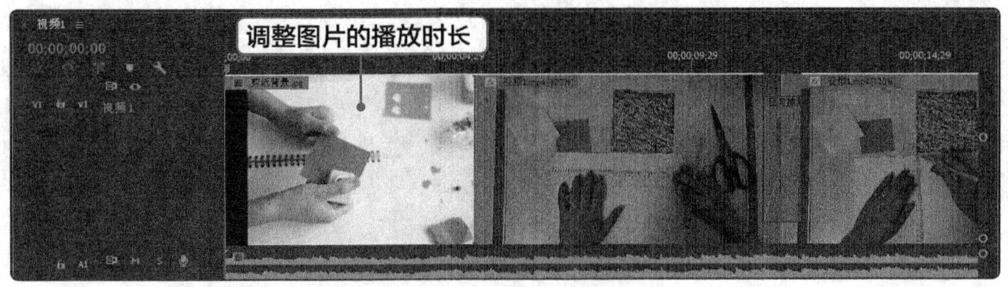

图5-45　调整图片的播放时长

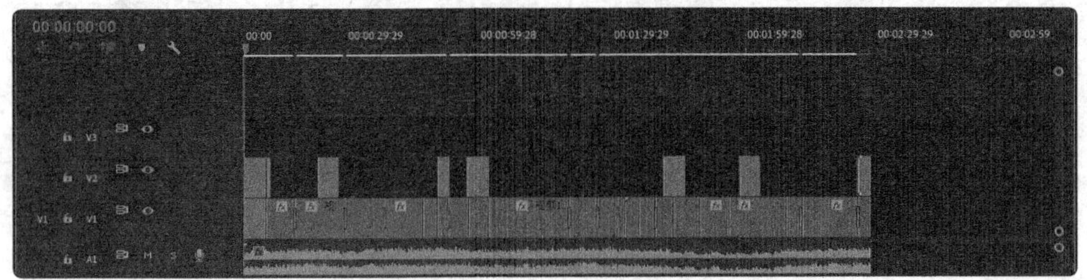

图5-46　添加文本并调整文本的播放时长

5.2.4 导出微课视频

完成微课视频的后期制作后，教师可以将视频导出为自己所需的格式。下面将“手工卡片制作（字幕）.prproj”视频导出为AVI格式的视频，具体操作如下。

素材所在位置　素材文件\第5章\手工卡片制作（字幕）.prproj

效果所在位置　效果文件\第5章\手工卡片制作.avi

微课视频

STEP 1　选择【文件】/【导出】/【媒体】菜单命令，打开“导出设置”对话框。

STEP 2　单击“导出设置”左侧的展开按钮，在“格式”下拉列表中选择“AVI”选项，在“预设”下拉列表中选择“NTSC DV”选项。单击“输出名称”右侧的超链接，打开“另存为”对话框，设置视频文件的保存位置，在“文件名”文本框中设置视频名称为“手工卡片制作.avi”，单击保存(S)按钮，返回“导出设置”对话框，如图 5-47 所示。单击导出按钮，渲染完成后，即可完成视频文件的导出。

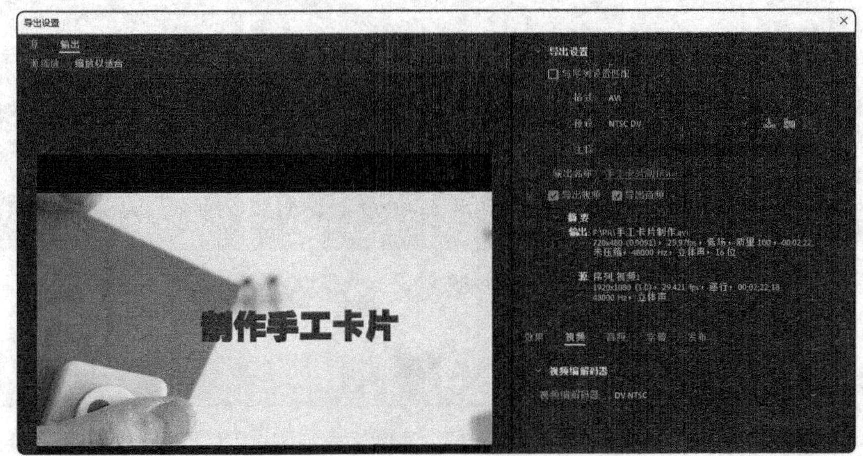

图5-47　导出视频

知识补充

"导出设置"对话框

导出视频文件时，教师可以根据实际需求进行导出设置，"导出设置"对话框中主要参数的含义如下。

"格式"下拉列表用于设置需要导出的格式，如目前常用的"H.264"视频格式。"预设"下拉列表用于选择可满足个人需求的预设选项。选中"导出视频"复选框，将导出视频。选中"导出音频"复选框，将导出音频。

5.3 课堂案例：制作"认识地形地貌"微课视频

我国地大物博，我国很多著名的自然景观都具有明显的地域特征，这些特征是人们研究地质地理的重要媒介。教师在介绍地质地理的相关知识时，可以将对应的地形地貌制作为微课视频，在其中直观、形象地展示这些特殊的地形地貌，便于学生更好地对知识进行拓展、联想和记忆。

5.3.1 案例目标

"认识地形地貌"微课视频的主要教学目标是通过对具有代表性的旅游景区的地形地貌进行展示，让学生直观地观察这些地形地貌，帮助学生学习特殊地形地貌的相关知识，同时分析其成因。在制作该微课视频时，需要导入旅游风景视频，并对其中冗余的视频片段进行处理，同时为视频添加字幕、过渡效果等，让学生将旅游风景与教学知识联系起来。微课视频的效果如图5-48所示。

素材所在位置 素材文件\第5章\风景素材\

效果所在位置 效果文件\第5章\认识地形地貌.avi

微课视频

图5-48 "认识地形地貌"微课视频的效果

5.3.2 制作思路

本案例可从视频剪辑、添加音画效果和字幕效果两个方面来完成微课视频的制作，具体制作思路如图5-49所示。

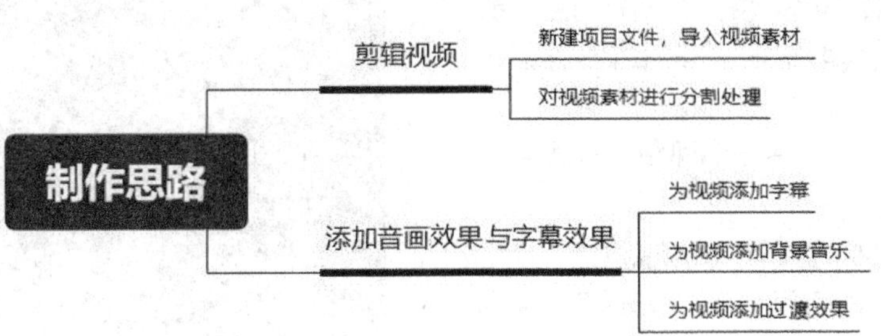

图5-49 制作思路

5.3.3 操作步骤

1. 剪辑视频

下面对两个旅游风景视频进行基本的剪辑操作，具体操作如下。

STEP 1 启动 Premiere Pro，在打开的“主页”界面中单击 新建项目... 按钮，打开“新建项目”对话框，在“名称”文本框中输入“认识地形地貌”，在“位置”下拉列表中设置视频文件的保存位置，单击 确定 按钮。

STEP 2 选择【文件】/【导入】菜单命令，打开“导入”对话框，选择“九寨沟”“张家界”视频素材，单击 打开(O) 按钮，如图 5-50 所示，将视频素材导入“项目”面板中。

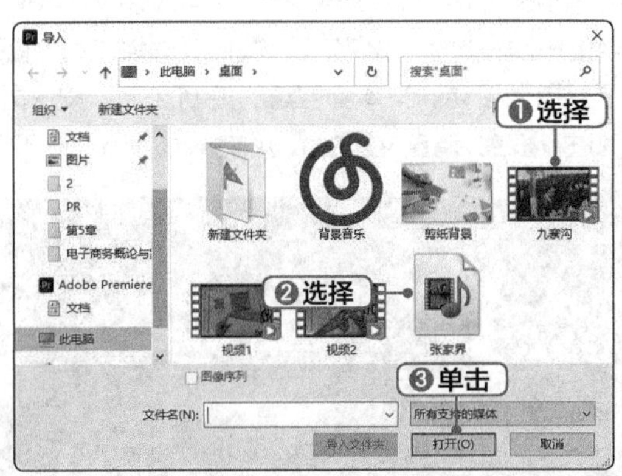

图5-50 导入视频素材

STEP 3 在“项目”面板中选择“九寨沟”视频素材，按住鼠标左键将其拖曳至“时间轴”面板中。选择“张家界”视频素材，将其拖曳到“九寨沟”视频素材的后面，如图 5-51 所示。

STEP 4 在“时间轴”面板中选择“九寨沟”视频素材，在其上单击鼠标右键，在弹出的快捷菜单中选择“取消链接”命令，取消其视频与音频的链接，然后在 A1 轨道中选择音频素材，按【Delete】键将其删除。

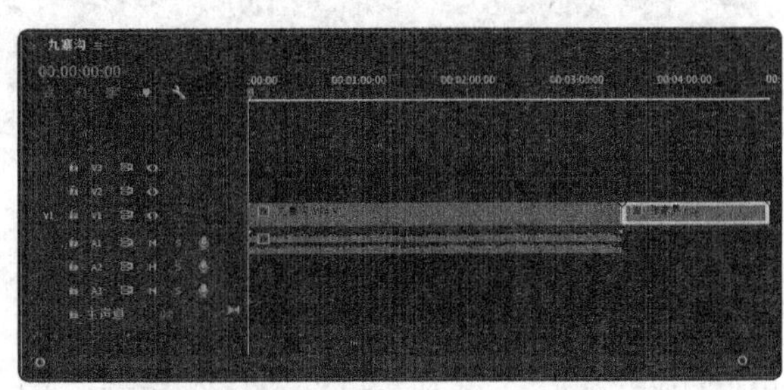

图5-51 将视频素材拖入“时间轴”面板

STEP 5 单击“节目”面板下方的▶按钮，预览视频效果，并确定需要裁剪的视频片段。此处播放至 00:00:03:23 处，在工具箱中选择“剃刀工具”，将鼠标指针移动到视频轨道上对应的位置并单击，对视频进行分割。将播放头定位于 00:00:10:01 处，继续分割视频，如图 5-52 所示。

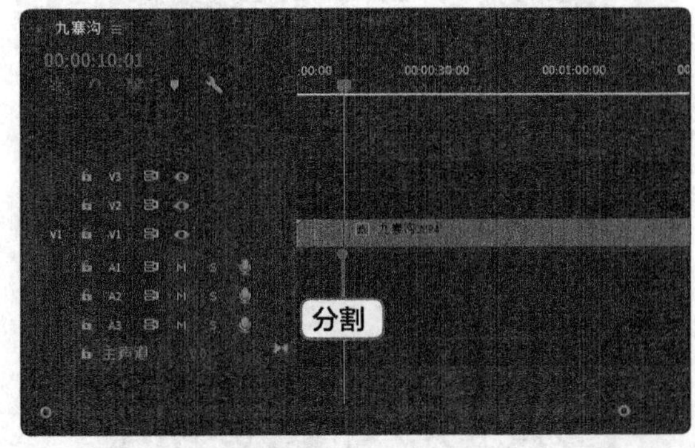

图5-52 分割视频

STEP 6 选择“选择工具”，选择分割后的前一个视频片段，如图 5-53 所示，在其上单击鼠标右键，在弹出的快捷菜单中选择“波纹删除”命令，删除该片段，此时，分割后的后一个视频片段将自动前移。

STEP 7 单击“节目”面板下方的按钮，预览剪辑后的视频效果。然后按照该方法，根据教学需求对“九寨沟”视频素材中其他多余的视频片段进行处理，效果如图 5-54 所示。

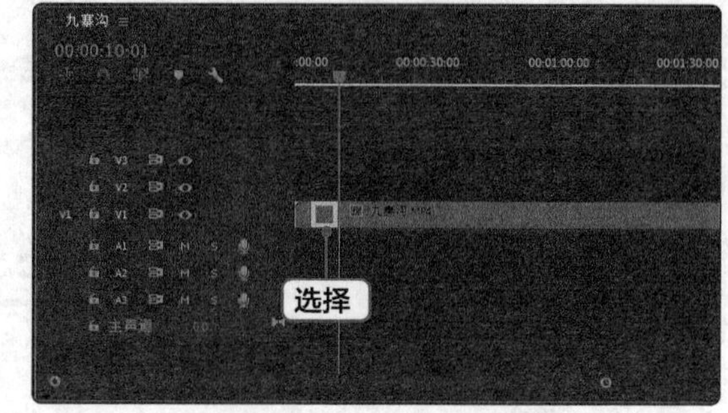

图5-53　选择视频片段

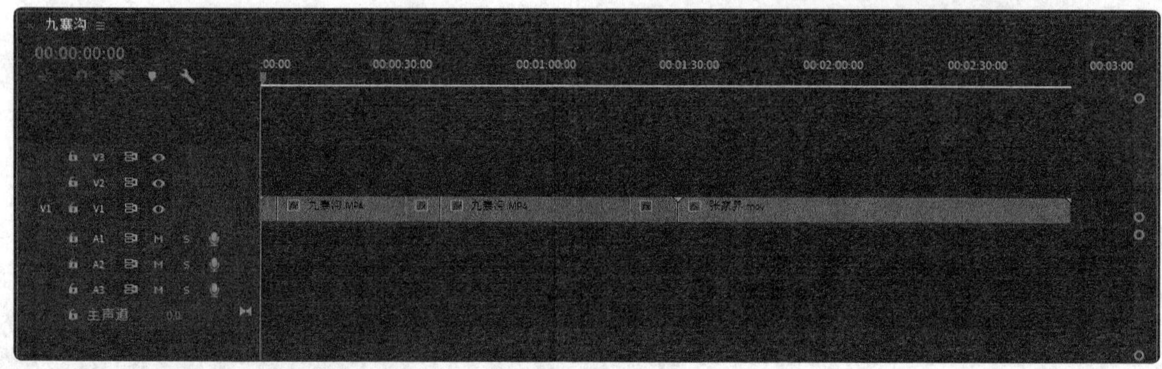

图5-54　处理其他视频片段

2. 添加音画效果与字幕效果

下面为“认识地形地貌”微课视频添加字幕、背景音乐、过渡效果等，具体操作如下。

STEP 1 在工具箱中选择“文字工具”，在“节目”面板中输入“九寨沟”文本，在“效果控件”面板中单击“文本（九寨沟）”左侧的展开按钮，再单击“源文本”左侧的展开按钮，在“字体”下拉列表中选择“HYZongYiJ”选项，设置“字体大小”为“79”。在“外观”栏下方单击“填充”左侧的色块，打开“拾色器”对话框，设置“填充”为“#FFFFFF”，如图 5-55 所示。

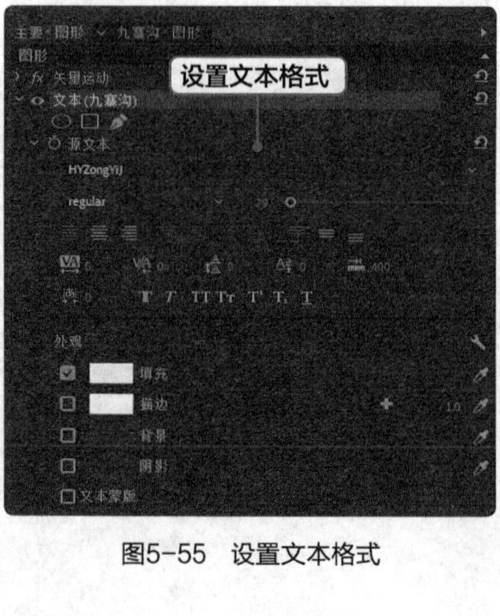

图5-55　设置文本格式

STEP 2 选择“文字工具”，在“节目”面板中输入“喀斯特作用的钙华沉积”文本，该文本将自动应用上一次设置的文本格式。选择“选择工具”，将鼠标指针移动到文本框四角的控制点上，按住鼠标左键进行拖曳，调整文本的大小，效果如图 5-56 所示。

图5-56　调整文本大小

STEP 3 选择“选择工具”，在“节目”面板中拖曳文本，调整其位置。在“时间轴”面板中选择 V2 轨道上的文本素材，将鼠标指针移至其右侧，当鼠标指针呈形状时，向左拖曳，调整文本的持续时间，效果如图 5-57 所示。

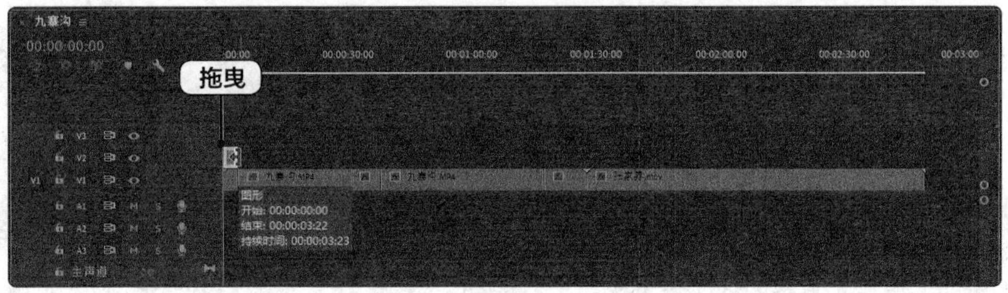

图5-57　调整文本的持续时间

STEP 4　按照上述方法，为“张家界”视频素材添加“张家界”“石英砂岩峰林地貌”文本，设置文本的格式，并调整文本的位置、持续时间等，效果如图 5-58 所示。

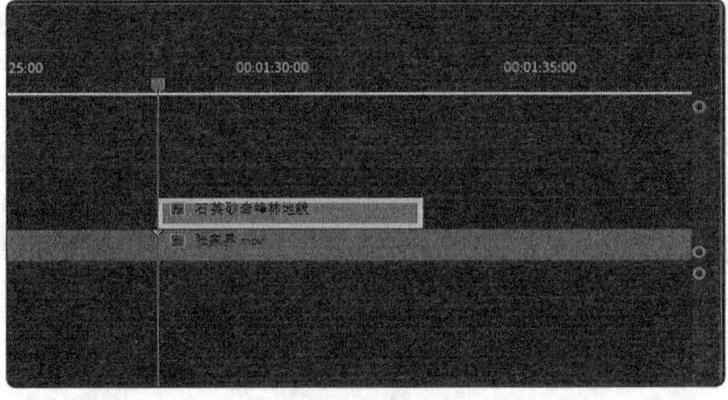

图5-58　添加其他文本

STEP 5　选择【文件】/【导入】菜单命令，打开“导入”对话框，选择“风景背景音乐 .mp3”素材文件，单击 打开(O) 按钮，将其导入“项目”面板中。在“项目”面板中选择“风景背景音乐 .mp3”素材文件，将其拖曳到“时间轴”面板的 A1 轨道中。

STEP 6　将播放头拖动到 00:02:01:15 处，在工具箱中选择“剃刀工具”，在“时间轴”面板中的对应位置单击，对背景音乐进行分割，如图 5-59 所示。

STEP 7　选择前一段音乐素材，删除该段音乐素材，将后一段音乐素材拖曳至“00:00”位置。将播放头拖动到 00:02:19:26 处，再次对音频素材进行分割，并删除后一段音乐素材。将鼠标指针移至音频素材右侧，当鼠标指针呈形状时，向右拖曳，使其播放时间与视频素材相同，如图 5-60 所示。

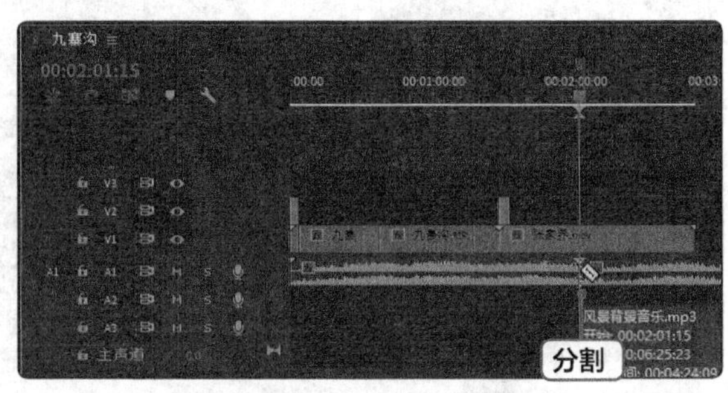

图5-59　分割音频

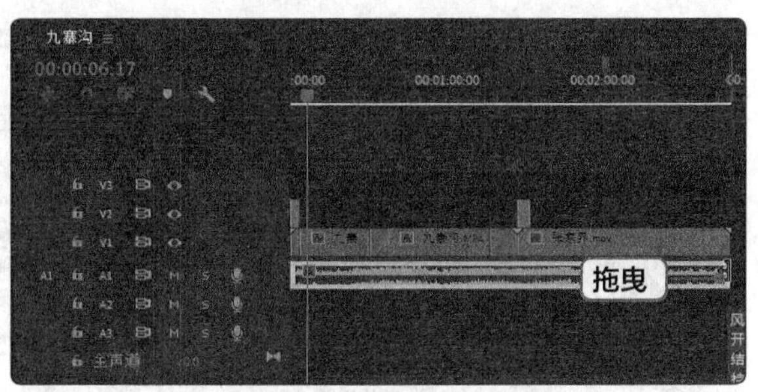

图5-60　调整音频的播放时间

STEP 8　在“效果”面板中单击“视频过渡”左侧的展开按钮，在展开的列表中单击“沉浸式视频”左侧的展开按钮，选择“VR 默比乌斯缩放”选项，如图 5-61 所示。

STEP 9　按住鼠标左键将“VR 默比乌斯缩放”过渡效果拖曳至视频轨道中的“张家界”视频素材的前面，在“九寨沟”“张家界”两个视频素材之间添加过渡效果。

STEP 10　选择【文件】/【导出】/【媒体】菜单命令，打开“导出设置”对话框，单击“输出名称”右侧的超链接，打开“另存为”对话框，在其中设置视频文件的保存位置，在“文件名”文本框中设置视频名称为“认识地形地貌 .avi”，单击 保存(S) 按钮，返回“导出设置”对话框，单击 导出 按钮，完成视频文件的导出，如图 5-62 所示，完成本实训。

图5-61　添加过渡效果

图5-62　导出视频

第3部分

5.4　强化实训：制作“瓷器制作之画坯”微课视频

在浩瀚的历史长河中，华夏民族保留并传承了无数传统手工艺，这些手工艺融实用和审美于一体，不仅体现了我国古代文化的多样性，在社会、文化、经济等诸多方面也具有重要的意义。当代学生作为传统文化的传承者，应该认识到传统手工艺的价值，关注并保护传统手工艺。本实训将制作“瓷器制作之画坯”微课视频，并对视频进行剪辑和后期处理，以提升微课视频的观赏效果，激发学生的学习兴趣。

素材所在位置　素材文件\第5章\绘制瓷器.mp4

效果所在位置　效果文件\第5章\瓷器制作之画坯.mp4

微课视频

【制作效果与思路】

本实训主要利用移动端剪辑工具“剪映”App对视频进行剪辑，同时为视频添加转场效果、背景音乐，制作完成后的效果如图5-63所示，具体思路如下。

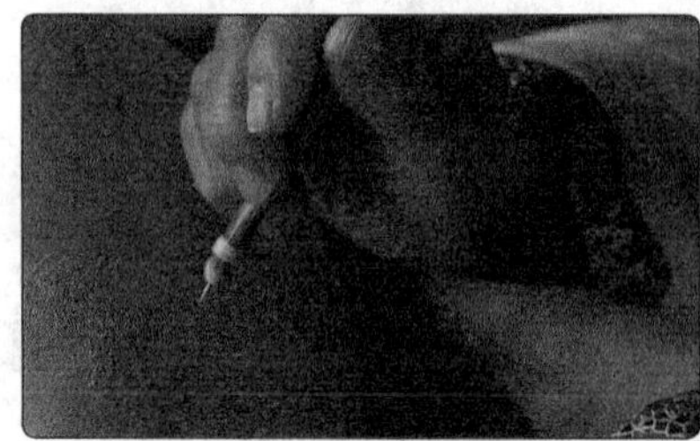

图5-63　“瓷器制作之画坯”微课视频的效果

（1）在“剪映”App的主界面点击“开始创作”按钮，在打开的界面中选择“绘制瓷器.mp4”视频，选中“高清画质”单选项，点击“添加”按钮，进入视频编辑界面。

（2）在视频编辑界面中将播放头拖动到需要剪辑的位置，选择“剪辑”选项，进入视频剪辑界面。在该界面中选择“分割”选项，对视频进行分割，如图5-64所示。完成视频的分割后，选择需要删除的视频片段，点击“删除”按钮将其删除。

（3）返回视频编辑界面。点击视频的分割处，进入添加转场效果的界面，在其中选择“叠化”选项，为分割出的视频添加转场效果，如图5-65所示。

（4）选择“音频”选项，进入添加音频的界面，在该界面选择“音乐”选项，进入“添加音乐”界面，在其中的搜索框中搜索“古筝”，在搜索界面中下载“高山流水（古筝独奏）”音乐；然后点击其右侧的“使用”按钮，如图5-66所示，即可将该音乐应用到视频中。

（5）返回添加音频的界面，按住音频轨道中的播放头并拖动，调整音频的开始和结束时间，同时对音频进行分割，使其与视频的长度一致。然后点击右上角的“导出”按钮，导出视频，完成微课视频的制作。

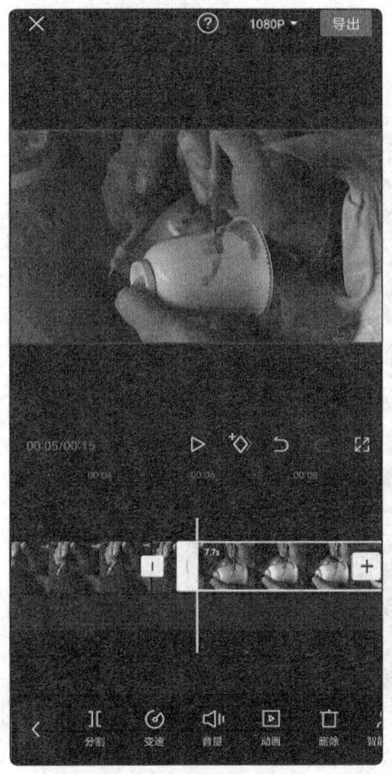

图5-64 分割视频

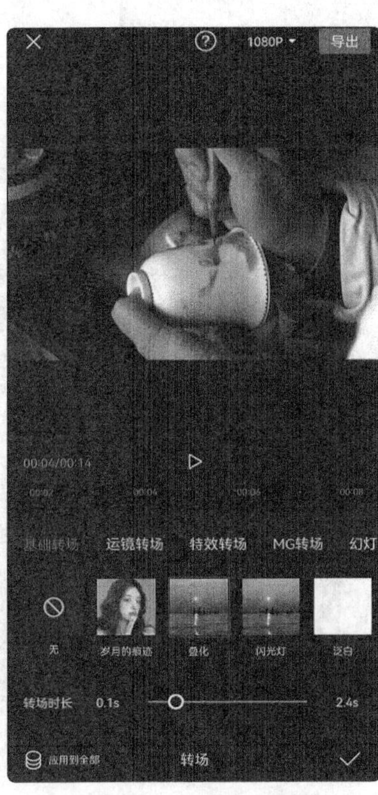

图5-65 应用转场效果

图5-66 “添加音乐”界面

5.5 知识拓展

在拍摄微课视频的过程中，教师需要掌握一些技巧，以保证微课视频的拍摄质量。同时，也可以采取一些方式对效果不佳的微课视频进行调整和优化。

1. 拍摄微课时的光线处理

微课大多数时候是在教室中使用的，为了有较好的投影效果，教室里的光线通常比较暗，如果拍摄微课视频时的光线不足，则放映时视频画面可能不够清晰，从而对学生的学习造成不良影响。因此教师在拍摄微课视频时要注意处理光线。

- **面部曝光与补拍。**在首次拍摄时，可设置教师的面部为基准曝光区域，多角度地进行切换实录。然后对有投影的细节位置进行补拍，通过插入、编辑的方式将补拍的细节添加到首次拍摄的视频中，再为其设置过渡效果。
- **区域布光法。**可以在视频中活动比较频繁的区域使用较强的光线（将主光和辅助光配合使用），在有投影的区域使用较暗的光线。
- **改善投影仪的质量。**尽可能地选择高亮度、高分辨率的投影仪，从根本上解决曝光不足和曝光过度的问题。

2. 调色

很多时候，教师直接录制或下载的视频可能会出现偏色、暗淡等情况，此时需要对视频进行调色处理，合理的调色处理可以有效提升视频的质量，其方法为：在Premiere Pro的“时间轴”面板中选择视频素材，在操作界面右侧展开“Lumetri颜色”面板，在其中对视频画面的颜色进行校正，如图5-67所示。

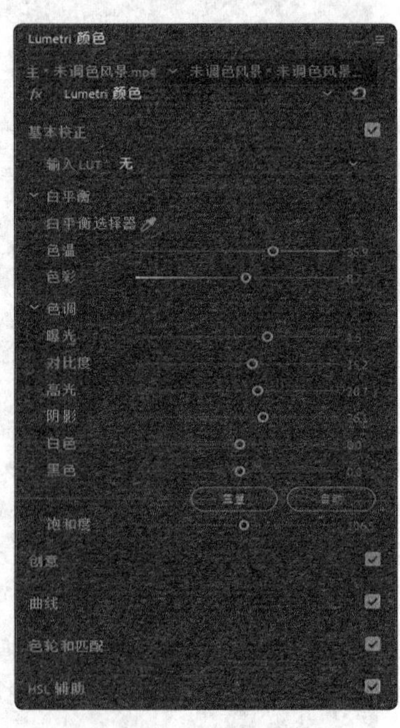

图5-67　对视频进行调色处理

第3部分

5.6 课后练习

本章主要介绍了微课的制作方法，包括微课的录制和剪辑等，学好这些知识可以设计出符合教学需要，且形式新颖的微课。下面通过两个练习对本章所学知识进行巩固。

练习 1　拍摄“书法”视频

书法是汉字特有的一种传统艺术表现形式，彰显着我国深厚的文化底蕴。本练习将使用手机拍摄一个关于书法的微课视频，拍摄完成后的参考效果如图5-68所示。

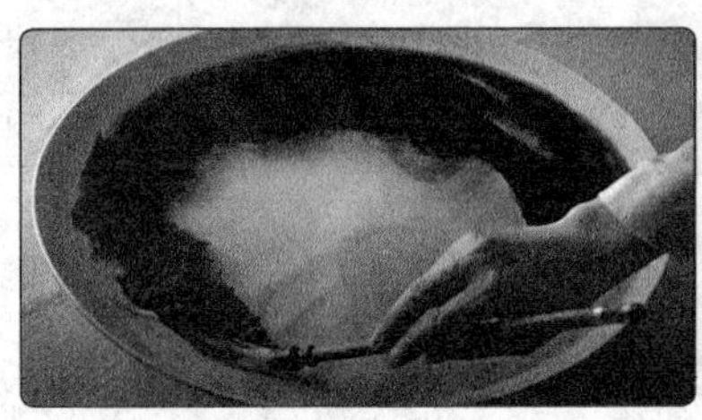
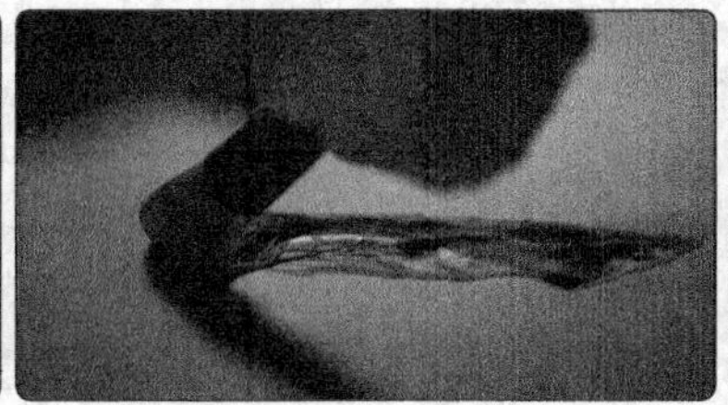
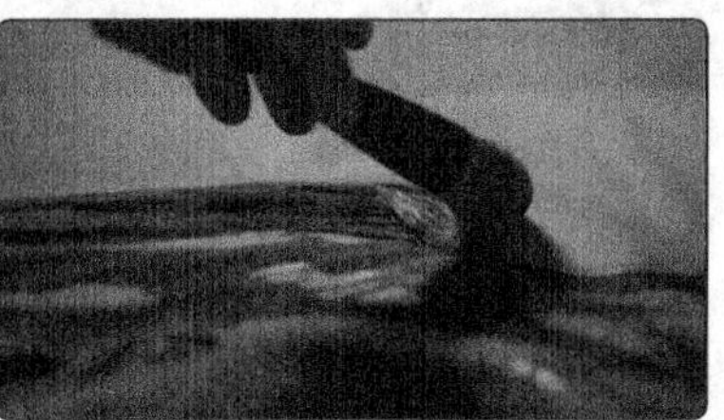

图5-68 拍摄“书法”视频

练习 2 制作“书法”微课

使用Premiere Pro对拍摄完成的“书法”视频进行基本的剪辑操作，然后调整视频的播放速度和画面颜色，并为视频添加背景音乐，“书法”微课的效果如图5-69所示。

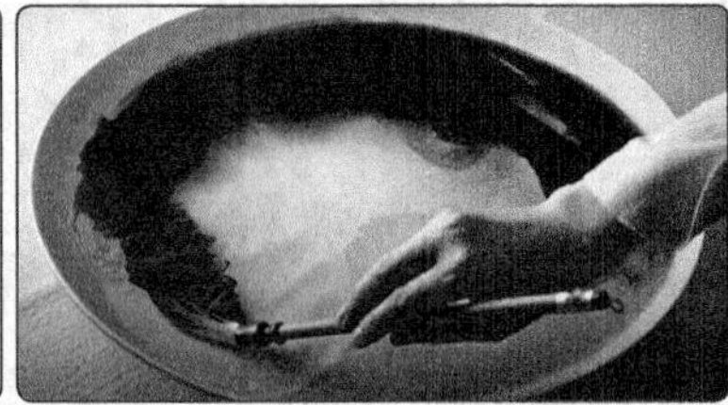
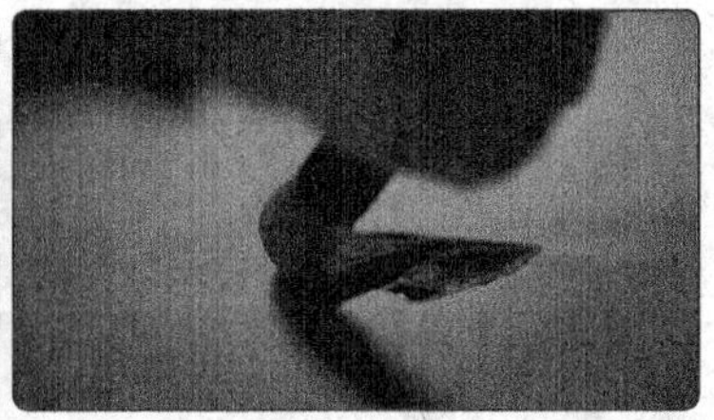

图5-69 制作“书法”微课

素材所在位置 素材文件\第5章\课后练习\
效果所在位置 效果文件\第5章\课后练习\

微课视频

第3部分

第6章

创新型微课的设计与制作

/ 本章导读

如今，社会对创新型、全能型人才的需求在不断增加，这要求教学资源、教学形式等都必须不断创新。作为教师，应该灵活运用创新型的微课教学模式，全面开发、培养学生的学习兴趣和学习能力，提升教学质量，打造高效课堂。

/ 技能目标

掌握制作交互式微课的方法。

掌握制作手绘式微课的方法。

掌握制作互动电影式微课的方法。

/ 案例展示

6.1 交互式微课的设计与制作

交互式微课是一种微课使用者与制作者之间进行互动的微课类型。使用交互式微课，可以很好地调动学生的学习参与性与积极性，实现学生与教学内容的实时交互，并进一步适应学生的学习需求。

6.1.1 交互式微课的课堂应用

作为一种互动式教学资源，交互式微课在课堂上具有比较广泛的适用性。在交互式微课中，教师可以通过图文等形式巧妙地引出知识点，引导学生进行学习和思考；还可以创建测试题目，要求学生进行选择和回答，帮助学生进一步对所学内容进行练习和巩固。图6-1所示为交互式微课的一种表现形式，学生可以通过左侧的“菜单”列表自由地选择学习内容，并在右侧的界面中进行学习和练习。

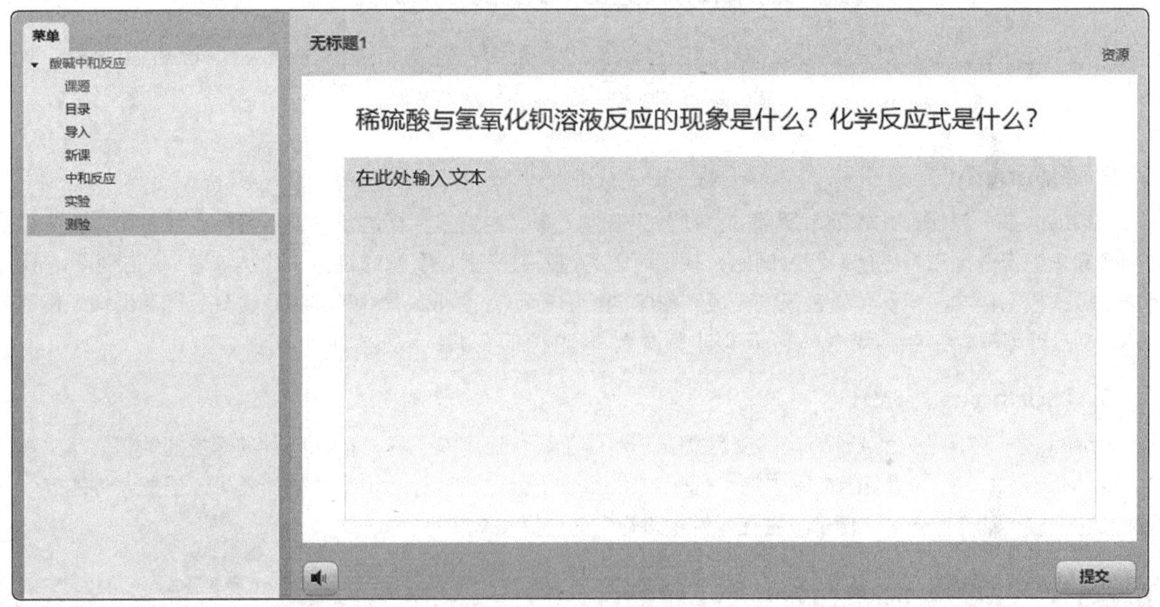

图6-1　交互式微课

6.1.2 交互式微课的制作工具

想要制作交互式微课，教师应该先选择一款适合自己的交互式微课制作工具，比较常见的有以下3种。

1. Articulate Storyline

Articulate Storyline是Articulate公司推出的一款多媒体课件制作软件，其操作界面与PowerPoint有些类似，其功能简单、直接、易于理解，同时它提供了大量预设的课件模板、人物角色模板、互动效果等，还可以生成多种测试题，并支持用户将文件导出为HTML5等格式，十分便于教师使用。图6-2所示为Articulate Storyline的操作界面。教师在使用Articulate Storyline之前，可到Articulate Storyline官方网站搜索、下载并安装该软件。

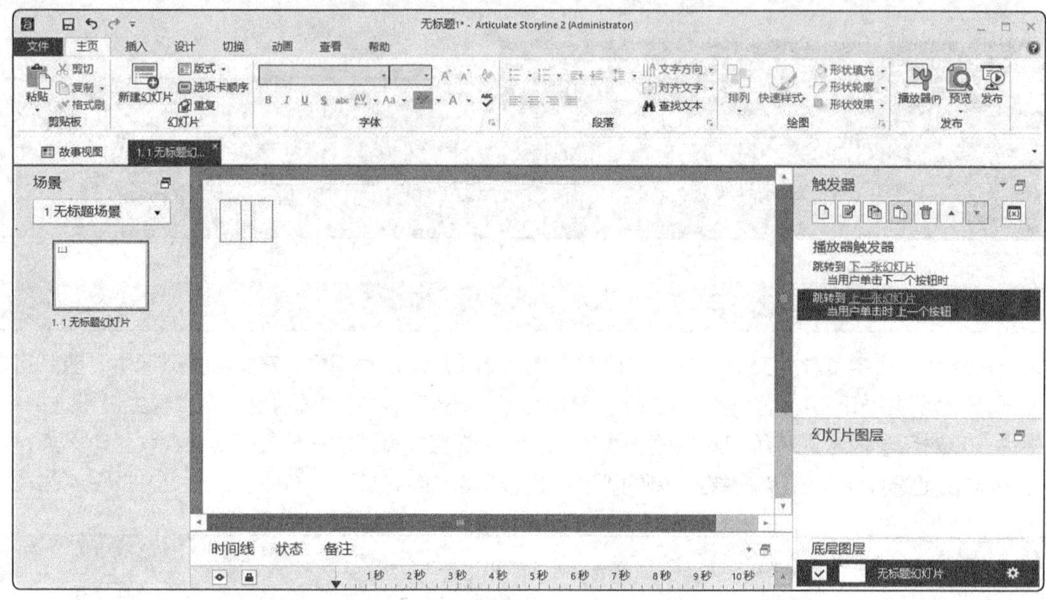

图6-2　Articulate Storyline的操作界面

2. Raptivity

Raptivity是一款操作比较简单便捷的互动效果开发工具，内置了大量的互动课件模板，教师可以根据课件的制作需求进行选择和个性化设置。例如，教师可以通过基础模板设置配对练习、分类练习、测试题等；通过情景模拟模板制作学习案例；通过三维模板对教学内容进行动态呈现；通过各种游戏、交互练习模板设置互动游戏、交互练习等。综合运用这些模板可以丰富课堂内容的表现形式，激发学生的学习兴趣。

3. iSpring

iSpring是一款用于PowerPoint的交互式课程制作工具，运用该工具，教师可以轻松快捷地将演示文稿转换为HTML5格式，并保留演示文稿中的可视化效果和动画效果。在iSpring中，教师还可以根据课件的制作需求添加超链接、动作按钮等，便于学生在课件中进行实时选择和跳转等。

6.1.3 交互式微课的制作方法

交互式微课是一种可以有效调动学生学习主动性的课件类型，教师可以根据教学需求设计并制作相应的交互式微课。下面以Articulate Storyline为例，讲解交互式微课的制作方法，具体操作如下。

素材所在位置　素材文件\第6章\燃烧和灭火.pptx

效果所在位置　效果文件\第6章\燃烧和灭火交互课件.story

微课视频

1. 制作课件目录的跳转效果

下面在Articulate Storyline中导入PPT课件，然后为导入课件的目录添加跳转效果，方便学生通过目录跳转到其他页面进行自主学习。

STEP 1　安装并启动 Articulate Storyline 3，在 Articulate Storyline 主界面的左侧选择“导入”选项，在打开的下拉列表中选择“导入 PowerPoint”选项，如图 6-3 所示。

STEP 2　打开“打开”对话框，在其中选择需要导入的“燃烧和灭火 .pptx”课件，然后单击 打开(O) 按钮，如图 6-4 所示。

图6-3　导入PPT课件

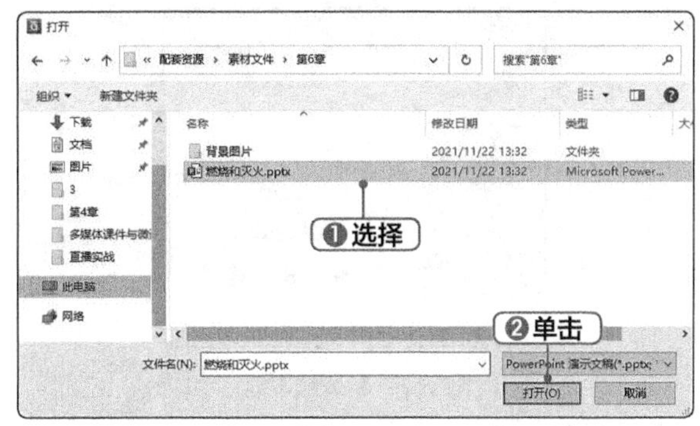

图6-4　选择需导入的PPT课件

技巧讲解

新建项目

Articulate Storyline允许用户直接导入PPT课件，因此教师可以将制作好的PPT课件直接导入Articulate Storyline中，再为其添加交互功能。此外，教师也可以在Articulate Storyline主界面中选择“新建项目”选项，以新建空白课件，在新建的空白课件中添加文本框、文本、形状、图片、音频和视频等对象，然后为它们添加交互功能。

STEP 3 打开“插入幻灯片”对话框，在其中选择需要导入 PPT 课件中的幻灯片，单击 导入 按钮，如图 6-5 所示，将幻灯片导入 Articulate Storyline。

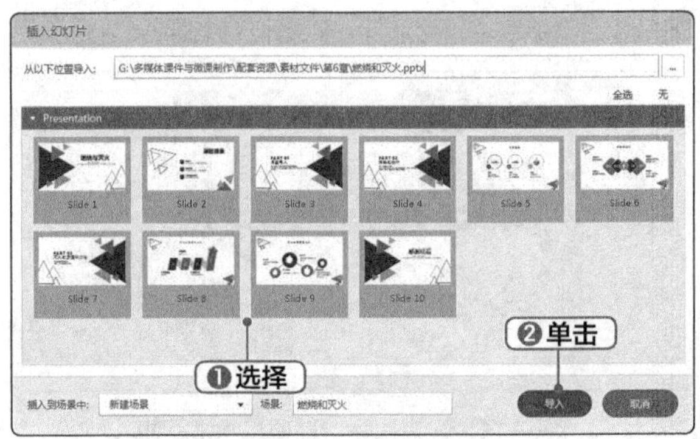

图6-5　选择需导入的幻灯片

STEP 4 此时，Articulate Storyline 默认显示文章视图，如图 6-6 所示，双击文章视图中的第 1 张幻灯片，进入编辑视图。

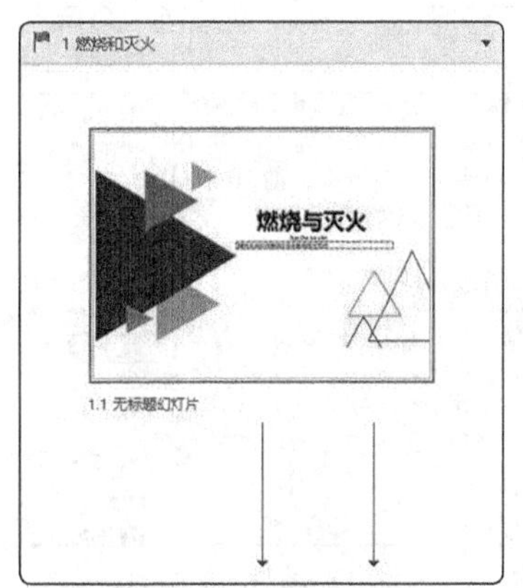

图6-6　文章视图

知识补充

修改交互式课件的页面大小

在将PPT课件导入Articulate Storyline后，如果Articulate Storyline默认的页面大小与PPT课件的大小不符，则可修改Articulate Storyline默认的页面大小，其方法为：选择“功能”选项卡，单击“文章大小设置”按钮，在打开的下拉列表中设置页面比例，如“16:9”“4:3”等。

STEP 5 在左侧的“场景”窗格中选择第 2 张幻灯片，在中间的编辑区中选择“课堂导入”文本框，在右侧的“触发器”窗格中单击“新建触发器”按钮，如图 6-7 所示。

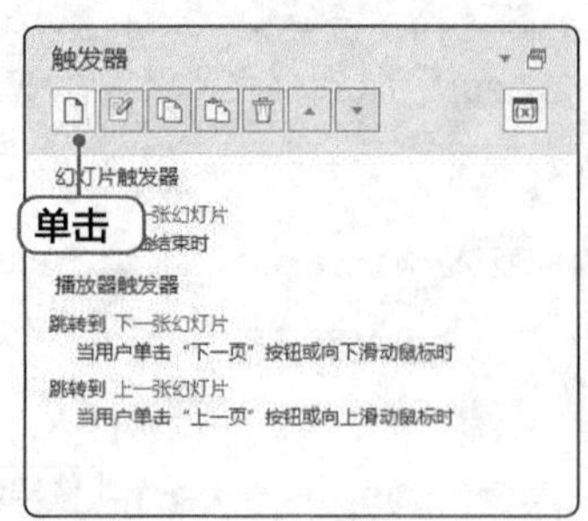

图6-7　新建触发器

STEP 6　打开"触发器向导"对话框，在"操作"下拉列表中选择"跳转到幻灯片"选项，表示该触发器操作用于实现幻灯片的跳转；在"幻灯片"下拉列表中选择"1.3 无标题幻灯片"选项，表示将跳转到该幻灯片；在"时间"下拉列表中选择"用户单击"选项，表示当用户单击时将跳转到目标幻灯片；在"对象"下拉列表中选择"文本框"选项，表示当用户单击该文本框时将跳转到目标幻灯片，设置完成后单击确定按钮，如图6-8所示。

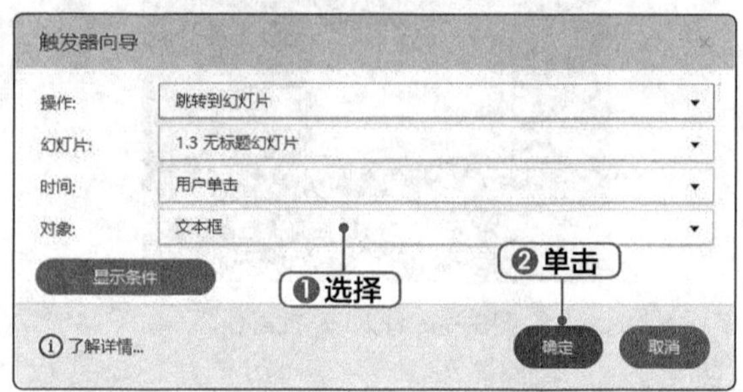

图6-8　设置触发器

STEP 7　按照上述方法为其他文本框添加触发器动画，方便学生在课件中跳转。

2. 在课件中添加单选题

下面在Articulate Storyline中添加单选题，并设置单选题的答案解析和测验方式，以便教师对学生的学习效果进行检验。

STEP 1　在左侧的"场景"窗格中选择"1.6 无标题幻灯片"幻灯片，在"开始"选项卡的"幻灯片"组中单击"新建幻灯片"按钮，在打开的下拉列表中选择"评分问题"选项，如图6-9所示。

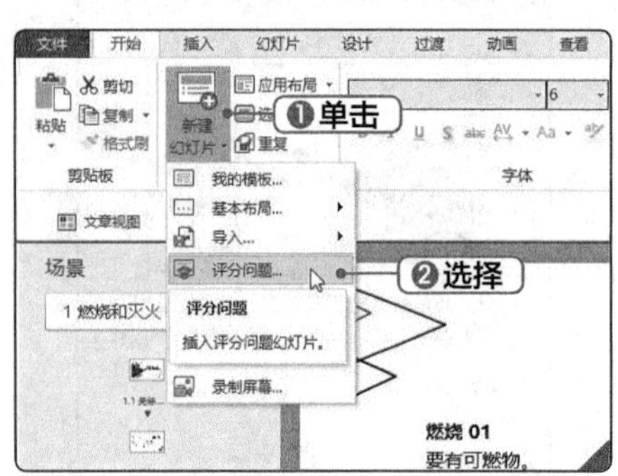

图6-9　新建评分问题幻灯片

STEP 2　打开"插入幻灯片"对话框，在中间的列表框中选择"单选题"选项，如图6-10所示，在右下角单击插入幻灯片按钮，新建一张具有单选题交互功能的幻灯片。

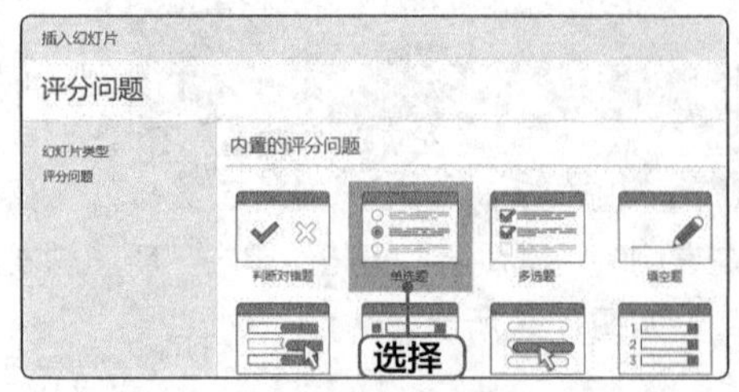

图6-10　选择"单选题"选项

STEP 3　此时自动进入单选题的表单视图，在界面中输入题目和对应的选项，以及问题反馈（也可以直接输入答案解析），并选择正确答案（这里的正确答案是C，因此此处需保持C选项处于选择状态），如图6-11所示。

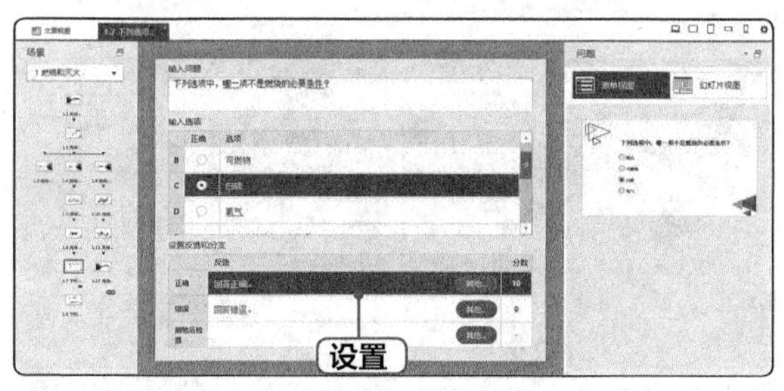

图6-11　设置题目、选项和问题反馈

STEP 4　在右侧的"问题"窗格中单击"幻灯片视图"选项卡，进入幻灯片视图。在"开始"选项卡的"幻灯片"组中单击应用布局按钮，在打开的下拉列表中选择一种幻灯片布局样式，如图6-12所示，更改幻灯片的页面布局效果。此处选择的布局样式为原PPT课件母版中预设的布局样式。

STEP 5　在幻灯片中查看添加单选题后的效果，并设置题目和选项的字体、字号、位置，效果如图6-13所示。

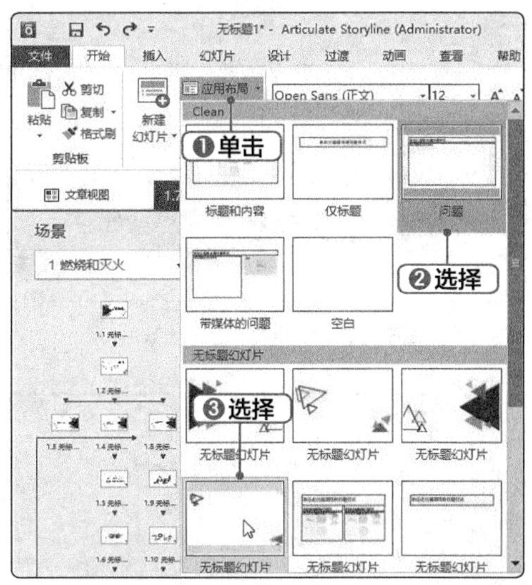

图6-12　为幻灯片应用布局样式

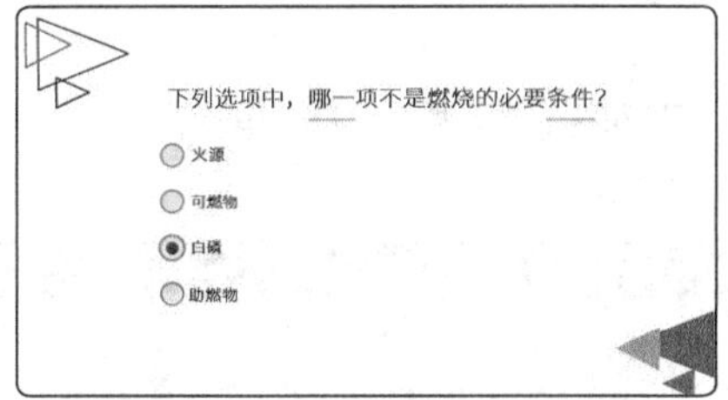

图6-13　设置单选题的字体样式

STEP 6　在左侧的"场景"窗格中选择添加了单选题的幻灯片，在"问题工具"选项卡的"显示"组中单击"无序"下拉列表右侧的下拉按钮▾，在打开的下拉列表中选择"无"选项，使该单选题的选项按照前面输入的顺序排列，如图 6-14 所示。

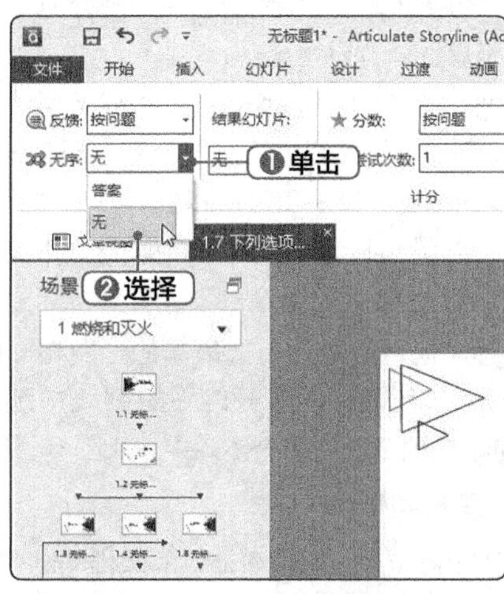

图6-14　设置选项的顺序

技巧讲解

按顺序排列选项

选择"无"选项，将按顺序排列单选题的选项，其目的是方便后面添加答案解析。因为此处的答案解析中需要给出"正确答案为C"的提示，如果不按照顺序排列单选题的选项，则Articulate Storyline会自动对单选题的选项进行排列，这样一来，就可能出现答案解析中的选项与单选题的选项不符的情况。

STEP 7　在"问题工具"选项卡的"发布"组中单击"预览"按钮，在打开的下拉列表中选择"此幻灯片"选项，预览当前幻灯片的效果，如图 6-15 所示。预览完成后，单击左上角的"关闭预览"按钮☒，退出预览模式。

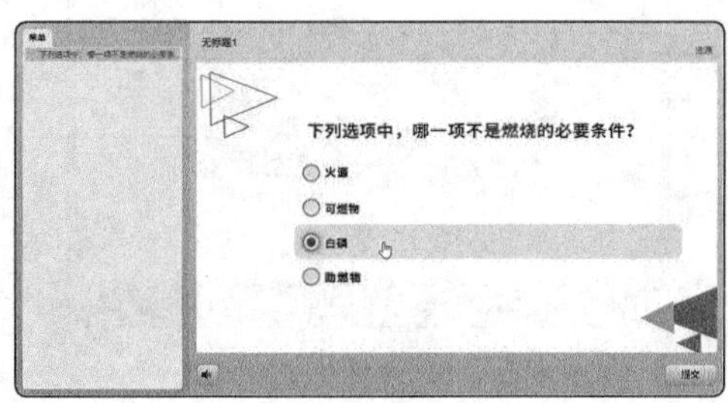

图6-15　预览题目效果

STEP 8　单击"文章视图"选项卡，进入文章视图，在该视图中选择单选题幻灯片，在"幻灯片属性"窗格的"当重新访问时"下拉列表中选择"重置为初始状态"选项，如图 6-16 所示。这样设置后，当用户重新访问该页面时，单选题又会处于可选择状态，否则单选题将一直处于已选择状态。

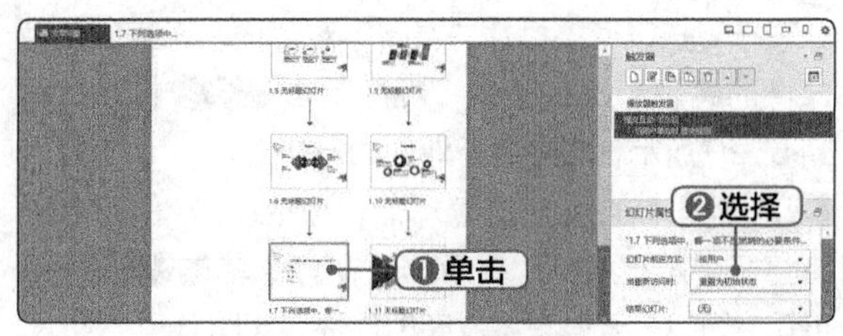

图6-16　重置单选题的状态

STEP 9 在左侧的"场景"窗格中选择"1.7"幻灯片，在"开始"选项卡的"幻灯片"组中单击"新建幻灯片"按钮，在打开的下拉列表中选择"基本布局"/"无标题幻灯片"选项，新建一张幻灯片，并将其制作成单选题的答案解析页，该幻灯片将自动与上一张幻灯片链接，即用户在上一张幻灯片中选择选项后，系统会自动跳转到该幻灯片。

STEP 10 在"插入"选项卡的"文本"组中单击"文本框"按钮，拖曳鼠标绘制一个文本框，在其中输入单选题的题目、选项和答案解析，并在"开始"选项卡的"字体"组和"段落"组中设置文本的字体格式和段落格式，效果如图6-17所示。

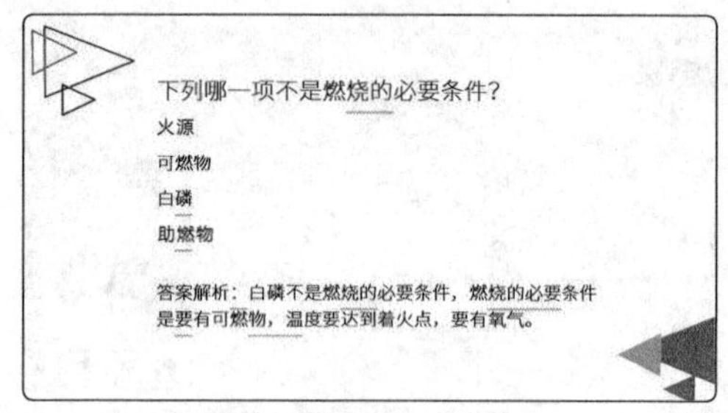

图6-17　新建答案解析幻灯片

STEP 11 在"幻灯片"选项卡的"发布"组中单击"预览"按钮，在打开的下拉列表中选择"此场景"选项，预览课件的整体效果，如图6-18所示。

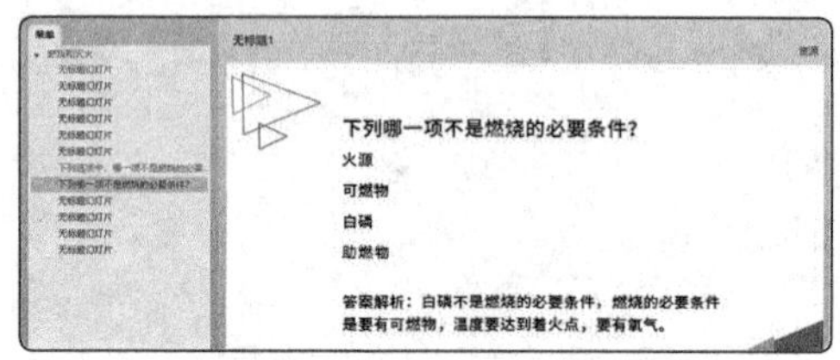

图6-18　预览课件效果

3. 发布课件

使用Articulate Storyline完成课件的制作后，可将课件发布。下面先设置课件的播放器属性，以改变课件播放页面的布局样式，再发布课件。

STEP 1 在"开始"选项卡的"发布"组中单击"播放器"按钮，打开"属性"对话框，在"播放器选项卡"列表框中取消选中"资源""菜单"复选框，更改交互课件播放页面的布局样式，然后单击确定按钮，如图6-19所示。

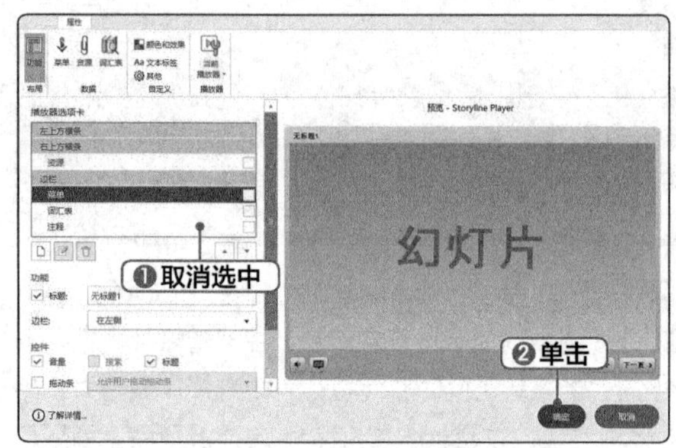

图6-19　更改交互课件播放页面的布局样式

STEP 2 在"开始"选项卡的"发布"组中单击"发布"按钮，打开"发布"对话框，在其中设置课件的名称和保存位置，然后单击发布按钮，如图6-20所示，即可进行课件的发布。

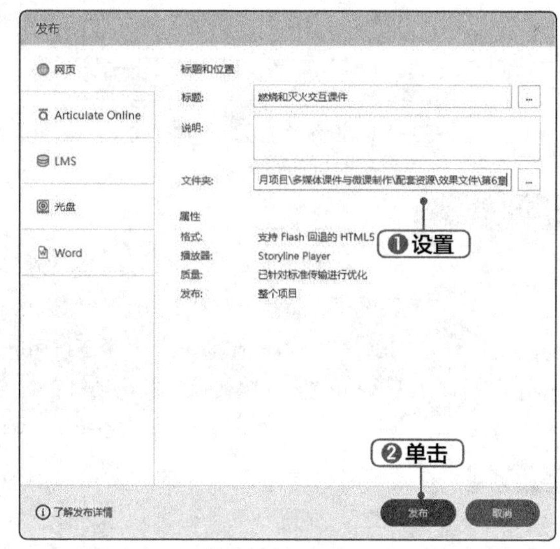

图6-20　发布课件

STEP 3 课件发布成功后，Articulate Storyline将打开"发布成功"提示框，在其中单击查看项目按钮，可以打开并查看发布的课件，如图6-21所示。

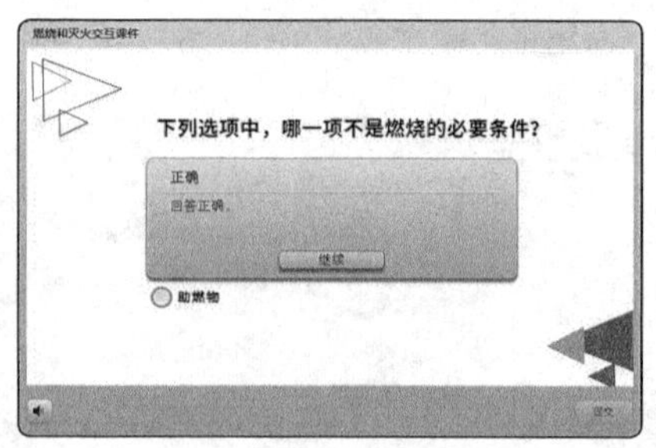

图6-21　查看发布的课件

第3部分

知识补充

触发器

Articulate Storyline中的很多交互效果都是通过触发器来实现的，添加触发器后，在“触发器”窗格中可以查看当前幻灯片中的所有触发器效果，如果不需要某一个触发器效果，或不需要Articulate Storyline自动添加的触发器效果，则可在其上单击鼠标右键，在弹出的快捷菜单中选择“删除”命令，将其删除。注意，不能删除所有的触发器效果，否则幻灯片将无法正常向后跳转。

6.2 手绘式微课的设计与制作

手绘式微课是一种极具趣味性的微课类型，其中往往应用了推拉、拖曳、移动、按压等手势和动作，可以对微课中的重点内容进行提示，快速吸引学生的注意。

6.2.1 手绘式微课的课堂应用

如果教师想要通过动态的引导过程吸引学生的注意，同时为学生提供一定的思考时间，就可以使用手绘式微课。手绘式微课与传统的板书教学有一点类似，但手绘式微课可以模拟教师书写板书的过程，更具趣味性，且美观的动画效果也可以有效吸引学生学习和观看。手绘式微课适用于讲解和展示重难点知识、枯燥抽象的知识等，图6-22所示为手绘式微课的一种表现形式。

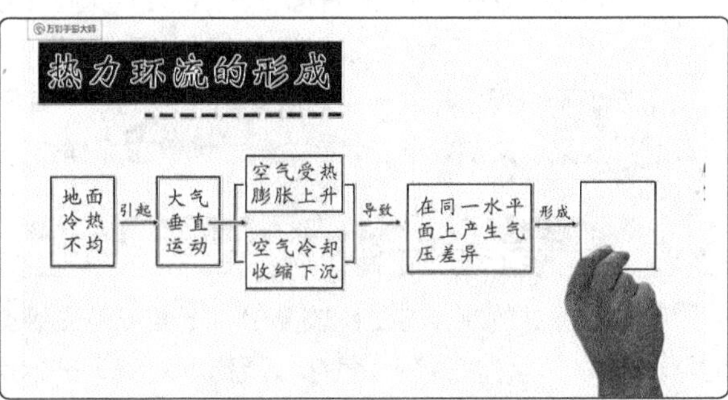

图6-22　手绘式微课

6.2.2 手绘式微课的制作工具

手绘式微课的特点是可以通过手势、书写等动作和动画过程，依次展示教学内容，要想实现这一效果，需要使用相应的制作工具。

1. 万彩手影大师

万彩手影大师是一款应用范围十分广的视频、动画制作工具，具有操作简单、快速出片的特点，其内置了大量的真人手指手势动画和海量素材。使用该工具，教师可以快速制作出十分精美的手绘动画，非常方便。图6-23所示为万彩手影大师操作界面。

图6-23　万彩手影大师的操作界面

2. Easy Sketch Pro

Easy Sketch Pro是一款十分专业且功能强大的手绘视频制作软件，它可以快速实现在白纸上绘画的动画效果。Easy Sketch Pro不仅可以导入图片并快速生成手绘效果，也可以将视频导入编辑场景中。此外，教师还可以在Easy Sketch Pro中添加自己的声音或背景音乐，提升微课的播放效果。

3. VideoScribe

VideoScribe是一款操作界面十分简洁的动画、视频制作工具，教师通过它可以快速、轻松地制作出精彩的动画或视频。VideoScribe主要通过场景来展现内容，也就是说，在微课制作过程中，可用一个场景介绍一个知识点，让若干个场景构成一个知识体系，形成一个完整的微课。VideoScribe中的场景编辑操作包括插入图片，设置图片效果、文字效果、声音效果、场景布局样式等，设置完成后，即可将微课视频输出。

6.2.3 手绘式微课的制作方法

手绘式微课的制作方法比较简单，下面以万彩手影大师为例，制作“英语学习”手绘式微课，先设置微课的背景样式，再添加人物、气泡、蛋糕等对象，并分别为这些对象添加相应的动作，实现各对象在画面中有序地进场和出场的动画效果，具体操作如下。

效果所在位置　效果文件\第6章\英语学习.mp4

微课视频

STEP 1 打开万彩手影大师，在打开的界面中单击“+ 新建项目”按钮，打开“新建向导”对话框，在“选择模式”栏中选择“自定义工程”选项，如图6-24所示。单击“完成”按钮，新建一个空白工程。

图6-24　新建工程

STEP 2 进入万彩手影大师的操作界面，其中已经应用了默认的背景样式，这里在下方的“时间轴”面板的“背景”层中选择“背景（默认淡入）”，如图 6-25 所示，在其上单击鼠标右键，在弹出的快捷菜单中选择“删除背景”命令，将默认的背景删除。

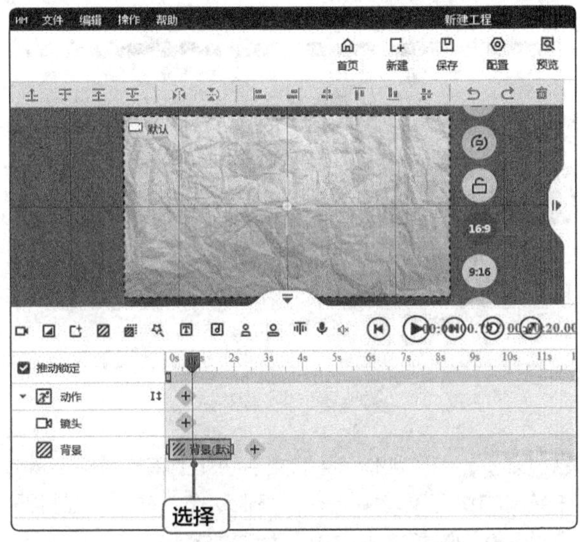

图6-25　选择“背景（默认淡入）”

STEP 3 在“背景”层上单击鼠标右键，在弹出的快捷菜单中选择“插入背景”命令，打开背景设置面板，单击“背景颜色”选项卡，在下方的列表框中选择“粉色”作为背景颜色，如图 6-26 所示。设置完成后，单击面板右上角的 × 按钮，关闭面板。

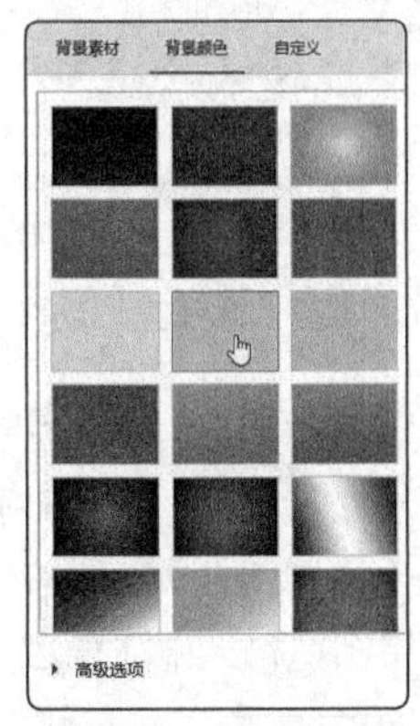

图6-26　选择背景颜色

STEP 4 在“时间轴”面板中选择“动作”层，在操作界面右侧单击“图片”选项卡，在其中选择需要的图片，在搜索框中输入“小女孩”，单击搜索框右侧的 按钮，在出现的搜索结果中选择需要的小女孩图片并将其插入动画编辑区中，如图 6-27 所示，也可以单击 添加本地图片 按钮添加本地图片。

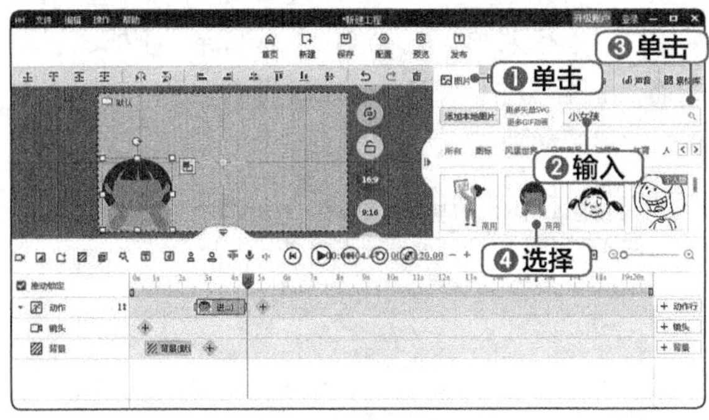

图6-27　添加图片

STEP 5 在动画编辑区中调整小女孩图片的大小和位置。在“动作”层中的小女孩动作上单击鼠标右键，在弹出的快捷菜单中选择“编辑动作”命令。打开“动作编辑器”对话框，在其中设置动作类型，这里选择“其他”选项卡中的“手绘”选项，如图 6-28 所示，单击 确认 按钮，应用动画效果。

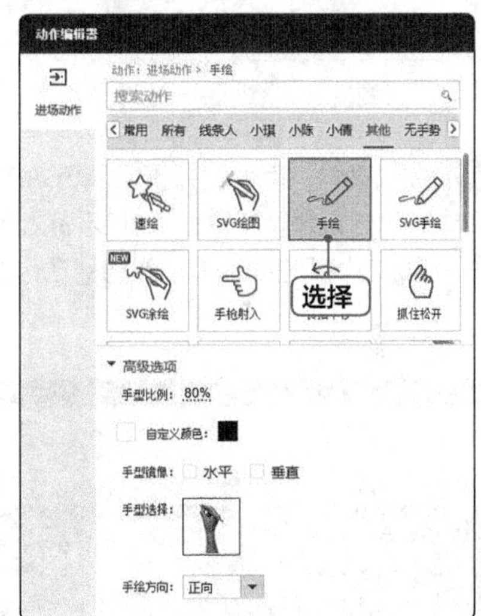

图6-28　编辑进场动作

STEP 6 选择“动作”层，搜索并添加“气泡”“蛋糕”图片，调整图片的大小和位置，并分别设置它们的入场动作为“手绘”“单击显现”，如图 6-29 所示。

图6-29　添加其他动作

STEP 7 在“动作”层中选择蛋糕动作，单击其右侧的“十”按钮，打开“动作选择器”对话框，在其中单击“退场动作”选项卡，然后选择“手抓退出”选项，如图 6-30 所示，单击 确认 按钮，为蛋糕图片应用退场动画。

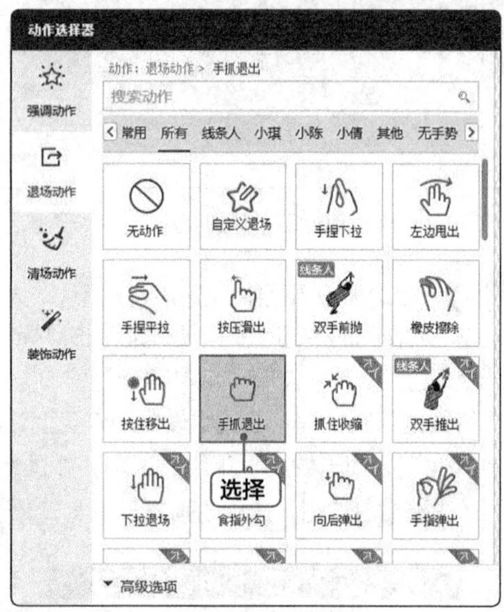

图6-30 编辑退场动作

STEP 8 在“动作”层中选择蛋糕退场动作，将鼠标指针移动到动作右侧，当鼠标指针变为双向箭头形状时，按住鼠标左键向左拖曳，调整退场动作的时长，如图 6-31 所示。

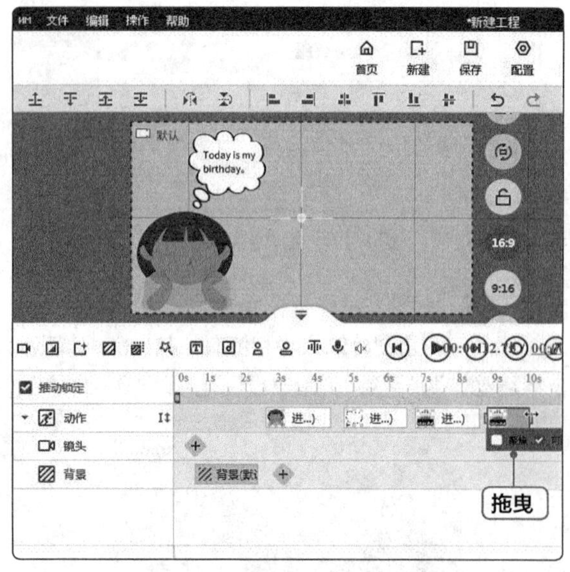

图6-31 调整退场动作的时长

STEP 9 在操作界面的右侧单击“文本”选项卡，再单击 添加文本 按钮，在动画编辑区中插入一个文本框，在文本框中输入“Today is my birthday。”文本，在右侧的面板中设置文本的字体格式，并调整文本的位置，设置完成后单击文本框外的区域，退出文本输入状态，如图 6-32 所示。

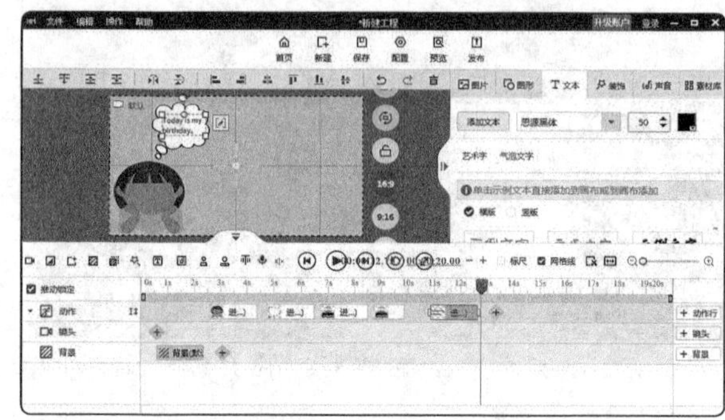

图6-32 添加文本

STEP 10 在“动作”层的文本动作上单击鼠标右键，在弹出的快捷菜单中选择“编辑动作”命令，在打开的对话框中设置文本的动作为“文字手写”。

STEP 11 按照上述方法，依次添加其他人物、气泡、文本和蛋糕动作，并在“时间轴”面板的“动作”层中调整每个动作的时长，效果如图 6-33 所示。

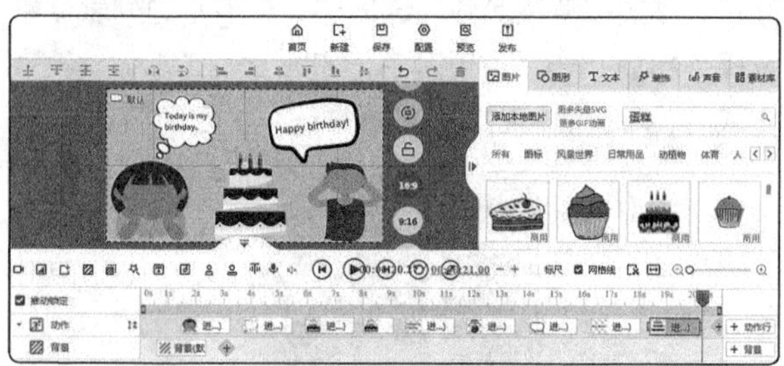

图6-33 添加其他动作

STEP 12 将“时间轴”面板中的播放头移动到起始位置，单击上方的▶按钮，预览动画效果。然后在“时间轴”面板上方单击 语音合成 按钮，打开“语音合成”对话框，单击“科大讯飞角色”选项卡，在其中选择需使用的角色声音，在左侧的文本框中输入“Today is my birthday”文本，单击 确认 按钮，如图 6-34 所示，对该文本进行语音合成，并将合成结果插入“声音”层中。

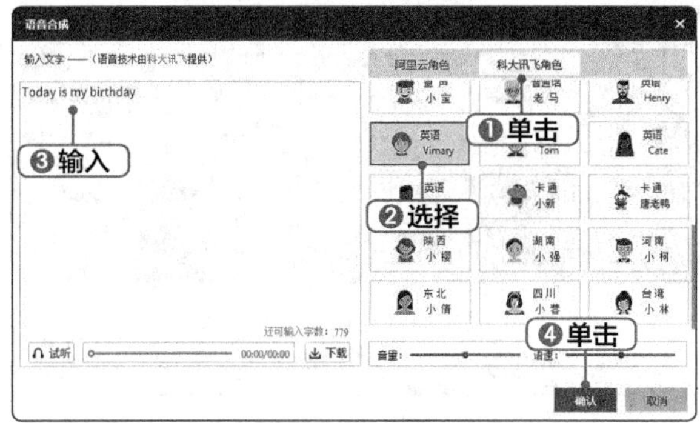

图6-34　合成语音

STEP 13 按照上述方法继续合成“Happy birthday”语音，然后在“声音”层中选择语音，按住鼠标左键进行拖曳，调整两段语音的位置，使其与画面内容匹配，如图 6-35 所示。

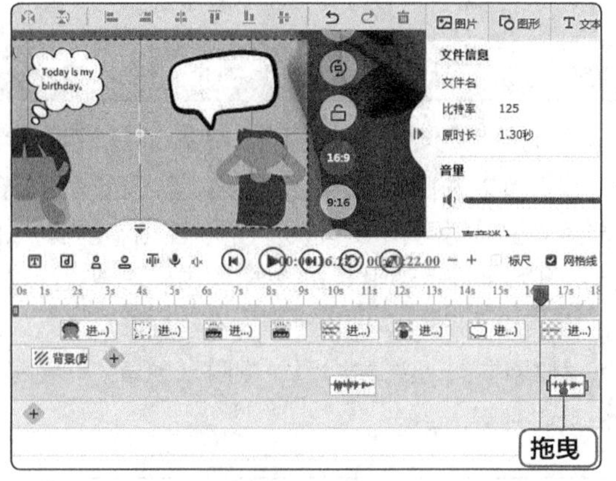

图6-35　调整语音的位置

STEP 14 在“声音”层右侧单击 + 音轨 按钮，添加一个“声音”层。选择该“声音”层，在操作界面右侧的面板中单击“声音”选项卡，在搜索框中搜索“背景音乐”，在搜索结果中选择合适的背景音乐后单击 添加 按钮，将其添加到“声音”层中，如图 6-36 所示。

图6-36　添加背景音乐

STEP 15 由于背景音乐的时长与动画的时长不匹配，因此可以对背景音乐进行分割。将播放头移动到需要分割的位置，在背景音乐上单击鼠标右键，在弹出的快捷菜单中选择“分割声音”命令，对其进行分割，如图 6-37 所示。分割完成后，选择多余的背景音乐片段，按【Delete】键将其删除。

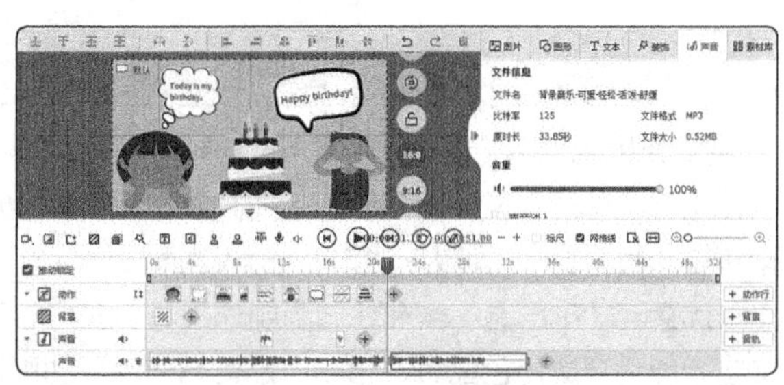

图6-37　分割背景音乐

STEP 16 微课制作完成后，选择【文件】/【发布】菜单命令，打开“发布”对话框，在其中选择“视频发布”选项，如图 6-38 所示，单击 下一步 按钮。

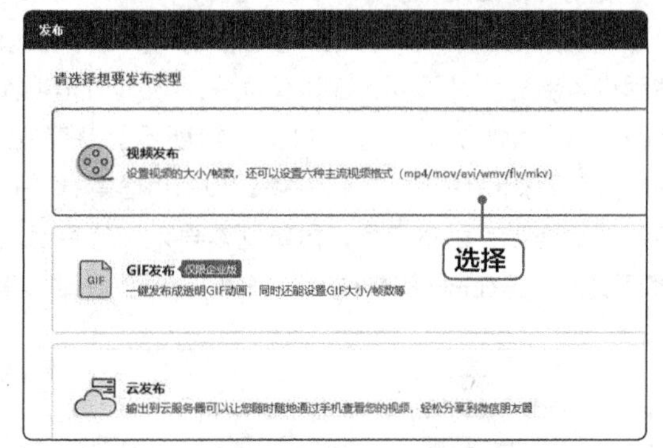

图6-38　发布视频

STEP 17 在打开的界面中设置视频的格式、保存位置等，如图 6-39 所示，设置完成后单击 发布 按钮，完成视频的发布。

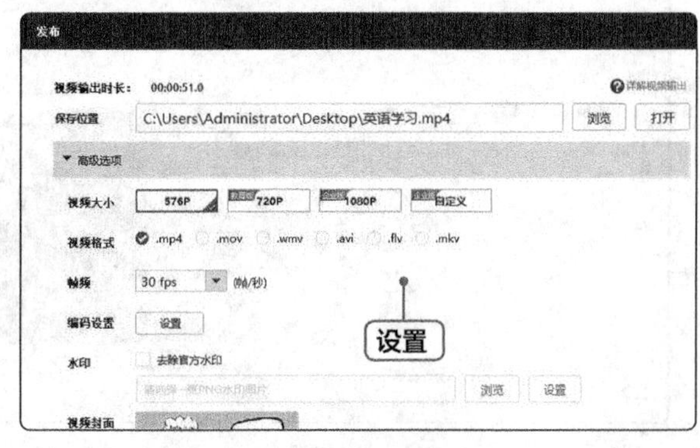

图6-39　发布设置

6.3 互动电影式微课的设计与制作

互动电影式微课实质上就是通过电影的表现手法对设置的故事情境进行演示，并将教学内容融入其中的一种微课类型。互动电影式微课可以让学生在浸入式的学习过程中感受到知识的趣味性和情感性，从而锻炼其思维能力并提高学习效率。

6.3.1 互动电影式微课的制作工具

互动电影式微课是一种充满个性和趣味性的微课，在制作这类微课时，教师应该先选择一款简单易上手的制作工具。总的来说，很多动画、视频制作工具都能用于制作互动电影式微课，当然，教师也可以选择专业的创新互动微课制作工具进行制作，这类工具往往内置了很多素材，以方便教师选择和使用。

优芽互动电影是一款在线动画制作工具，其内置了丰富的人物素材、场景素材、道具、音效等，支持对白文字智能化合成角色配音、剧本内容智能化合成动画影片功能，并且其创作流程也十分简单。同时，优芽互动电影中还提供了创新互动试题功能，涵盖多种题型，可以设置趣味答题游戏，实现人机交互，便于教师根据教学需求快速制作微课视频。

6.3.2 手绘式微课的制作方法

使用优芽互动电影制作互动电影式微课的方法比较简单，在优芽互动电影的官方网站中完成注册后，在首页单击制作电影按钮，进入互动电影制作页面。在该页面中，教师可以选择所需的影片风格，如图6-40所示。然后进入新建影片页面，在该页面中，教师可根据实际需求选择“空白创建”“由模块创建”“由剧本创建”“由PPT创建”4种创建方式，如图6-41所示。“空白创建”即从零开始制作互动电影式微课；“由模块创建”表示根据片头、知识由来、知识讲解、知识巩固等模块创建影片；“由剧本创建”需要教师事先准备好影片场景、角色、对话内容等剧本内容，再将剧本导入，优芽互动电影即可根据剧本自动生成影片；“由PPT创建”需要导入PPT课件，再在PPT课件中添加角色、道具、动作等，从而生成影片。

图6-40 选择影片风格

图6-41　选择影片的创建方式

选择创建方式后，将进入影片编辑页面，在其中可添加场景、角色、道具等，并设置影片的互动效果等，如图6-42所示。制作完成后，对影片进行预览和发布。需注意，优芽互动电影中的很多角色、场景、模板等需要支付一定的费用才可以使用，教师可以根据自己的微课制作需求选择。

图6-42　影片编辑页面

6.4 课堂案例：制作“细菌与真菌”交互课件

微生物是自然界的重要成员，细菌与真菌作为最常见的微生物，一直对人类生活产生重大影响。教师在介绍细菌与真菌的利弊时，可以结合人类在生活中对细菌与真菌的利用，制作具有趣味性和交互性的微课，加强学生对细菌与真菌的认知，同时更好地吸收和巩固该知识。

6.4.1 案例目标

“细菌与真菌”交互课件的主要教学目标是通过介绍人类对细菌与真菌的利用，帮助学生深入了解和掌握细菌与真菌的相关知识。为了提高学生的学习主动性，达到边学习，边练习的目的，本例将在交互课件中适当插入练习题，同时对重点知识进行总结和应用，该交互课件的效果如图6-43所示。

图6-43　交互课件的效果

素材所在位置　素材文件\第6章\背景图片\
效果所在位置　效果文件\第6章\细菌与真菌.story

微课视频

6.4.2 制作思路

本案例的制作可分为课件内容的制作和课件交互效果的设计两个步骤，具体制作思路如图6-44所示。

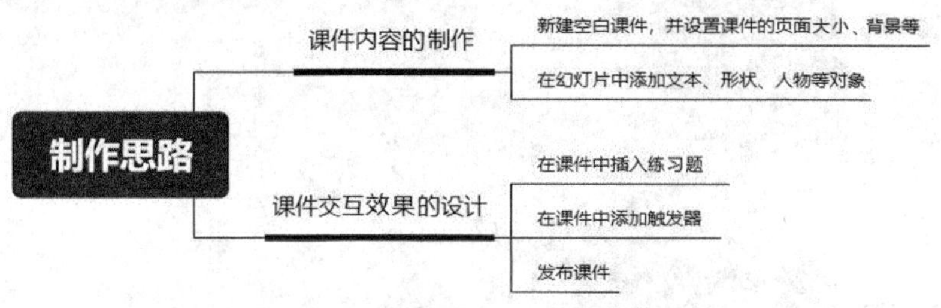

图6-44　制作思路

6.4.3 操作步骤

1. 课件内容的制作

下面使用Articulate Storyline设计和制作交互课件，新建幻灯片并设置幻灯片背景，然后根据教学内容在幻灯片中添加文本、人物等，具体操作如下。

STEP 1 启动Articulate Storyline 3，在Articulate Storyline主界面的左侧选择“新建项目”选项，新建一个空白课件。在“设计”选项卡的“设置”组中单击“文章大小”按钮，打开“更改文章大小”对话框，在“文章大小”下拉列表中选择“720×405（16:9）”选项，单击确定按钮，如图6-45所示，新建一个宽屏课件。

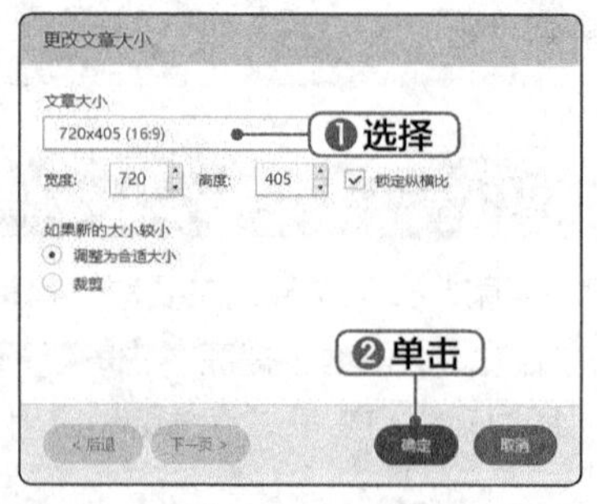

图6-45　设置文章大小

STEP 2 在文章视图中双击第 1 张幻灯片，进入编辑视图。在“插入”选项卡的“媒体”组中单击“图片”按钮，打开“插入图片”对话框，在其中双击“背景”图片，将其插入课件中，然后调整图片的大小和位置，效果如图 6-46 所示。

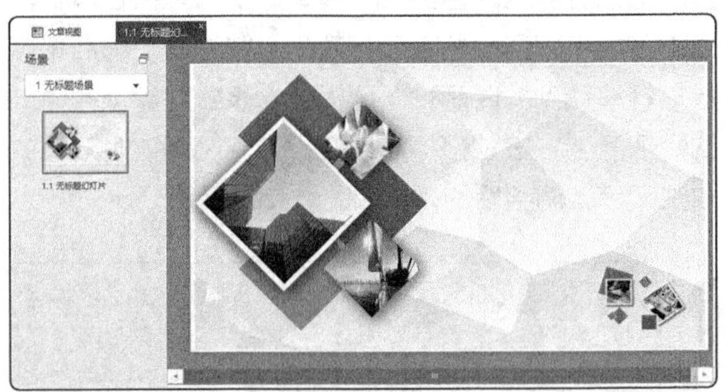

图6-46 设置课件背景

STEP 3 在“插入”选项卡的“文本”组中单击“文本框”按钮，在课件编辑区中绘制一个文本框，在其中输入“细菌与真菌”文本，在“开始”选项卡的“字体”组中设置文本的字体格式。绘制一个文本框，在其中输入“人类对细菌与真菌的利用”文本，设置文本的字体格式，并调整文本框的位置，效果如图 6-47 所示。

图6-47 添加并编辑文本1

STEP 4 在“开始”选项卡的“幻灯片”组中单击“新建幻灯片”按钮，在打开的下拉列表中选择“基本布局”/“空白”选项，新建一张空白幻灯片。在其中插入“背景 1”图片，将其作为课件背景，在课件中输入文本并设置文本的字体格式，效果如图 6-48 所示。

图6-48 添加背景图片和文本

STEP 5 在“插入”选项卡的“媒体”组中单击“形状”按钮，在打开的下拉列表中分别选择“矩形”“三角形”“加号”等选项，绘制对应形状并设置它们的填充颜色、轮廓样式、位置和大小等。然后在矩形中输入文本，设置文本的字体格式，效果如图 6-49 所示。

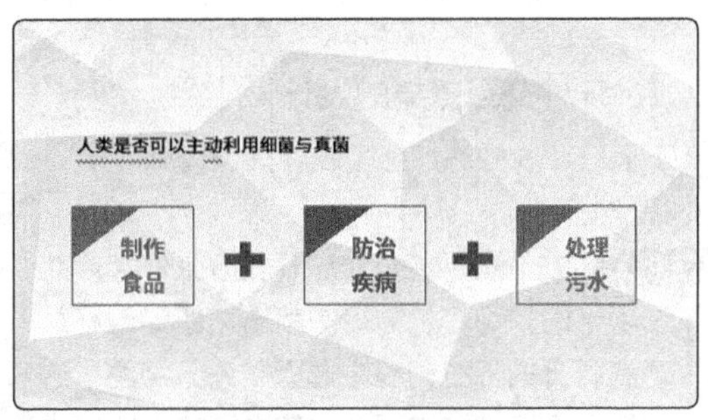

图6-49 添加并编辑文本2

STEP 6 在左侧的“场景”窗格中选择第 2 张幻灯片，在其上单击鼠标右键，在弹出的快捷菜单中选择“复制”命令。单击“场景”窗格中第 2 张幻灯片下方的空白区域，单击鼠标右键，在弹出的快捷菜单中选择“粘贴”命令，对第 2 张幻灯片进行复制。然后在复制的幻灯片中输入文本、添加形状，效果如图 6-50 所示。

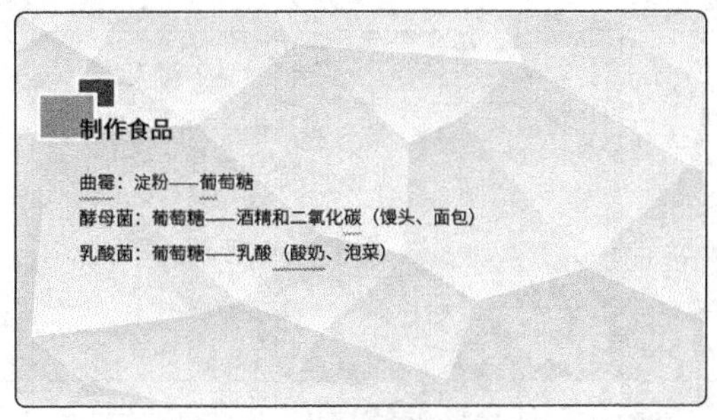

图6-50 添加形状和文本

STEP 7 在“插入”选项卡的“媒体”组中单击“人物”按钮，打开“人物”对话框，单击“姿势”选项卡，在下方的列表框中选择“指示 1”选项，在右侧选择“左侧”选项，单击插入按钮，如图 6-51 所示，插入一个向左侧身的指示人物。

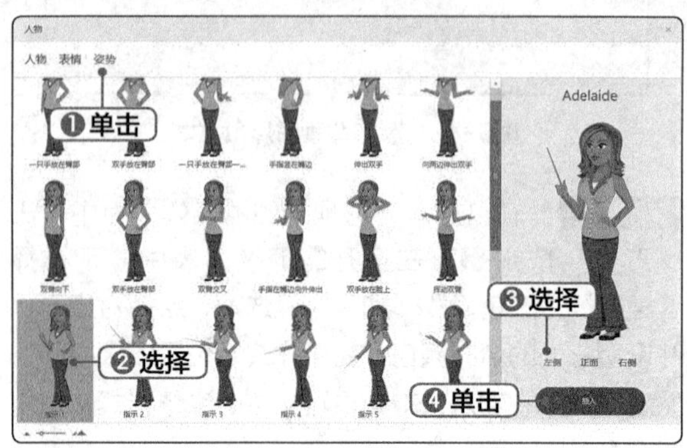

图6-51 插入人物

STEP 8 调整指示人物的大小和位置，并按照上述方法新建两张幻灯片，在这两张幻灯片中输入文本并设置文本的字体格式。然后选择第 2 张幻灯片，在下方的“时间轴”面板中查看该幻灯片中对象的放映顺序，这里将鼠标指针移动到各对象右侧的时间线上，当鼠标指针变为黑色的十字箭头形状时，按住鼠标左键向右拖曳，延长整张幻灯片的放映时间。最后将鼠标指针移动到“时间轴”面板中代表各对象放映时长的矩形条上，按住鼠标左键进行拖曳，调整各对象的放映顺序，调整后的效果如图 6-52 所示。

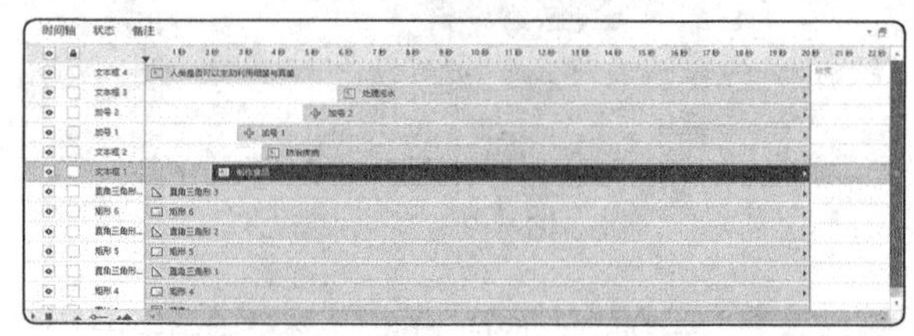

图6-52 调整幻灯片中各对象的放映顺序

2. 课件交互效果的设计

下面在课件中添加练习题，并设置练习题的相关参数，同时为课件目录添加交互跳转功能，最后发布课件，具体操作如下。

STEP 1 在“场景”窗格中选择第 5 张幻灯片，在“开始”选项卡的“幻灯片”组中单击“新建幻灯片”按钮，在打开的下拉列表中选择“评分问题”选项；打开“插入幻灯片”对话框，在中间的列表框中选择“单选题”选项，在右下角单击插入幻灯片按钮，新建一张具有单选题交互功能的幻灯片。

STEP 2 进入单选题的表单视图，在界面中输入题目和对应的选项，以及问题反馈，并选择正确答案，如图 6-53 所示。题目设置完成后，在右侧的“问题”窗格中单击“幻灯片视图”选项卡，进入幻灯片视图，在其中编辑题目幻灯片的背景，以及题目的字体、字号、位置等。

图6-53 设置单选题的题目、选项和问题反馈

STEP 3 在左侧的“场景”窗格中选择添加了单选题的幻灯片，在“问题工具”选项卡的“显示”组中单击“无序”下拉列表右侧的下拉按钮，在打开的下拉列表中选择“无”选项，使该单选题的选项按照前面输入的顺序排列。

STEP 4 单击操作界面左侧的“文章视图”选项卡，进入文章视图，在该视图中选择单选题幻灯片，在“幻灯片属性”窗格的“当重新访问时”下拉列表中选择“重置为初始状态”选项，如图 6-54 所示。

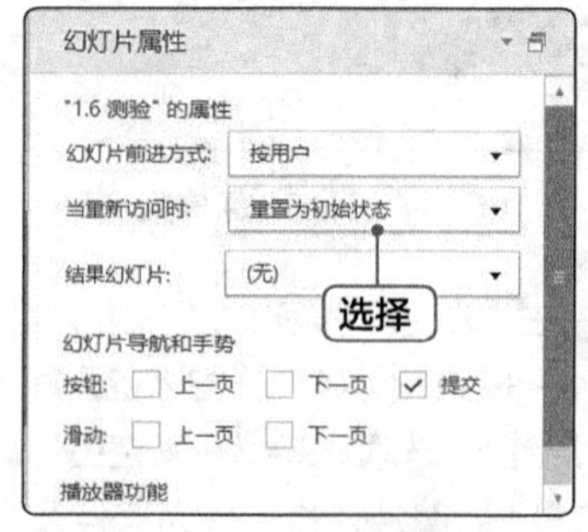

图6-54 重置单选题的状态

STEP 5 在“场景”窗格中选择第 2 张幻灯片，在幻灯片中选择“制作食品”文本框，在右侧的“触发器”窗格中单击“新建触发器”按钮，打开“触发器向导”对话框，在“操作”下拉列表中选择“跳转到幻灯片”选项，在“幻灯片”下拉列表中选择“1.3

制作食品”选项，在“时间”下拉列表中选择“用户单击”选项，在“对象”下拉列表中选择“文本框 1”选项，设置完成后单击确定按钮，如图 6-55 所示。

STEP 6 按照上述方法，依次为其他两个文本框添加触发器效果。设置完成后，在“开始”选项卡的“发布”组中单击“发布”按钮，打开“发布”对话框，在其中设置课件的发布名称为“细菌与真菌”，然后单击确定按钮，完成课件的发布。

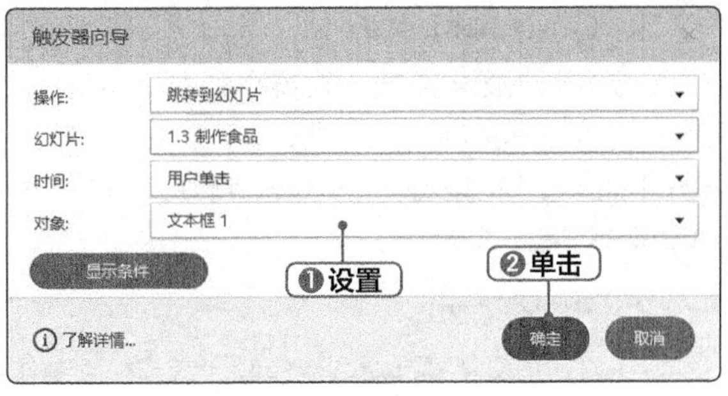

图6-55 创建触发器

6.5 强化实训：制作“绘制自行车”手绘式微课

美术作为一门操作性较强的综合素质类课程，对培养学生的审美能力，提升学生的审美意识具有十分重要的作用。在美术课程的教学中，教师往往需要对教学内容进行直观的操作演示。采用手绘式微课的形式来展示绘制类的课程内容，可以让教学地点不再局限于教室，同时还可以让教学内容更加生动、直观，具有趣味性。本实训将制作“绘制自行车”手绘式微课，通过手绘式微课介绍绘制简笔自行车的方法。

效果所在位置 效果文件\第6章\绘制自行车.ac、绘制自行车.mp4

微课视频

【制作效果与思路】

本实训需要通过绘制形状、设置动作、添加背景音乐等操作制作手绘式微课，具体思路如下。

（1）启动万彩手影大师，新建一个空白课件，然后删除课件中的默认背景，并设置背景颜色。

（2）在课件中选择并绘制线条、圆形等形状，并设置形状的样式。

（3）为每一个形状应用动作，并调整它们的播放时长。

（4）为微课添加一首轻快的背景音乐，并对背景音乐进行简单的剪辑，最后发布微课视频，效果如图6-56所示。

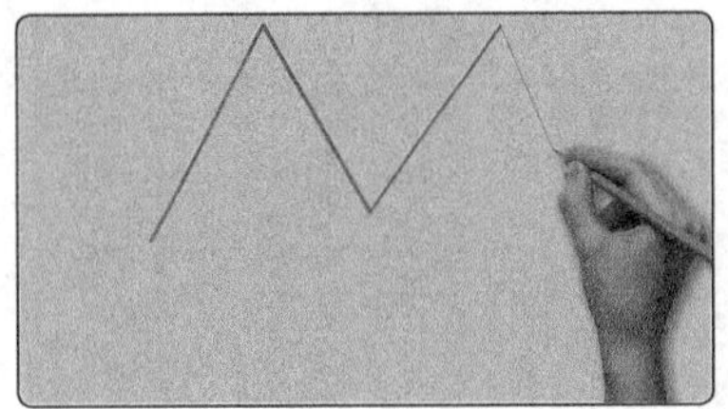

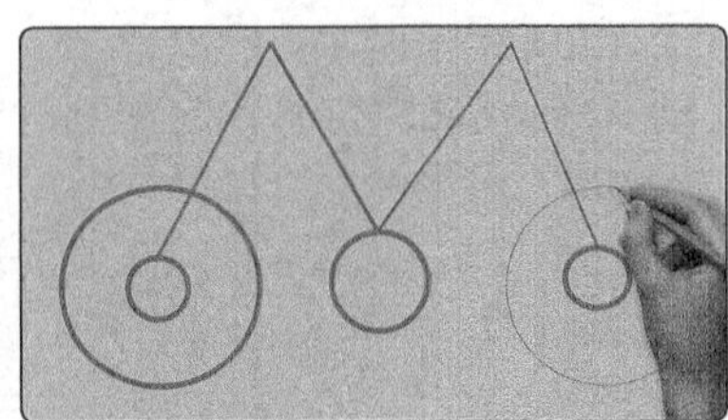

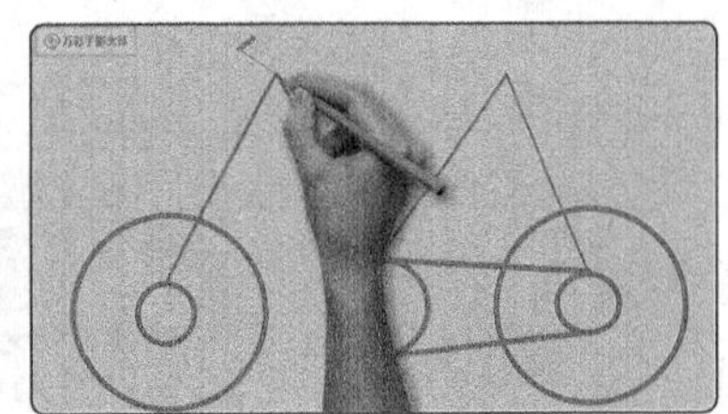

图6-56 “绘制自行车”手绘式微课的效果

6.6 知识拓展

对教师而言，在制作微课时必须快速、高效，这样微课才具有较大的实用价值。要做到这一点，教师需要选择合适的微课制作工具。本章前面已经介绍了一部分常用的微课制作工具，下面继续介绍两款操作较简单的微课制作工具，帮助教师快速完成微课的制作。

1. CourseMaker

CourseMaker是一款操作简单、功能强大的微课制作软件，具备十分丰富的微课制作功能。CourseMaker可以制作PPT式、录屏式、可汗学院（手写）式、摄录式、交互式等多种类型的微课，还可以在微课中插入适当的客观题、主观题等题目，同时支持用户将微课视频发布到部分社交平台，让学生可以通过移动设备进行交互式学习与分享。

2. PowToon

PowToon是主要针对非专业设计者或视频制作者的动画编辑软件，其操作界面与PowerPoint非常类似，操作比较简单。PowToon提供了动画影像功能，教师可以在每一张幻灯片下方调整各对象在“时间轴”面板中的表现形式制作出具有动感的微课视频。同时，PowToon还预设了十分丰富的模板，教师可根据教学内容对模板中的信息进行修改和调整，快速完成微课视频的制作。

6.7 课后练习

本章主要介绍了创新型微课的制作方法。掌握了这些方法，教师可以设计和制作出样式更加丰富、更符合教学需求的微课视频。下面通过两个练习进一步对本章所学的相关知识进行巩固。

练习 1 制作手绘式微课

本练习将使用万彩手影大师制作一个“计算平行四边形的面积”手绘式微课，该微课中应包含背景、人物、图形、文本、声音等元素，且需为各元素添加动作（如果需要呈现绘制平行四边形、绘制辅助线等动画效果，则可先绘制直线等形状，然后为形状设置手绘动作），制作完成后，将微课视频保存为MP4格式。

练习 2 制作互动电影式微课

本练习将在Articulate Storyline中导入视频文件（可使用前面章节制作的视频），然后对视频文件进行剪辑，并插入测试题，制作完成后，发布微课视频。

第4部分

第7章

翻转课堂教学

/ 本章导读

随着多媒体技术的广泛应用和数字传媒的飞速发展，数码影像的应用已不再局限于专业的影视领域，教师可以通过拍摄、制作数码影像来传播教学信息，并开展线上和线下教学活动。翻转课堂在这一背景下开始被大量应用。

/ 技能目标

了解翻转课堂。

掌握问卷星的应用方法。

掌握 H5 的应用方法。

/ 案例展示

7.1 翻转课堂教学基础

翻转课堂是一种能让学生发挥主体作用的新型信息化教学模式。在翻转课堂这种教学模式中，教师的身份从“讲师”转为“教练”，从知识的传授者转变为学习的辅导者，学生的自主学习能力，以及对知识的吸收和应用能力都可以得到很大的提升。

7.1.1 什么是翻转课堂

翻转课堂实际上就是对传统课堂教学模式的一种“颠倒”。在传统教学模式下，学生在课上学习知识，在课后应用和巩固知识；而在翻转课堂中，学生可以在课后学习知识，在课上讨论、应用知识。也就是说，在翻转课堂中，教师不再花费大量的时间讲解知识，而是采取个别辅导与问题讨论的形式，将教学重点放在帮助学生巩固知识、提高应用能力等方面。

翻转课堂本质是对传统教学模式和教学观念的一种改变。在翻转课堂中，学生可以通过在线自主学习的方式实现记忆知识、理解知识的浅层学习目标。接着，教师再利用面对面合作学习、直接教学等方式设计学习任务。在这个环节中，学生可以对知识进行进一步的巩固、强化、分析和应用，从而达成高级教学目标。如果在面对面教学环节中无法完全完成教学任务，则教师也可以继续在课后设计综合应用任务、创造性应用任务等，让学生经历完整的知识迁移（一种学习对另一种学习的影响）过程。图7-1所示为翻转课堂的主要教学结构。

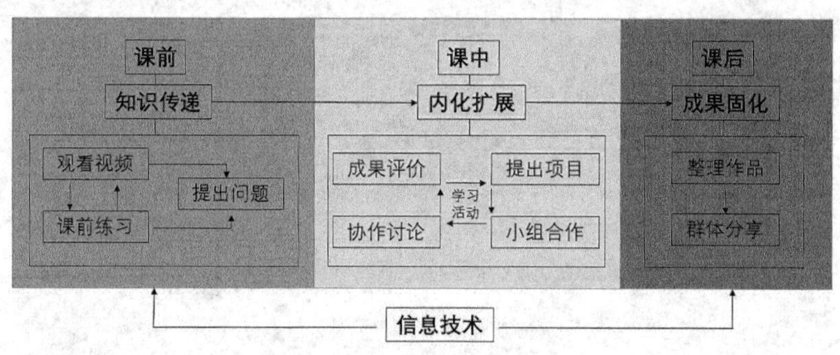

图7-1　翻转课堂的主要教学结构

7.1.2 翻转课堂教学的流程与实施

翻转课堂是基于信息技术的应用而实施的一种教学模式。在课前的学生自主学习环节中，教师需要向学生提供微课视频等教学资源，便于学生进行自主学习。课中的巩固学习环节是翻转课堂的主要教学阶段，在这个阶段中，教师可以通过巩固、运用、拓展、总结等流程实现面对面教学。根据布鲁姆教学目标理论可知，巩固即实现知识的理解，运用即实现知识的应用、分析和评价，拓展即实现知识的拓展和创新，总结即实现知识的理解、分析和评价。在每一个流程和环节中，教师都应该开展相应的教学活动，以达成教学目标。

1. 巩固阶段

巩固阶段是翻转教学模式中课堂活动开始的阶段。在这个阶段，教师需要对学生课前自主学习的情况进行了解。总的来说，教师主要可以通过即时测验、讲述、问答、接龙、思维导图等对学生的学习情况进行检验。

- **即时测验：**即时测验即教师提前设置好实时测验等问卷，要求学生填写，通过学生填写的内容了解学生对知识的掌握程度。
- **讲述：**讲述即让学生用1~3分钟时间讲述自己学习的知识，从而了解学生的学习情况，还可以锻炼学生的总结能力和表达能力。

- **问答：**问答即让学生对所学知识进行提问，并让其他学生回答问题，通过学生之间的问答，了解学生对知识的掌握程度，教师则可以对关键知识点进行补充和说明。
- **接龙：**对于流程性、系统性的知识，可以让学生依次回答，从而了解学生对知识的掌握情况。
- **思维导图：**思维导图即让学生通过绘制思维导图的方式对自己所学的知识进行归纳和分析，教师可以通过思维导图了解学生的学习情况，学生也可以在绘制思维导图的过程中对知识进行系统性的回顾。

2. 运用阶段

运用阶段是对知识进行应用和巩固的阶段，这个阶段的教学活动以学生为主，学生可以在教学活动中主动构建自己的知识框架和知识体系，实现对知识的吸收、应用、分析和评价。在这个阶段，教师可以合理运用分享、出题、分队、小组活动、寓教于乐等辅助教学。

- **分享：**分享即让学生对知识进行整合和分享，例如，A学生向B学生整合分享知识，B学生可以向其他学生甚至全班同学整合分享知识。
- **出题：**出题即让学生自主出题，由其他学生抢答并判断答案的对错；在这种模式下，学生要想出题，必须先理解知识，而其他学生在回答的过程中，也可以进一步吸收和应用知识。
- **分队：**分队即让学生根据自己对知识的看法和观点组成不同的战队，同时分析自己战队对知识的看法和观点，以说服其他的战队，被说服的战队也可分享自己被说服的原因。
- **小组活动：**小组活动即将多名学生组成一个小组，小组成员分别针对知识或问题写出自己的看法和答案，最后汇总所有成员的看法和答案，形成小组的汇报材料，再由一名组员分享。
- **寓教于乐：**寓教于乐即学生可以将自己所学的知识制作成歌曲、顺口溜、微电影等，将知识融入情境，让学生在轻松、愉悦的氛围中掌握知识。

3. 拓展阶段

拓展阶段的教学目标是实现知识的拓展与创新，如学科前言知识介绍、行业岗位应用案例等。在这个阶段，教师可以合理运用分享、采访、合作等辅助教学。

- **分享：**这里的分享是指学生可以利用3~5分钟的时间，采用视频、PPT等多种形式对自己学习、了解的拓展知识或相关的想法等进行分享。
- **采访：**采访即让学生分组采访相关行业、领域的专业人士，将专业人士的观点、看法、专业知识或关注的问题总结并分享，在采访的过程中，学生的沟通交流、整理和总结问题等能力也会得到有效提升。
- **合作：**合作即当学生在面对一些应用课题时，可以邀请高年级的学生参与，以高年级学生为榜样，对学生的学习进行有效激励。

4. 总结阶段

翻转课堂作为一种混合型教学模式，运用各种媒体将课堂学习与在线学习有机整合。在这种模式下，教师虽然担任辅导、指导的角色，但仍需要对学习内容进行总结，以复习的形式将知识串起来，从而加深学生对知识的印象。在这个阶段，教师可以合理运用直接总结、问答、测试与投票等辅助教学。

- **直接总结：**直接总结即教师直接对知识的框架、结构等进行梳理和总结，帮助学生加深对课程内容的印象。
- **问答：**问答即教师针对重要知识提出问题，让学生在回答问题的过程中对知识进行回顾。
- **测试与投票：**测试与投票即教师通过测试题目帮助学生回顾所学知识，根据投票情况了解学生的学习情况，从而有针对性地展开后续的教学活动。

7.2 问卷星的应用

在翻转教学模式下，教师要想了解学生的学习情况、顺利开展各个教学阶段的教学活动，可以使用一些信息技术工具。问卷星作为一个专业的在线问卷调查、考试、测评、投票平台，在翻转课堂的教学活动中具有较大的应用价值。

7.2.1 问卷星在翻转课堂中的作用

问卷星是长沙冉星信息科技有限公司旗下的一个专业在线问卷调查、考试、测评、投票平台，旨在为各行各业的人士提供人性化的在线设计问卷、采集数据、自定义报表、调查结果分析等一系列服务。问卷星主要具备在线调查、在线考试、360度评估、报名表单、在线测评、在线投票等六大功能，其中，在线调查、在线投票、报名表单、在线考试等功能在教育领域的应用十分普遍。

在翻转课堂的教学流程中，不管是巩固类、运用类的教学活动，还是拓展类、总结类的教学活动，教师都可以通过问卷星的问卷调查系统和在线考试系统实时了解学生的学习情况，并进行课堂测验等。图7-2所示为问卷星的在线考试系统页面，教师通过问卷星的在线考试功能可以设定考试场景、发布试卷，还可以对考试成绩进行排名，对试卷进行分享等。

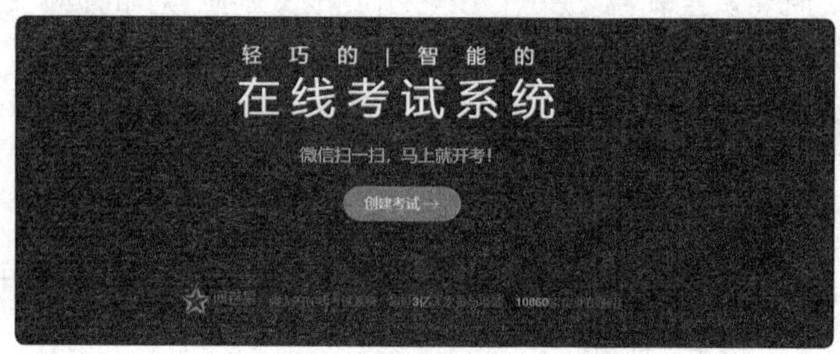

图7-2　问卷星的在线考试系统页面

第4部分

7.2.2 制作并发布学习调查问卷

微课视频

当教师想要深入了解学生的学生情况、学生对重难点知识的理解和吸收程度及学生对知识的疑问时，都可以使用问卷星制作学习调查问卷，具体操作如下。

STEP 1 打开问卷星官方网站，注册并登录个人账号，然后在网站首页单击免费使用按钮，如图 7-3 所示。

图7-3　进入网站首页

STEP 2 进入问卷星个人后台页面，在其中单击＋创建问卷按钮，如图 7-4 所示。

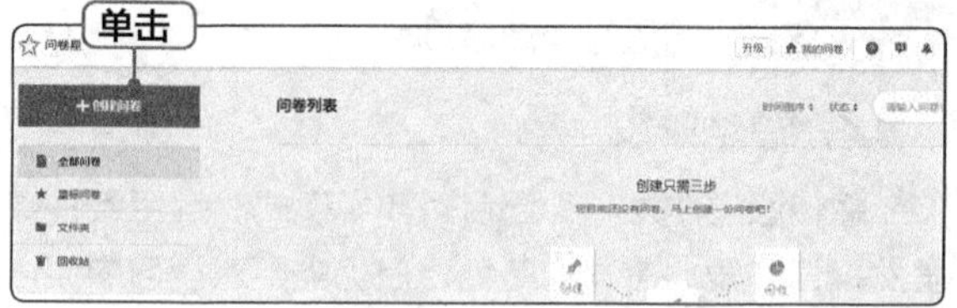

图7-4　创建问卷

STEP 3 打开“通用应用”页面，将鼠标指针移动到“调查”选项上，单击“创建”超链接（见图 7-5），打开“创建调查问卷”面板，在其中的文本框中输入问卷名称，并根据实际需要选择“从模板创建问卷”“文本导入”“人工录入服务”等创建方式，也可单击立即创建按钮，直接创建问卷。

图7-5　选择创建方式

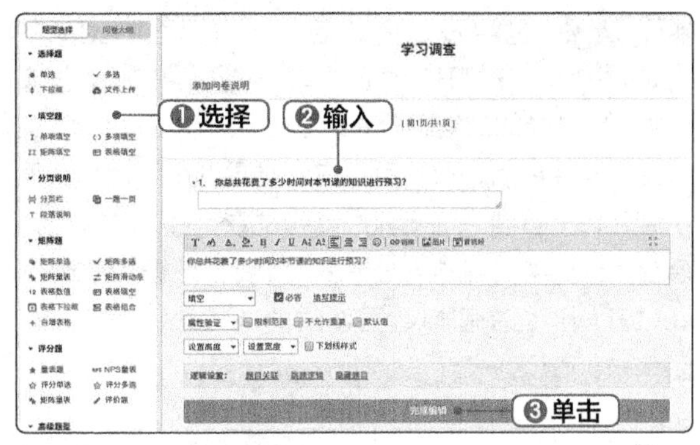

图7-6　设置问卷题目

STEP 4　在打开的页面左侧选择题型，再在页面中间输入题目信息，图 7-6 所示为选择填空题并输入题目信息的示例，输入完成后单击完成编辑按钮，完成题目的设置，并继续设置下一题。

STEP 5　完成所有题目的设置后，单击页面右上角的✓完成编辑按钮，完成学习调查问卷的制作。在打开的页面中单击发布此问卷按钮，可发布问卷，如图 7-7 所示。教师可以将问卷发布后生成的二维码或网页链接分享给学生，让学生填写问卷，从而调查学生的学习情况。

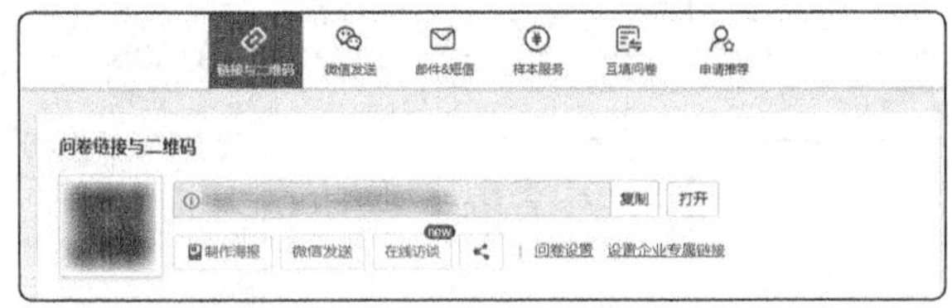

图7-7　发布问卷

7.2.3　制作并发布课堂测验试卷

微课视频

当教师想通过测验了解学生对知识的掌握情况时，可以使用问卷星创建课堂测验试卷，具体操作如下。

STEP 1　在问卷星官方网站的首页单击在线考试系统介绍按钮，进入问卷星在线考试系统页面，单击创建考试→按钮，打开"创建考试问卷"面板，在其中输入试卷名称，单击立即创建按钮，如图 7-8 所示。

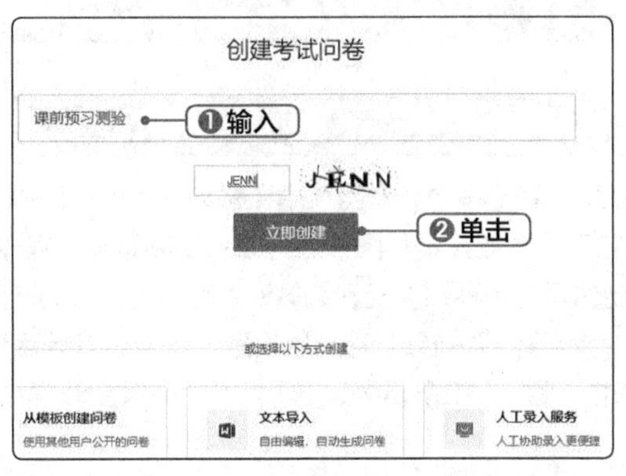

图7-8　"创建考试问卷"面板

STEP 2　在打开的页面左侧选择题型，在页面中间输入题目信息，并设置题目的分值和正确答案，如图 7-9 所示，设置完成后单击完成编辑按钮。按照该方法，依次完成其他题目的添加。注意，在设置试卷时，为了了解每位学生的测验情况，可以在页面左侧的"考生信息"栏中添加姓名等选项，以便区分不同学生。

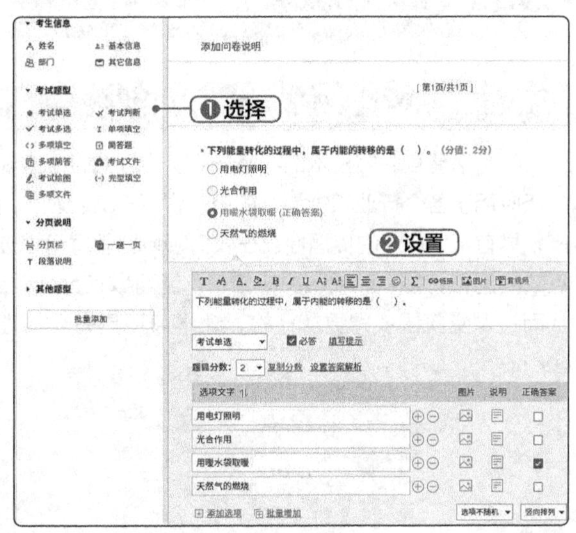

图7-9　设置考题

STEP 3 题目设置完成后，单击页面右上角的✓完成编辑按钮，在打开的页面中单击发布此问卷按钮，发布试卷。将试卷的二维码分享给学生，对学生进行测验。学生作答完成后，教师可以在问卷星的个人后台页面中查看每一位学生的测验成绩和试卷。在问卷星个人后台页面的考试问卷下方单击“成绩＆数据”超链接，在打开的页面中可以看见学生的成绩统计信息，如图 7-10 所示。

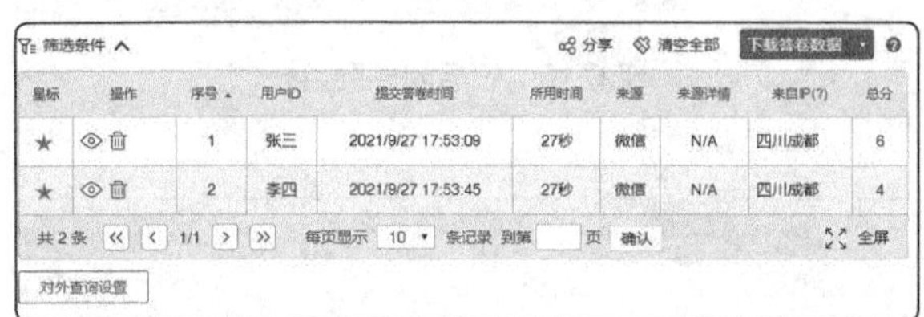

图7-10 查看成绩统计信息

STEP 4 在“操作栏”下方单击“查看详情”按钮，可以查看每一位学生的试卷详情，如图 7-11 所示。

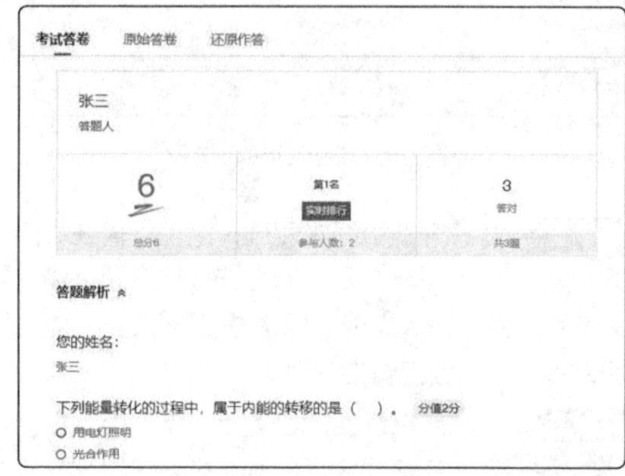

图7-11 查看每一位学生的试卷详情

技巧讲解

考试问卷的其他用法

在翻转课堂的实际应用中，教师可能需要快速了解所有学生对知识的掌握情况，此时可以创建调查问卷快速了解学生所选答案的整体统计情况，即有多少学生选择了正确选项，有多少学生选择了错误选项，学生都选择了哪些错误选项等。

7.3 H5 移动应用

与问卷星一样，H5在翻转课堂中也具有较大的应用价值，教师可以通过H5调查学生的学习情况、发布课堂测验试卷，也可以通过H5对教学内容进行总结和分享，便于学生在课后继续学习。

7.3.1 H5 在翻转课堂中的使用案例

随着移动互联网技术的不断发展，以及移动设备的不断普及，基于移动互联网技术和移动设备的H5开始被广泛应用于各个行业和领域。简单来讲，H5就是一个网页，它可以放置文本、图片、音频和视频等多种媒体元素，具有十分广泛的传播性。在教育领域，教师可以通过H5制作具有多种媒体元素的微课；可以通过H5设计交互式的问答，并及时收集反馈信息；还可以在翻转课堂的各个教学环节中通过H5开展投票、课堂游戏等活动，从而让课堂氛围变得更加轻松，让学习更具有互动性和娱乐性。图7-12所示为H5教学课件在课堂教学中的应用。

图7-12　H5在课堂教学中的应用

7.3.2　制作 H5 教学课件

教师可通过H5独立完成视频、音频、图形的制作。H5具有可操作性强、互动性强、展现方式多样化的优势。H5的制作比较简单，很多H5制作平台都提供了十分丰富的H5模板，教师对H5模板进行修改，可快速完成H5教学课件的制作。下面以易企秀为例制作一个H5教学课件，制作时，先选择模板并设计H5课件的封面，然后在H5课件中添加“投票”组件，具体操作如下。

微课视频

STEP 1 进入易企秀的首页，注册并登录账号，然后在首页选择一个合适的 H5 模板。这里在首页的搜索框中输入“古风”文本，再进行搜索，在搜索结果中选择一个合适的模板，如图 7-13 所示。

图7-13　选择模板

STEP 2 进入模板应用页面，在其中单击 免费制作 按钮，进入模板编辑页面，如图 7-14 所示。

图7-14　应用模板

STEP 3 模板编辑页面左侧的面板主要用于显示 H5 页面，在左侧面板中选择第 1 个页面，在中间的编辑区中删除该页面中的文本框。在页面上方单击“文本”按钮T，在页面编辑区中添加一个文本框，在文本框中输入文本，在打开的“组件设置”面板中设置文本的格式，如图 7-15 所示。

STEP 4 按照上述方法，在第 1 个页面中输入其他文本。然后在左侧面板中选择第 2 个页面，删除该页面中的文本框。在页面上方单击“图片”按钮，打开“图片库”面板，在其中选择需要应用到 H5 页面中的图片，如图 7-16 所示。

图7-15　添加文本

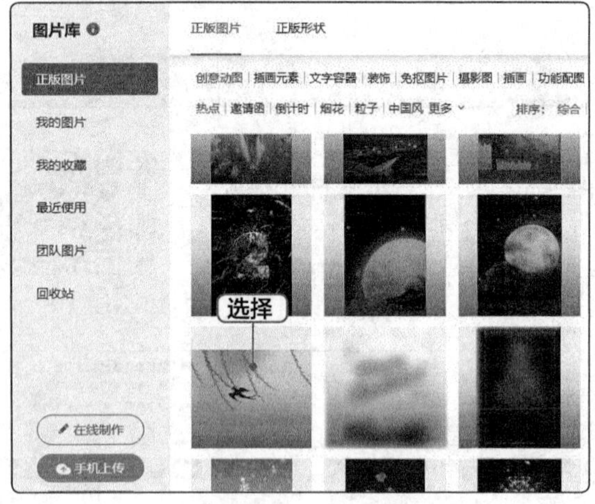

图7-16　添加图片

STEP 5　将图片插入 H5 页面后，调整图片的大小和位置，也可在“组件设置”面板中设置图片的透明度、边框、阴影等。在页面上方单击“组件”按钮，在打开的面板中选择“活动”/“投票”选项，如图 7-17 所示。

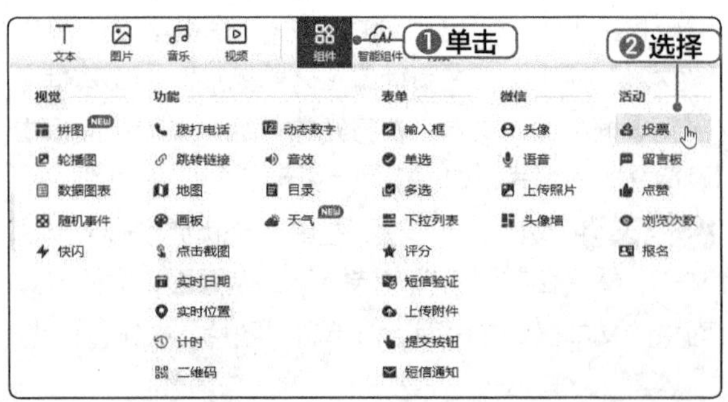

图7-17　添加“投票”组件

STEP 6　在打开的“组件设置”面板中选择投票类型，这里选择“文字投票”选项，并输入图 7-18 所示的投票内容，然后设置投票按钮的颜色。

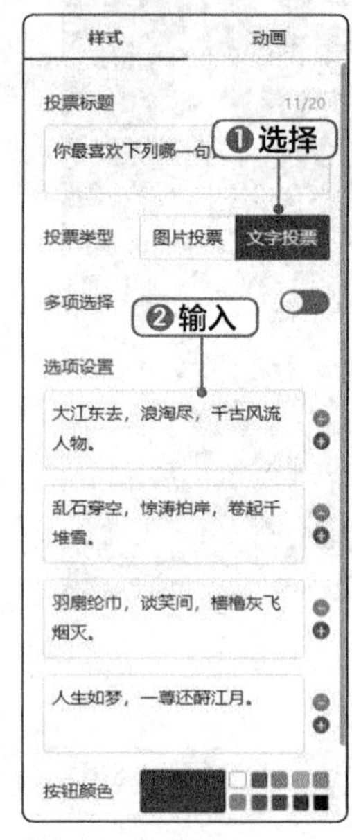

图7-18　设置投票内容

STEP 7　在左侧面板中选择第 3 个页面，在其中添加图片和文本，并设置图片和文本的格式。然后在页面上方单击“组件”按钮，在打开的面板中选择“语音”选项，在课件中添加“语音”组件，效果如图 7-19 所示。

图7-19　添加“语音”组件

STEP 8 在左侧面板中选择第 4 个页面，在其中添加文本并设置文本的格式，然后添加“输入框”组件，双击添加的输入框，在打开的“组件设置”对话框中设置“输入类型”为“文本”，单击“背景颜色”右侧的色块，将输入框的背景颜色设置为透明色，效果如图 7-20 所示。

STEP 9 设置完成后，单击页面右上角的发布按钮，即可发布 H5。

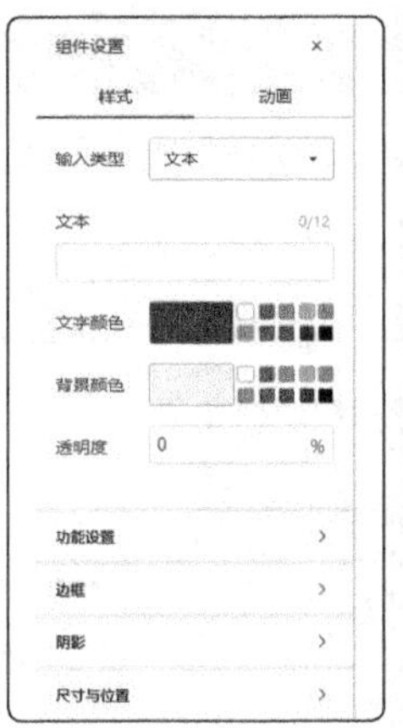

图7-20 添加和设置“输入框”组件

7.4 课堂案例：制作“水分子的组成”互动游戏课件

寓教于乐是现在教育领域比较倡导的一种教学模式，在教学活动中适时开展一些兼具教育性和娱乐性的活动，可以充分调动学生的学习积极性，让学生在轻松的学习氛围中快速、高效地记忆、吸收和理解知识。因此，教师在制作教学课件时，也可以根据教学需要制作互动游戏类课件，让知识的传递更具有趣味性和互动性。

7.4.1 案例目标

“水分子的组成”互动游戏课件的教学目的是让学生在游戏中认识和分辨水分子的组成元素，加强对水分子化学式的记忆。为了达到这一目的，本案例将制作H5类互动游戏课件，如果学生在游戏中撞到了“H”“O”等，则答案正确，并计分，撞到了“S”“C”等，则答案错误，游戏失败。该互动游戏课件的效果如图7-21所示。

素材所在位置 素材文件\第7章\互动游戏课件素材\

微课视频

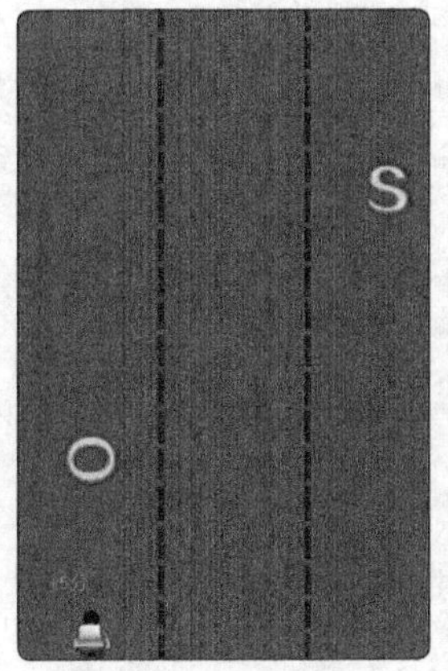

图7-21 “水分子的组成”互动游戏课件的效果

7.4.2 制作思路

本案例可从模板的创建、互动课件的发布两个方面来制作，具体制作思路如图7-22所示。

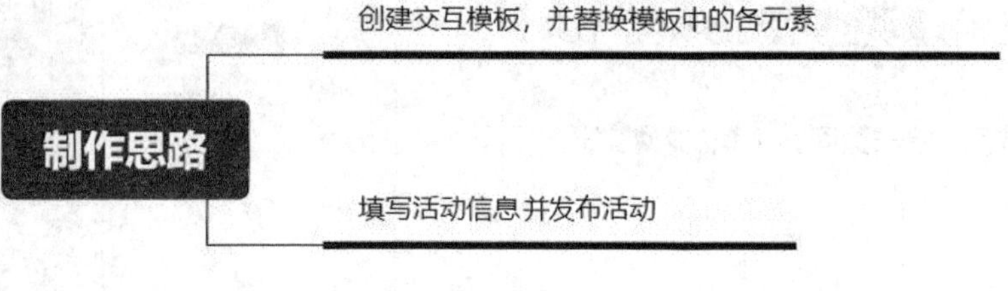

图7-22 制作思路

7.4.3 操作步骤

下面先选择一个交互游戏模板，然后将模板中的图片替换为“H”“O”“S”“C”等图片，最后修改活动说明，并发布交互游戏课件，具体操作如下。

STEP 1 在易企秀首页单击“空白创建“按钮，打开“创建作品”面板，在“互动”选项中单击模板创建按钮，如图7-23所示。

图7-23 单击“模板创建”按钮

STEP 2 进入互动页面，在该页面中选择一个合适的互动模板，如图7-24所示。然后在打开的模板应用页面中单击免费制作按钮。

STEP 3 进入互动模板编辑页面，在左侧的面板中依次替换模板中的各元素，此处单击“互动首页”选项卡，单击“标题”栏中的替换按钮，如图7-25所示。

图7-24 选择模板

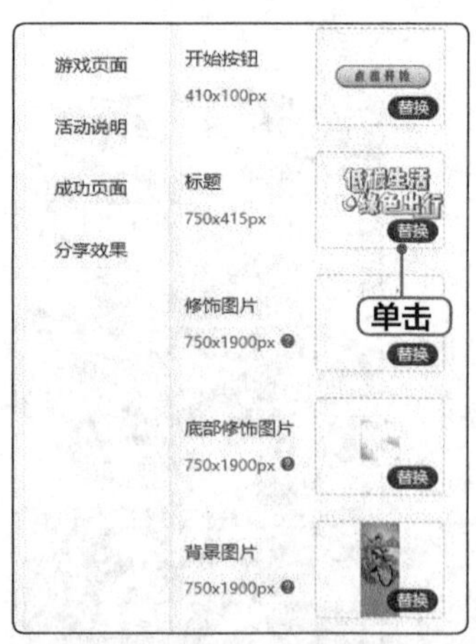

图7-25 选择要替换的元素

STEP 4 打开“图片库”面板，在其中单击[本地上传]按钮，在打开的对话框中选择替换图片，这里选择素材文件夹中的“文字 .png”图片，返回“图片库”面板，可看到“文字 .png”图片已被添加到“图片库”面板中。双击该图片，打开“图片裁切”对话框，在其中对图片进行裁剪，再单击[确定]按钮，如图 7-26 所示，完成图片的替换。

图7-26 裁剪图片

STEP 5 在左侧的面板中单击“游戏页面”选项卡，在其中依次将障碍物图片替换为“S”“C”，将加分物替换为“H”“O”，表示在游戏中撞到障碍物“S”“C”不加分，撞到“H”“O”则加分，替换后的页面效果如图 7-27 所示。

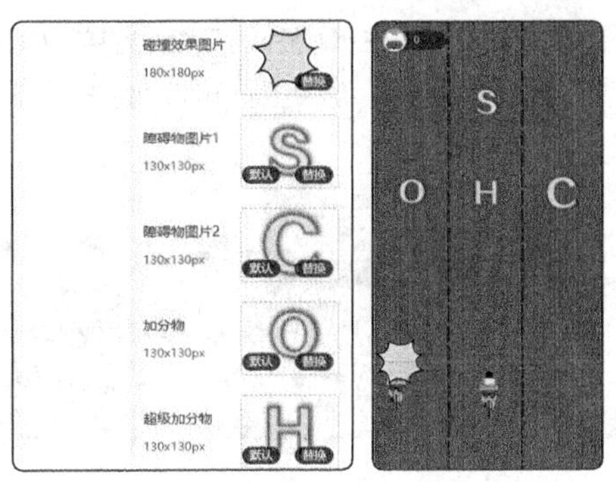

图7-27 替换游戏页面中的图片

STEP 6 在左侧的面板中单击“活动说明”选项卡，在其中修改活动名称和活动时间等，如图 7-28 所示。

图7-28 修改活动说明与活动时间

STEP 7 设置完成后单击页面右上角的[发布]按钮，完成 H5 的发布。

7.5 强化实训：制作“课程开发”随堂测验问卷

随堂测验是教师了解学生学习情况的一种有效方式，在翻转课堂中，为了提高测验效率，教师应该选择合适的方法制作随堂测验的试卷。同时，在设计测验题目时，也应该基于测验目的有针对性地设计题目。

【制作效果与思路】

本实训将利用问卷星制作基于IT产品开发类课程的随堂测验问卷，并发布测验问卷，以供学生填写。

（1）进入问卷星首页，创建一个考试问卷，并在问卷中输入测验题目的相关信息，可参考图7-29设置单选题和多选题等题型。

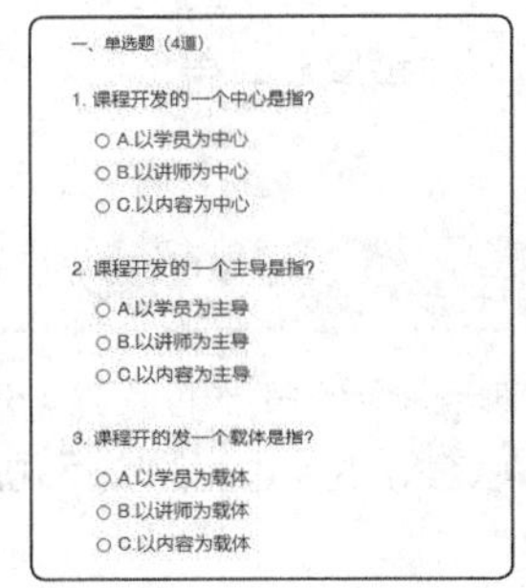

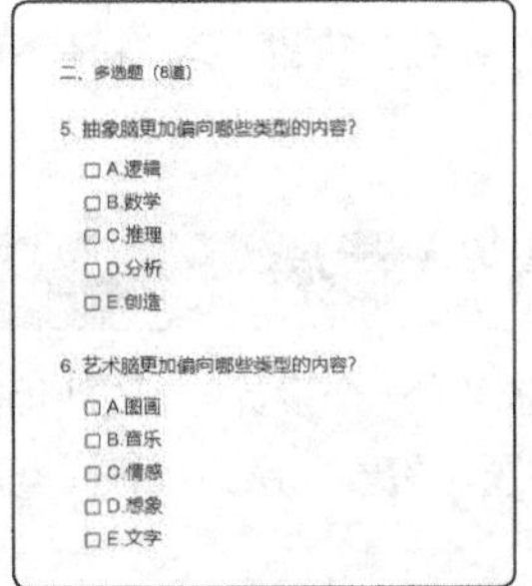

图7-29 随堂测验问卷的参考效果

（2）发布问卷，生成问卷的二维码供学生扫描并填写问卷内容。

（3）在个人后台页面中查看测验问卷的分析信息，了解学生容易出错的知识点和已经基本掌握的知识点等。

7.6 知识拓展

在翻转课堂中，提前设计微课和课堂翻转是两个十分重要的内容设计过程，也是教师进行课程设计的重点环节。下面介绍提前设计微课和课堂翻转的一些注意事项，便于教师参考和实践。

1. 提前设计微课

提前设计微课即教师根据教学目标、教学对象和教学内容制作合适的微课视频。通常来说，用于翻转课堂中的微课视频以讲授知识为主，因此教师可以采取讲授、演示等形式进行制作。制作时，注意控制微课视频的时长，尽量保证微课视频的简练。此外，在讲授知识的过程中，也可以加入案例、测试、调查等作为辅助，或提供其他类似作业、讨论、反馈等类型的教学资源供学生在课前使用，甚至可以通过线上讨论板块及时与学生进行交流沟通，从而了解学生对知识的掌握程度。

在课前使用微课进行教学还可以帮助学生主动制订学习计划，调动学生自主学习的积极性，让学生在自学的过程中构建知识体系。因此一定要注意微课内容的设计，不要将提前设计微课的环节简单理解为设计基础的在线网课，从而忽视了不同学生的个性化学习需求。

2. 课堂翻转

课堂翻转即课堂中的教学设计，在翻转课堂中，教师应转换自己的角色，从主导者转变为引导者，让学生通过交互学习等形式进行团队协作，并通过讨论、测试等学习活动对知识进行巩固。教师应注意观察学生在课堂上的学习状态，再搜集学生的学习信息，以便及时对学生进行指导。在学生完成自主学习和小组探讨后，学生可在课堂上汇报、分享自己的学习成果、作品和学习经验，教师可以对学生的学习成果进行评价，并灵活安排课后巩固任务。

7.7 课后练习

本章主要介绍了翻转课堂的相关知识，以及问卷星、H5等在线即时交互工具的使用方法。掌握这些知识后，教师可以灵活、有效开展翻转课堂教学活动。下面通过两个练习进一步巩固本章所学的知识。

练习1　通过问卷星发布课前调查问卷

本练习将登录问卷星官方网站，制作并发布一份关于中国传统节日的课前学习调查问卷，通过该问卷调查学生对中国传统节日的来历、典故、习俗等知识的了解情况，该问卷应包含单选题、多选题、填空题等多种题型。

练习2　制作H5交互课件

本练习将登录MAKA（一个设计与开发H5的平台），在其中选择一个合适的模板，并对模板中的内容进行修改，制作一个具有答题、投票、意见反馈（可填写学习困惑、感言等）等功能的交互式课件。